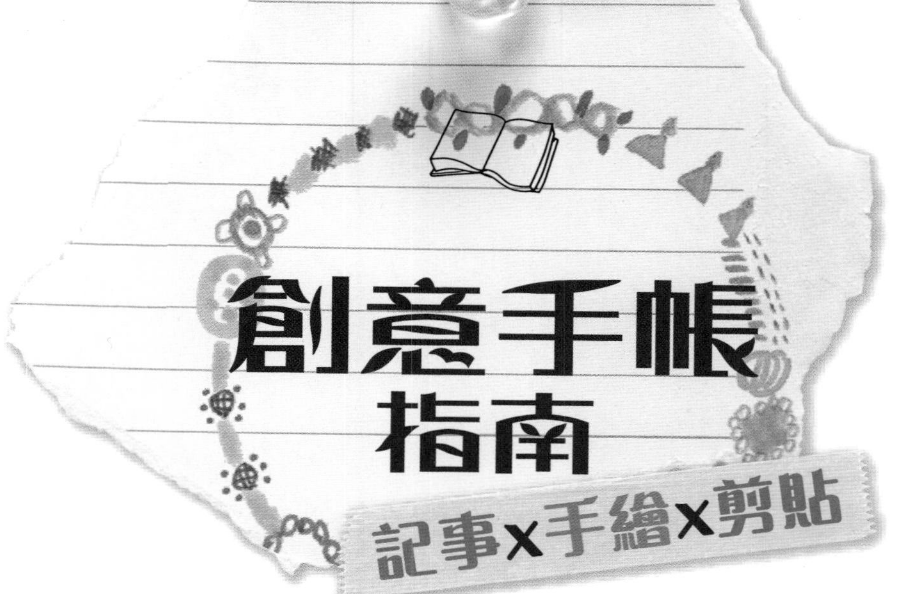
創意手帳
指南
記事x手繪x剪貼

U0061095

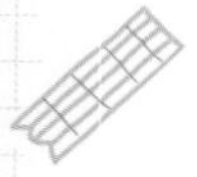
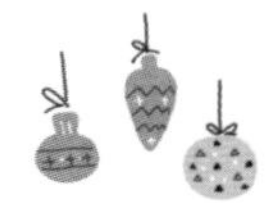

寫在開始

每當遇到一些新人對手帳還不是很瞭解的時候，
就想着有本書系統地分享一下該有多好，
以讓更多的人知道甚麼是手帳，
告訴他們記錄手帳是一件簡單又快樂的事情。

謝謝大狸家、MOODTAPE、基研所提供的紙膠帶，
讓我們瞬間擁有最全、最新款的素材。
謝謝微博小達人們：
@JaneSann @ 吳悠 Viewy @ 後姨媽 @ 松野樹莓松
@ 大頭雨木木 @ 路枝枝 @ Kangaroo_s
正是因為你們不斷地分享，讓我們有了更加認真的動力。
感謝北京手帳集市的主辦點點，
深圳手帳集市的主辦包子，
手帳 EVENT 主辦 @ 我們愛手帳 _ 主編君，還有很多其他的小夥伴，
很感謝大家的支持和包容，
我們會不負眾望，繼續加油，做出更好的書 ~ 比心 ~

MOODTAPE 官方店：moodtape.taobao.com
大狸家淘寶店鋪：大狸家手帳研究室
集市資訊關注：@BJ 北京手帳集市

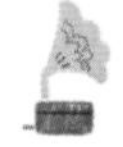
飛樂鳥工作室

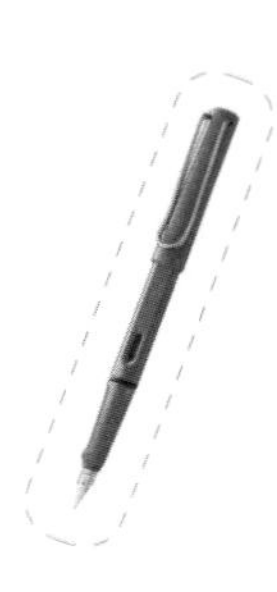

目錄

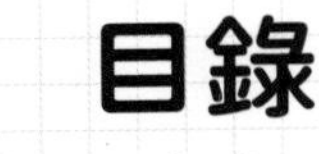

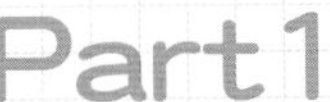

Part1

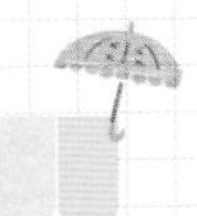

手帳介紹

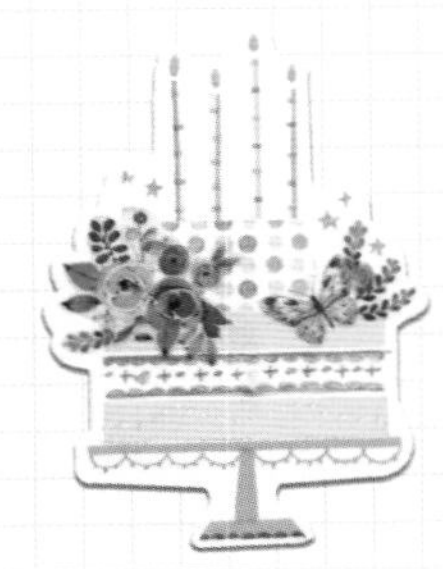

No.1 甚麼是手帳啊

No.2 常用哪些文具

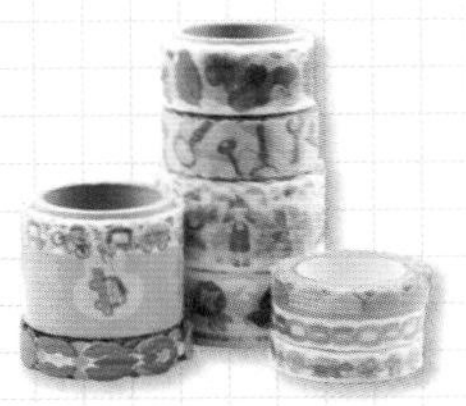

Part2

打造屬於自己的手帳

No.1 該在手帳上寫甚麼

No.2 找到適合自己的手帳

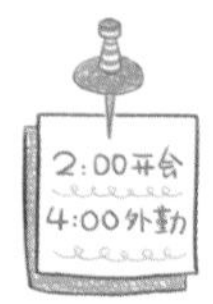

No.3 讓日常更高效

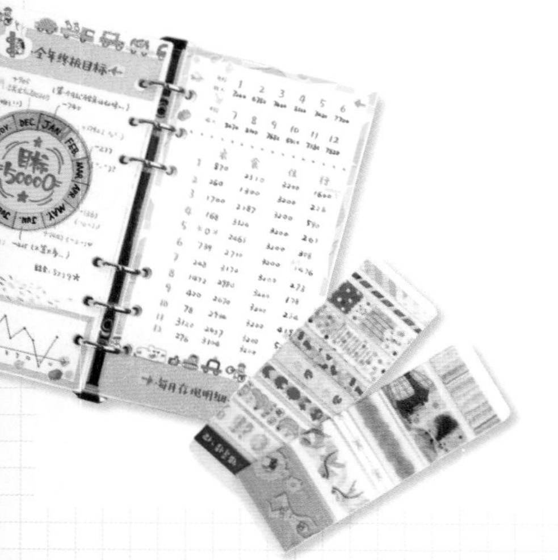

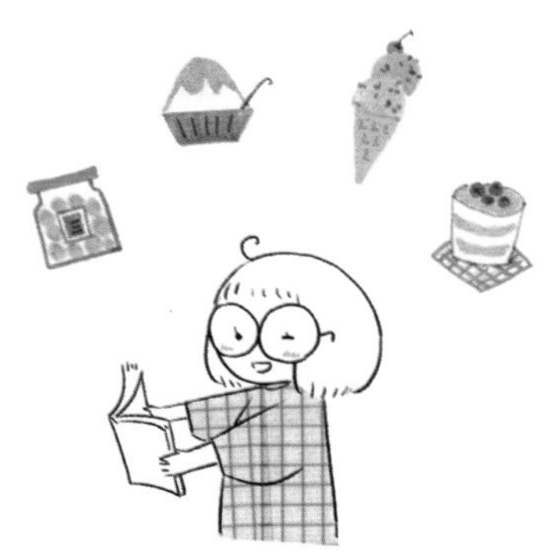

No.4 讓生活變有趣

Part3

Make It Better

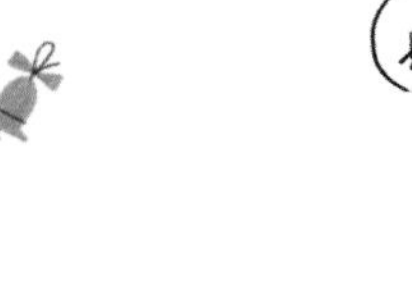

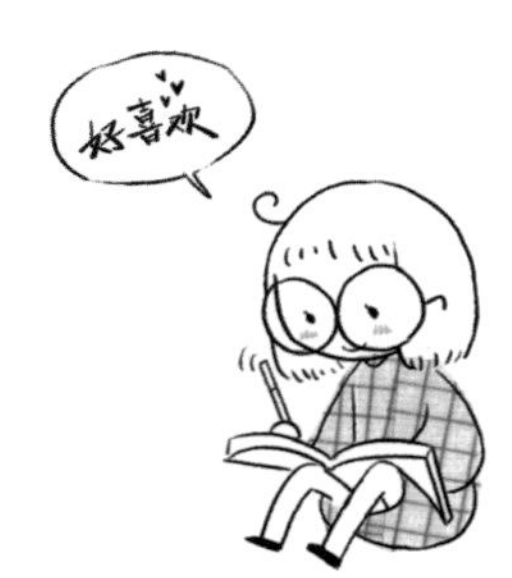

No.1 五種萬能版式

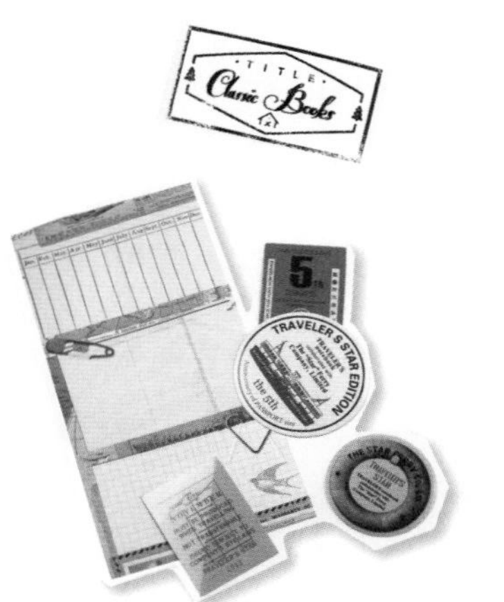

No.2 實用的手工創意

使用說明

本書將為大家解答一些手帳新人常會遇到的問題。跟着我們的腳步，你一定能很快地做出好看的手帳，如果你有很好的建議或做出了滿意的手帳作品，歡迎投稿到 huilin@feileniao.com 郵箱和我們分享！

甚麼是手帳？

初次接觸手帳的人常常會對這個詞彙感到陌生，並延伸出其他疑問。我們會通過小漫畫為你解答疑難。

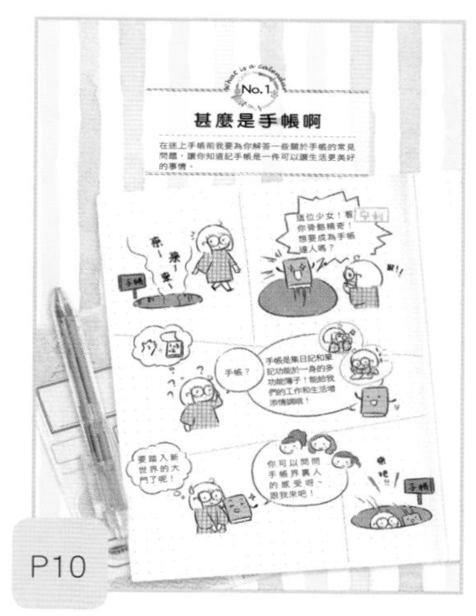

「手帳坑」中的文具有哪些？

「手帳坑」中的文具數不勝數，我們將為大家介紹一些常用的，希望你能花最少的錢買到最適合的工具。

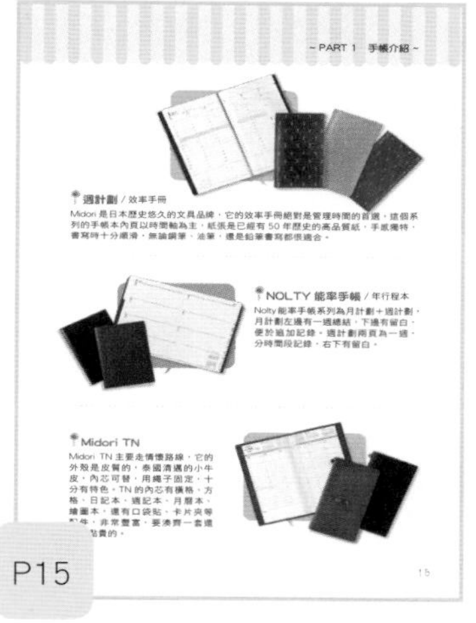

我適合甚麼樣的手帳？

手帳的記錄方式和風格有很多種，每種都很有意思，那麼哪種手帳適合你呢？用一個小測試來初步判斷一下吧！

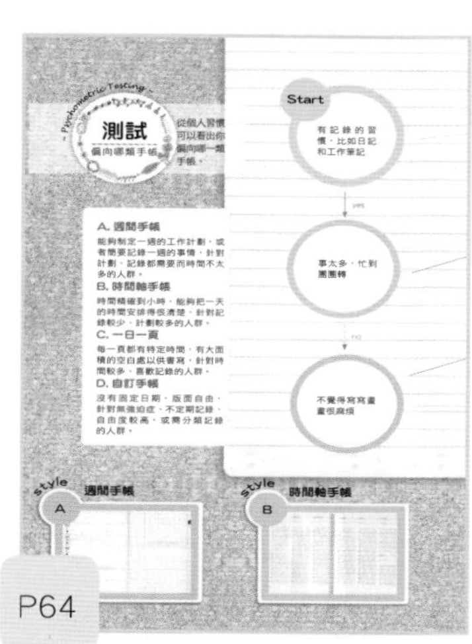

手帳上該寫些甚麼呢？

工作和生活中有非常多的事情值得記錄，我們會為你展示各式各樣的主題手帳，看完之後你就知道空白簿子該記錄甚麼了！

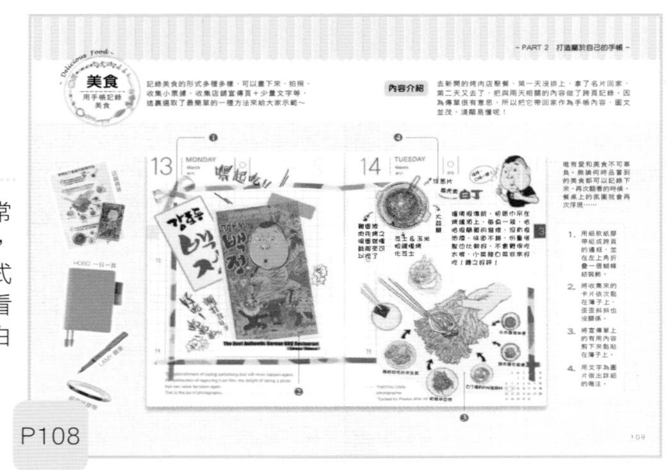

P108

怎樣做出好看的手帳？

是不是常常覺得拼貼了很多素材但手帳版面反而顯得雜亂不好看？看看手帳達人們的作品吧，從他們的佈局裏學習實用的萬能排版法，你的手帳也能變得井井有條。

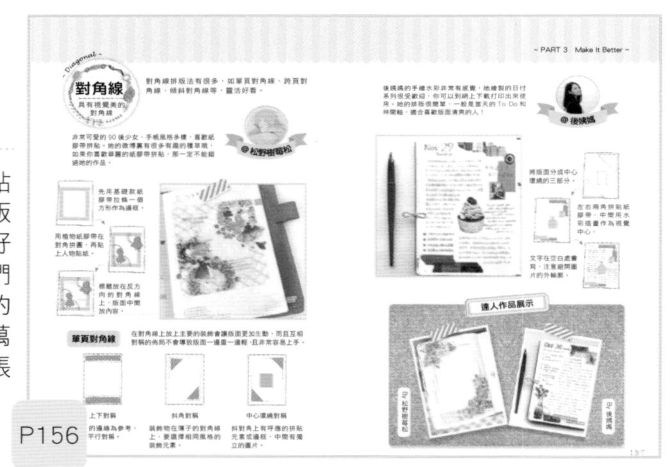

P156

如何拍出好看的手帳？

手帳做好後怎樣拍出好看的照片呢？用好玩又實用的小手工來佈置場景吧，我們會為你展示詳細的製作步驟，很簡單！

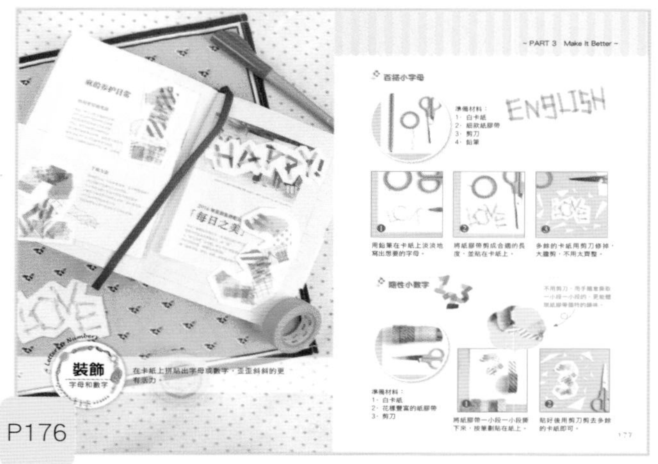

P176

journal book

Part 1

手帳介紹

對於新手來説，了解手帳和擁有順手的文具是令人著迷的第一步，
這一章我們會將常用、實用的工具進行歸納總結，讓新手選擇的時候更有方向，能順利打開手帳世界的大門！

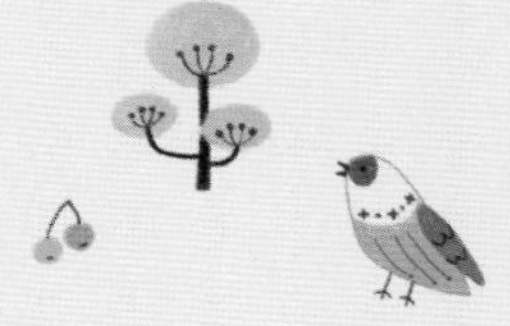

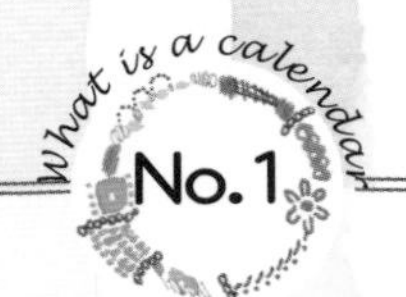

甚麼是手帳啊

在迷上手帳前我要為你解答一些關於手帳的常見問題，讓你知道記手帳是一件可以讓生活更美好的事情。

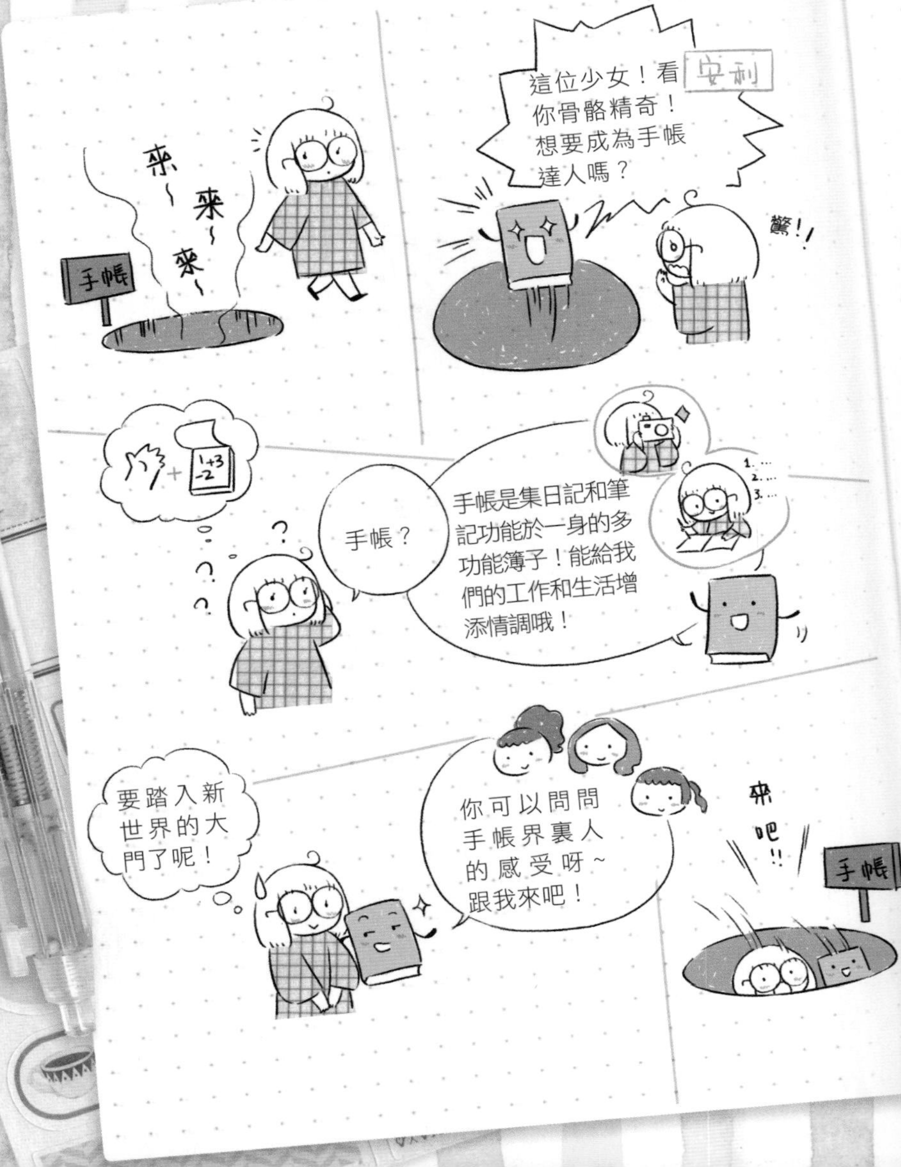

來～
來～
來～
手帳

這位少女！看你骨骼精奇！想要成為手帳達人嗎？
安利
驚！！

手帳？
手帳是集日記和筆記功能於一身的多功能簿子！能給我們的工作和生活增添情調哦！
1+3
-2
1. …
2. …
3. …

要踏入新世界的大門了呢！
你可以問問手帳界裏人的感受呀～跟我來吧！
來吧！！
手帳

常常有人問為甚麼要記手帳啊，有甚麼好處呢？聽聽幾位資深手帳達人的分享吧！

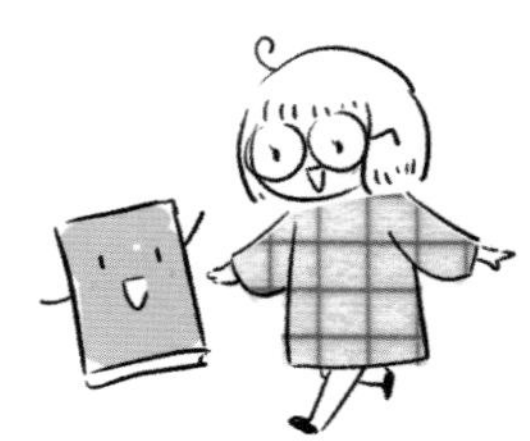

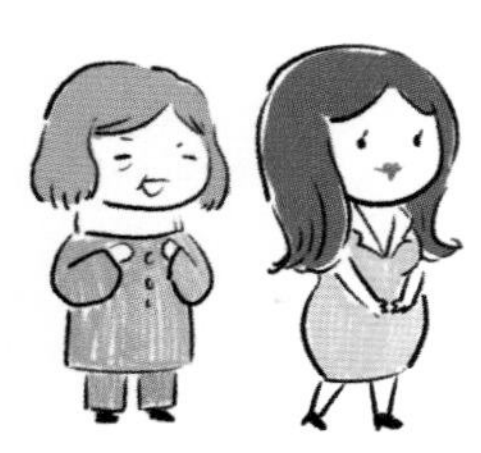

其實手帳是一種生活方式，無論你用甚麼方式來記錄，都是為了讓我們的生活變得井井有條，讓我們的心情變得更加愉悦。不要強迫性地去面對它，因為這是一件輕鬆愉快的事情。

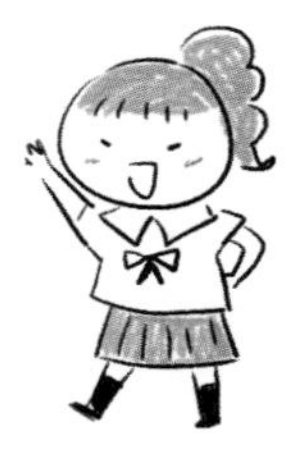

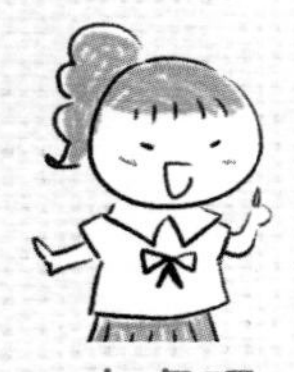

大虎砸
美術學院在校生

我是大一開始接觸手帳的，因為學校的生活很鬆散，每天感覺都過得差不多。同學把我拉進「手帳坑」後，最開始我只是想起就寫畫兩筆，但當我累積了半本手帳再回顧時，發現了很多以往會拋在腦後的生活小細節，從此我就喜歡上了手帳。我很喜歡在手帳本上寫寫畫畫，這樣我的生活也變得更豐富多彩了。

對我來説工作是非常忙碌的，以前會用便條來記錄一些備忘的事情，但是很容易弄丟找不到，接觸手帳後我就開始用它來計劃工作了。我學了一些實用的計劃範本，發現按照計劃來工作，會變得更有效率，也不會像以前那麼累，手帳對我們的工作很有幫助。

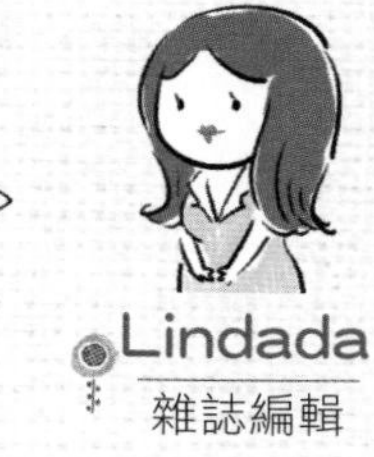

Lindada
雜誌編輯

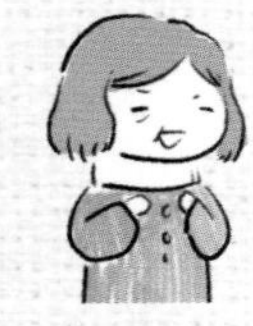

木華
退休教師

上班的時候太忙，現在退休了，有了大把的時間，女兒就教我記手帳，剛開始的時候哪懂這些啊？只是把以前的一些回憶記下來，怕忘掉，後來發現越記想起的越多……我覺得吧，手帳就是我回憶的收藏冊！

區別

手帳和日記的區別

有人問，都是記錄，手帳和日記有甚麼區別呢？手帳的功能比日記多得多。

有沒有發現常見的日記普遍文字多、篇幅長、很隨意呢？因為它的功能很單一，只是記錄自己內心想法的一個載體，常常會寫成流水帳。

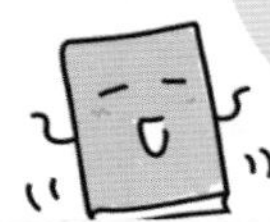

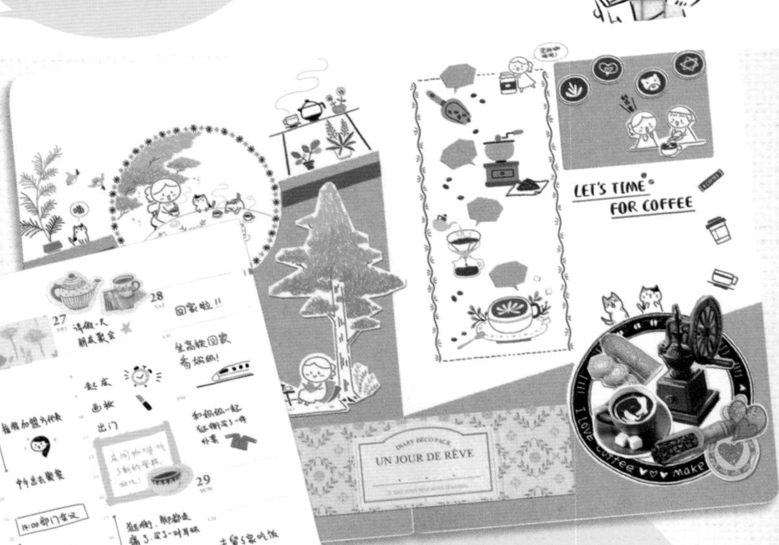

而手帳更側重於計劃、記錄和回憶，它的功能更多，區分也很明顯，用它來做計劃，工作會更有效率，用它來記錄生活，日子過得會更有趣。

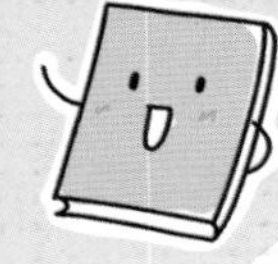

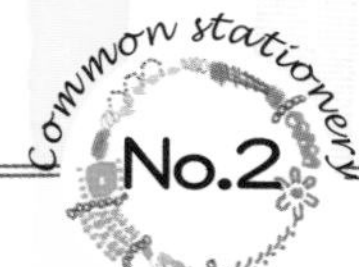

常用哪些文具

記手帳肯定離不開好用的文具，市面上的文具數不勝數，先瞭解哪些是自己需要的才能理性購買。

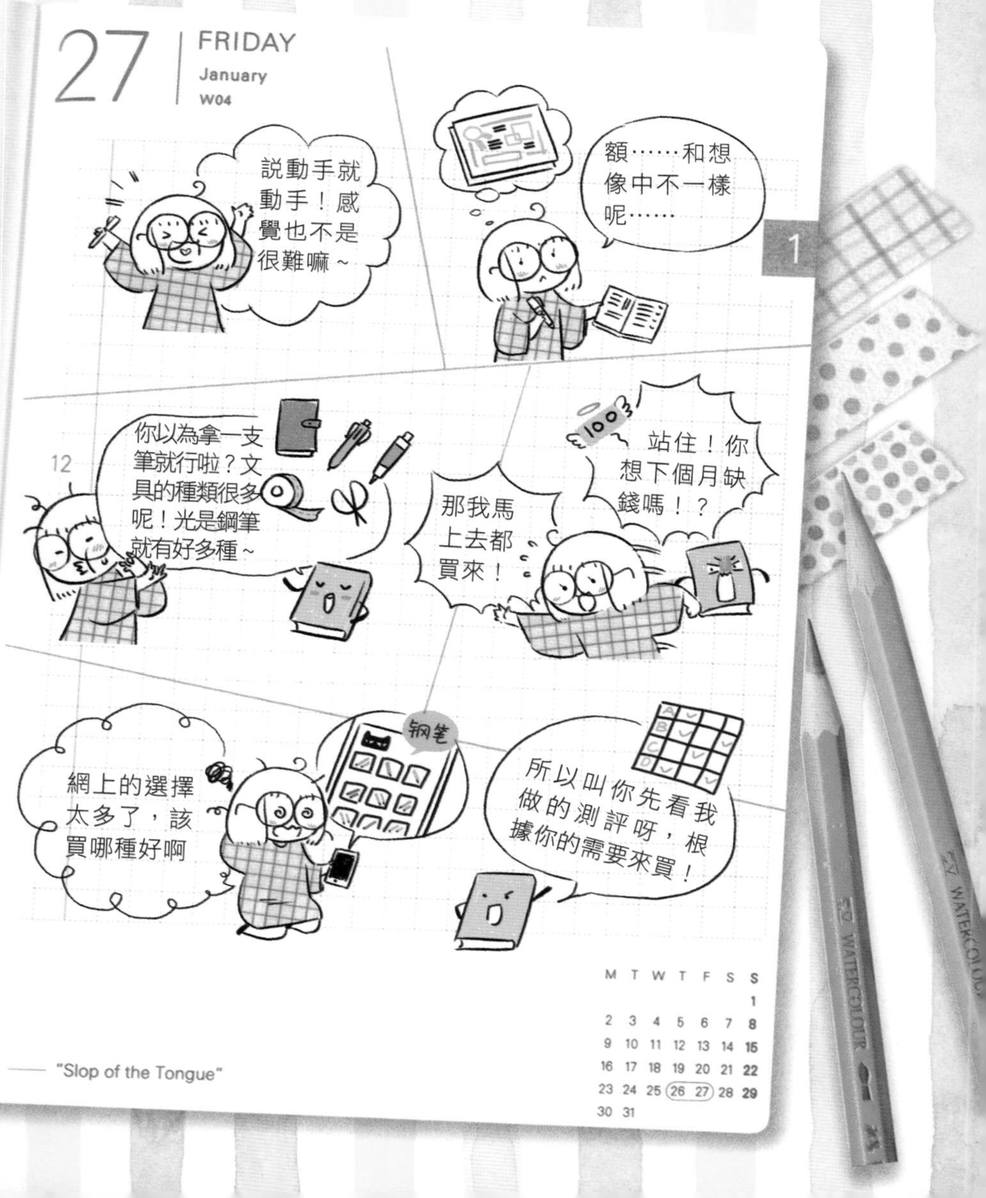

27 FRIDAY
January
W04

說動手就動手！感覺也不是很難嘛～

額……和想像中不一樣呢……

1

12

你以為拿一支筆就行啦？文具的種類很多呢！光是鋼筆就有好多種～

站住！你想下個月缺錢嗎！？

那我馬上去都買來！

網上的選擇太多了，該買哪種好啊

钢笔

所以叫你先看我做的測評呀，根據你的需要來買！

M	T	W	T	F	S	S
						1
2	3	4	5	6	7	8
9	10	11	12	13	14	15
16	17	18	19	20	21	22
23	24	25	26	27	28	29
30	31					

—— "Slop of the Tongue"

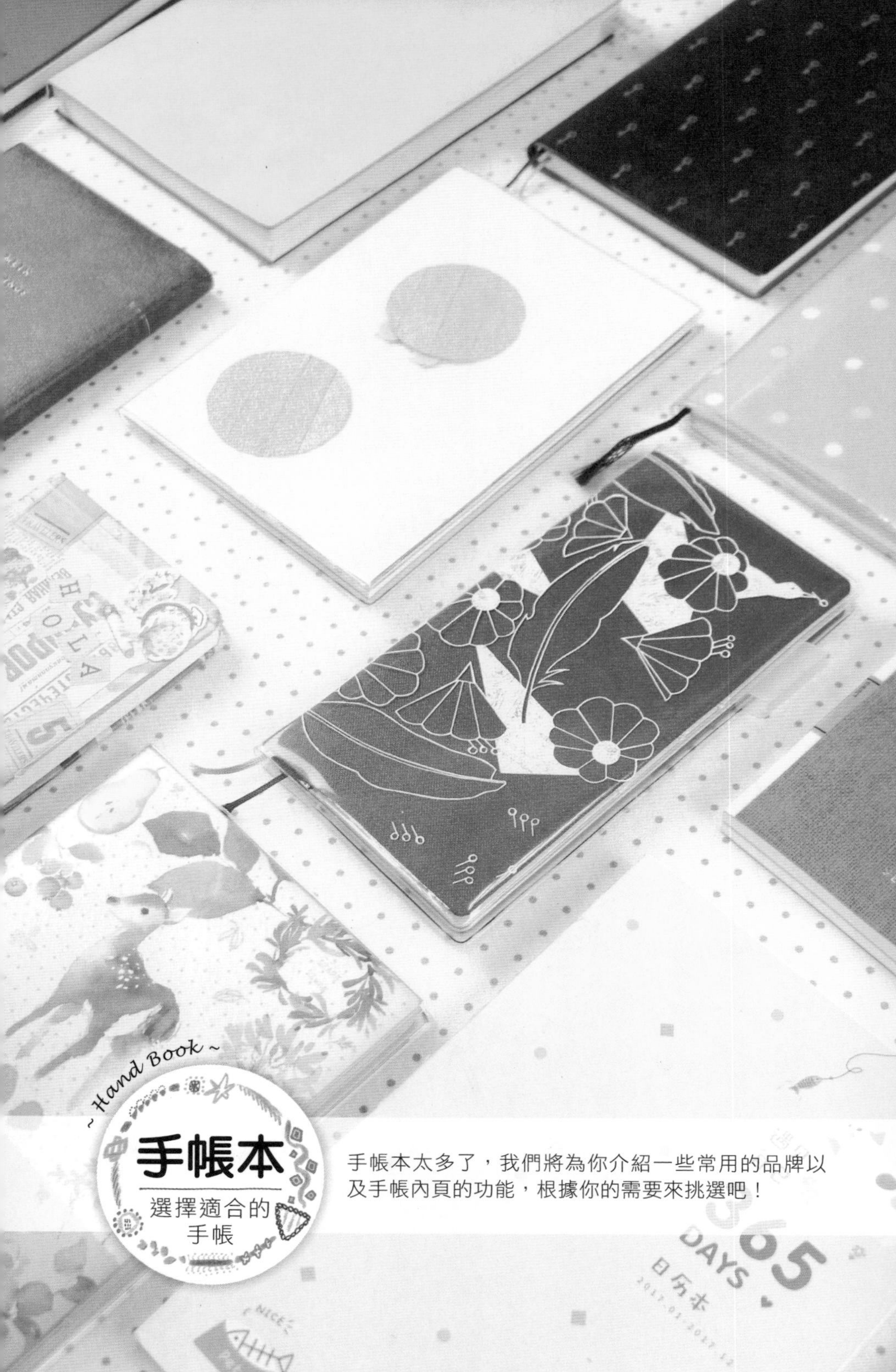

~ Hand Book ~

手帳本

選擇適合的手帳

手帳本太多了，我們將為你介紹一些常用的品牌以及手帳內頁的功能，根據你的需要來挑選吧！

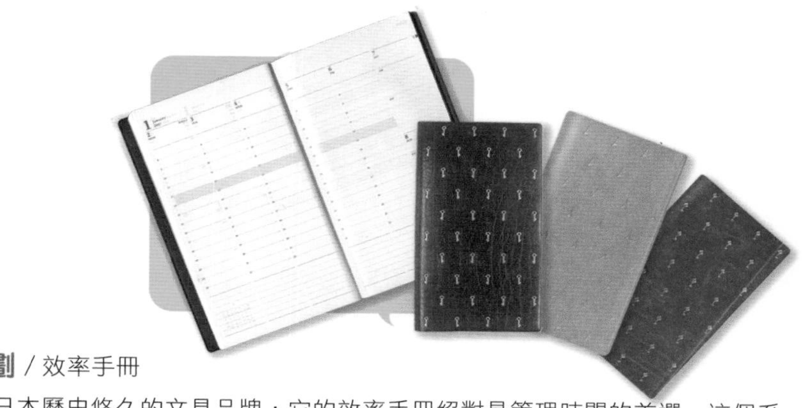

週計劃 / 效率手冊

Midori 是日本歷史悠久的文具品牌，它的效率手冊絕對是管理時間的首選，這個系列的手帳本內頁以時間軸為主，紙張是已經有 50 年歷史的高品質紙，手感獨特，書寫時十分順滑，無論鋼筆、油筆，還是鉛筆書寫都很適合。

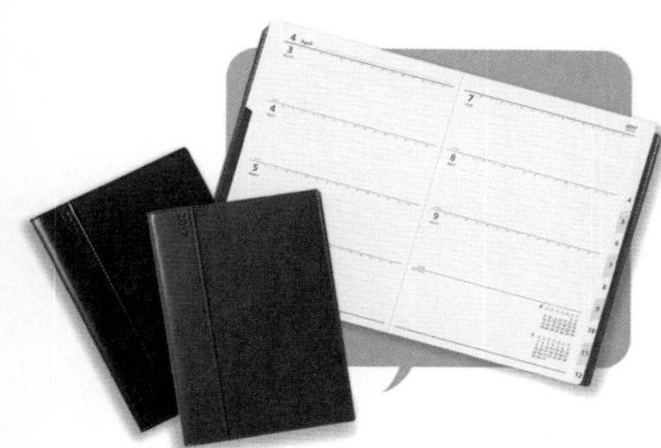

NOLTY 能率手帳 / 年行程本

Nolty 能率手帳系列為月計劃＋週計劃，月計劃左邊有一週總結，下邊有留白，便於追加記錄。週計劃兩頁為一週，分時間段記錄，右下有留白。

Midori TN

Midori TN 主要走情懷路線，它的外殼是皮質的，泰國清邁的小牛皮，內芯可替，用繩子固定，十分有特色。TN 的內芯有橫格、方格、日記本、週記本、月曆本、繪圖本，還有口袋貼、卡片夾等配件，非常豐富，要湊齊一套還是有點貴的。

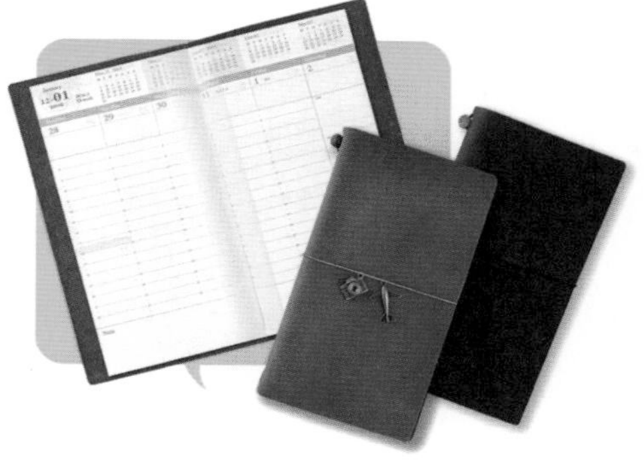

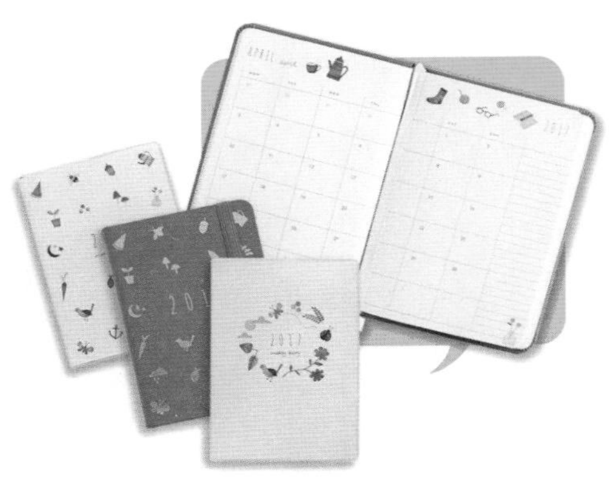

kikki.k / 甜蜜月記週記

Kikki.k 是澳洲的品牌，風格偏少女，粉嫩嫩的，但價格比較昂貴，內頁有月計劃、週計劃、橫格和方格，每頁都有可愛的小插畫。一般的中性筆、油性筆都可以繪畫，不洇不透。

藝舍涼豐 / 水彩手帳

藝舍涼豐是台灣品牌，它出的簿子一般走小清新路線，這個系列是可愛的水彩小插畫風格，內頁包含年計劃與月計劃，一週一頁，功能比較全面。

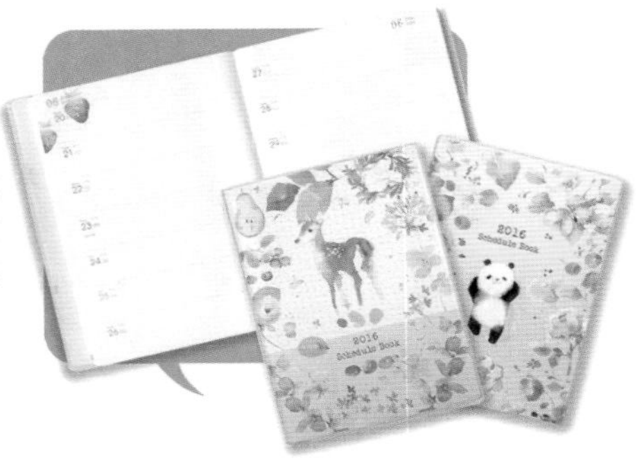

國譽 / 自我效率手帳

該手帳一套三冊，Diary、Life 和 Idea，分別記錄全年的各種事項，可以集齊歸納在一個簿子上，功能非常全面。除了常規的月計劃、週計劃、時間軸以外，每頁上還有天氣與心情等選項以供填色。

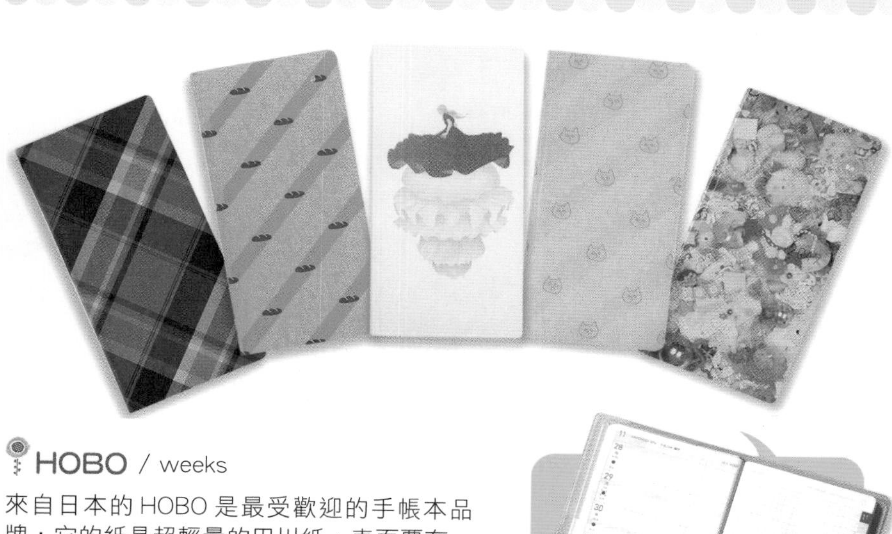

HOBO / weeks

來自日本的 HOBO 是最受歡迎的手帳本品牌，它的紙是超輕量的巴川紙，表面覆有一層薄膜，所以書寫才會順滑，還能 Hold 住鋼筆和水彩。weeks 系列是專門用來做週計劃的，但是前面也有月計劃，最後有方格頁。

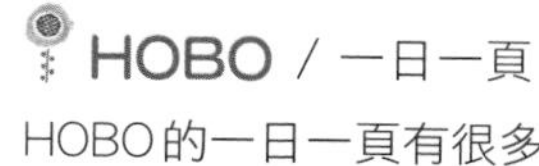

HOBO / 一日一頁

HOBO的一日一頁有很多貼心的小設計。每天都有專門的一頁來記錄生活，而且 24 小時的時間軸已經配好，右下角還有對應的對頁的日期。

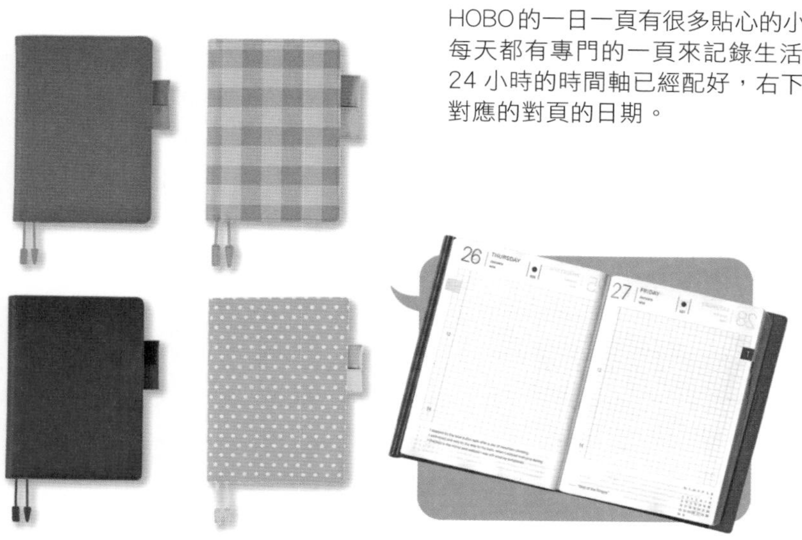

Davinci / 活頁手帳

Davinci 是日本的活頁手帳，有多種專為工作管理設計的活頁內芯，除了一般的月計劃、週計劃外，還有檢查清單、位址簿等，其封面用牛皮製作，略硬。

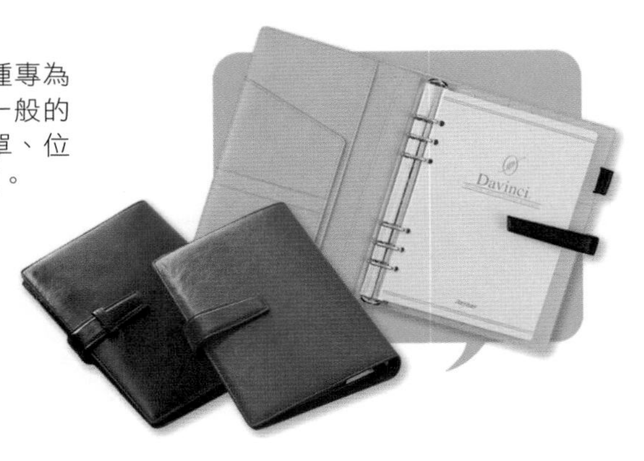

往世書 / 手帳

往世書是台灣的品牌，它的品牌文化非常文藝，以書的概念來裝幀簿子，目錄很有意思。往世書的用紙應付一般的筆沒有問題，但是不能用鋼筆和水彩等含水量大的筆，會浸透，這個系列的頁面是兩天一頁，比較特別。

Moleskines/ 通用筆記本

Moleskines 的魅力源自簡潔實用的設計，以及那根小小的綁帶所帶來的微妙感覺。Moleskines 的重點是「新款」、「創意」以及與國際品牌的合作，時尚簡練。它有許多限量版，比如梵谷和小王子。

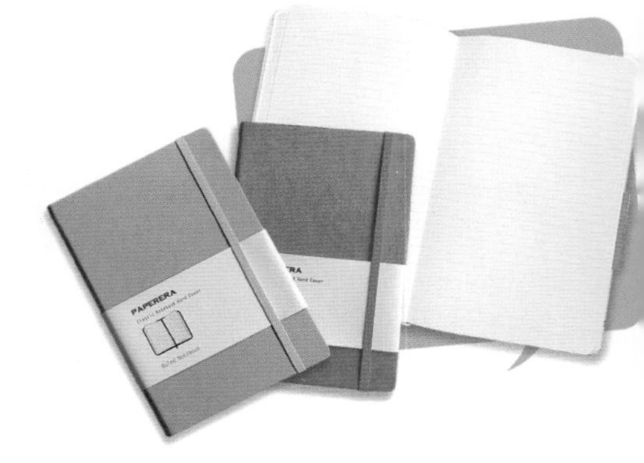

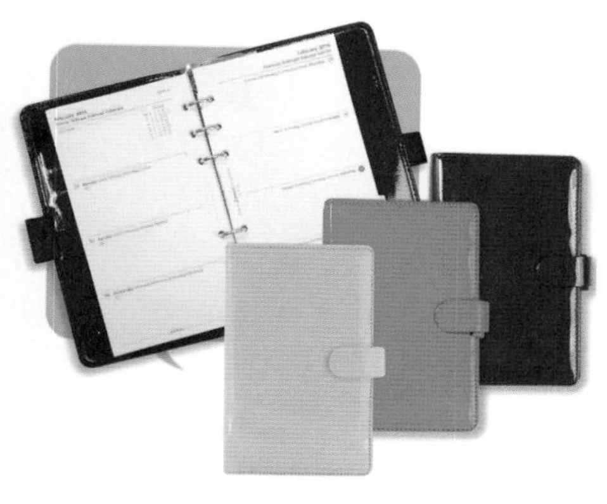

Filofax / 活頁本

Filofax 是英國老牌的活頁本品牌，活頁式，內頁可更換，一般有 today 尺。它可以夾很多東西，有多種內頁可選。內頁不同應用也不同，記日程的、收集發票的，甚至是收集紙膠帶的。

珠友 / 日程本

台灣珠友被稱為平價版的 HOBO。封面不是很精美，但是價格便宜，適合新手入門。內芯有多種選擇，自填式一日一頁、週計劃、月計劃、待辦事項、開會記錄、拜訪記錄、收支記錄、通訊錄、剪貼隨記一應俱全，功能強大。

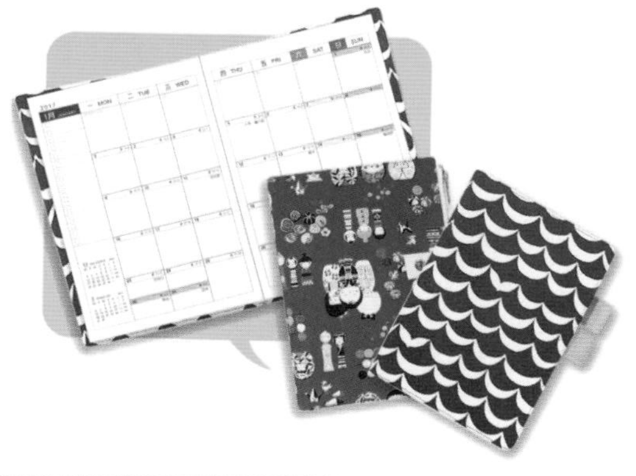

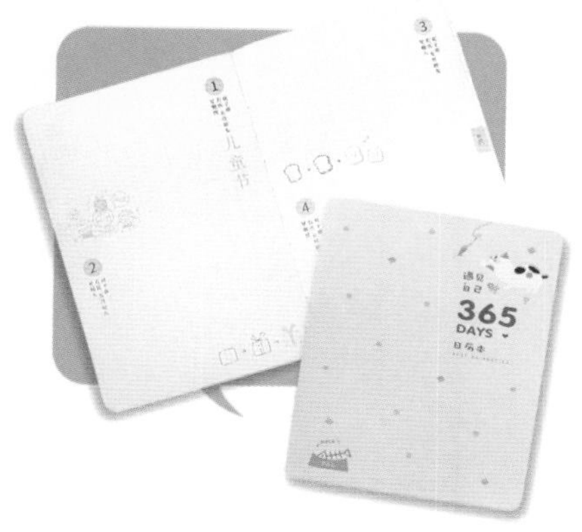

飛樂鳥 / 365 days 日曆本

飛樂鳥推出了超實用的 365 days 日曆本！每日一記錄，附帶每月星座、農曆和星期提醒，內頁是方格頁＋橫格頁＋空白頁的組合，能滿足你一整年隨時變換的使用需求。關鍵是價格便宜，性價比非常高！

手帳內頁功能展示

了解手帳本的品牌之後，再來認識一些最常用的手帳內頁。它們有各自不同的功能，能滿足你日常的工作計劃和生活記錄，如果你比較偏重某一方面，買簿子的時候就要注意了。

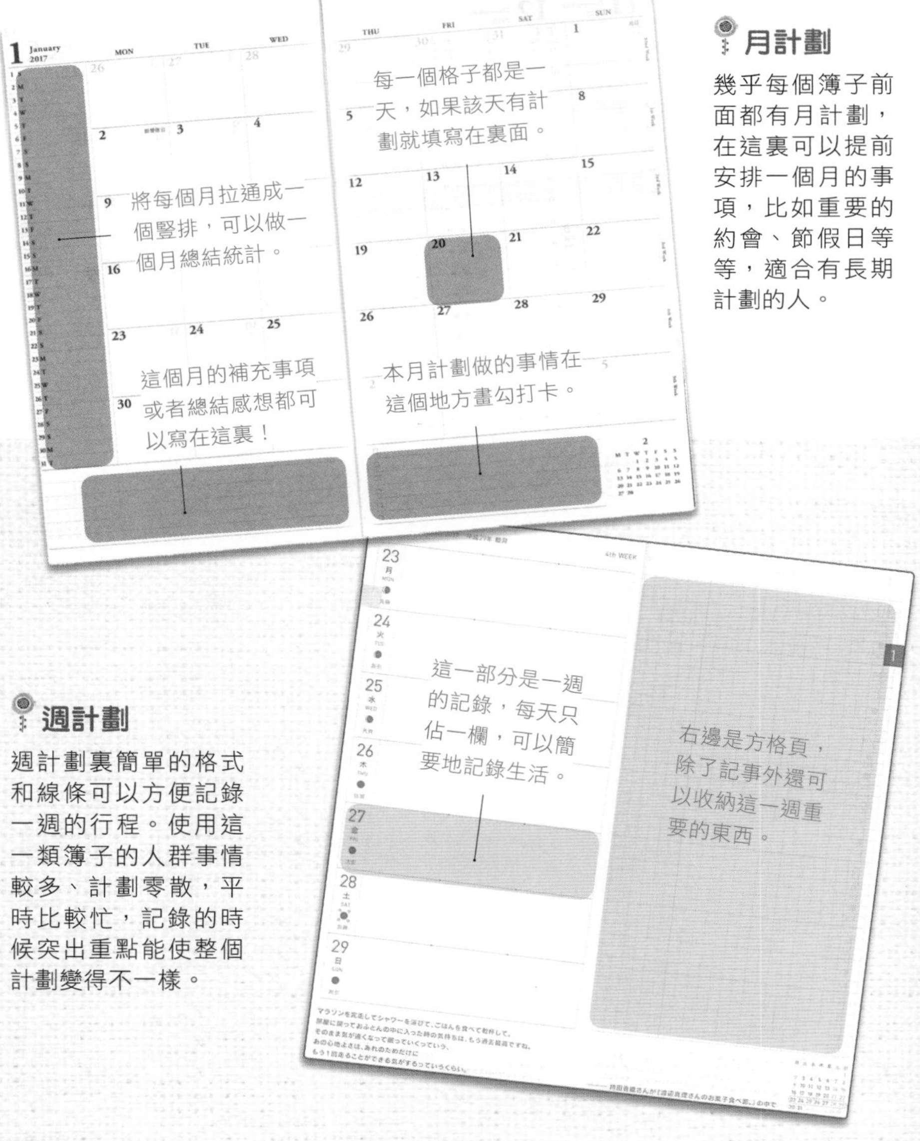

月計劃

幾乎每個簿子前面都有月計劃，在這裏可以提前安排一個月的事項，比如重要的約會、節假日等等，適合有長期計劃的人。

週計劃

週計劃裏簡單的格式和線條可以方便記錄一週的行程。使用這一類簿子的人群事情較多、計劃零散，平時比較忙，記錄的時候突出重點能使整個計劃變得不一樣。

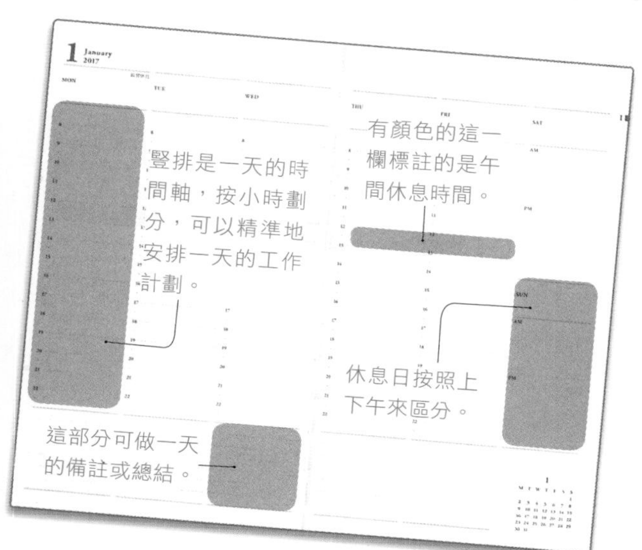

時間軸

時間軸是重視效率的人的首選，按小時劃分的佈局能讓人們精準掌握每一天的安排。如果你是又忙碌又想記手帳的人，一定不能錯過！

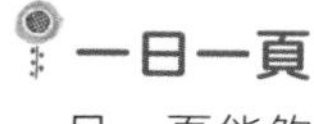

一日一頁

一日一頁能夠既規律又清晰地記錄每日的生活，它有足夠的頁面來滿足你的嘮嘮叨叨，字少可以用素材填滿，非常適合能堅持記錄的人！

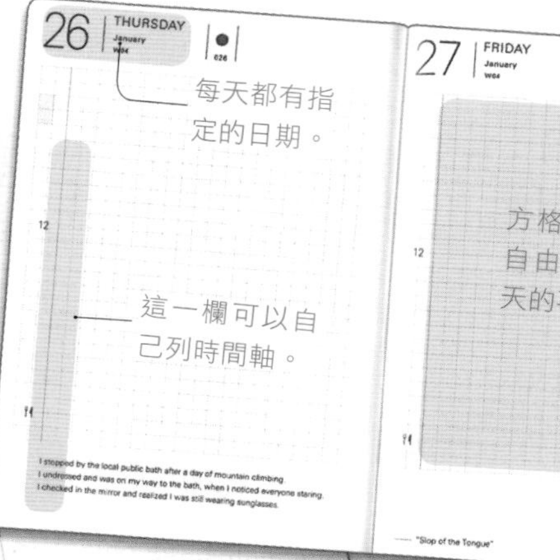

可自己勾選日期。

已經列好的時間軸。

淺淺的格子可以隨意安排內容。

自定日期

自定日期的關鍵字：自由、隨性、看心情，不被日期限制，是喜歡畫畫、旅行的朋友的不二之選。將日常生活的靈感記錄在簿子上，翻閱的時候回憶都是暖的。

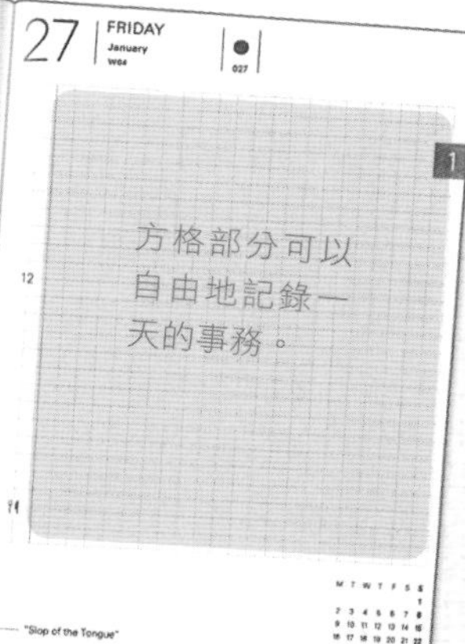

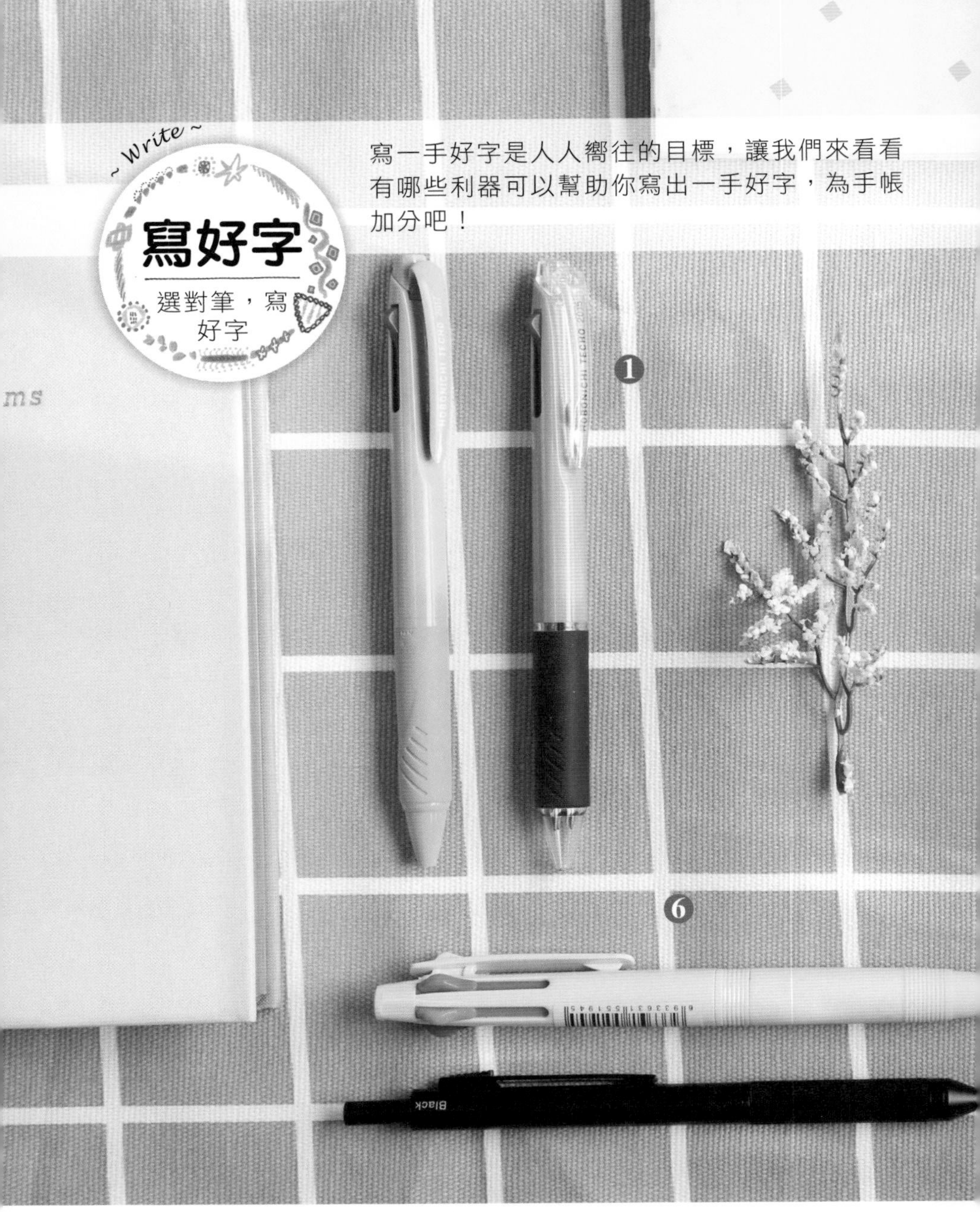

~ Write ~

寫好字

選對筆，寫好字

寫一手好字是人人嚮往的目標，讓我們來看看有哪些利器可以幫助你寫出一手好字，為手帳加分吧！

1. 三菱 / HOBO 特典筆

HOBO 每年都會出一款由三菱製作的特典筆，買簿子＋封皮的套裝會附贈，筆芯可以在網上買同款替換。

2. 三菱 / 多色原子筆

筆芯為 0.7mm 的粗芯，有紅藍黑三色，但是顏色偏暗，書寫順滑，乾燥快，價格小貴。

3. 無印良品 / 多色原子筆

有一支 0.5mm 的鉛筆和 5 支 0.5mm 的原子筆，它的外觀比較簡潔，顏色非常豐富好看，亮色很多，但順滑度稍弱。

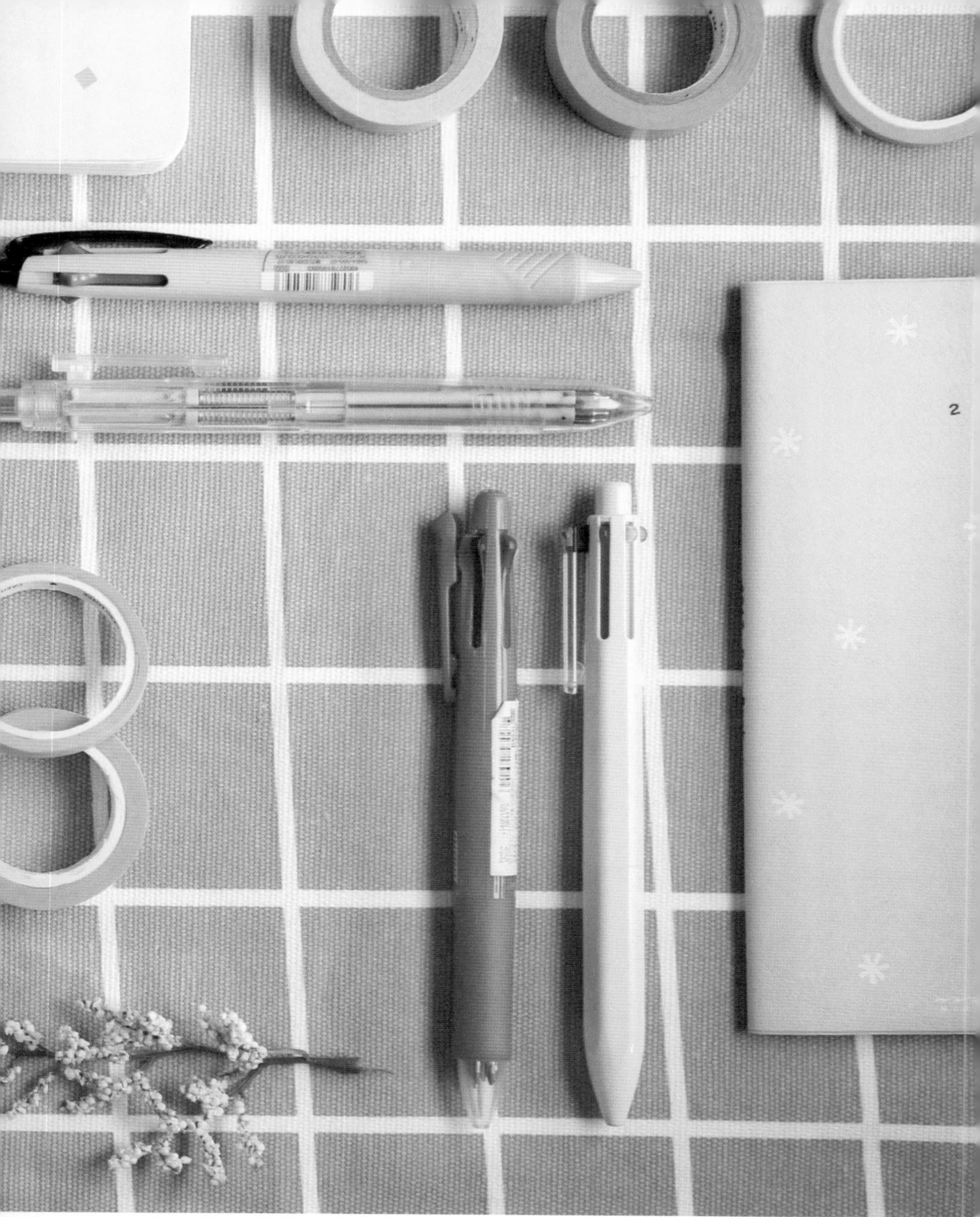

4. 無印良品 / 六色原子筆

六邊形筆身能防止滾動，筆芯為 0.7mm 的粗頭，有六種亮麗的顏色，流暢度稍弱，剛開始用的時候會滯墨。

5.Zebra / 五合一原子筆

由 0.7mm 的黑紅藍綠原子筆和 0.5mm 的自動鉛筆組成，頂端有橡皮，筆夾可大幅度張開，書寫順滑，不滯墨。

6. 晨光 / 原子筆

第一支是普通的 0.5mm 四色原子筆。第二支是 0.5mm 的自動鉛筆 +1.0mm 的紅藍黑筆芯，傾斜按壓結構。

中性筆

三菱 / 多色模組中性筆

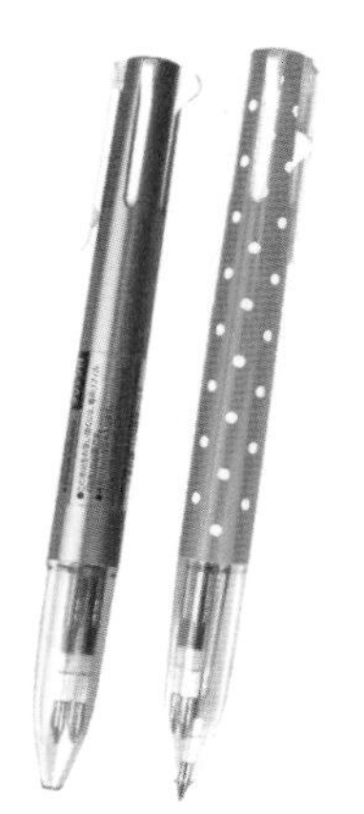

手帳入坑指南

筆桿和筆芯是分開銷售的，筆芯有12種亮麗的顏色可供選擇，筆芯為0.38mm，很細，還可以配備一支自動鉛筆，書寫順滑不滯墨。

寶克 / 商務中性筆

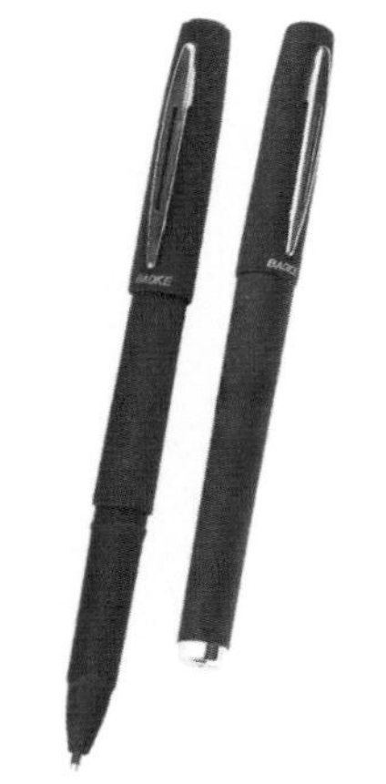

手帳入坑指南

外形像鋼筆一樣，份量較重，可以配搭中性風格的手帳，有0.5mm、0.7mm、1.0mm三種規格的筆芯可以選擇，書寫流暢自然。

Pilot / 針管中性筆

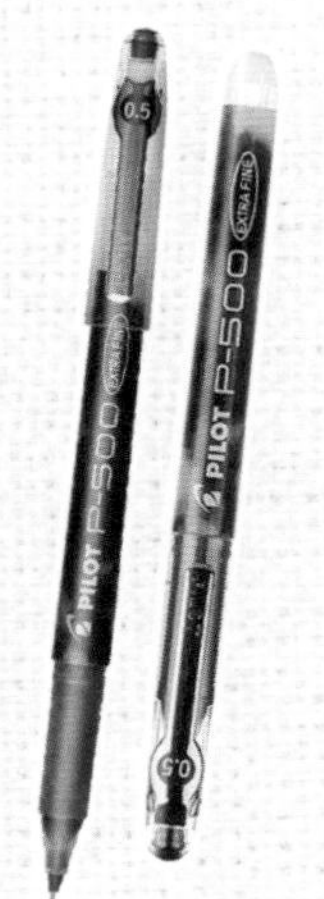

手帳入坑指南

獨特的直液式控墨系統使墨水容量比常規中性筆多了近一倍。有5種顏色，筆芯為0.5mm，有很強的耐光耐水性。

Pilot / 果汁中性筆

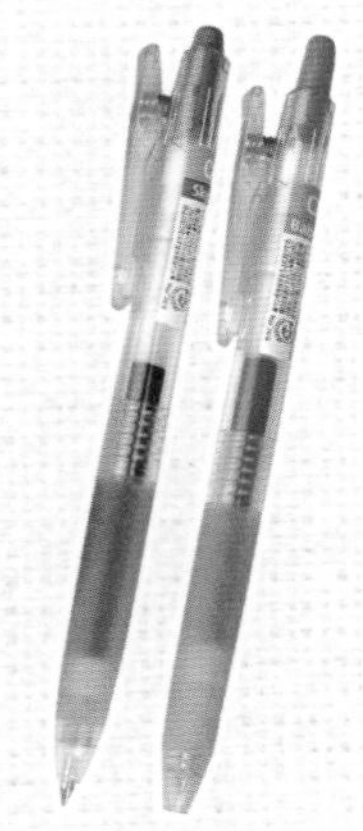

手帳入坑指南

果汁筆有多種顏色，有覆蓋性，如金色、銀色和白色，可以在彩色或者黑色的紙上書寫，白色也可作為畫畫時的高光筆來用。

晨光 / 帶夾子中性筆

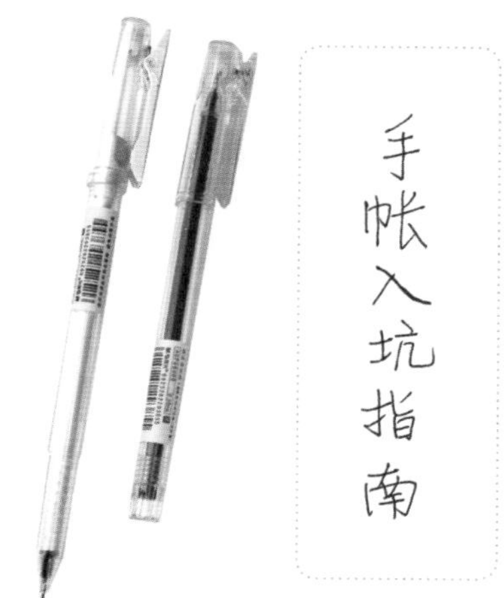

筆芯為 0.38mm 的黑色中性筆，筆帽上附着一個小夾子，可以隨手夾一些小貼紙或小便條，書寫流暢，適合配搭極簡風格的手帳。

匠心之筆 / 黃銅實木中性筆

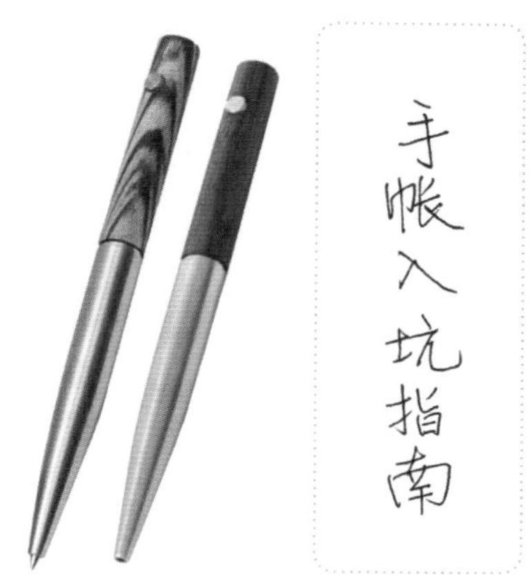

黃銅質感的筆殼，適合復古懷舊風手帳，時間長了會有舊舊的包漿，用擦銅水擦拭又會變得嶄新。筆芯 0.5mm，有粗細兩款。

Modern / 櫻花中性筆

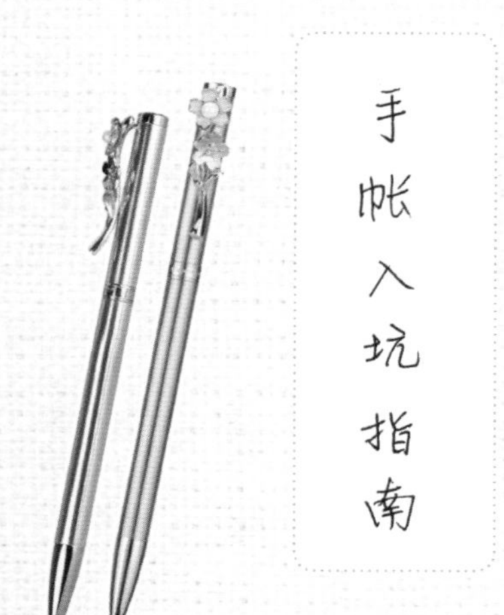

淺金色和玫瑰金的配色十分漂亮，適合少女心的手帳，筆芯為 0.5mm，可以替換，書寫流暢度一般。

無印良品 / 三色中性筆

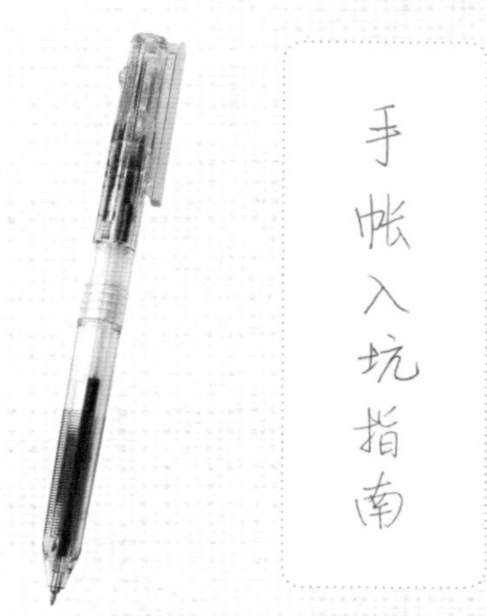

筆芯 0.4mm，不適合大面積寫字，書寫流暢度略弱，筆桿和筆芯是分開賣的，筆芯可以自己選購。

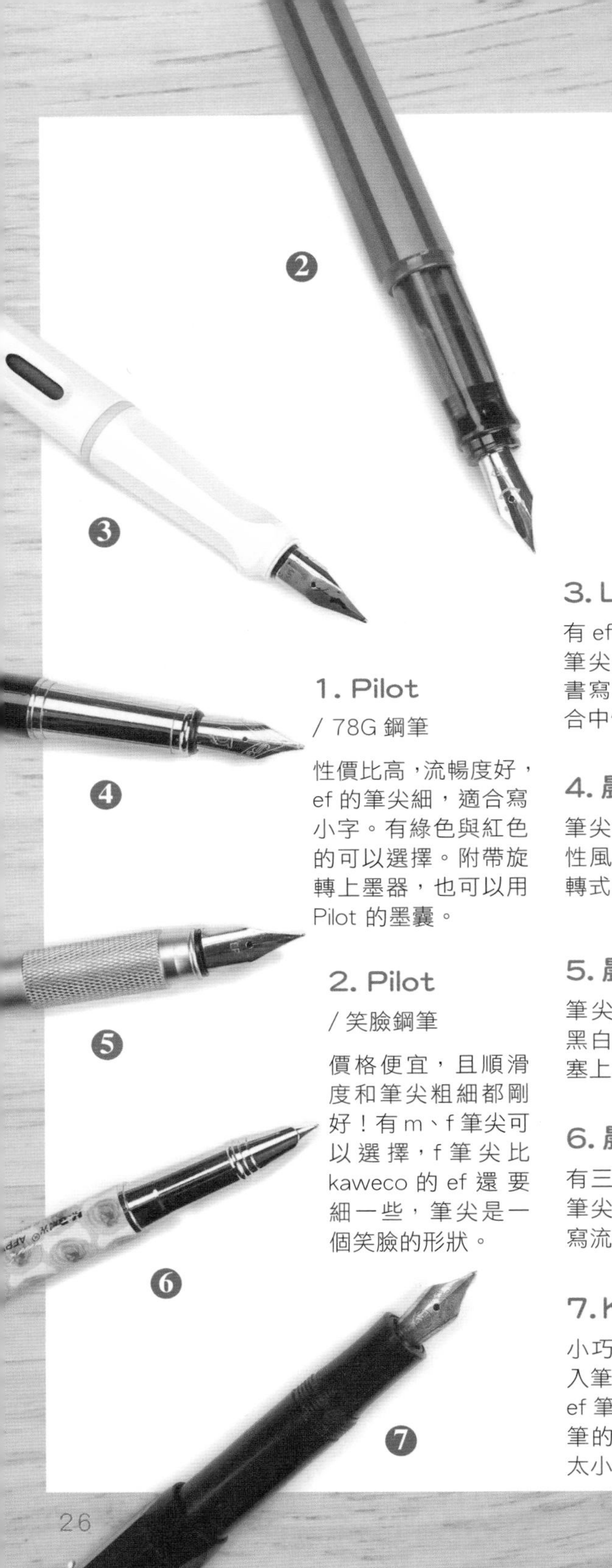

1. Pilot
/ 78G 鋼筆

性價比高，流暢度好，ef 的筆尖細，適合寫小字。有綠色與紅色的可以選擇。附帶旋轉上墨器，也可以用 Pilot 的墨囊。

2. Pilot
/ 笑臉鋼筆

價格便宜，且順滑度和筆尖粗細都剛好！有 m、f 筆尖可以選擇，f 筆尖比 kaweco 的 ef 還要細一些，筆尖是一個笑臉的形狀。

3. LAMY / 狩獵者系列

有 ef、e、m、b 四種粗細可選擇，筆尖為不銹鋼鍍鉻材質，韌性好，書寫流暢，筆夾的設計很獨特，適合中性風格的手帳。

4. 晨光 / 優品鉉金鋼筆

筆尖為 0.5mm，外觀簡單，適合中性風的手帳，內有便捷吸墨器，旋轉式吸墨，書寫流暢。

5. 晨光 / AFPY1701

筆尖為 0.38mm，全金屬質感，有黑白兩款可以選擇，採用吸墨器活塞上墨，適合北歐風格的手帳。

6. 晨光 / 花物紀系列

有三種田園氣息的花色可以選擇，筆尖 0.5mm，自帶便捷吸墨器，書寫流暢，價格便宜，性價比高。

7. KAWECO / 口袋鋼筆

小巧，便於攜帶，書寫時將筆帽扣入筆身，使其延長至 13.3cm，有 f、ef 筆尖可以選擇，ef 筆尖比其他鋼筆的筆尖略粗一些，不適合用於寫太小的文字。

鋼筆

鋼筆是手帳達人鍾愛的書寫工具，除普通的鋼筆外還有花體鋼筆，能寫出好看的花體字，但是因為墨水的滲透性，所以對手帳本的紙張有一定的要求。如果你擔心滲透，可以在下面墊上墊板。

1. 圓頭筆尖

粗細變化大，遊絲極佳，書寫平滑，適合書寫圓體及斯賓塞體等點尖字體。

2. 直杆蘸水筆桿

金屬爪插口，可配合絕大部分筆尖，壓感沒有斜杆大，不能用斜杆。

3. 平頭筆尖

書寫流暢，棱角分明鋭利，有多種寬度可供選擇，可用於寫意大利體和哥德體等所有平尖字體。

4. 斜杆蘸水筆桿

帶調節金屬法蘭，壓感大，可適配各種點尖，適用於圓體、花體等有斜度字體。

5. 裝飾筆尖

造型變化很多，沒有圓頭的壓感好，壓感大的點尖往下壓時會分叉，但它不會這樣。

6. Pilot / 平行筆

只能使用 Pilot 的墨囊，出墨均勻，不用不停地蘸墨，可以解決初學者不會控制墨水量的問題。不僅可以橫着寫，立起筆尖來用側翼寫，還可以用兩種不同顏色的筆尖對接寫出漸變效果。

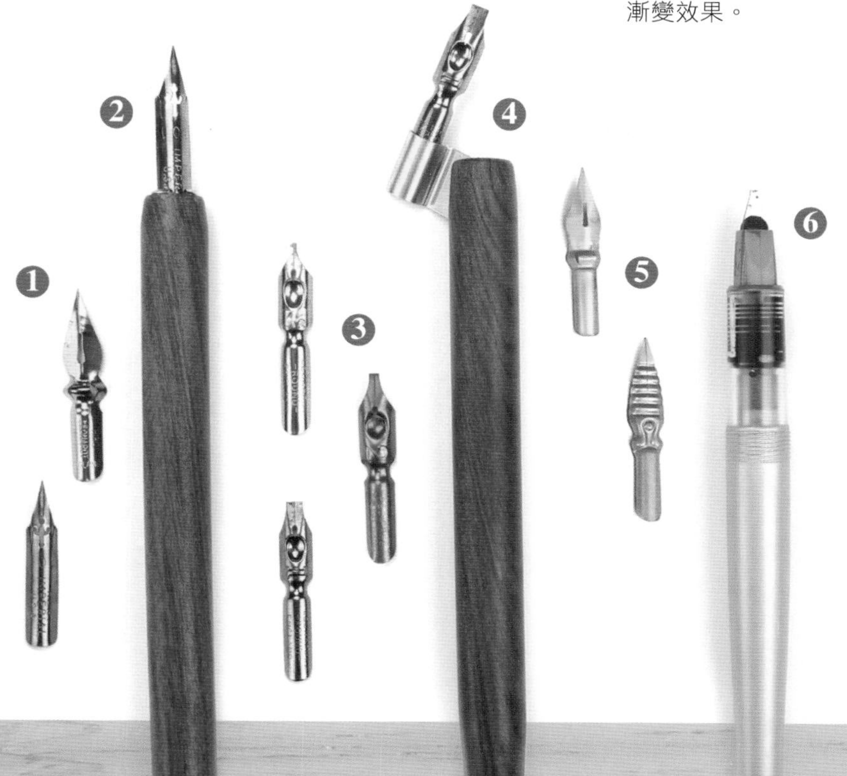

墨水

墨水絕對是讓人著迷的藝術品，好的墨水不僅書寫順滑，顏色豐富，還有稱得上是藝術品的包裝，這裏為大家介紹幾種很好用的墨水，你可以嘗試一下！

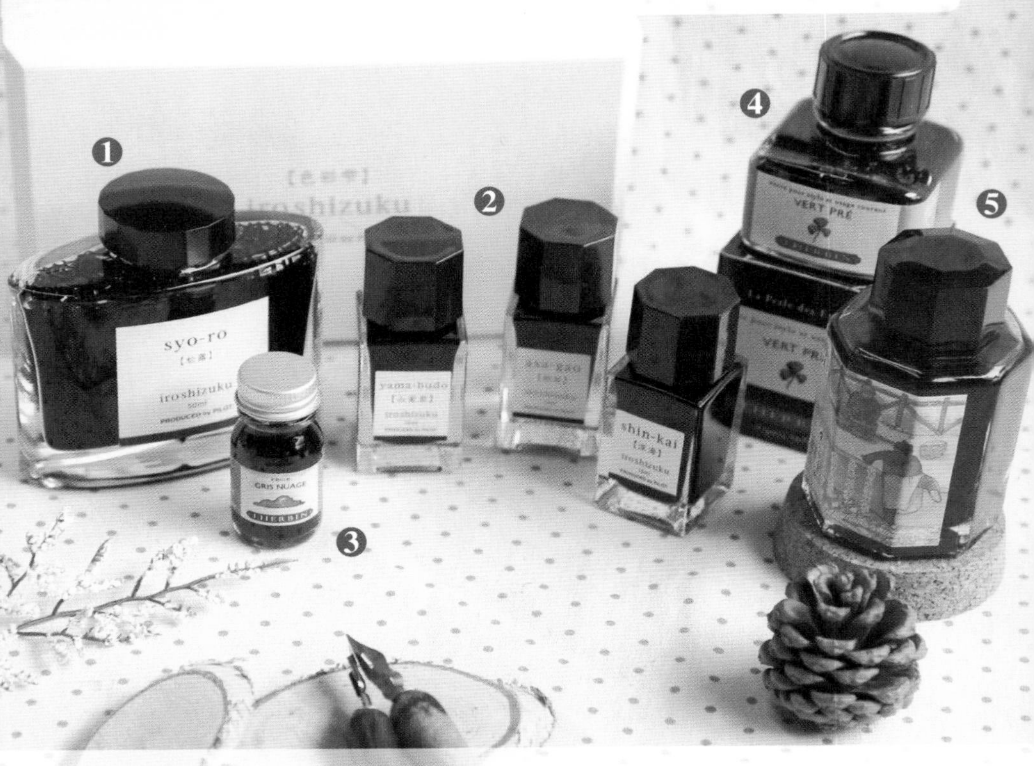

1/2. Pilot / 色彩

分為 50ml 大瓶和 15ml 小瓶兩種，有 24 種顏色，每種都有好聽的名字，墨水品質高，不會堵塞筆管。

3/4. J.herbin / D 系列

分 30ml 大瓶和 10ml 小瓶兩種，有 30 種顏色可選擇，純天然染料製作，抗光抗氧化性強。

5. 壇水 / 第十二季

60ml 的容量，包裝走復古路線，有一些顏色含金銀粉，所以最好用筆蘸取，不要吸在墨囊裏。

24 色色標

深綠	竹林	松露	孔雀
紅葉	秋櫻	冬柿	山葡萄
天色	月夜	深海	朝顏
露草	紺碧	紫陽花	紫式部
稻穗	土筆	山栗	躑躅
霧雨	竹炭	冬將軍	夕陽

寫字筆的綜合對比

都是書寫筆，但鋼筆、原子筆和水性筆的書寫感受是不一樣的，下面為大家展示一下三種筆的不同效果。

	書寫鋼筆	花體鋼筆	水性筆	原子筆
書寫順滑度				
	書寫順暢度方面，花體鋼筆最順滑，而且有粗細變化；書寫鋼筆第二，能把字寫得很好看，而且可以寫出筆鋒；水性筆的順滑度第三，但是線條沒有粗細變化；原子筆的順滑度最弱，有時候會滯墨。			
墨水乾透時間		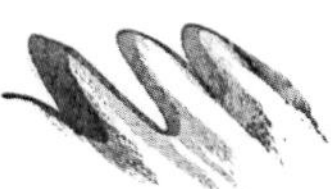		
	因為書寫鋼筆和花體鋼筆用的是墨水，所以容易抹花，書寫鋼筆一般要 5 秒左右乾透，花體鋼筆如果墨水多，要更長時間；水性筆一般不容易抹花，2 秒左右就乾透了；原子筆秒乾，而且不會抹花。			
浸透程度	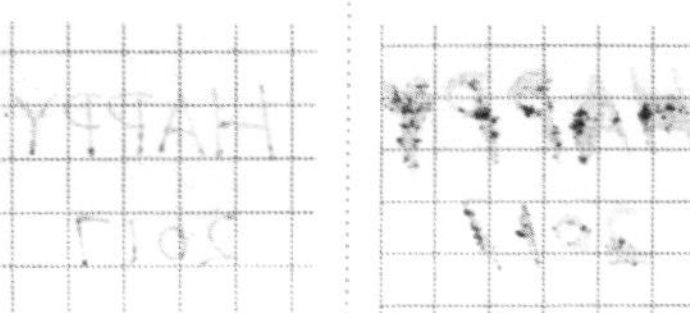		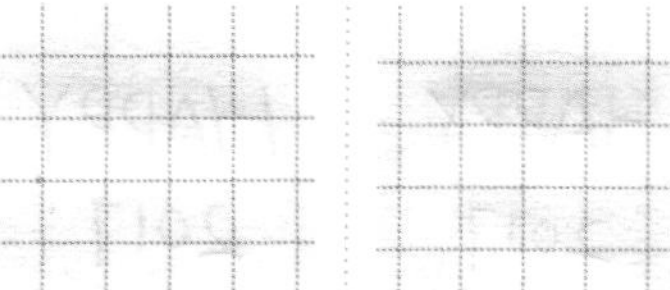	
	同樣因為鋼筆用的是墨水，所以對紙張有一定要求，薄的紙張會浸透到背面，花體鋼筆比書寫鋼筆浸透力度更大；而原子筆和水性筆就不會浸透紙張，但是如果你寫字力度太大，背面還是會有印跡的。			
使用方便程度	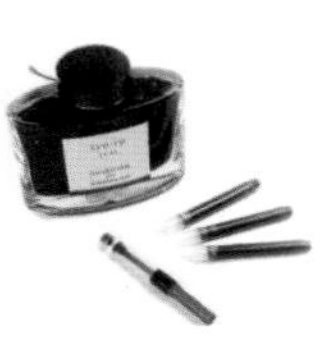	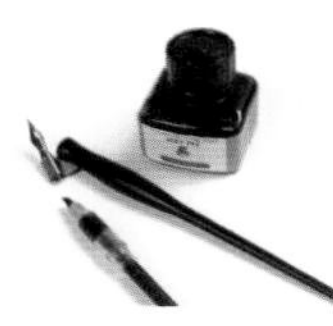	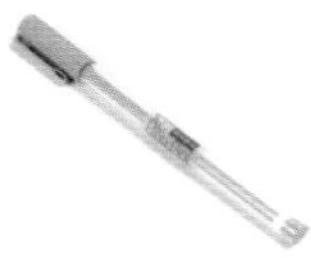	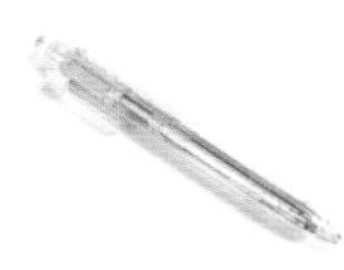
	方便程度上，原子筆和中性筆更佔優勢，因為它們使用的是筆芯，用完可以買新的替換；書寫鋼筆和花體鋼筆都需要墨水、吸墨器和墨囊，而且保養也是一門學問，所以方便程度稍差。			

原子筆、中性筆作品展示

鋼筆作品展示

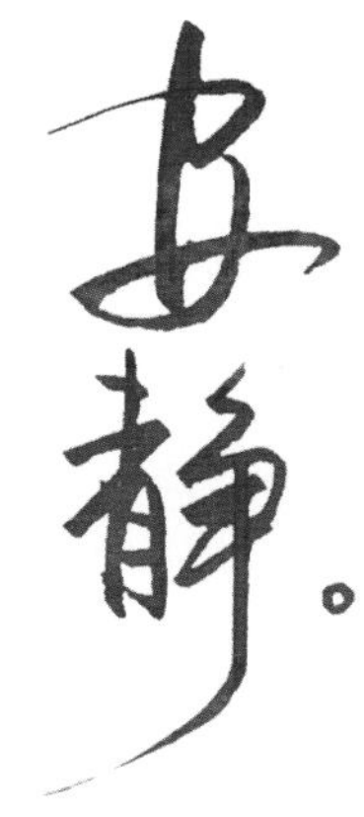

Friendship is love

You are unique.
nothing can
replace you.

abcdefg
hijklmn
opq rst
uvwxyz

Thank You

tomorrow

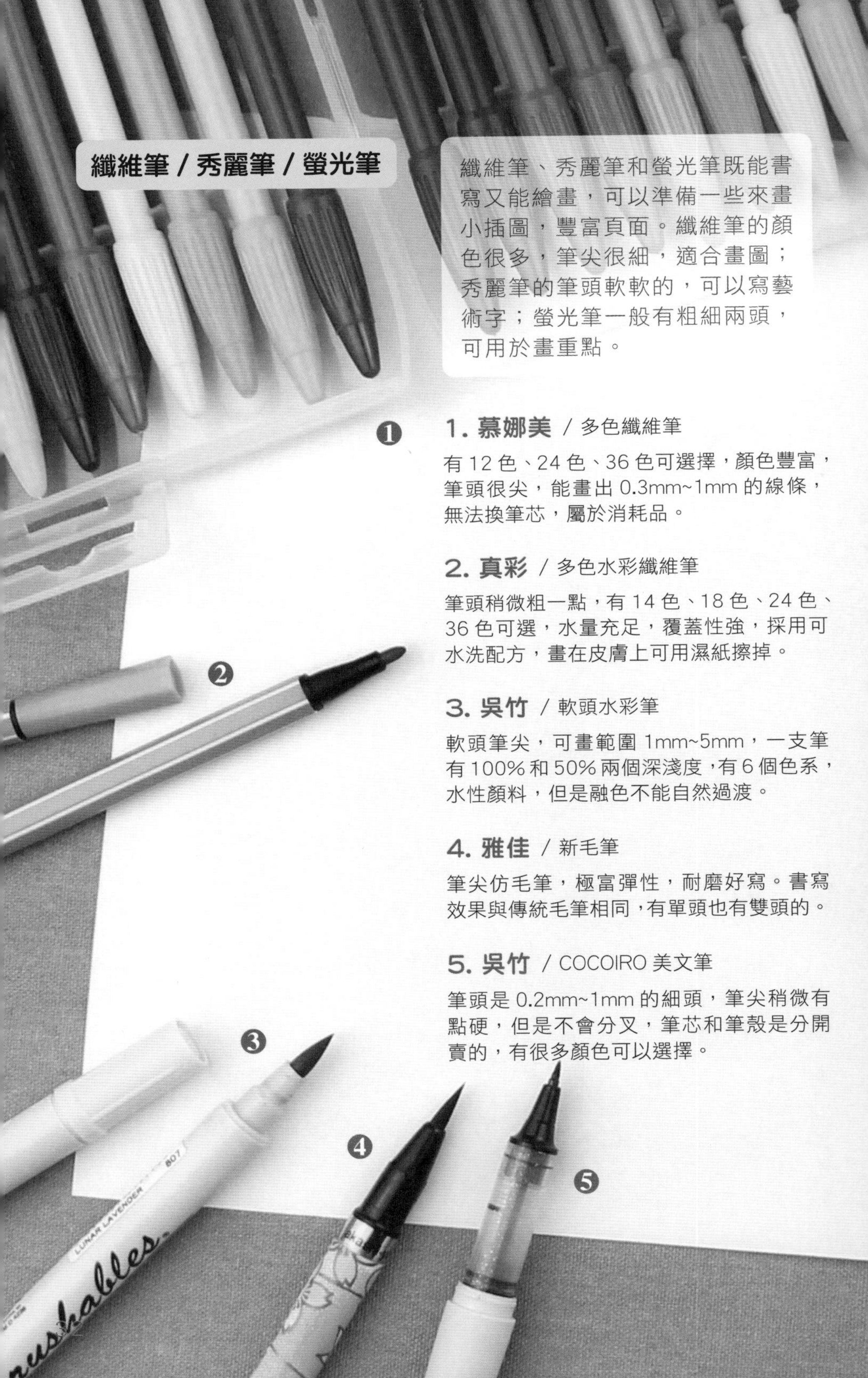

纖維筆 / 秀麗筆 / 螢光筆

纖維筆、秀麗筆和螢光筆既能書寫又能繪畫，可以準備一些來畫小插圖，豐富頁面。纖維筆的顏色很多，筆尖很細，適合畫圖；秀麗筆的筆頭軟軟的，可以寫藝術字；螢光筆一般有粗細兩頭，可用於畫重點。

1. 慕娜美 / 多色纖維筆

有 12 色、24 色、36 色可選擇，顏色豐富，筆頭很尖，能畫出 0.3mm~1mm 的線條，無法換筆芯，屬於消耗品。

2. 真彩 / 多色水彩纖維筆

筆頭稍微粗一點，有 14 色、18 色、24 色、36 色可選，水量充足，覆蓋性強，採用可水洗配方，畫在皮膚上可用濕紙擦掉。

3. 吳竹 / 軟頭水彩筆

軟頭筆尖，可畫範圍 1mm~5mm，一支筆有 100% 和 50% 兩個深淺度，有 6 個色系，水性顏料，但是融色不能自然過渡。

4. 雅佳 / 新毛筆

筆尖仿毛筆，極富彈性，耐磨好寫。書寫效果與傳統毛筆相同，有單頭也有雙頭的。

5. 吳竹 / COCOIRO 美文筆

筆頭是 0.2mm~1mm 的細頭，筆尖稍微有點硬，但是不會分叉，筆芯和筆殼是分開賣的，有很多顏色可以選擇。

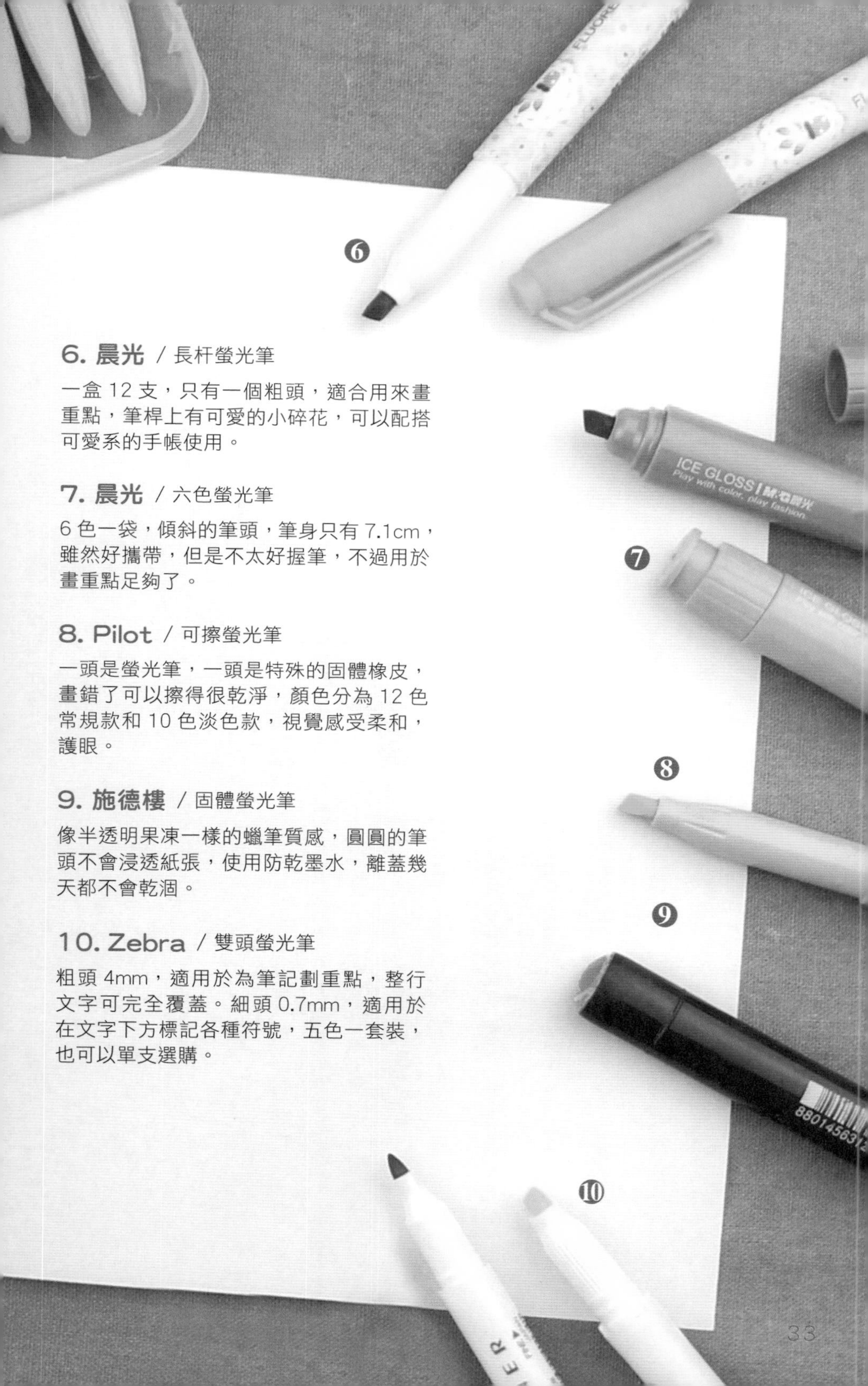

❻

6. 晨光 / 長杆螢光筆

一盒 12 支，只有一個粗頭，適合用來畫重點，筆桿上有可愛的小碎花，可以配搭可愛系的手帳使用。

❼

7. 晨光 / 六色螢光筆

6 色一袋，傾斜的筆頭，筆身只有 7.1cm，雖然好攜帶，但是不太好握筆，不過用於畫重點足夠了。

❽

8. Pilot / 可擦螢光筆

一頭是螢光筆，一頭是特殊的固體橡皮，畫錯了可以擦得很乾淨，顏色分為 12 色常規款和 10 色淡色款，視覺感受柔和，護眼。

❾

9. 施德樓 / 固體螢光筆

像半透明果凍一樣的蠟筆質感，圓圓的筆頭不會浸透紙張，使用防乾墨水，離蓋幾天都不會乾涸。

❿

10. Zebra / 雙頭螢光筆

粗頭 4mm，適用於為筆記劃重點，整行文字可完全覆蓋。細頭 0.7mm，適用於在文字下方標記各種符號，五色一套裝，也可以單支選購。

油漆筆 / 金粉筆

除了適合在白紙上書寫表現的筆之外，還有很多筆可以在黑紙上一展身手，比如油漆筆、金粉筆和粉彩筆等。這些筆在白紙上和在黑紙上書寫的感覺完全不一樣，不妨大膽地試一下。

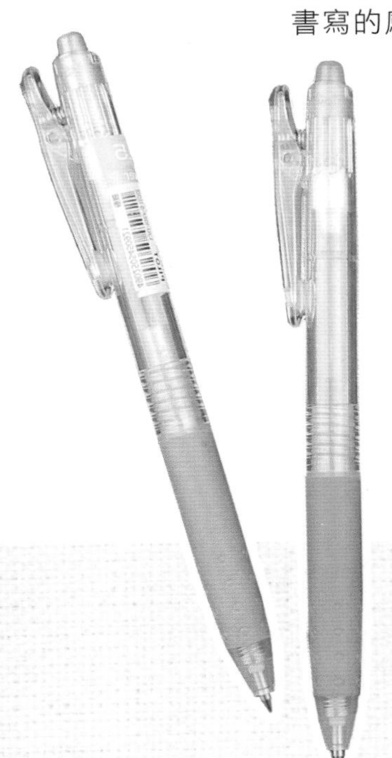

Pilot / 果汁粉彩筆

有包含白色在內的 6 種顏色，顏色豐富細膩，書寫順暢，筆芯建議用 Pilot G2 和 Pilot B2P 替換，其他牌子的不是很適合。

Pilot / 油漆高光筆

金銀白三色，筆尖有粗有細，防水抗污性強，能畫在任何地方，金屬粉狀顏料能讓文字看起來很閃亮。

Pilot / 果汁金屬筆

有六種金屬色，具備覆蓋性，可以在深色的紙上書寫，筆芯 0.5mm，防水耐光不斷墨。

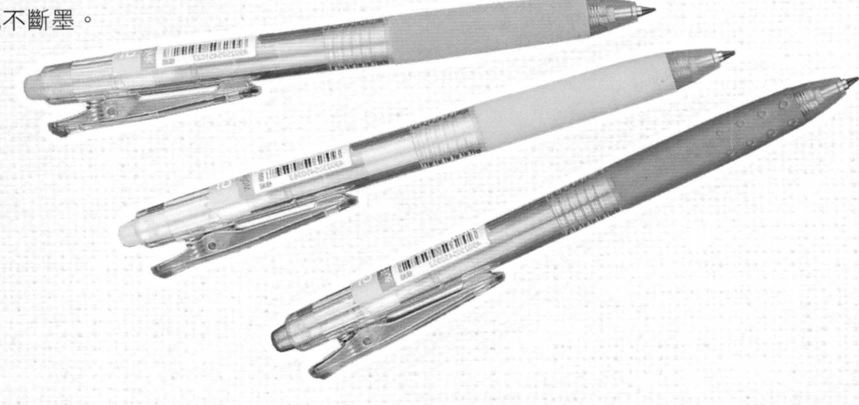

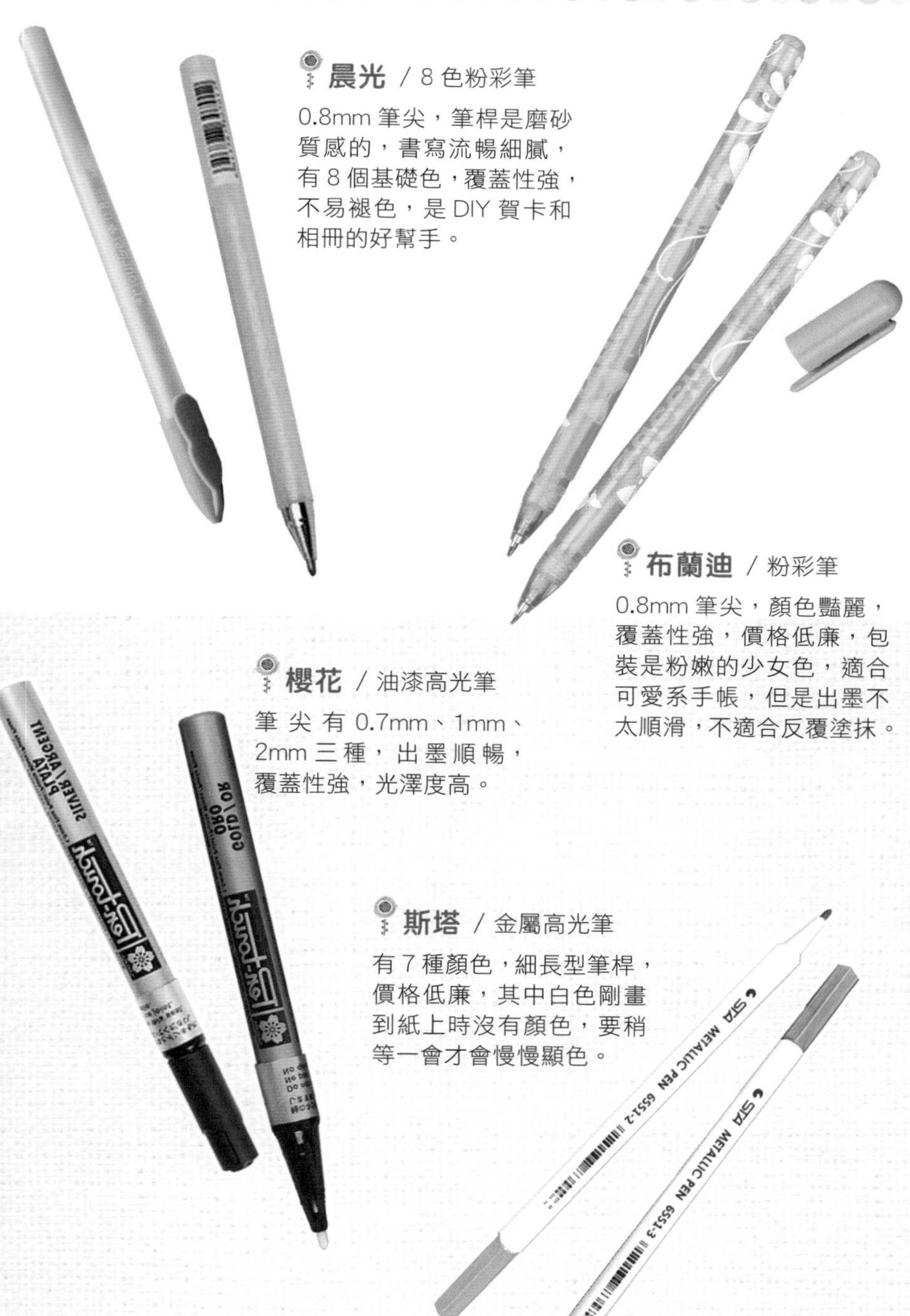

晨光 / 8 色粉彩筆

0.8mm 筆尖，筆桿是磨砂質感的，書寫流暢細膩，有 8 個基礎色，覆蓋性強，不易褪色，是 DIY 賀卡和相冊的好幫手。

布蘭迪 / 粉彩筆

0.8mm 筆尖，顏色豔麗，覆蓋性強，價格低廉，包裝是粉嫩的少女色，適合可愛系手帳，但是出墨不太順滑，不適合反覆塗抹。

櫻花 / 油漆高光筆

筆尖有 0.7mm、1mm、2mm 三種，出墨順暢，覆蓋性強，光澤度高。

斯塔 / 金屬高光筆

有 7 種顏色，細長型筆桿，價格低廉，其中白色剛畫到紙上時沒有顏色，要稍等一會才會慢慢顯色。

纖維筆作品展示

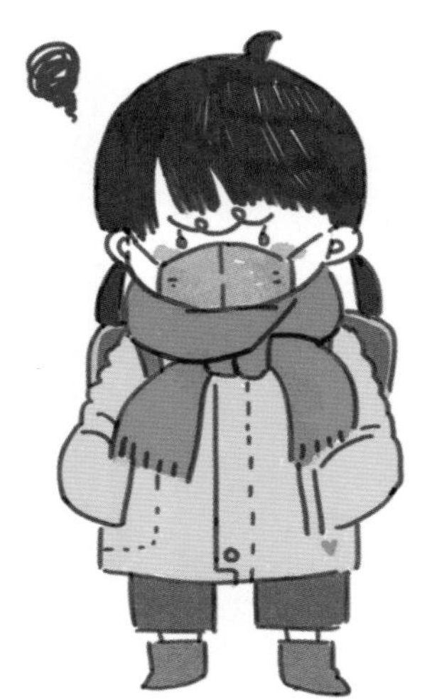

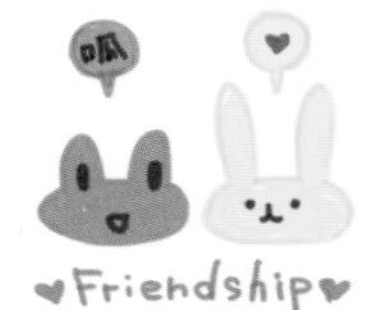

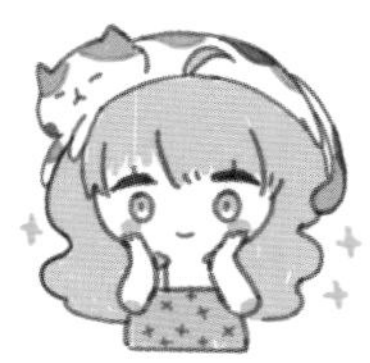

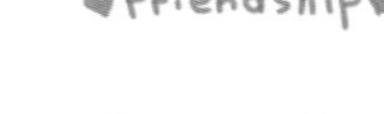

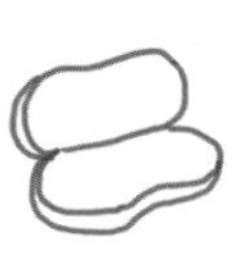

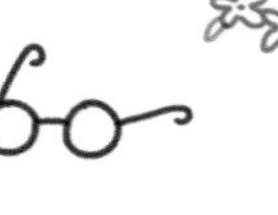

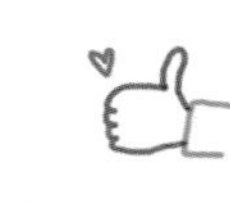

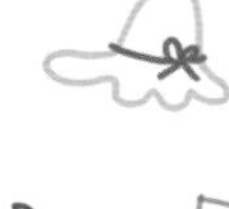

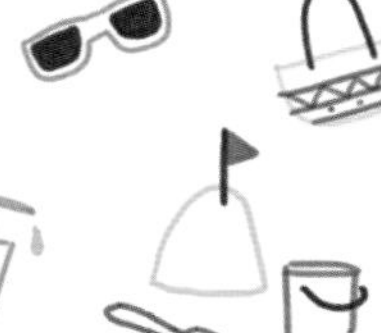

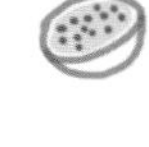

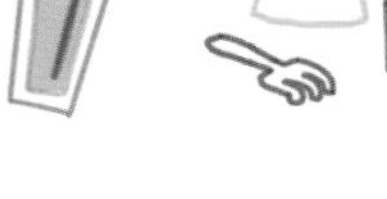

螢光筆作品展示

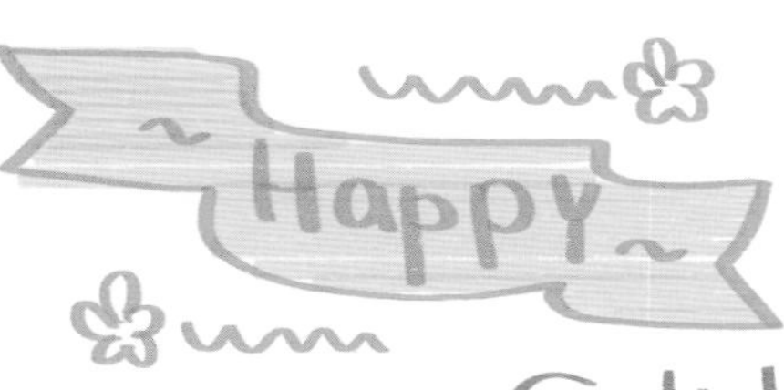

English

point

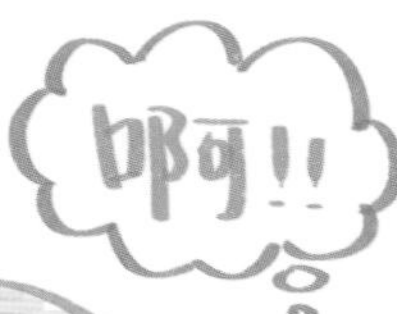

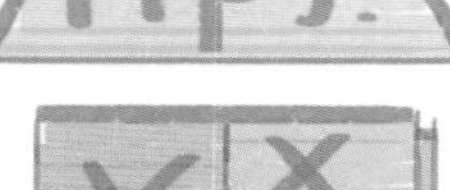

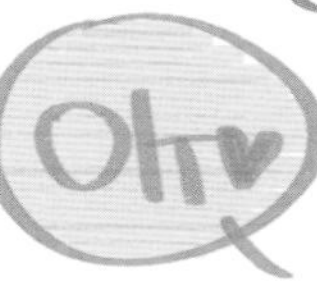

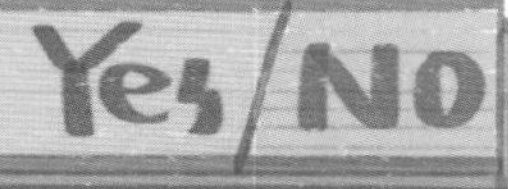

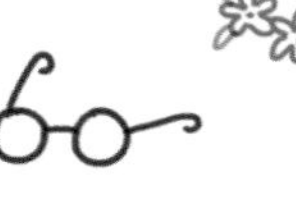

珠光筆作品展示

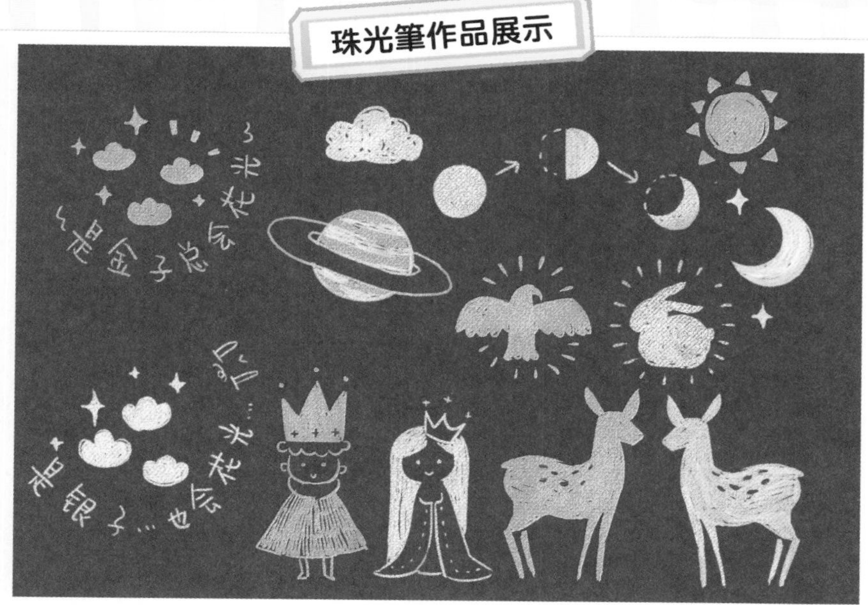

金粉筆作品展示

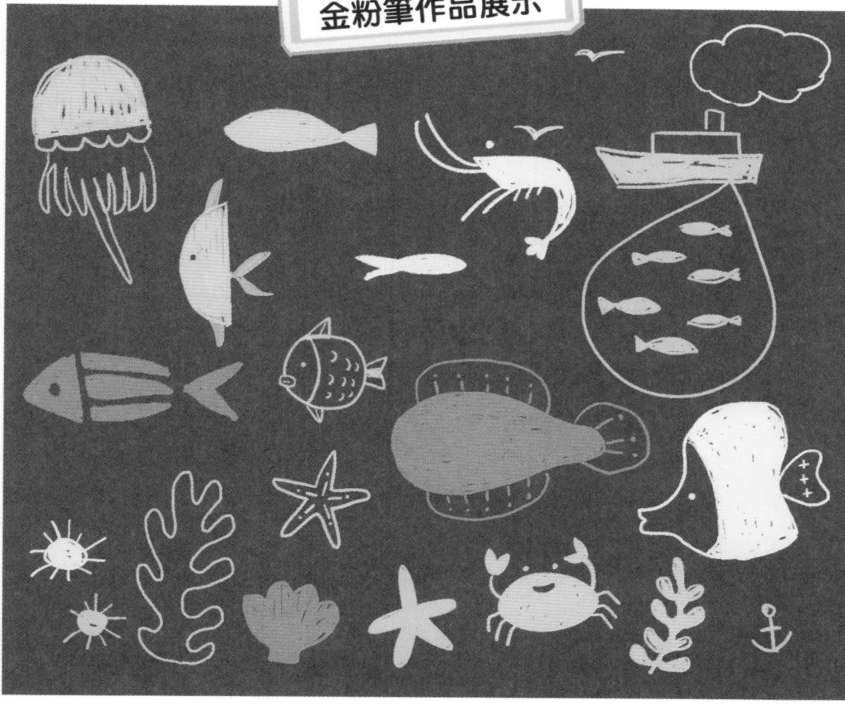

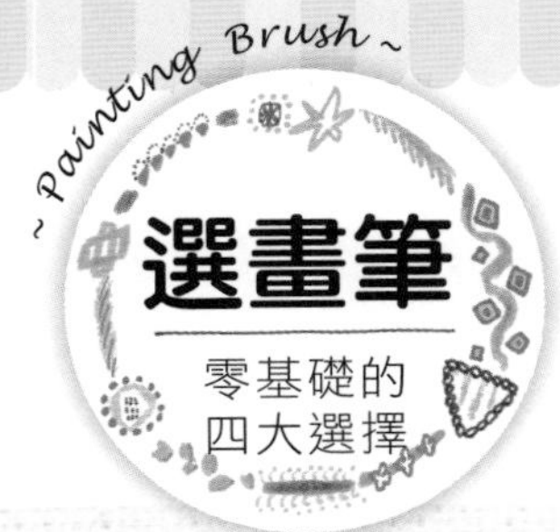

選畫筆

零基礎的四大選擇

在手帳本裏親手畫上好看的插畫是超滿足的一件事，這裏將為大家介紹最常用的四種畫筆，看看它們的特色吧！

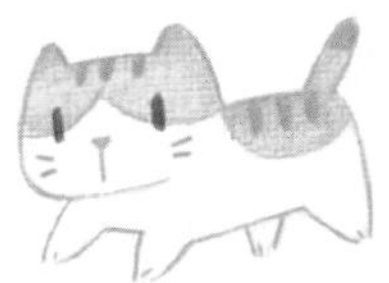

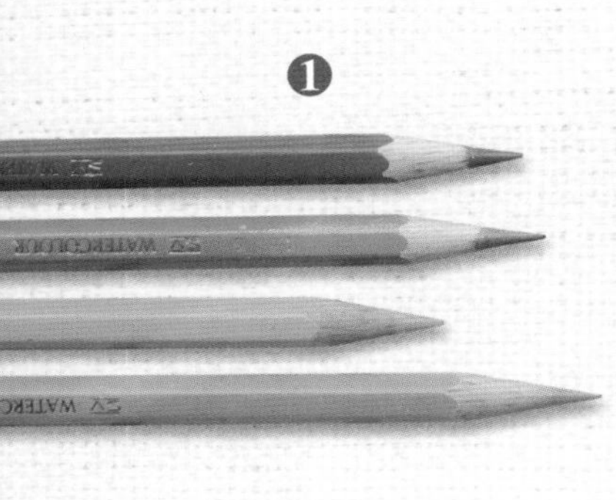

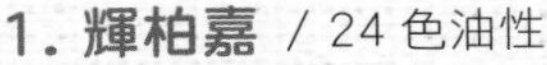

1. 輝柏嘉 / 24 色油性

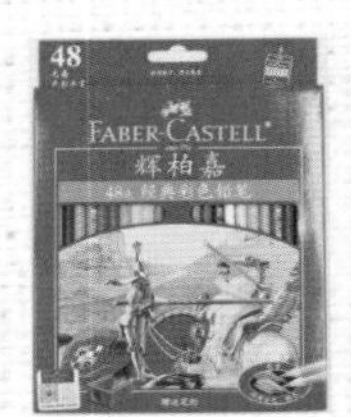

適合初學者的輝柏嘉非常有名，它的顏色比較全面，筆觸細膩，價格也很便宜，總體性價比較高。

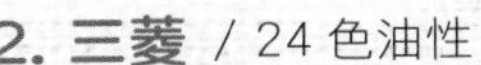

2. 三菱 / 24 色油性

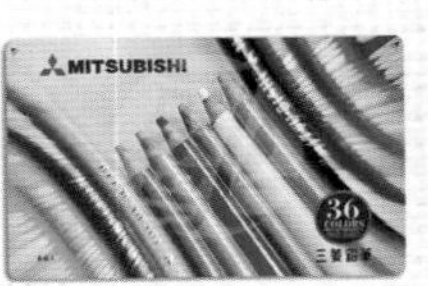

三菱的木顏色筆，筆身非常光滑，手感很好，色彩通透，具有高透明度和飽和度，作品表現力非常細膩，但是價格偏貴。

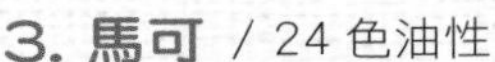

3. 馬可 / 24 色油性

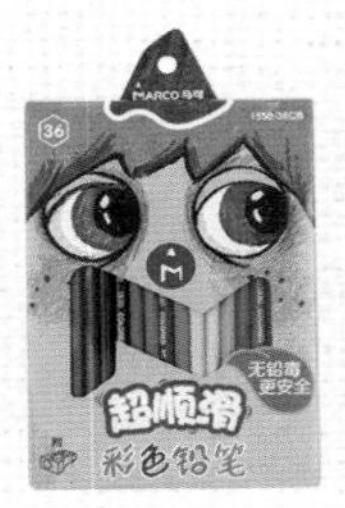

馬可的這款木顏色筆非常好用，很容易着色，輕輕一塗顏色就顯現了，色彩飽和度高，價格很便宜。

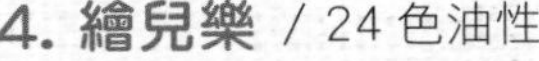

4. 繪兒樂 / 24 色油性

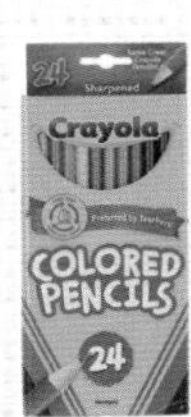

繪兒樂的顏色比較粉嫩，筆芯柔韌性超強，無論下筆過重還是斜塗、素描都可以，但淺色系顯色不太明顯，要多塗幾遍，價格便宜。

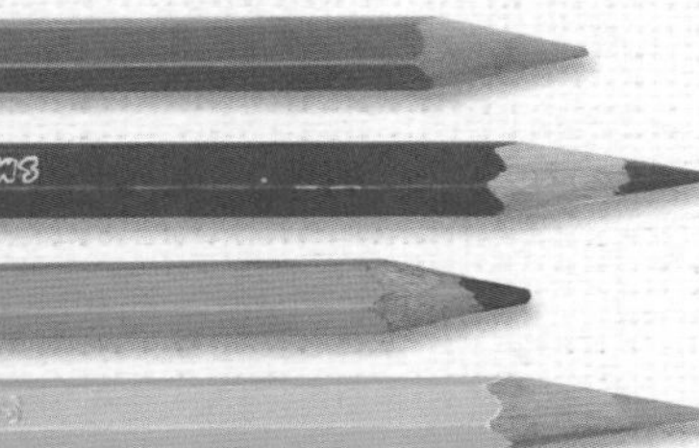

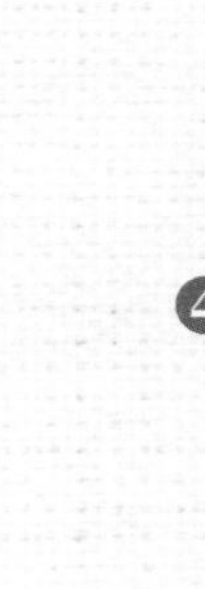

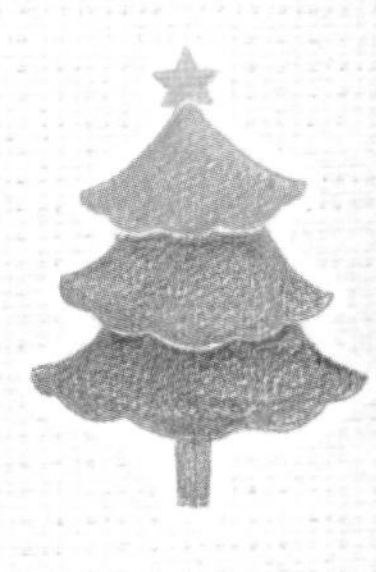

木顏色筆

木顏色筆分為油性和水溶性兩種，在不蘸水的情況下畫出來的效果差不多，它能適應大部分的紙質，不過如果是太光滑的紙張，力度輕了會有點不好着色，所以要均勻地多塗幾遍。如果怕畫重了紙張出現印跡，可以墊個墊板。

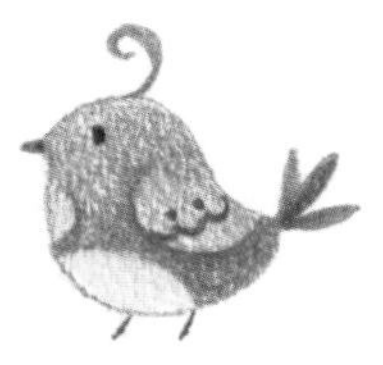

5. 酷喜樂 / 24 色油性

酷喜樂的這款木顏色筆是全鉛的，所以削筆的時候要小心，筆觸較粗糙，顏色較深。

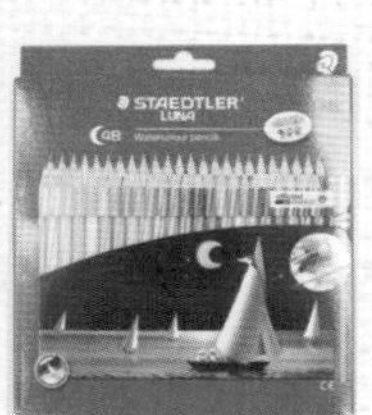

6. 施德樓 / 24 色油性

施德樓的木顏色筆包裝很好看，顏色很多，鉛筆內加白色保護層，防斷能力提高 50%。適合畫漫畫、塗鴉，但是筆芯稍硬，疊色時要多塗幾遍。

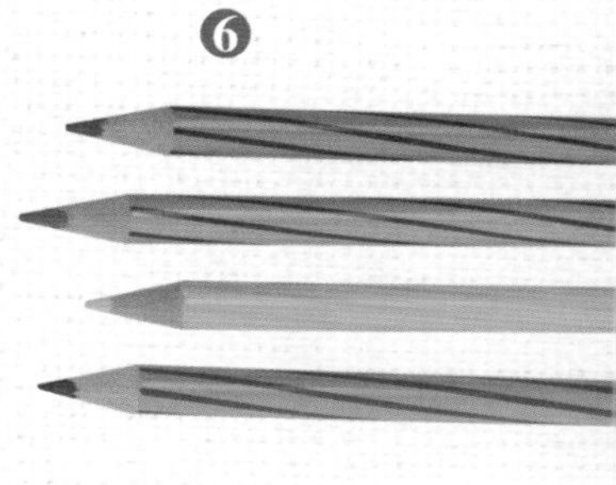

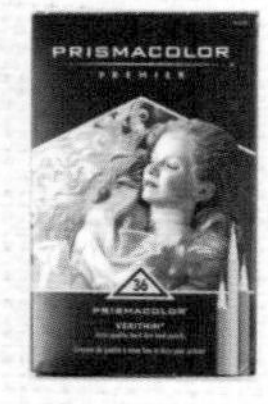

7. 三福霹靂馬 / 24 色油性

筆芯粉末細膩，略帶蠟質，能夠輕輕地平塗，也可以刻畫細節，顏色鮮豔，但價格比較貴。

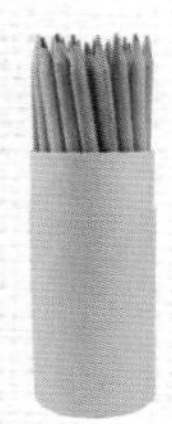

8. 無印良品 / 36 色油性

無印的木顏色筆有股很大的木頭味，筆芯比較軟，顏色鮮豔，比較好上色，價格偏貴。

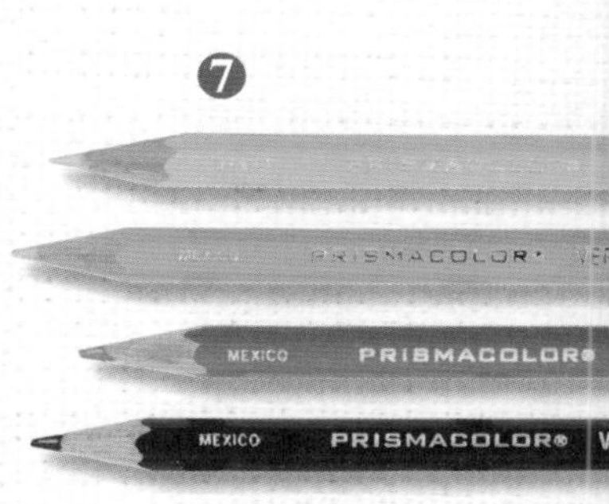

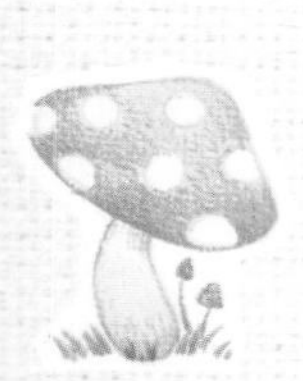

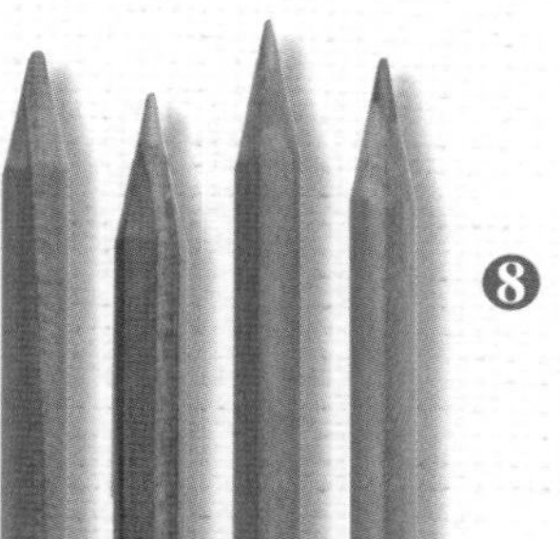

水彩

水彩是手帳裏常用的畫材，大部分簿子的紙張上都覆蓋着一層光滑的薄膜，能夠承受水彩顏料，但是水份多了還是會起皺。所以水份要少一點，或者另外畫在水彩紙上然後剪下來黏貼在簿子上。

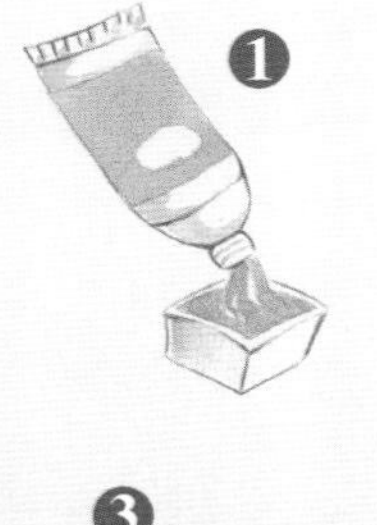
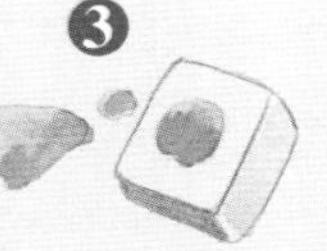
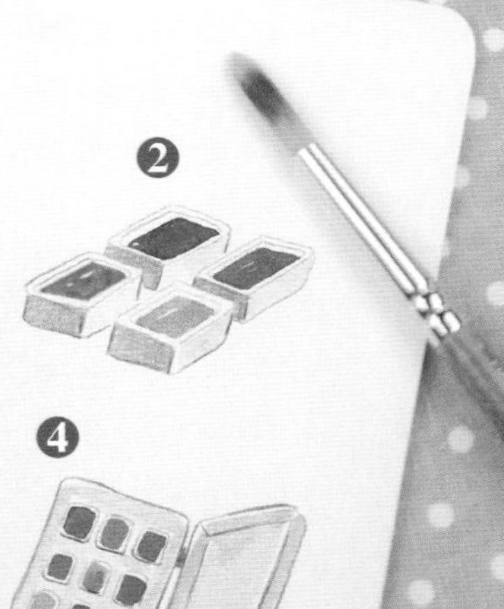

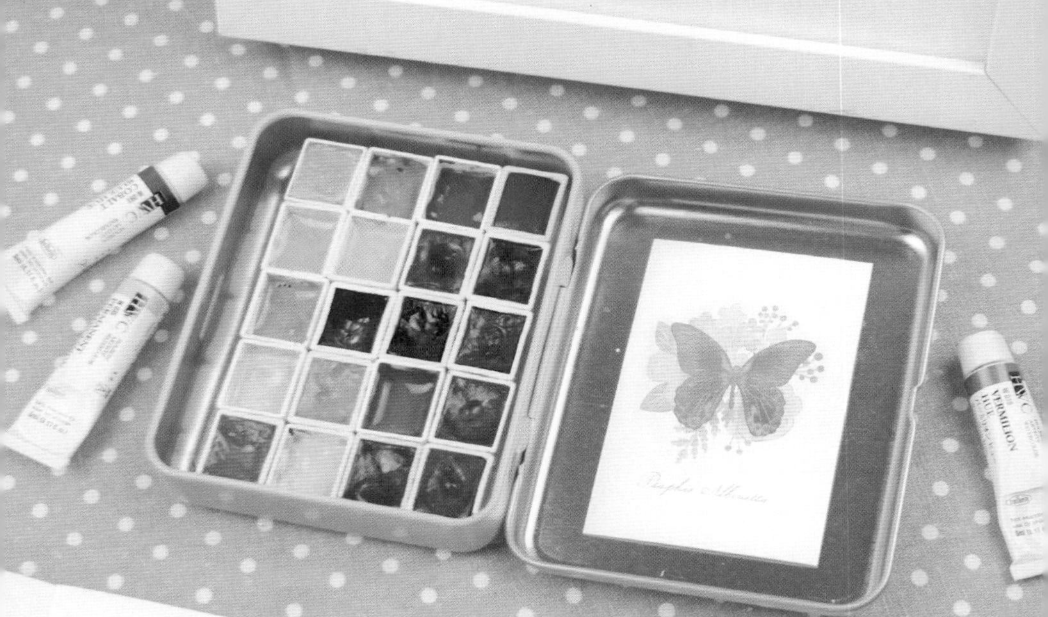

自製便攜水彩盒

1. 將你常用的管裝顏料擠在水彩顏料格裏。

2. 讓顏料自然變乾，這樣能隨時使用。

3. 在顏料格背面黏上寶貼萬用膠(Blu-Tack)或可塑橡皮。

4. 將顏料格黏在鐵盒子裏，鐵盒子可以是茶葉或者糖果的包裝盒，大家也可以在鐵盒裏調色！

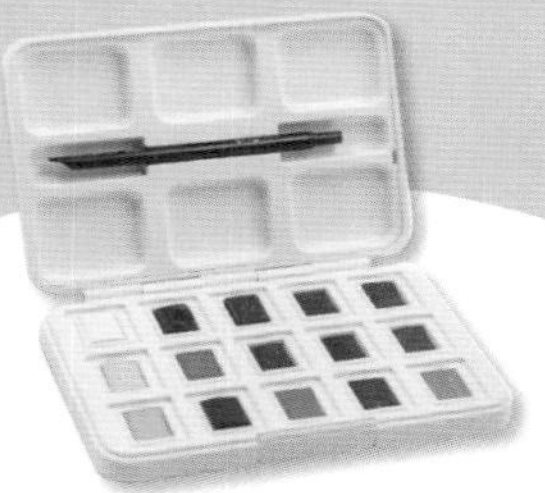

梵谷 / 15 色固體

顏色鮮豔，顏料的擴散性和混色效果適中，適合初學者。

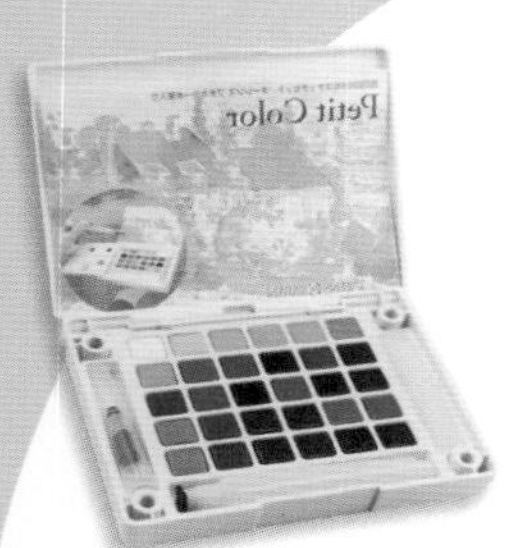

櫻花 / 30 色固體

顏色屬於半透明色，顏料顆粒大，很難出水痕，適合入門初學者。

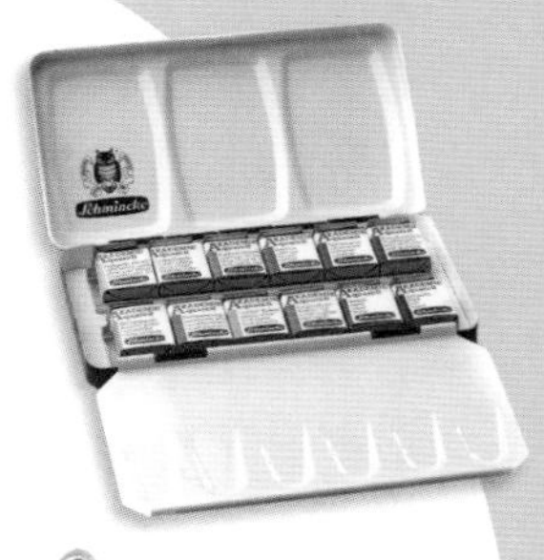

史明克 / 12 色大師級

顏色透明度高，色調穩重，有些套裝裏棕色系偏多。顏料易蘸取。

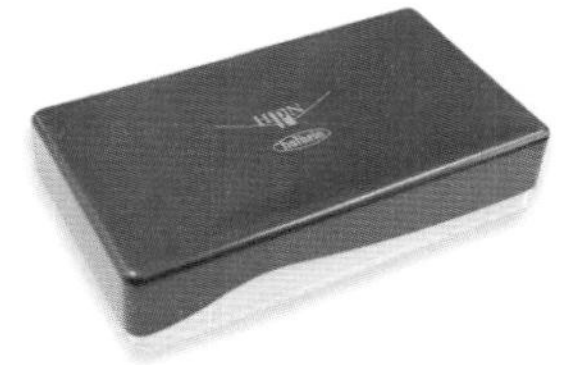

荷爾拜因 / 紅色珍寶盒

顏色鮮豔明亮，透明度很高，顏料遇水即化，很好蘸取，小小的一盒也適合攜帶。

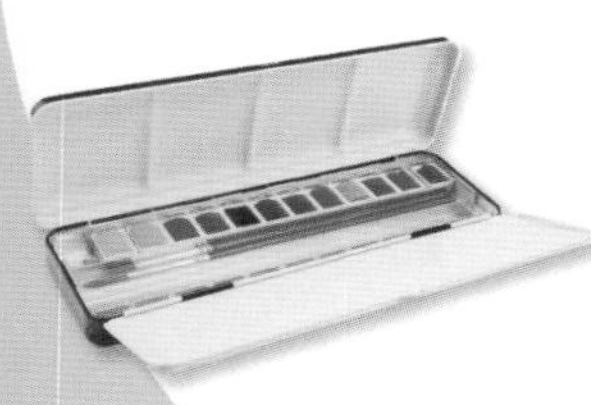

溫莎牛頓 / 12 色鐵盒

顏色非常透明，混色和擴散都很好，顏料比較細膩，現在普遍使用。

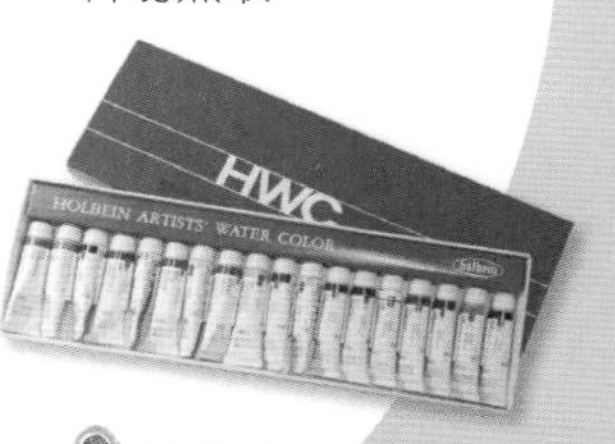

荷爾拜因 / 18 色

顏色明亮，風格非常小清新，顏料的研磨很細膩，可以自己製作便攜水彩。

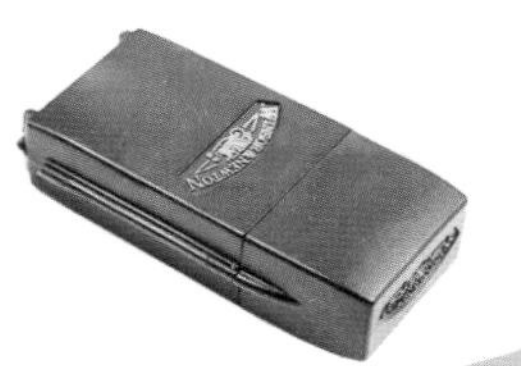

溫莎牛頓 / 12 色袖珍套裝

除了溫莎顏料一貫的好品質外，這個套裝包含畫水彩的所有工具，非常適合外出攜帶。

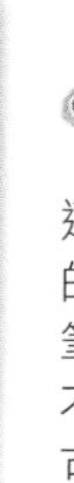

便攜水彩筆

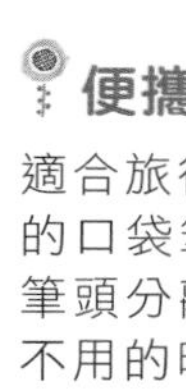

適合旅行時攜帶的口袋筆，筆桿筆頭分離設計，不用的時候筆桿可以當筆帽，非常方便。

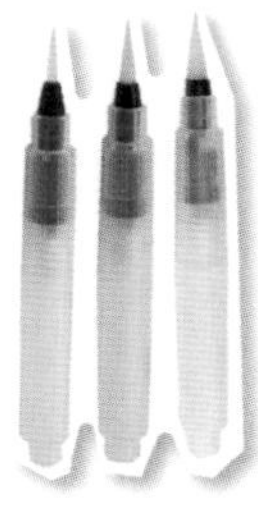

自來水筆

便攜的自來水筆，筆管裏裝着滿滿的水，有多種粗細的筆頭，外出時能省略打水的步驟。

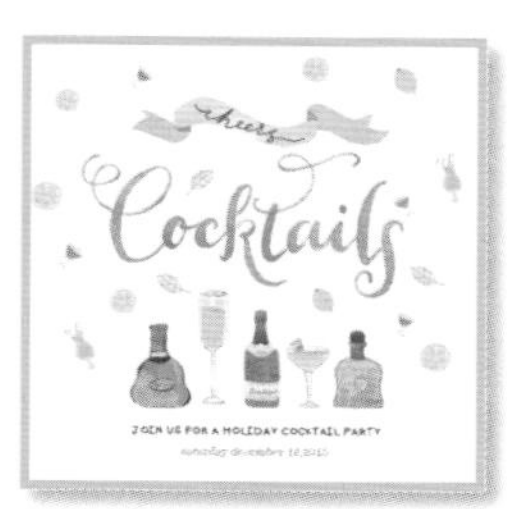

木顏色筆作品展示

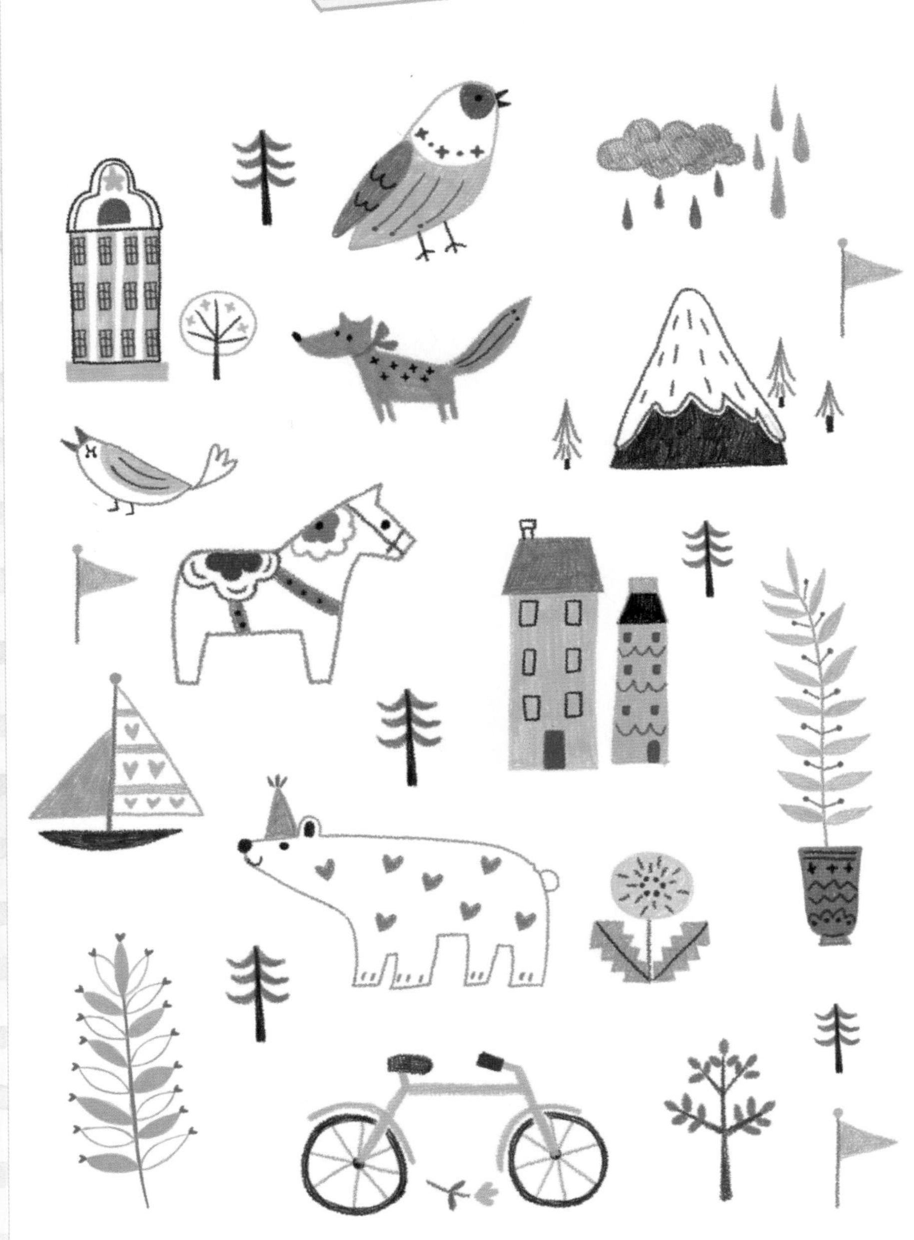

水彩作品展示

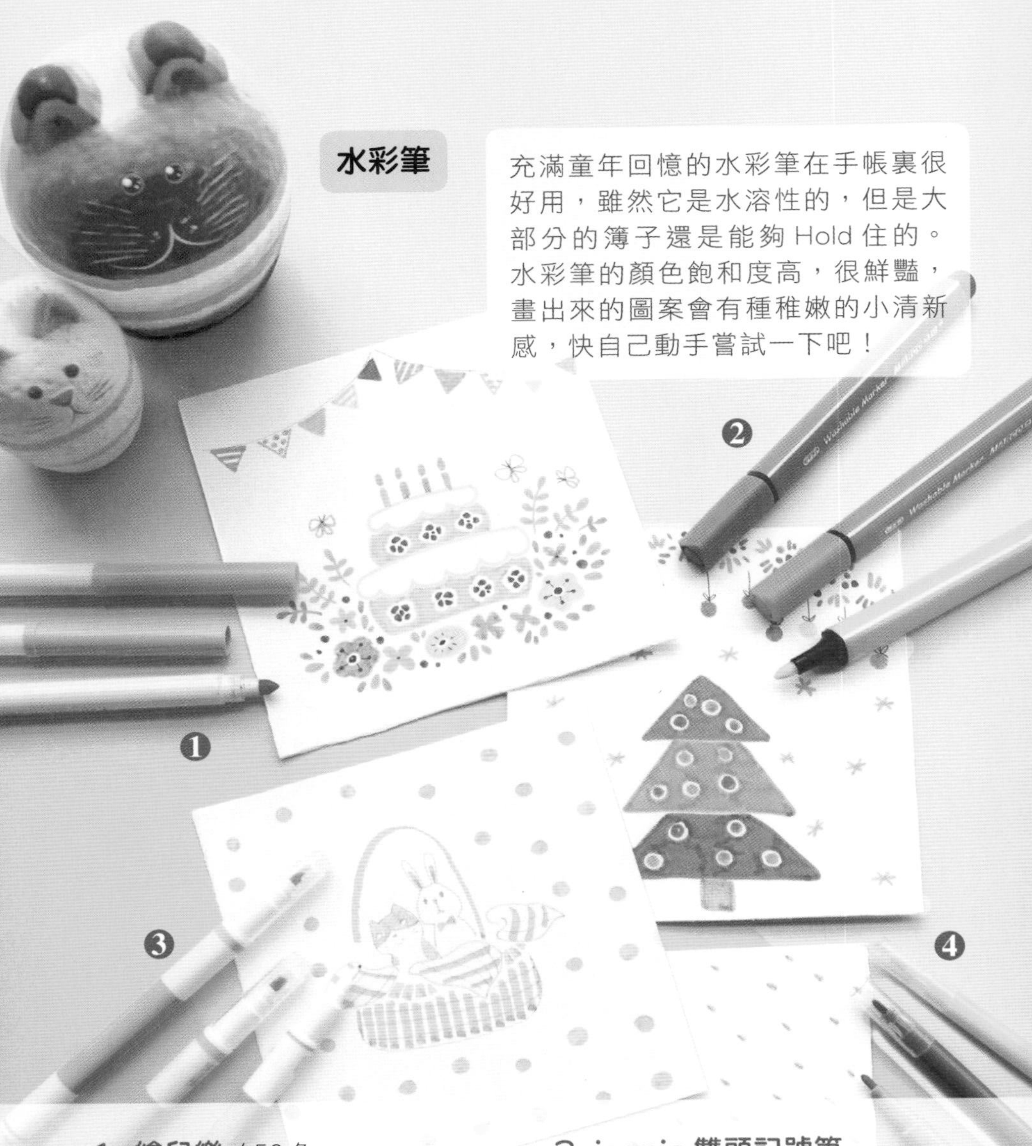

水彩筆

充滿童年回憶的水彩筆在手帳裏很好用，雖然它是水溶性的，但是大部分的簿子還是能夠 Hold 住的。水彩筆的顏色飽和度高，很鮮豔，畫出來的圖案會有種稚嫩的小清新感，快自己動手嘗試一下吧！

1. 繪兒樂 / 50 色

顏色非常多並且鮮豔亮麗，筆頭尖尖的，可以刻畫細節，價格有點貴。

2. 馬可 / 12 色三角杆

顏色飽和度高，很鮮豔，但是筆頭粗，不好刻畫細節，適合大面積塗色。

3. iconic 雙頭記號筆

一共有 3 套不同的色系，每套有 5 支筆，藍杆為深色系，顏色鮮豔亮麗，灰杆為淺色系，顏色淺淺的，藍灰筆桿是復古色系。筆有粗細兩頭，畫細節很不錯。

4. 無印良品 / 70 色迷你水彩筆

一整盒都很輕巧，顏色卻非常豐富，畫出來的顏色偏深，價格較貴。

馬克筆(Marker)

馬克筆在手帳裏也可使用，但是它比較特別，有很強的浸透力。馬克筆分為水溶性和油性兩種，水溶性的效果有點像水彩，疊多了會變灰；油性的則含酒精，氣味大，顏色比較鮮豔，過渡也比較自然。不太建議初學者使用。

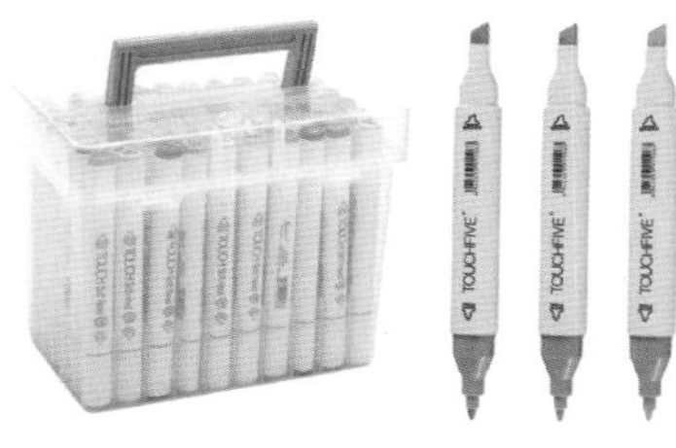

TOUCH / 白杆

TOUCH 是韓國的品牌。分黑白杆，白杆一邊軟頭一邊方頭，顏色鮮豔。注意市面上有很多假貨，正品一支 12 元左右，能用很久。

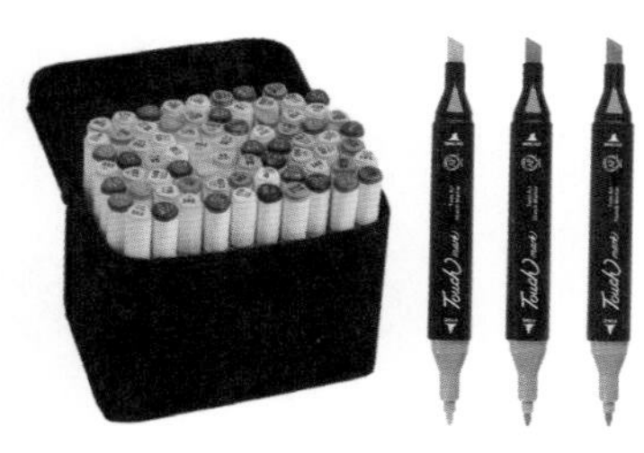

TOUCH / 黑杆

黑杆的 TOUCH 一邊方頭一邊尖頭，市面上最常見，顏色很多，浸透力很強，最好在光滑一些的紙張上使用。

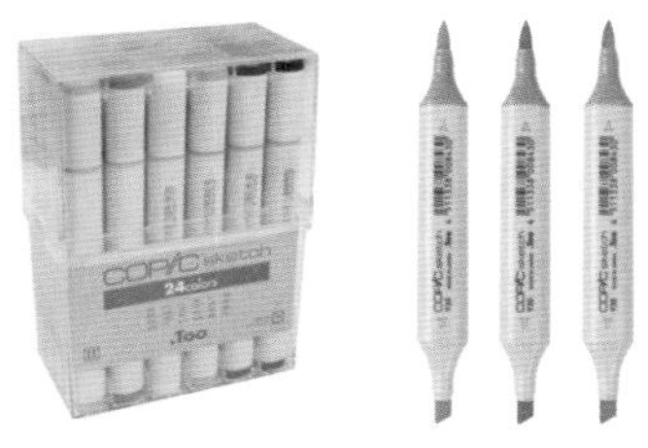

COPIC / Sketch

COPIC 馬克筆產自日本，是酒精性馬克筆，有快乾的特點。它的墨水色彩比較好，筆頭可以更換，但價格比較貴，這款 Sketch 是雙頭的，一頭斜扁，一頭軟刷頭，很有特色。

TIPS

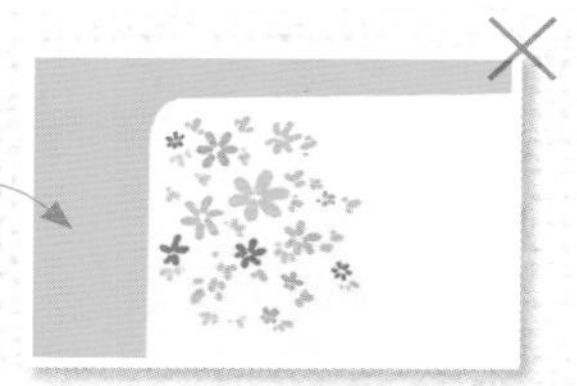

馬克筆的顏色浸透力非常強，幾乎沒有簿子可以撐得住，除了紙的正反頁會浸透外，下一頁也會沾上一些顏色。

所以最好畫在另外的紙上，剪下來黏貼，這樣就不會透了。

水彩筆作品展示

馬克筆作品展示

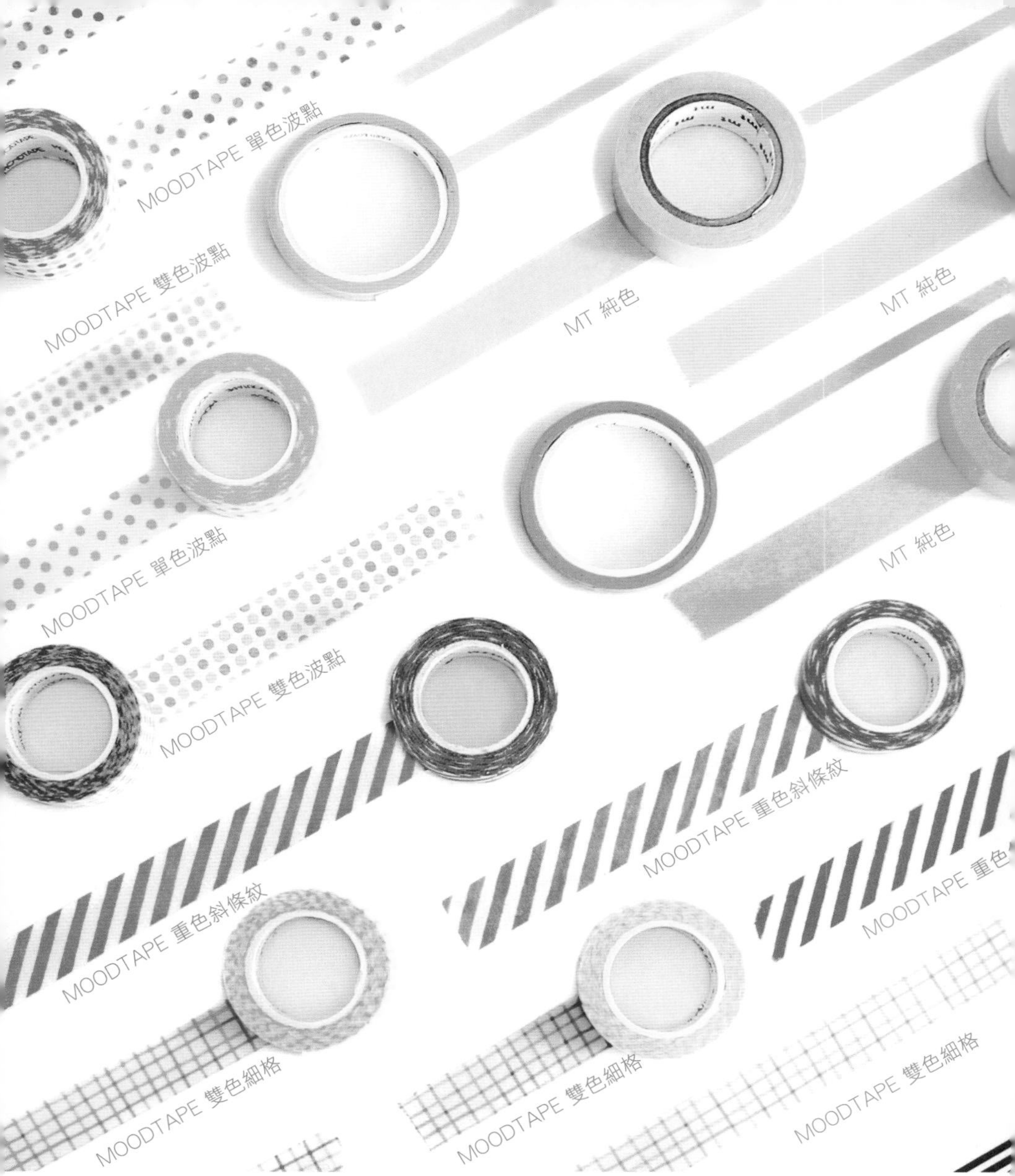

MOODTAPE 單色波點
MOODTAPE 雙色波點
MT 純色
MT 純色
MOODTAPE 單色波點
MT 純色
MOODTAPE 雙色波點
MOODTAPE 重色斜條紋
MOODTAPE 重色斜條紋
MOODTAPE 重色
MOODTAPE 雙色細格
MOODTAPE 雙色細格
MOODTAPE 雙色細格

紙膠帶有防水、容易撕取的特點，下面來認識一下紙膠帶的分類吧。

基礎款

最常用的基礎款可以詳細劃分為純色款、波點款、條紋款和方格款。

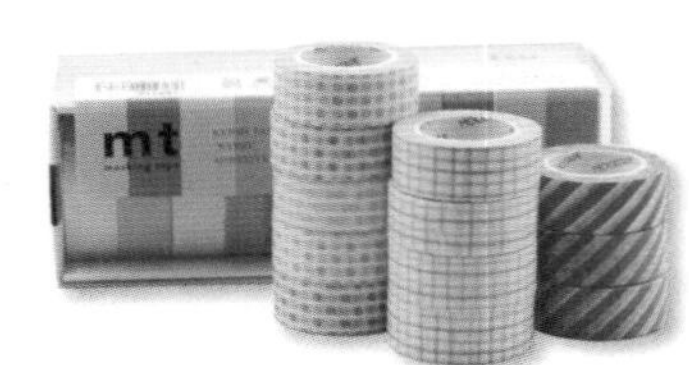

花紋款

花紋款指連續重複的複雜花紋。它們的顏色比波點、方格更豐富，所以配搭的時候要注意配色統一，對比不要太強，否則會顯得雜亂。

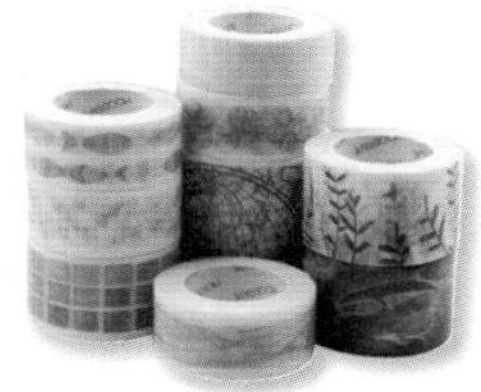

1. Ever & Ein / 鉛筆小藍 鉛筆小綠
2. 大狸家 / 午夜曳航白色 午夜曳航棕色

3 / 4. MOODTAPE / 色彩格 粉藍碎

5. MOODTAPE / 櫻花石淺

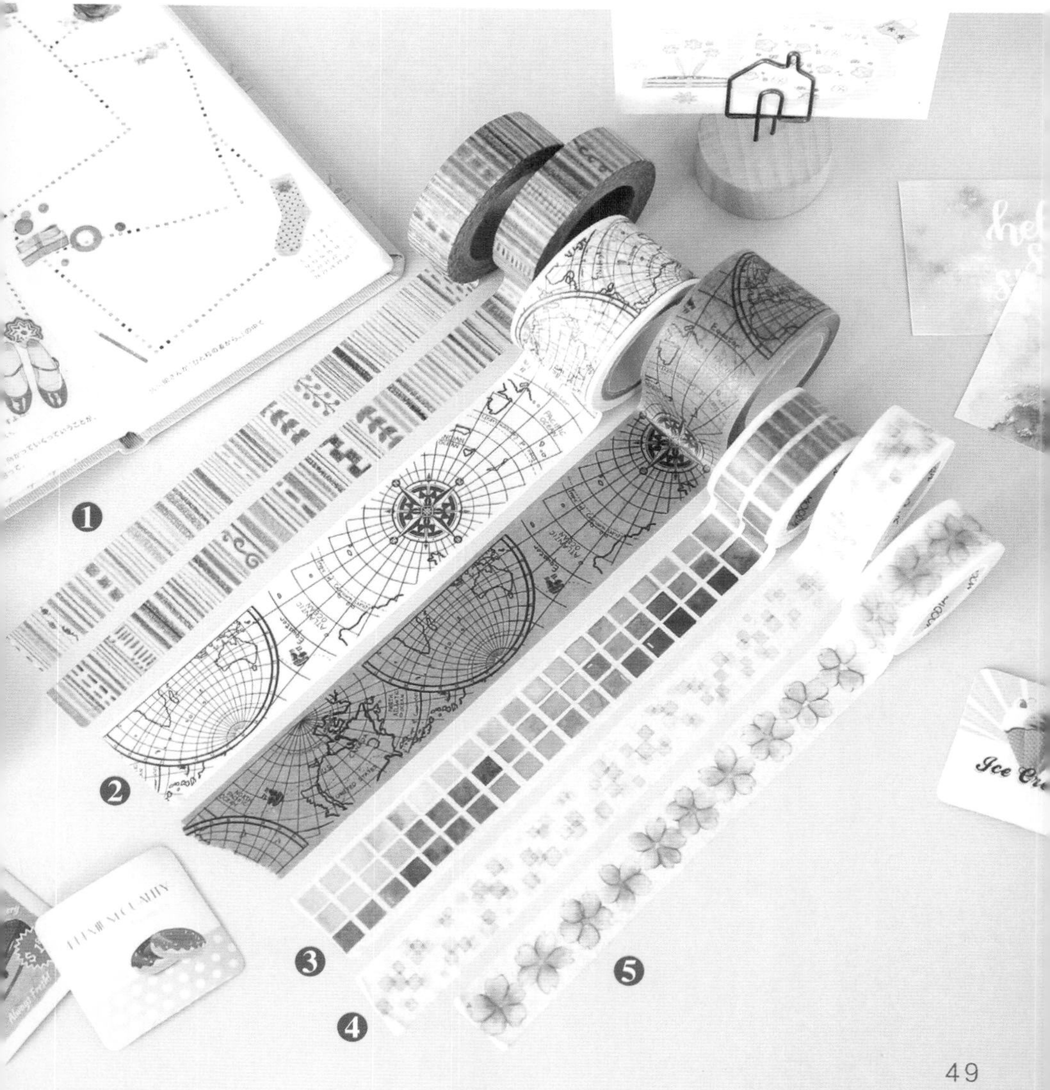

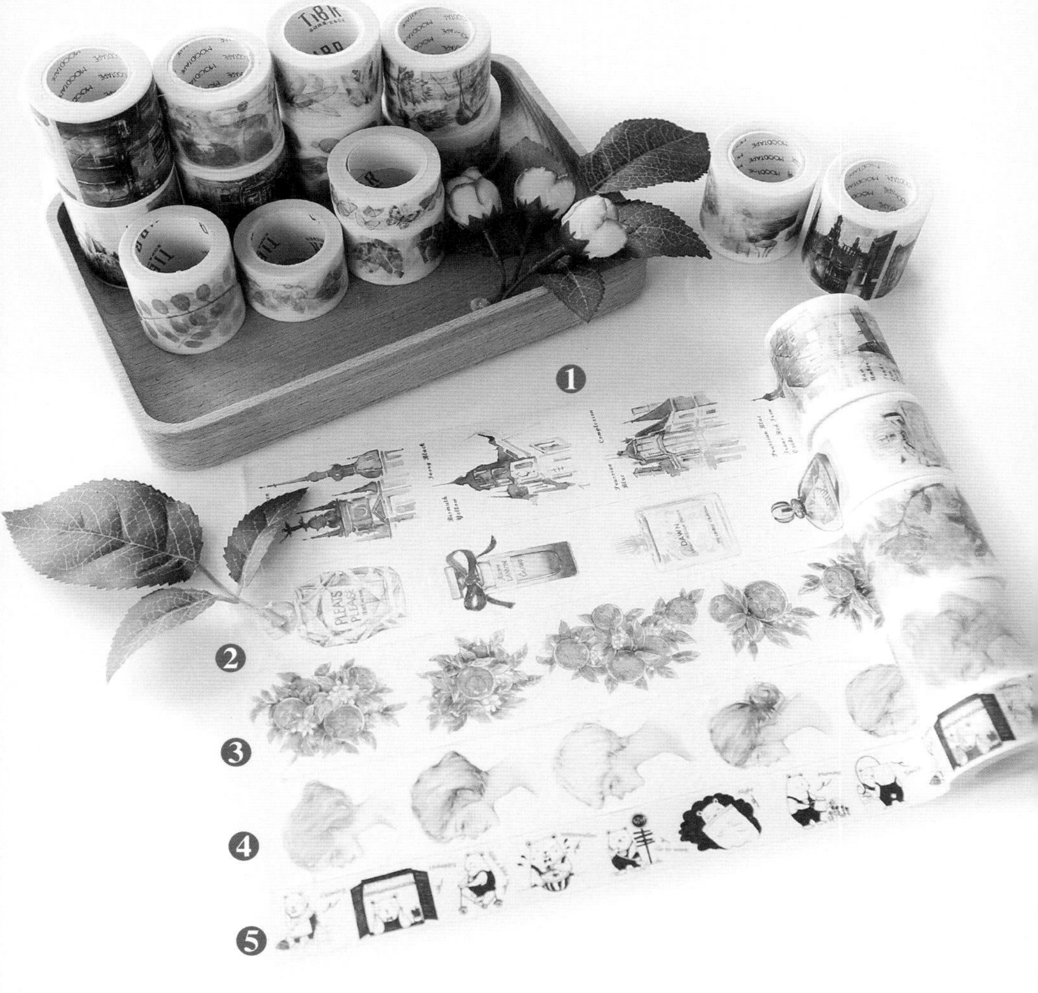

圖案款 圖案款是不連續的，一般是剪下單個圖案作為貼紙裝點頁面，多個圖案款組合在一起可以做出好看的紙膠帶插畫！

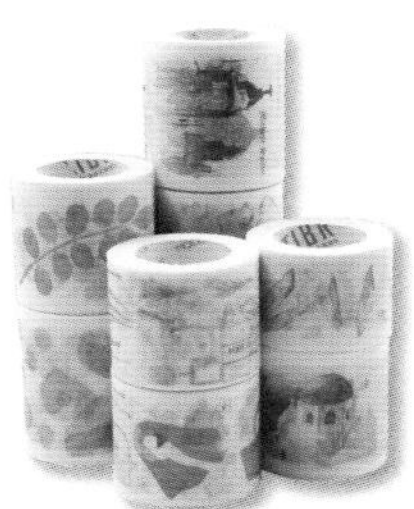

1 / 2. MOODTAPE / EX. 屋頂 EX. 香水
3. 基研所 / 橘
4. MOODTAPE / 側顏
5. 大狸家 / 白熊的日常

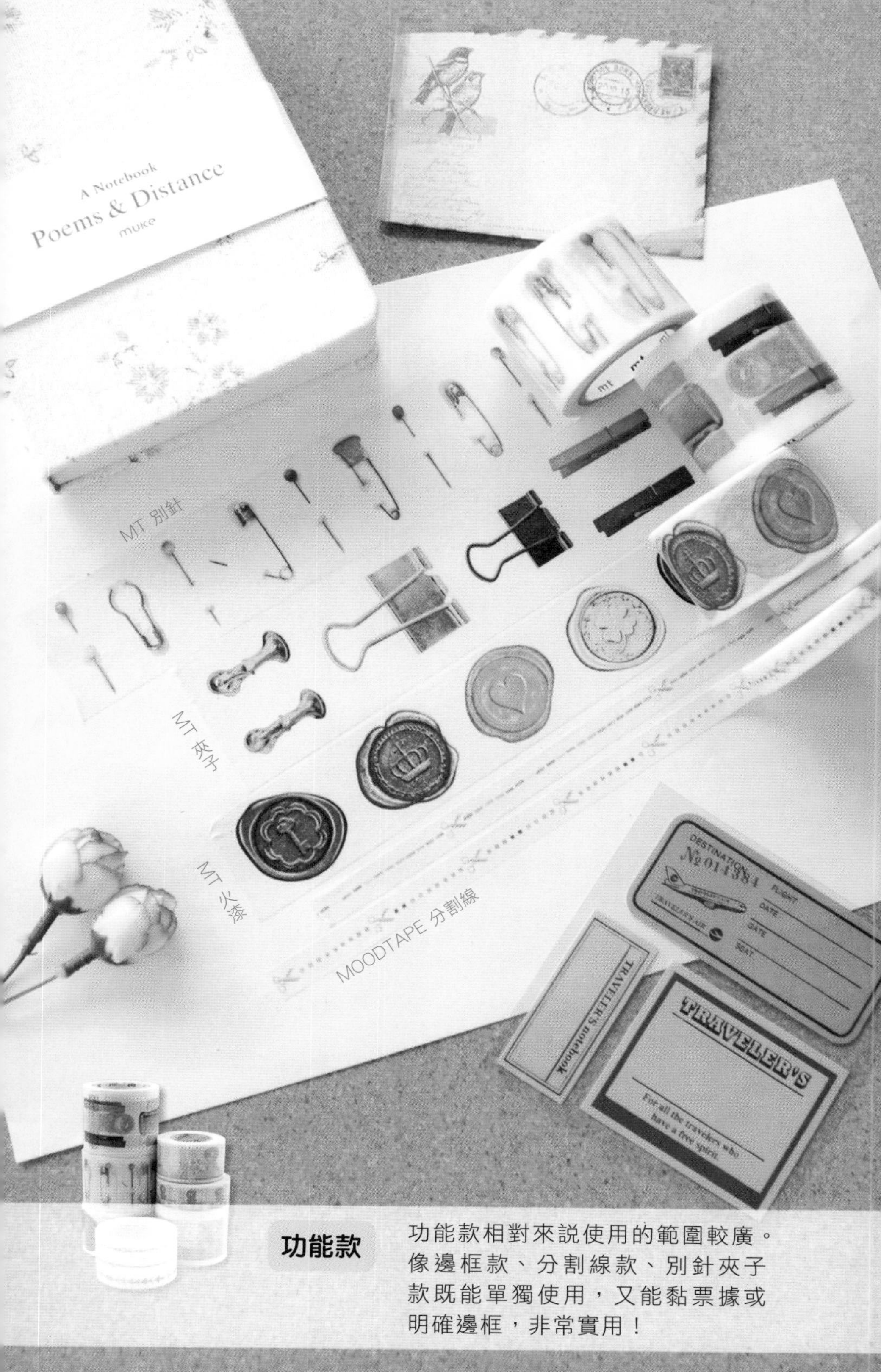

功能款

功能款相對來説使用的範圍較廣。像邊框款、分割線款、別針夾子款既能單獨使用，又能黏票據或明確邊框，非常實用！

異型款

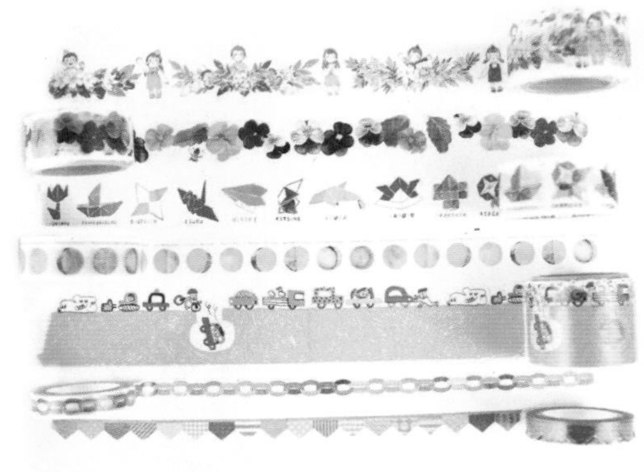

異型紙膠帶比較容易出效果，其邊沿廠家已經切割好了，隨便裁切一段貼在簿子裏即可擁有十足俏皮的小心機。

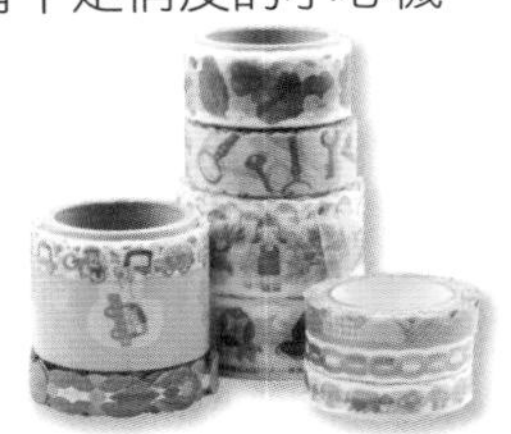

特殊款

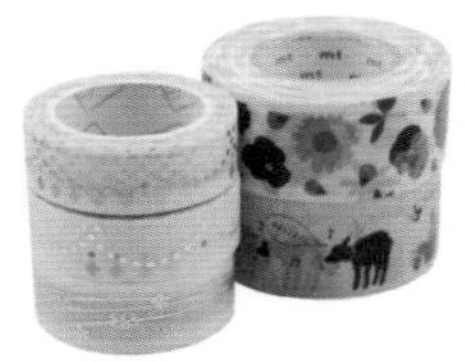

特殊款的紙膠帶因材質和工藝的不同，價格會稍微偏貴一點，比如燙金燙銀款、植絨款、鏤空款、黑板款、超寬款等。新手不要急着購買，等自己的手帳風格確定之後，結合實際需求再買也來得及。

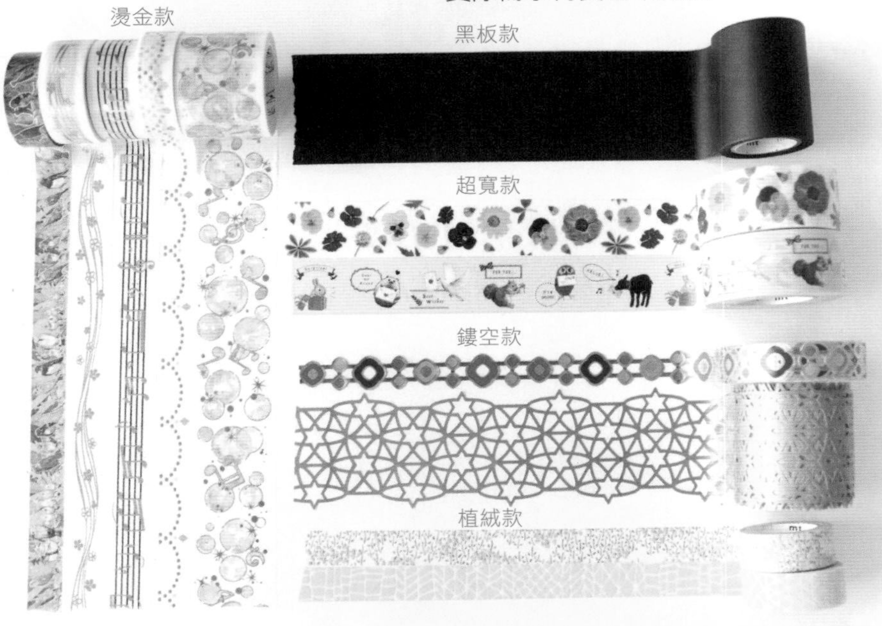

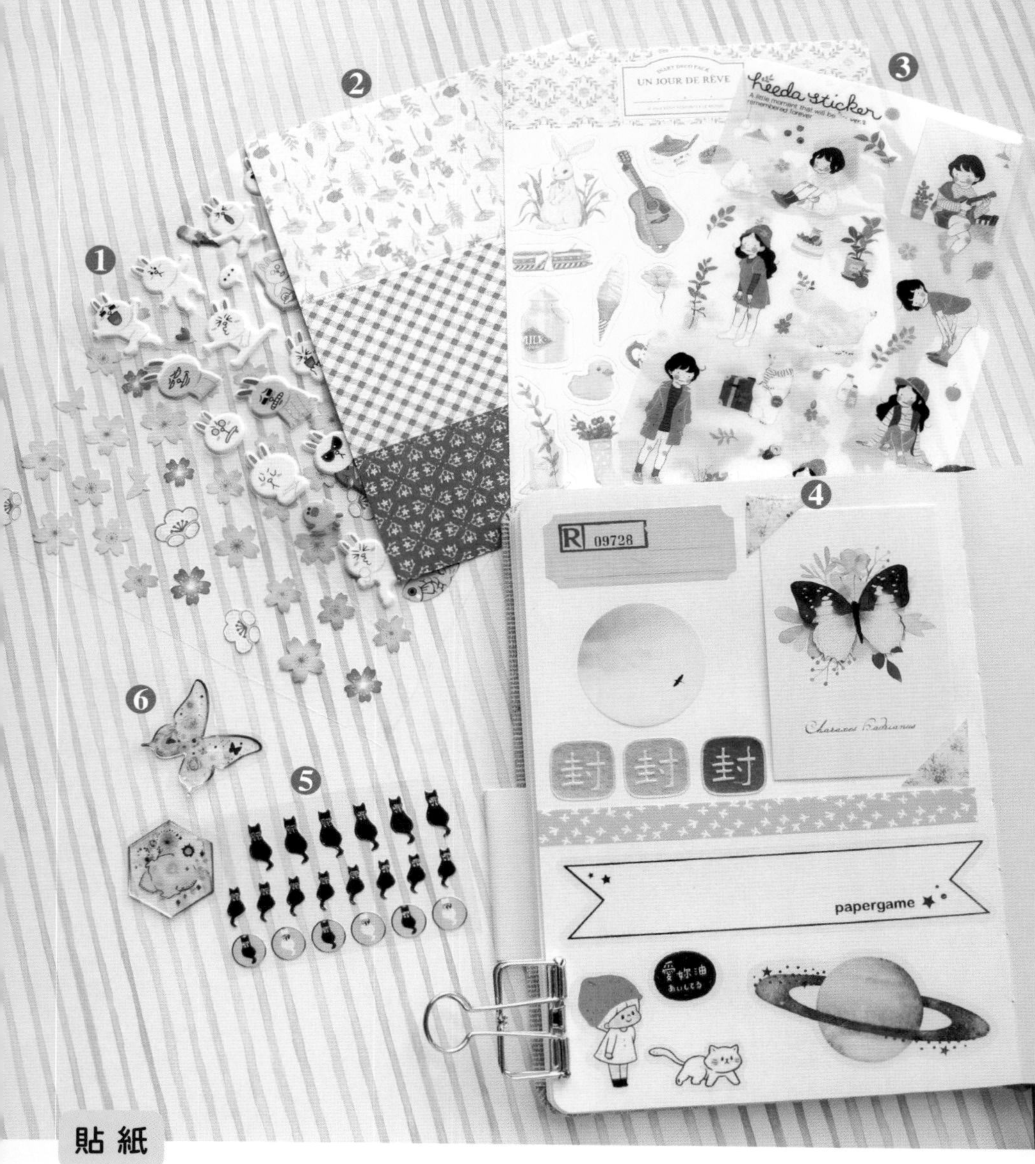

貼紙

1. 立體泡泡貼紙

PET 材質，有厚度，摸着軟綿綿的，讓你的手帳具備 3D 效果。

2. 不透明貼紙

有純色貼紙、圖案貼紙等多種款式，能貼在任何地方。

3. 透明 PVC 貼紙

透明度高，小清新風格強烈，最好不要貼在深色紙上。

4. 相片角貼

專門用來裝飾照片或卡片，兩個一組，可以貼在照片的對角上。

5. 燙金貼紙

高端大氣的燙金工藝讓貼紙更有氣勢，也添加了一些復古風格。

6. 水晶滴膠貼紙

晶瑩剔透的滴膠貼紙非常具有少女心，有些裏面還加了閃粉！

便利貼

1. 基礎款便利貼

分純色和花色兩種，幾何外形有種簡潔的現代感，在手帳裏可以美化頁面或補充資訊，配搭功能款紙膠帶效果更好。

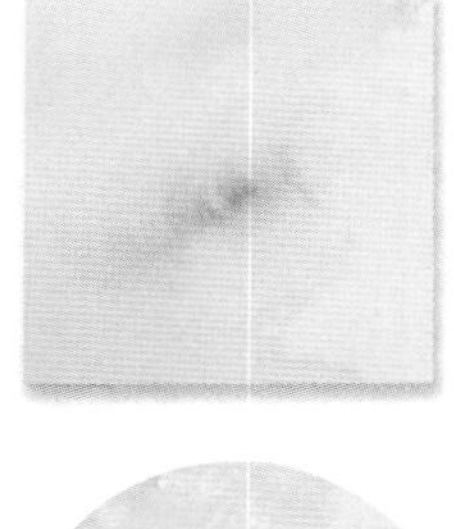
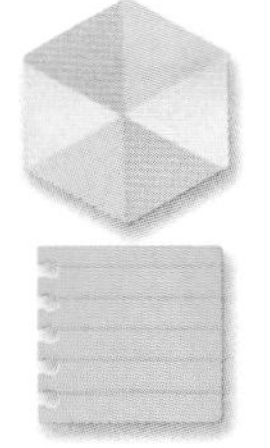

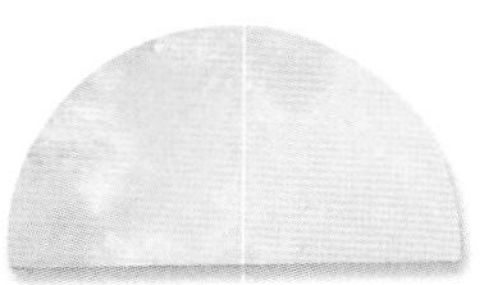

2. 索引便利貼

能夠說明你精準地找到想要的頁面資訊，還可以作為手帳裏的標題列。

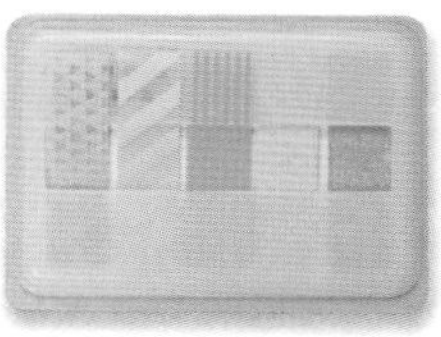
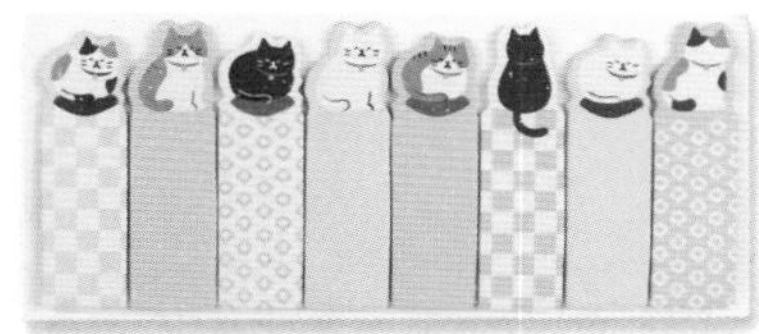

3. 打卡便利貼

具備打卡功能的便利貼，將你計劃要做的事寫上去，每天堅持打卡吧，而且它可以隨時黏貼在任何地方。

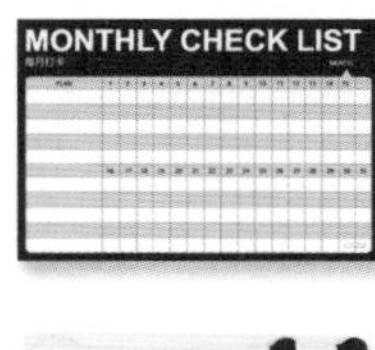

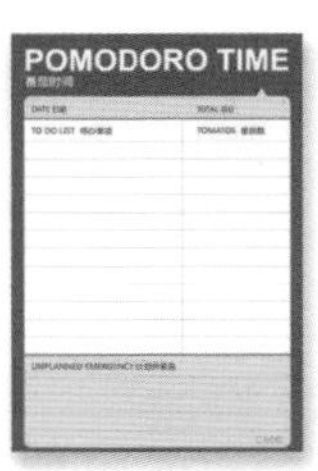

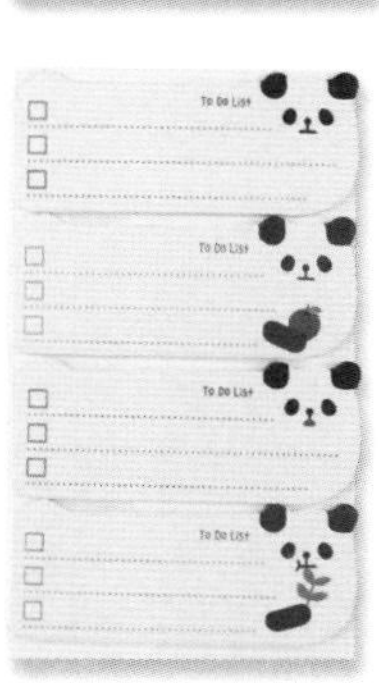

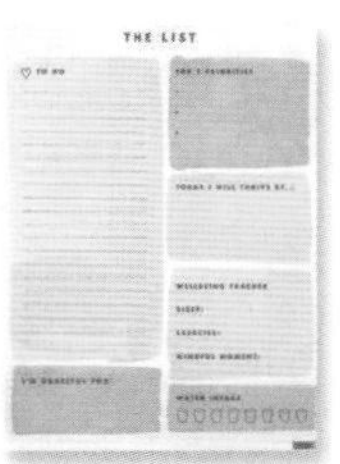

4. 可愛便利貼

網上有很多可愛便利貼，它們豐富的造型和色彩能使你的手帳更加有趣，可以作為美化手帳的素材。

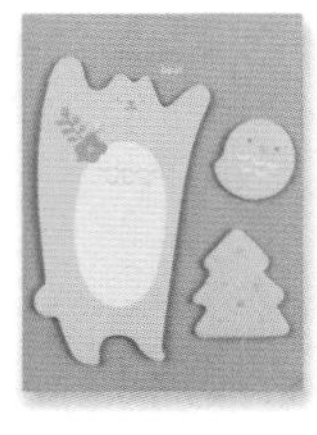
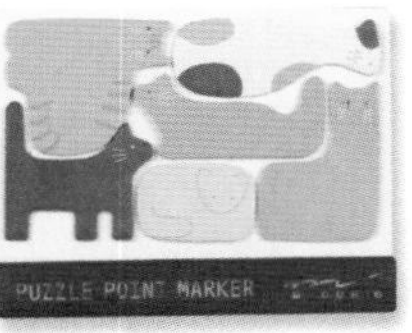

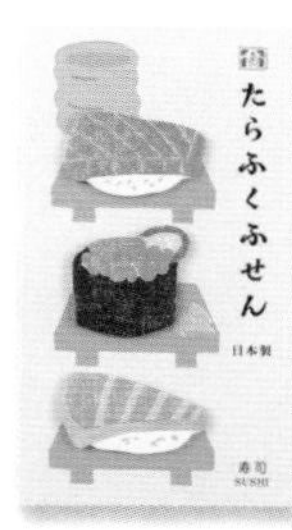

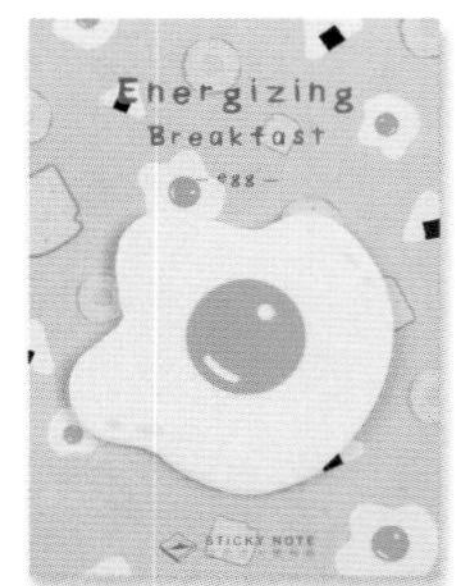

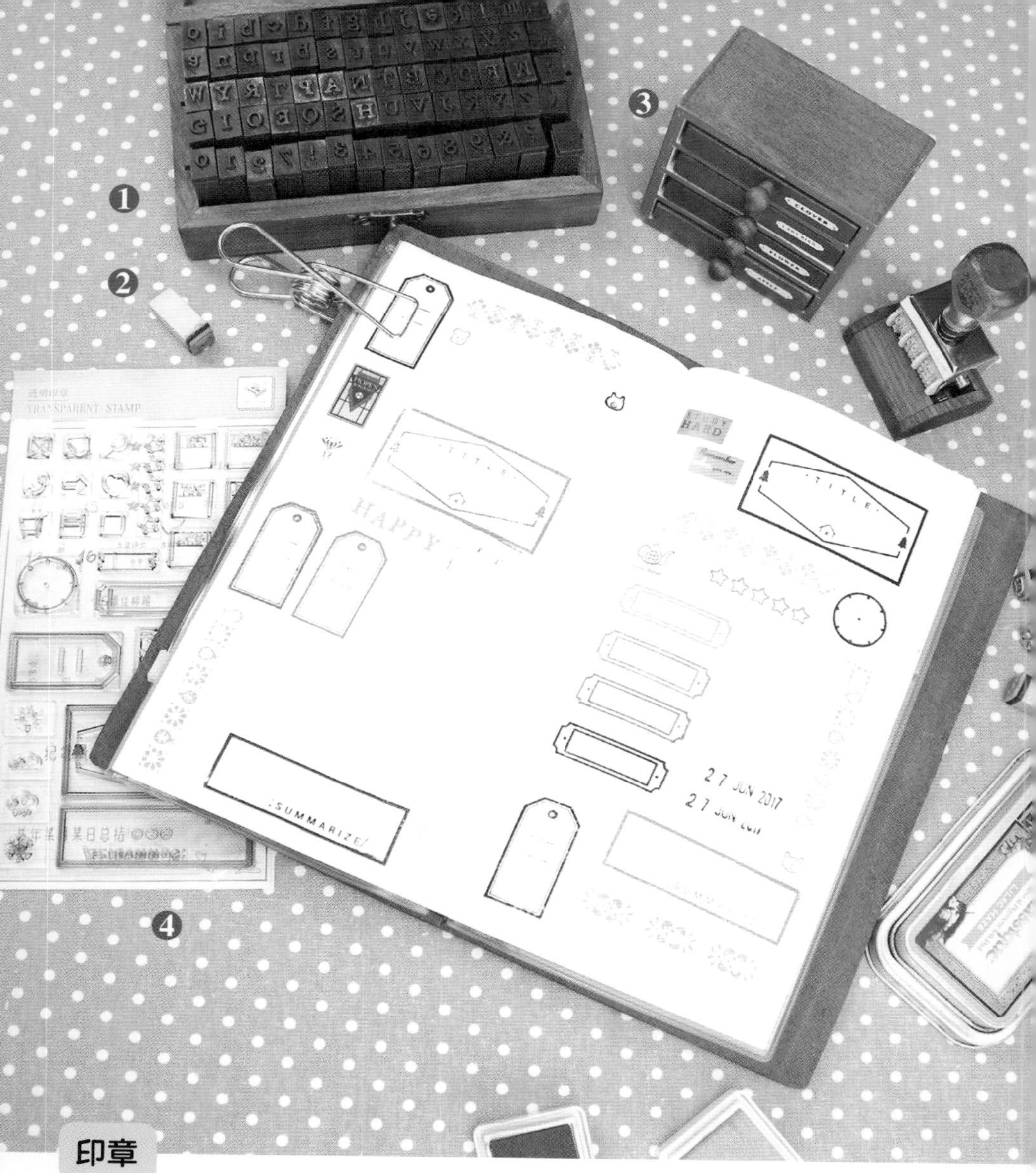

印章

1. 活字組合印章

超級實用的印章組合，裏面包含大小寫的字母、數位以及標點符號，可以印出你想表達的意思。

2. 圖案印章

在手帳的字裏行間印上可愛的小圖案能讓文字變得更加有趣，圖案印章小小的，非常方便攜帶，有超多款式可供選擇。

3. 花邊印章與日期印章

這兩種印章的功能都很實用，花邊印章能在簿子上印出各種紋路邊框，日期印章是可以轉動的，可以自己調整日期。

4. 透明印章

超有人氣的透明印章有很多款式，它具有獨特的黏性，能黏在附贈的印章台上，隨用隨取。

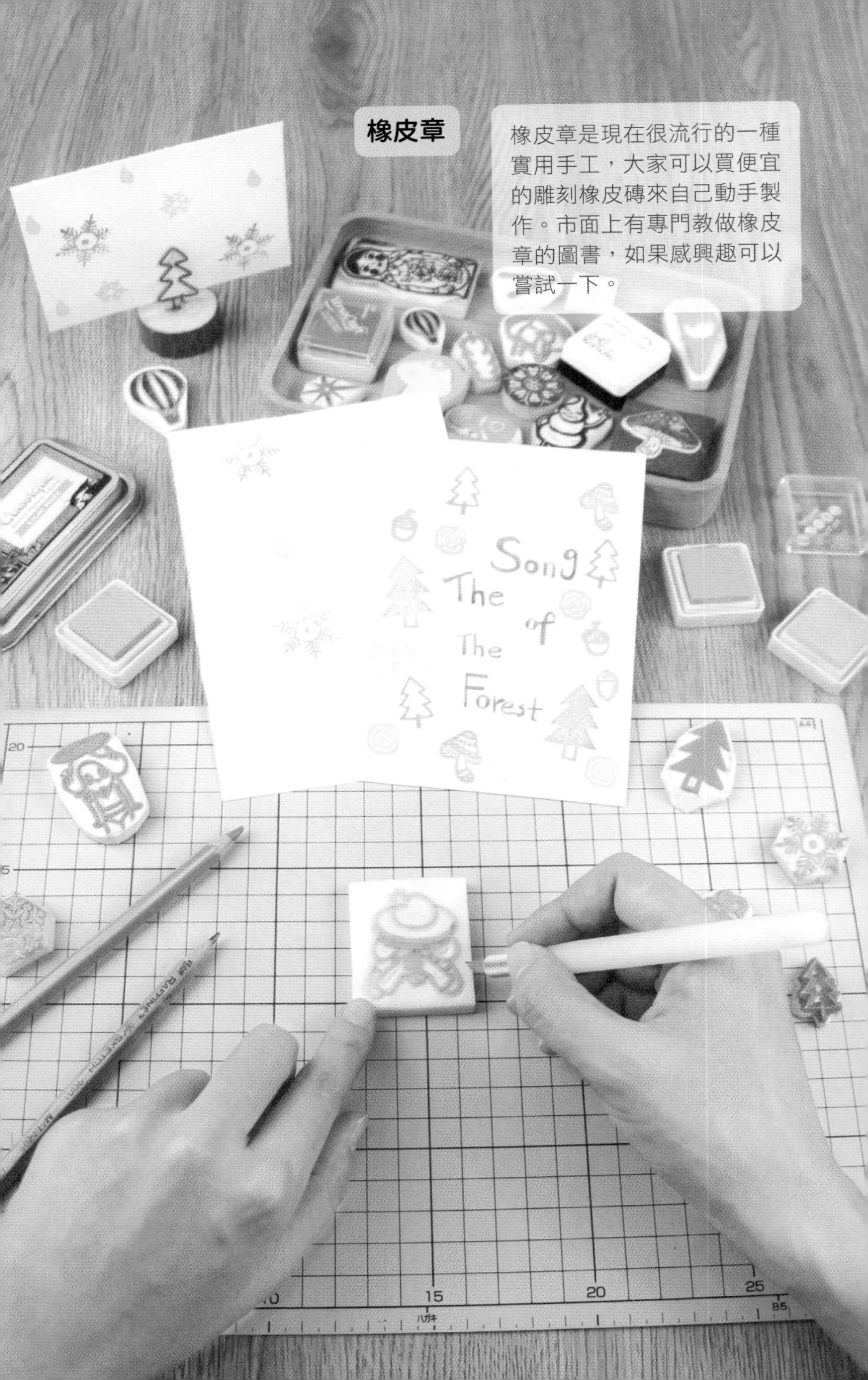

橡皮章

橡皮章是現在很流行的一種實用手工，大家可以買便宜的雕刻橡皮磚來自己動手製作。市面上有專門教做橡皮章的圖書，如果感興趣可以嘗試一下。

除了前面提到的工具外，還有很多有趣的輔助工具能讓你的手帳變得更加有趣，來認識一下吧！

1. 壓花器

壓花器有大有小，既能壓出複雜的花邊，也能壓出可愛的單個圖案。

2. 圖案修正帶

圖案修正帶能用來拉邊框和美化手帳頁面，網上有很多款式可以選擇。

3. 修正帶橡皮

專門用來擦修正帶的橡皮，有了它就不用擔心修正帶貼歪了。

4. 手帳墊板

有些手帳本紙張較薄，用墊板就不用擔心寫字的時候印在下一頁上了。

5. 範本尺

在畫畫時用上範本尺，不論是數位、字母還是小圖案都可以畫得很標準！

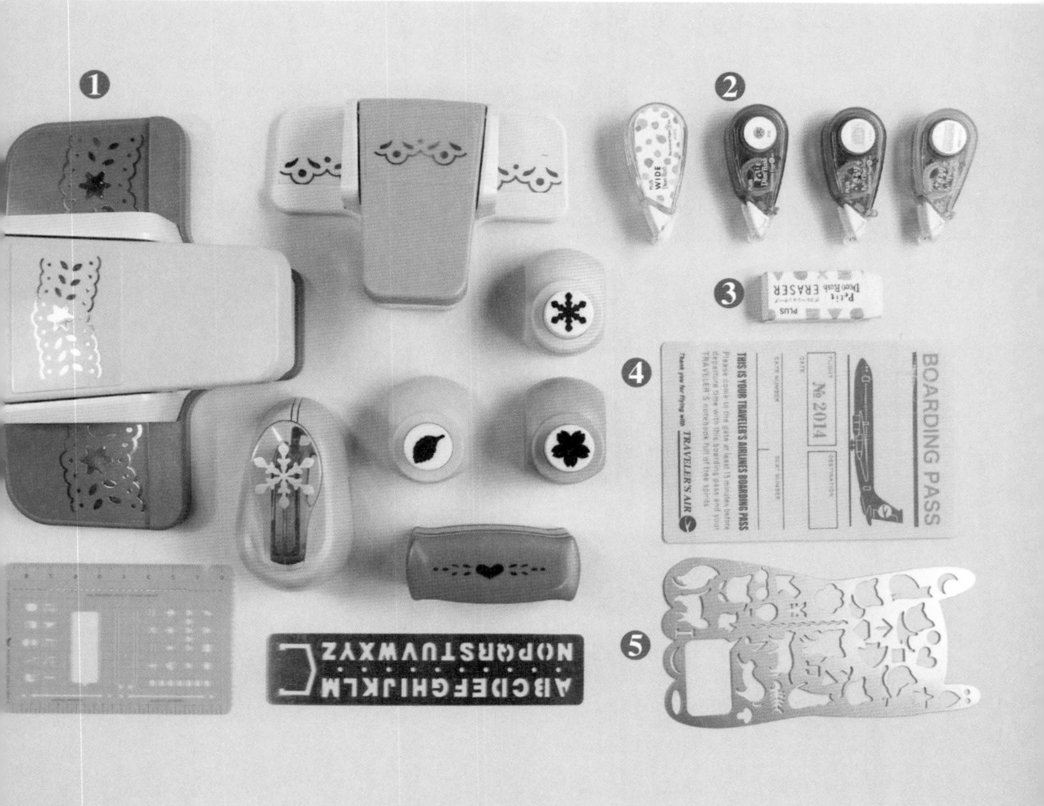

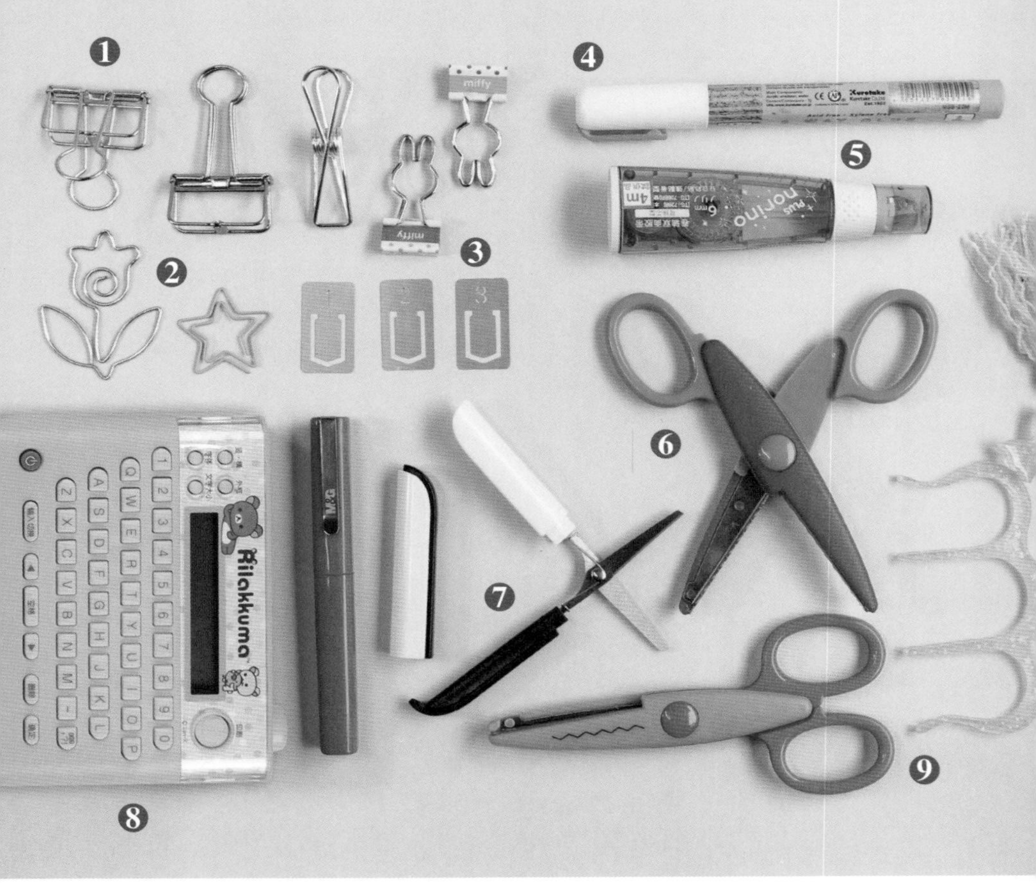

1. 長尾夾

最常見的固定簿子的道具，金屬感很復古，有很多款式和圖案可以選擇。

2. 花式迴紋針

普通的迴紋針太沒創意了，有趣的花式迴紋針能讓你的手帳更有派頭。

3. 金屬書簽

復古氣勢十足的金屬書簽是手帳的好夥伴，它能固定頁面，也有索引的作用。

4. 筆狀膠水

外形是筆，其實是膠水，非常便攜，因為是筆頭形狀的，所以能塗到細小的地方。

5. 點點膠

拉條式的膠水，能用手搓下黏錯的地方，不用擔心黏錯了撕不下來。

6. 花邊剪刀

有很多款式，能剪出各種花樣的花邊，做手工的時候非常好用，而且很便宜。

7. 筆形剪刀

外形像筆一樣的便攜剪刀，中間用彈簧連接，能勝任簡單的剪切任務。

8. 標籤印表機

使用的是類似於紙膠帶的紙張，能夠列印出你想要的個性標籤。

9. 琴譜架

用來固定攤開的簿子，拍照時非常好用，有很多好看的樣式可以選擇。

journal book

Part 2

打造屬於自己的手帳

看了別人的好看手帳，自己也想動手試一試，但是提起筆又不知該記些甚麼……本章將會用大量的實例來為你解決「寫甚麼、怎麼寫」兩大難題。

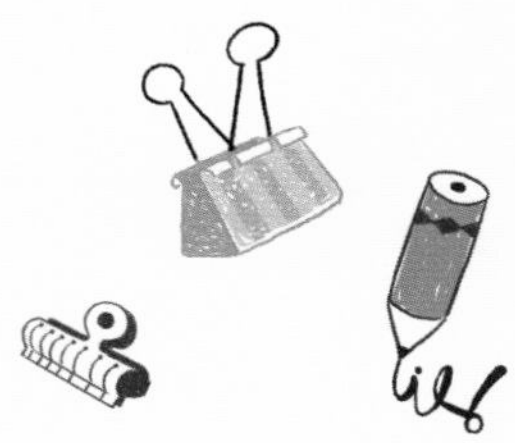

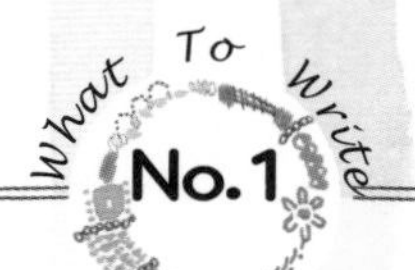

該在手帳上寫甚麼

在手帳上記錄生活和工作，你會發現我們日常生活中有很多美好的細節，工作也會更有效率！

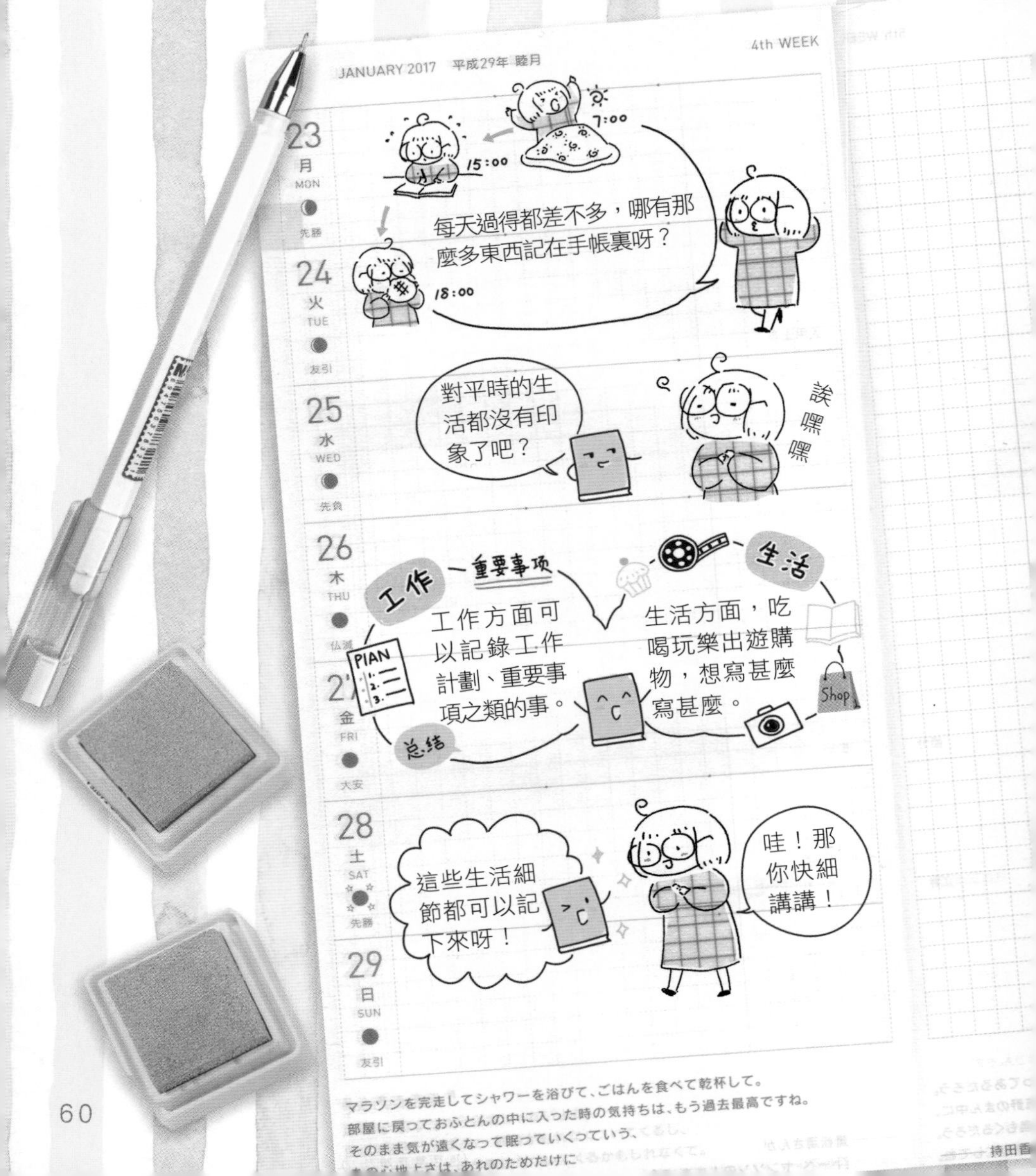

JANUARY 2017 平成29年 睦月

4th WEEK

7:00

15:00

18:00

每天過得都差不多，哪有那麼多東西記在手帳裏呀？

對平時的生活都沒有印象了吧？

誒嘿嘿

工作 — 重要事项

工作方面可以記錄工作計劃、重要事項之類的事。

总结

生活

生活方面，吃喝玩樂出遊購物，想寫甚麼寫甚麼。

Shop

這些生活細節都可以記下來呀！

哇！那你快細講講！

マラソンを完走してシャワーを浴びて、ごはんを食べて乾杯して。
部屋に戻っておふとんの中に入った時の気持ちは、もう過去最高ですね。
そのまま気が遠くなって眠っていくっていう、

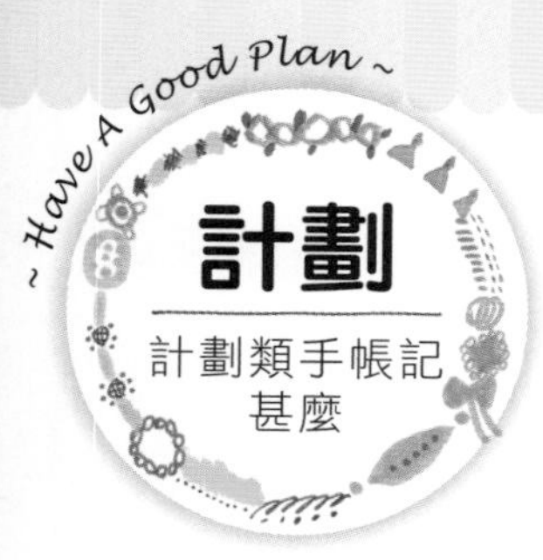

~ Have A Good Plan ~
計劃
計劃類手帳記甚麼

用手帳來規劃工作，能提高工作效率，一分一秒都不浪費，事業 upupup!

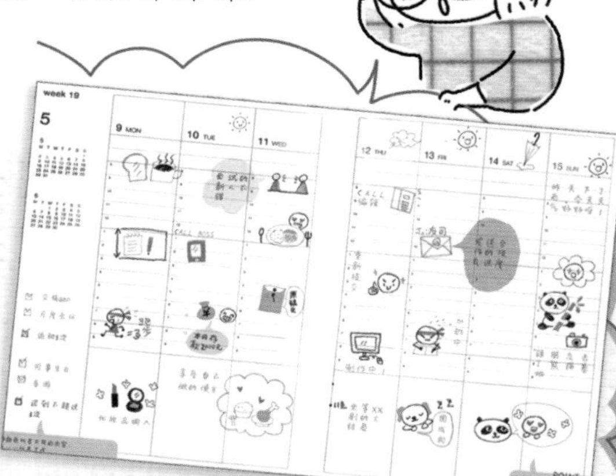

工作

可以用時間軸來規劃一天的工作計劃，記錄重要事項，還能用手帳來進行工作總結。如果你要出差，那麼可以在手帳上把要去的地方與要辦的事都提前寫下來，這樣就不會有遺漏了，還能節約時間。

學習

如果你是學生，那麼手帳是輔助的好夥伴。你可以在手帳上設定學習目標，記錄重點難點，還能在月計劃或週計劃上標注考試時間、預期分數等。因為手帳是你每天都要翻閱的，所以能有效地起到督促學習的作用！

打卡

打卡是計劃類手帳的重點，它的目的是提前給自己定下目標，每完成一個目標就打一個勾，這樣你就能有動力去做任何事了。你可以用打卡的方式來計劃健身、理財和消費等。

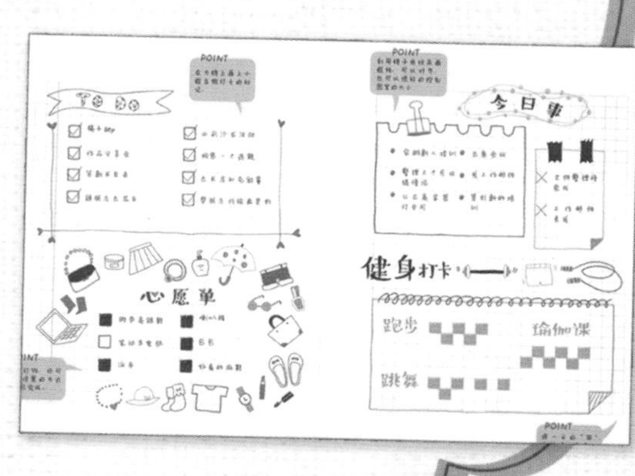

~ Record A Good Tife ~

記錄

記錄類手帳記甚麼

用手帳來記錄生活中的每一件小事，你就會發現很多平時忽略的美好細節。

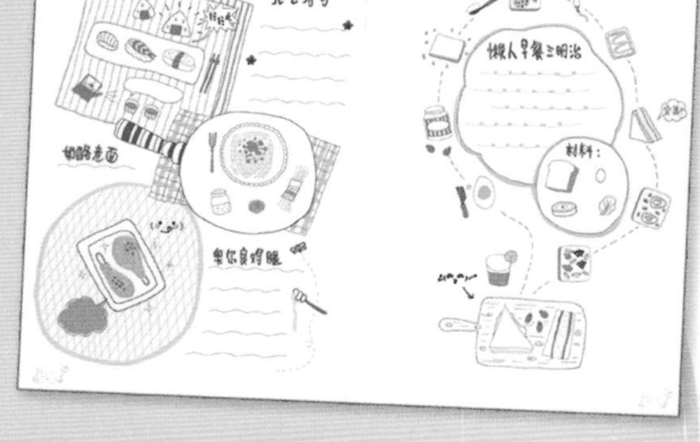

吃喝

平時品嘗到的美食非常值得紀念，不論是餐廳裏的大餐還是媽媽做的家常菜，都可以將你的感受記錄下來。如果你願意自己動手烹飪烘焙，那就更加值得記錄在手帳裏了。

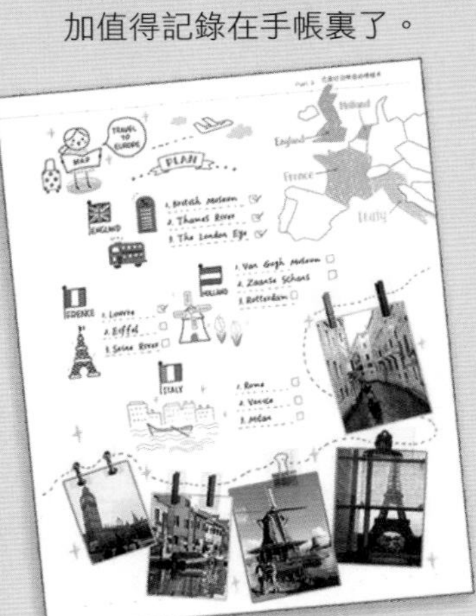

玩樂

和朋友出去旅遊、聚會、玩遊戲、看電影、購物和看演唱會等，都是日常生活中的有趣事項，你可以將這些愉快的記憶收錄在手帳裏，時常翻閱會有新的體會！

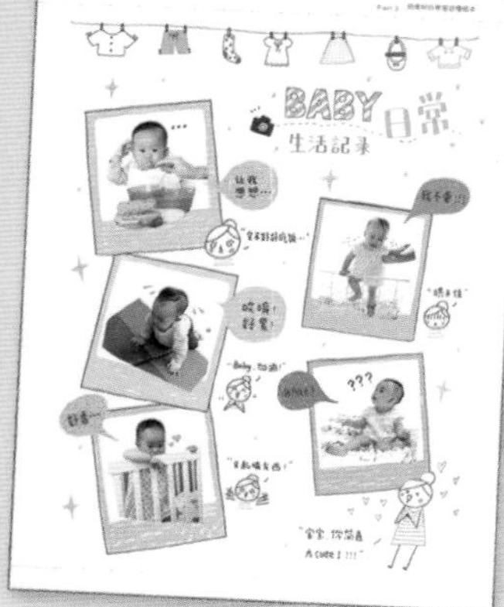

情感

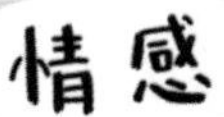

親情、愛情、友情，都是美好的情感，你和朋友家人之間一定有很美好的回憶吧？不論是高興還是難過，都可以在手帳裏盡情地傾訴，將這些記錄下來，手帳也變得溫暖起來了。

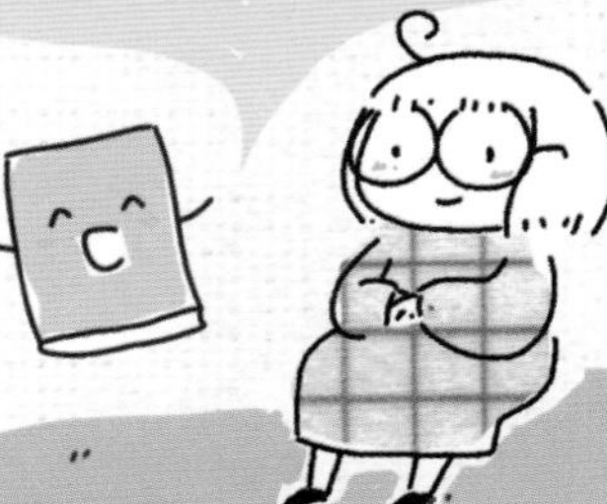

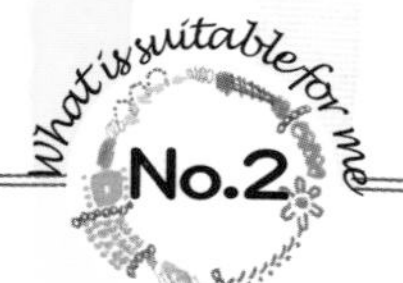

找到適合自己的手帳

市面上的手帳本那麼多，盲目地買買買反而不能物盡其用，要根據自己的實際情況來挑選手帳本！

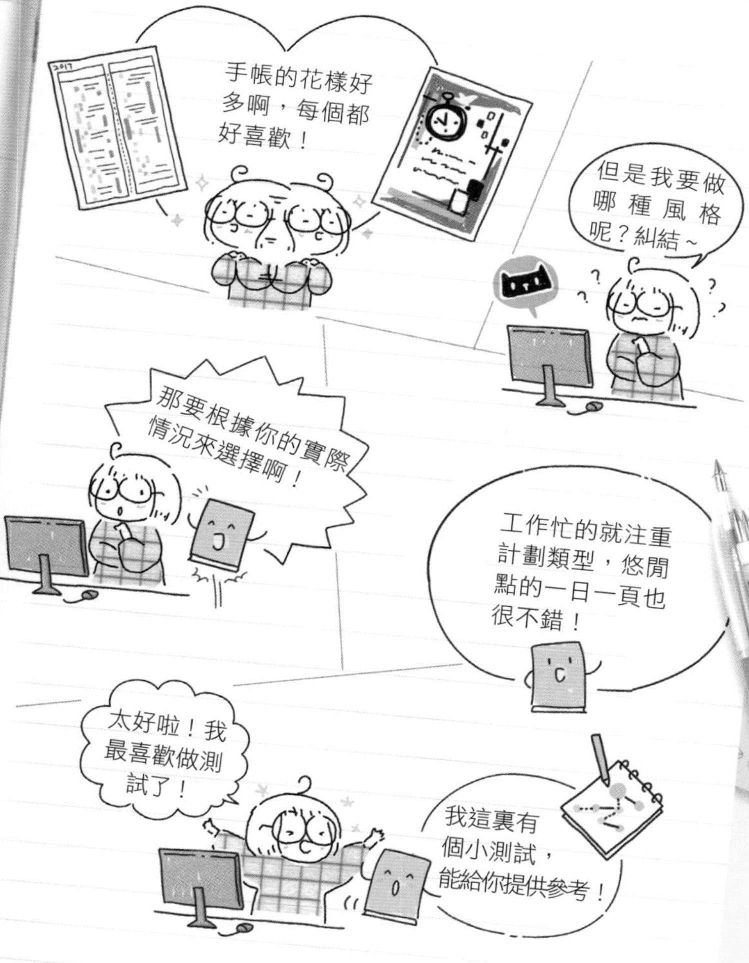

手帳的花樣好多啊，每個都好喜歡！

但是我要做哪種風格呢？糾結~

那要根據你的實際情況來選擇啊！

工作忙的就注重計劃類型，悠閒點的一日一頁也很不錯！

太好啦！我最喜歡做測試了！

我這裏有個小測試，能給你提供參考！

Energiz
Breakfas
egg

Week 6

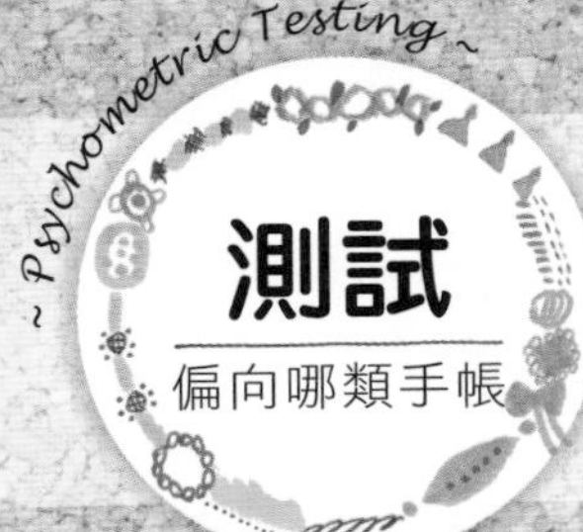

從個人習慣可以看出你偏向哪一類手帳。

Start

有記錄的習慣，比如日記和工作筆記

yes

事太多，忙到團團轉

no

不覺得寫寫畫畫很麻煩

A. 週間手帳

能夠制定一週的工作計劃，或者簡要記錄一週的事情，針對計劃、記錄都需要而時間不太多的人群。

B. 時間軸手帳

時間精確到小時，能夠把一天的時間安排得很清楚，針對記錄較少、計劃較多的人群。

C. 一日一頁

每一頁都有特定時間，有大面積的空白處以供書寫，針對時間較多、喜歡記錄的人群。

D. 自訂手帳

沒有固定日期，版面自由，針對無強迫症、不定期記錄、自由度較高，或需分類記錄的人群。

style A 週間手帳

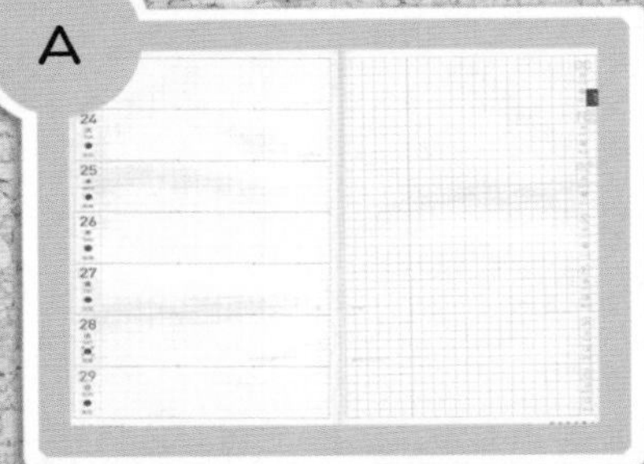

style B 時間軸手帳

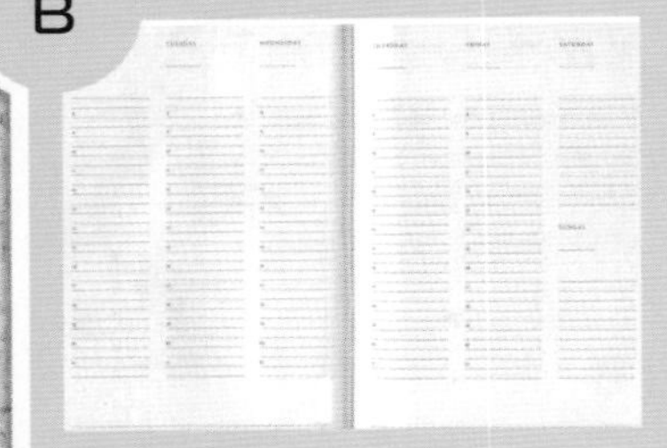

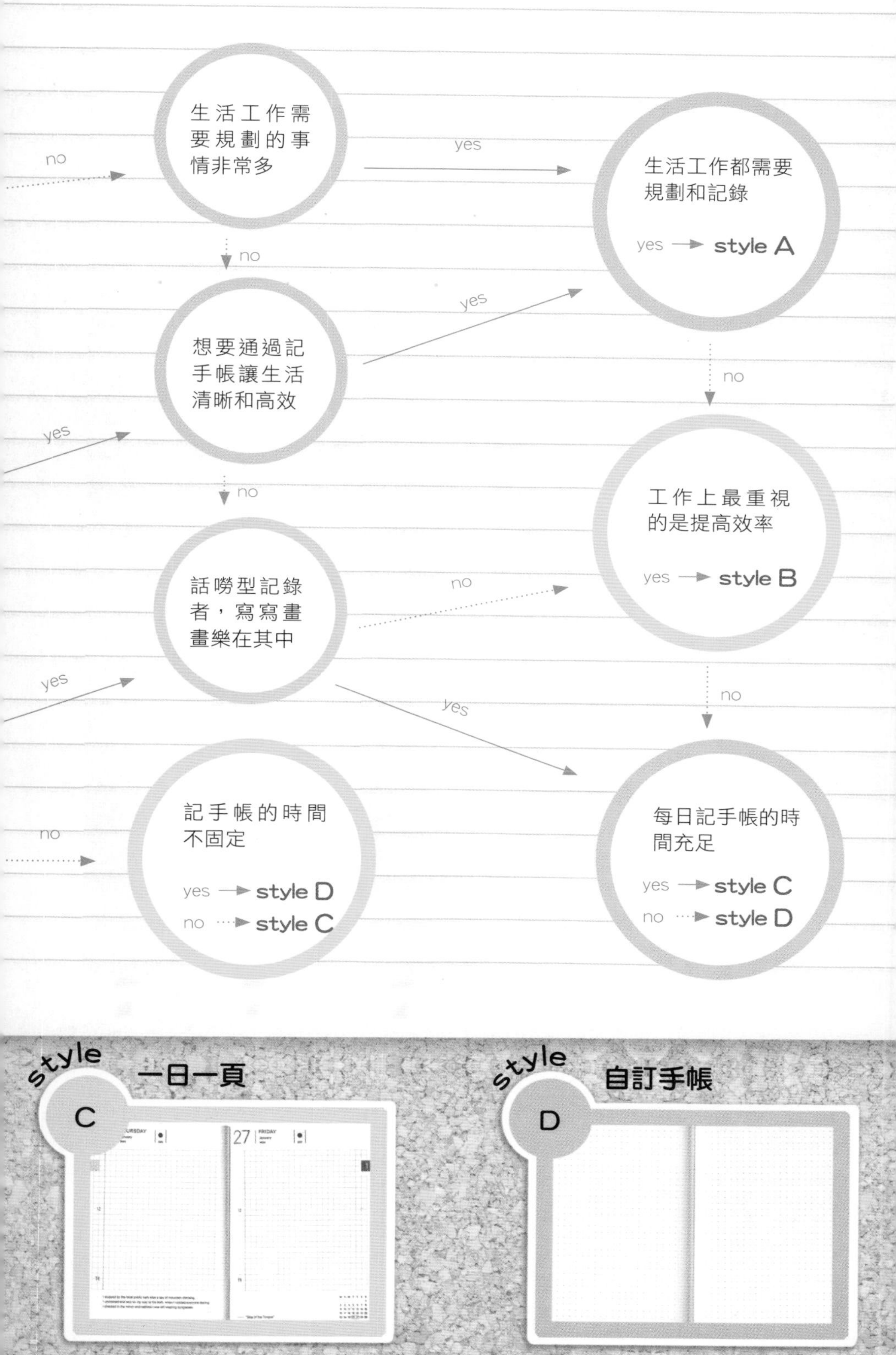
no
生活工作需要規劃的事情非常多
yes
生活工作都需要規劃和記錄
yes → style A
no
no
想要通過記手帳讓生活清晰和高效
yes
yes
no
工作上最重視的是提高效率
yes → style B
no
話嘮型記錄者，寫寫畫畫樂在其中
no
yes
yes
no
記手帳的時間不固定
yes → style D
no → style C
每日記手帳的時間充足
yes → style C
no → style D
style C 一日一頁
27 FRIDAY
style D 自訂手帳

方式

用不同方式記手帳

同一個主題，不同的人表現也會不同，側重點是決定版面的首要因素。

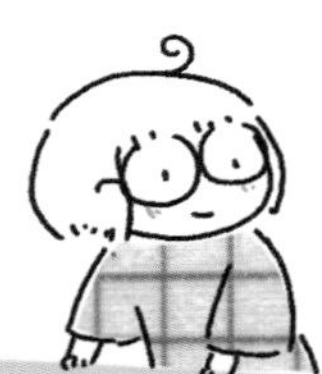

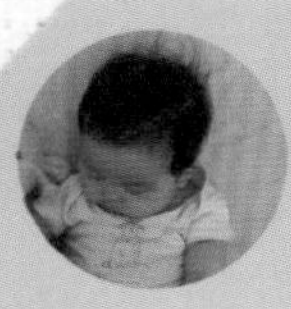

style A. 週間手帳

曬娃狂魔の心儀

新晉媽咪 / 28 歲

她說：「帶孩子瑣事很多，沒有那麼多時間來詳細記手帳，所以我就把每週的事情記個大概。」

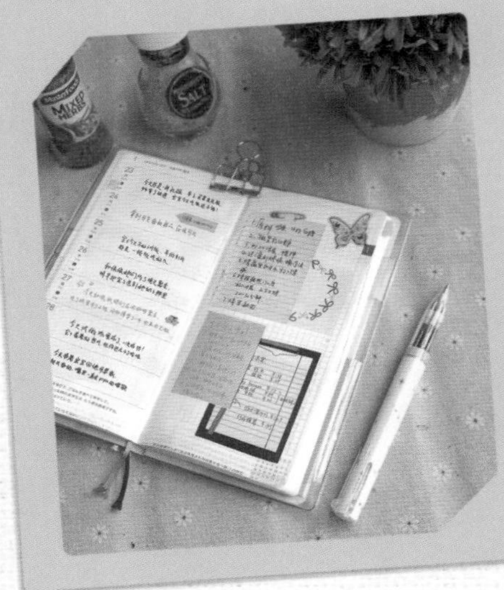

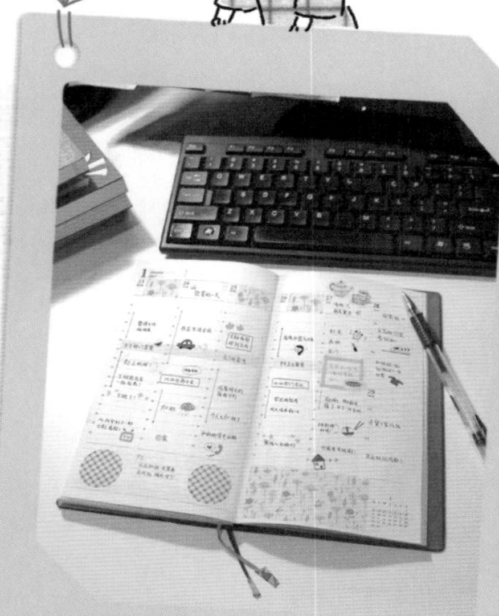

style B. 時間軸手帳

黑花會發揮

上班族 / 26 歲

她說：「每天工作都堆着做，用時間軸的方式能讓我看清楚一天的時間是怎麼安排的。」

A. 針對需要計劃與記錄，但時間不太多的人群。
B. 針對記錄較少，計劃較多的人群。
C. 針對時間較多，喜歡記錄的人群。
D. 針對不定期記錄，或需要分類記錄的人群。

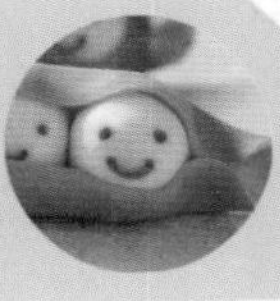

style

C. 一日一頁

Amanda

大學生 / 20 歲

她說：「大學的業餘時間很多，我每天晚上都會花時間來做一個好看的手帳。」

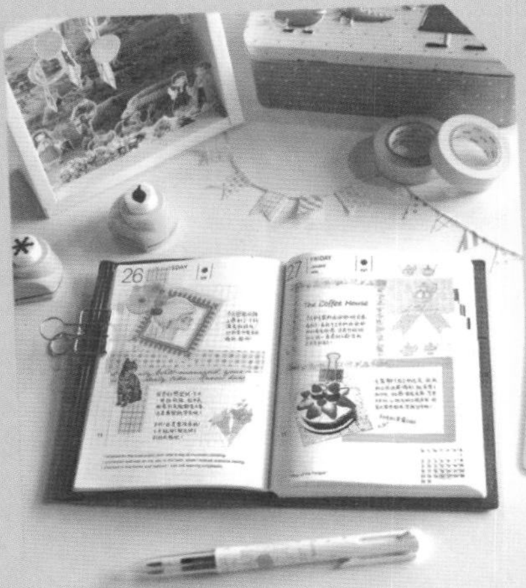

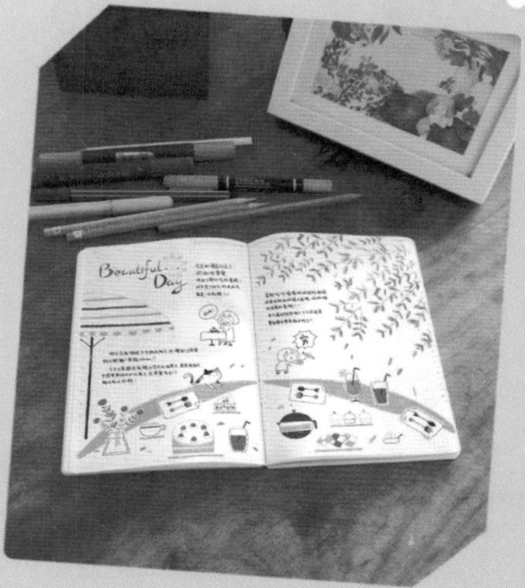

style

D. 自定日期

今天摸魚了麼

插畫師 / 23 歲

她說：「我沒有毅力天天堅持，都是想起的時候記兩頁，一般畫畫比較多。」

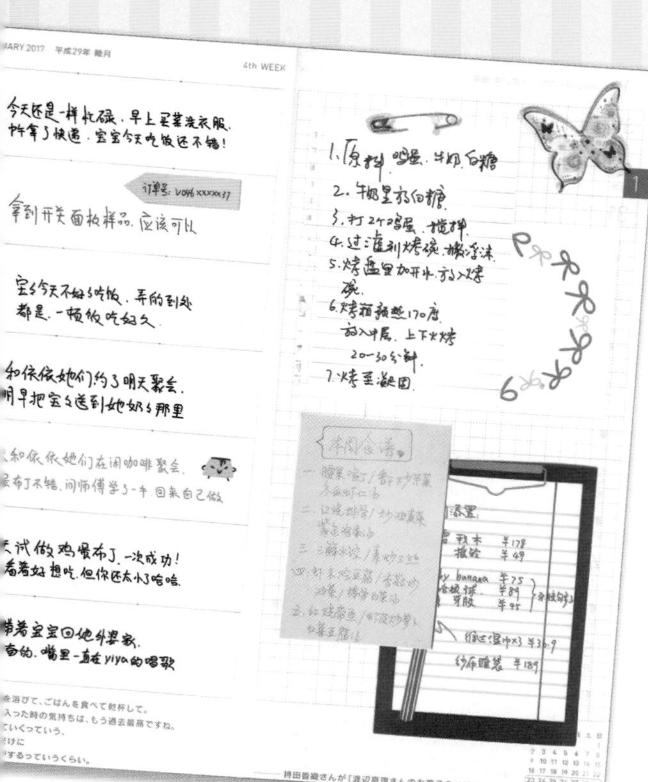

週間手帳

/ Hobo Week

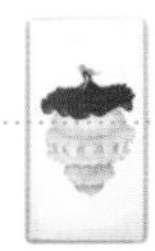

便利貼
透明貼紙
特殊紙膠帶
彩色原子筆

使用這類簿子的人群事情較多、計劃零散，平時比較忙，記錄的時候突出重點能使整個計劃變得不一樣。

比如這本手帳，用便簽的方式將烹飪方法和購物清單收納在簿子裏，更方便和靈活。朋友的聚會只佔用了一週一天的時間，她說用黃色標出來之後感覺心情變得很好。

時間軸手帳

/ Midori

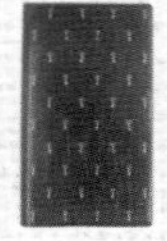

貼紙
螢光筆
多色原子筆

需要忙到要按小時來安排每一天的人們，一定要選擇時間軸手帳。

用藍色線條標注日常事務，黑色加急，紅色重要。用螢光筆標注要約見朋友，這件事再也不會被工作淹沒了！

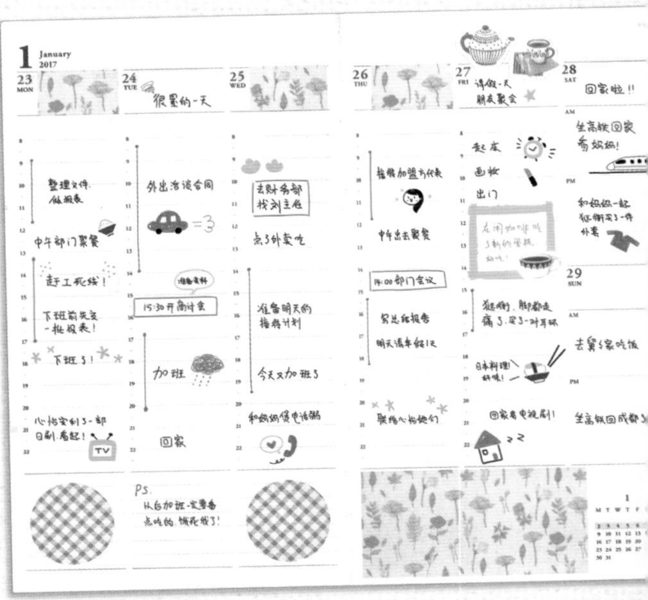

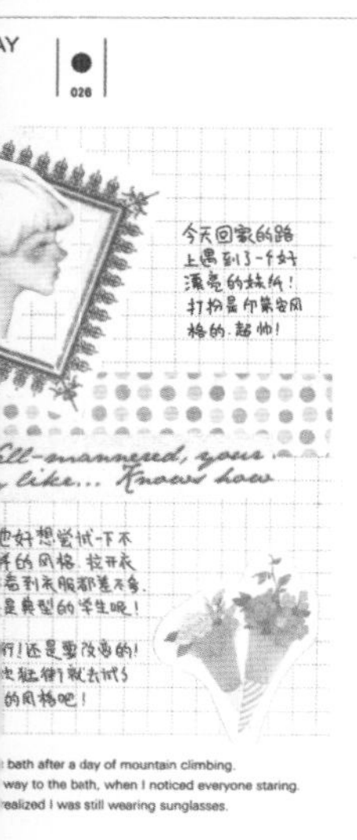

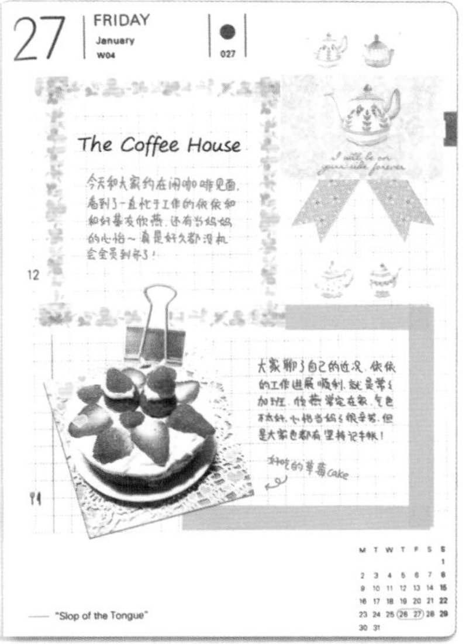

一日一頁

/ Hobo 一日一頁

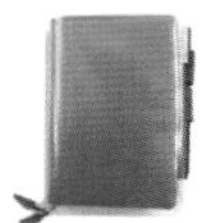

貼紙
照片
紙膠帶
彩色原子筆

一日一頁手帳本適合每天都有充足時間來持續記錄生活的人，有時遇到特殊事情還可以跨頁記錄。

不想寫太多文字可以用素材、照片和紙膠帶來佈置版面。

自定日期

/ 井田志

鉛筆
橡皮
水彩筆
多色原子筆

自定日期的簿子自由和隨性，不被日期限制，是喜歡畫畫、旅行的朋友的不二之選。

在這類簿子上，日常生活寫寫畫畫，收集一些靈感，翻閱的時候都是暖暖的回憶。

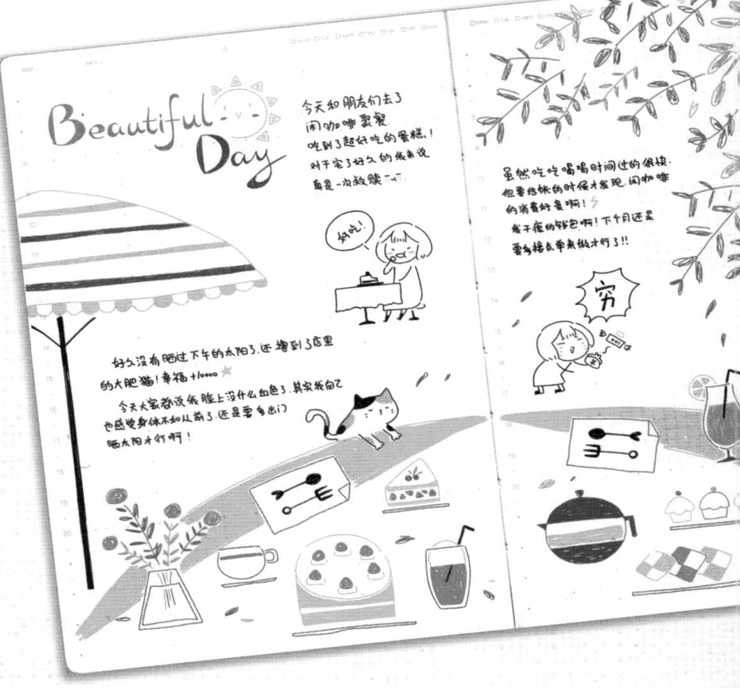

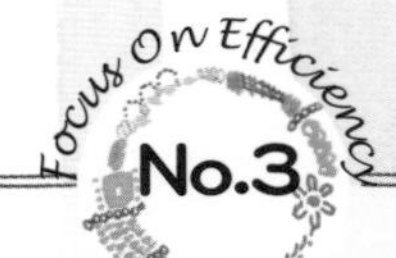

讓日常更高效

用手帳來制定各種計劃吧！它能讓你的工作更有效率，不會浪費一點時間！

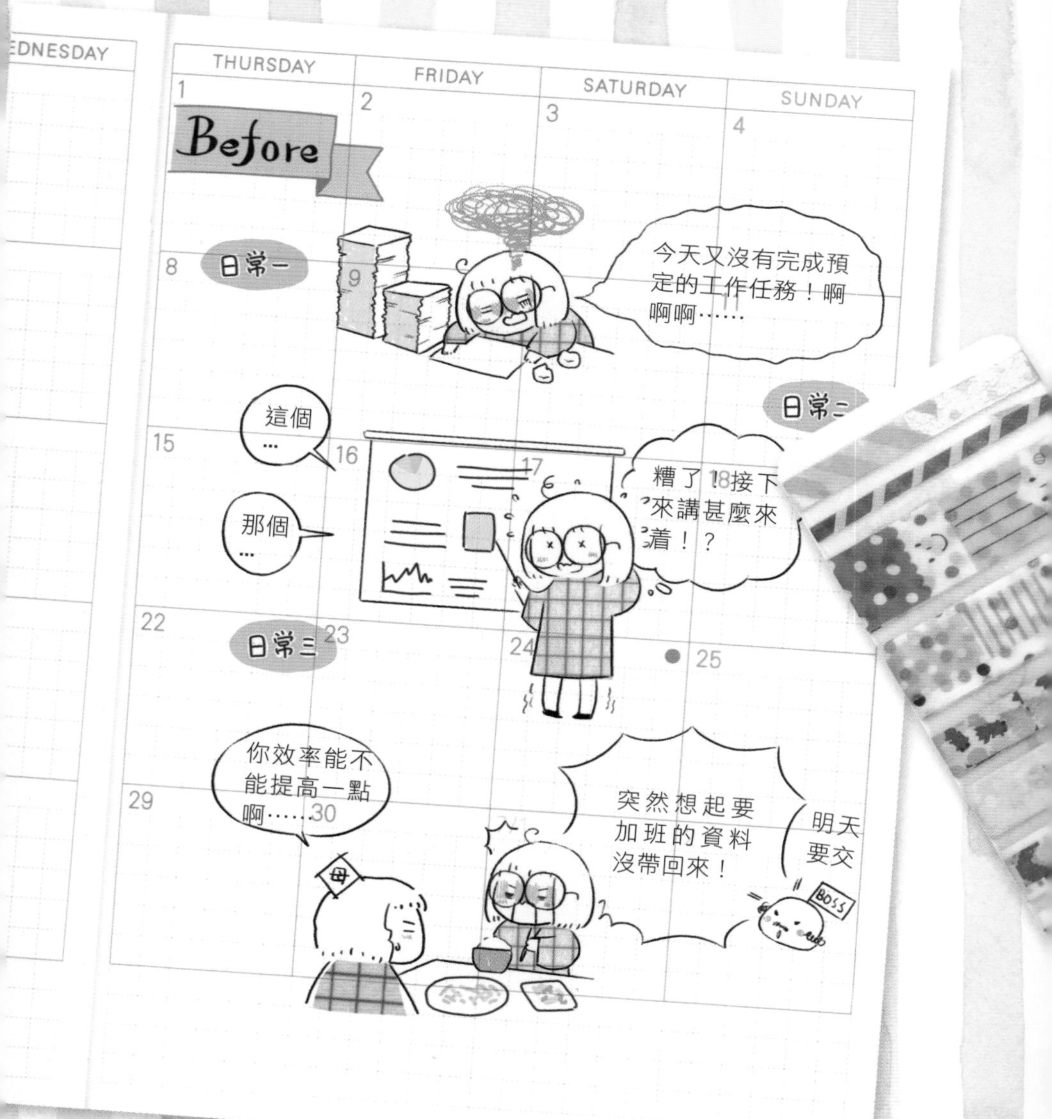

Before

日常一

今天又沒有完成預定的工作任務！啊啊啊……

日常二

這個…

那個…

糟了！接下來講甚麼來着！？

日常三

你效率能不能提高一點啊……

突然想起要加班的資料沒帶回來！

明天要交

BOSS

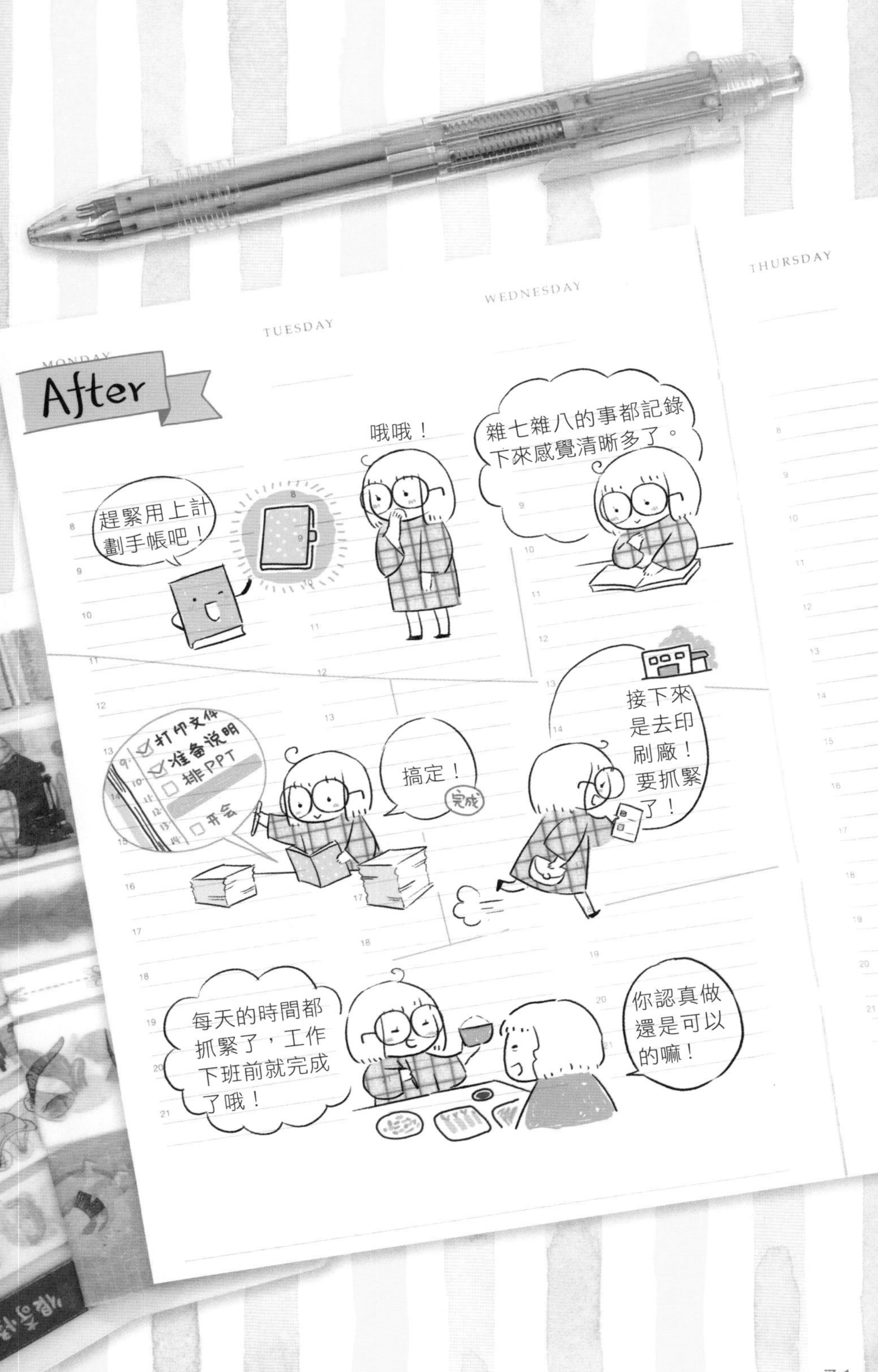

After
趕緊用上計劃手帳吧！
哦哦！
雜七雜八的事都記錄下來感覺清晰多了。
打印文件
准备说明
排PPT
开会
搞定！
完成
接下來是去印刷廠！要抓緊了！
每天的時間都抓緊了，工作下班前就完成了哦！
你認真做還是可以的嘛！

~ To Do List ~
方式
用打卡表督促自己

手帳打卡是一種自我管理手段，除了提醒自己有甚麼待辦事項之外，還能約束自己，比如有意識地培養一個良好的健康習慣，或堅持做某一件有意思的事。

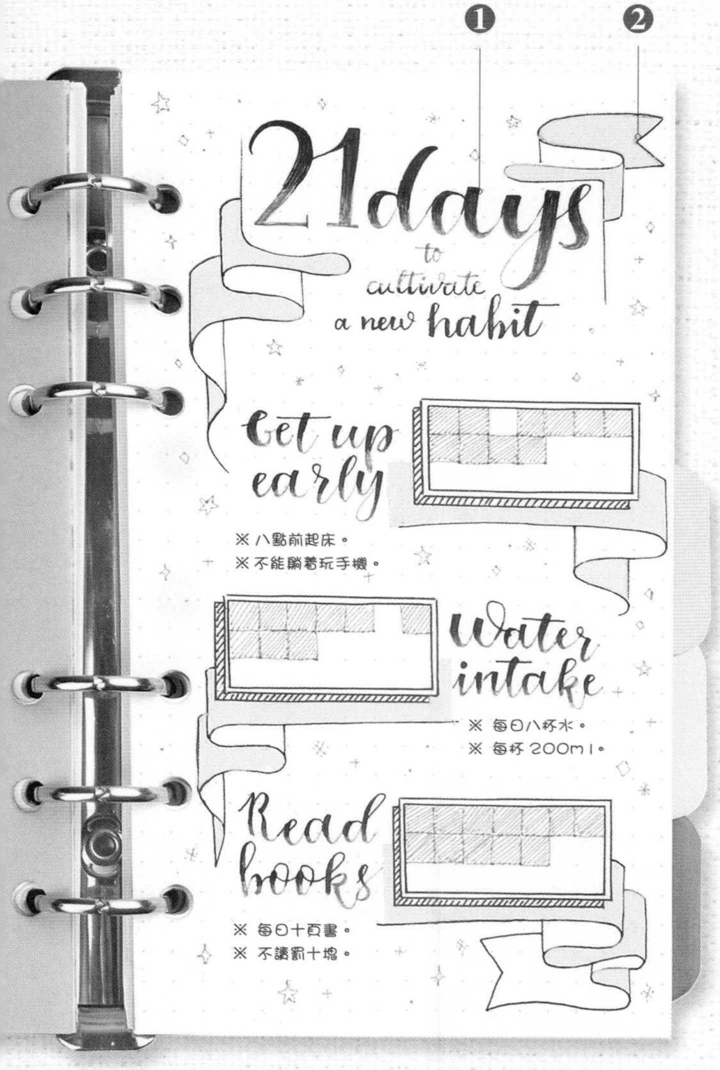

❶ ❷

21days to cultivate a new habit

Get up early

※ 八點前起床。
※ 不能躺着玩手機。

Water intake

※ 每日八杯水。
※ 每杯 200ml。

Read books

※ 每日十頁書。
※ 不讀罰十塊。

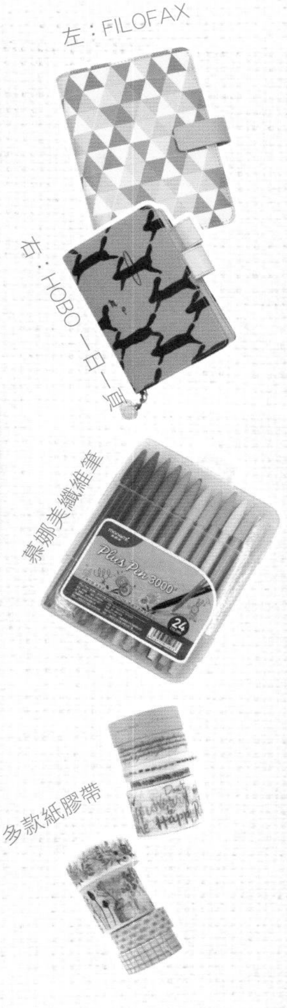

左：FILOFAX

右：HOBO一日一頁

慕娜美纖維筆

多款紙膠帶

內容介紹

左頁是一個 DIY 的 21 天習慣養成打卡頁面，右頁是一個待辦事項 To Do List。一開始就把自己所要完成的事情列出來，在打開手帳的時候完成情況就一目了然了，以方便督促自己和檢查進度。

打卡能夠幫助我們管理事務。養成好習慣，讓自己變成一個更完美的人，日後翻開手帳你一定會感謝當時堅持打卡的自己！

1. 21 天打卡表格，將每天要做的事整理出來，並堅持每天記錄。
2. 用靈動的飄帶貫穿整個頁面。
3. 日常待辦事項，可以用不同的符號標明事件完成狀況。
4. 外框可以選用生機盎然的紙膠帶貼圓裝飾。

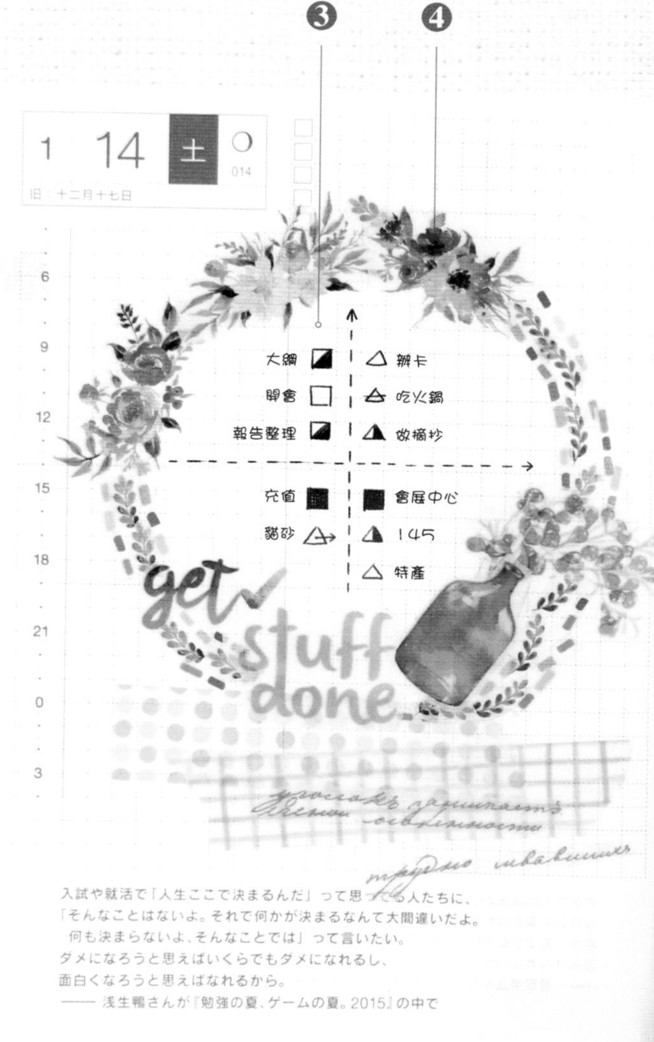

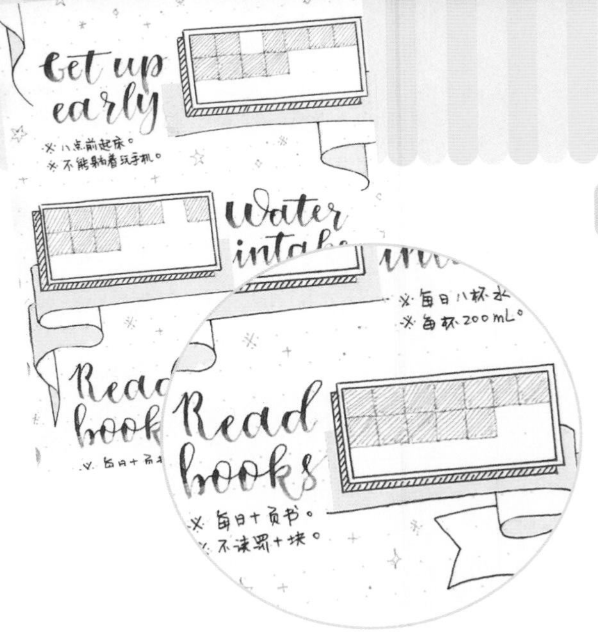

21 天打卡

在行為心理學中，人們把一個人的新習慣或理念的形成並得以鞏固至少需要 21 天的現象，稱之為 21 天效應。利用這個效應，製作一份 21 天打卡表格督促自己吧！

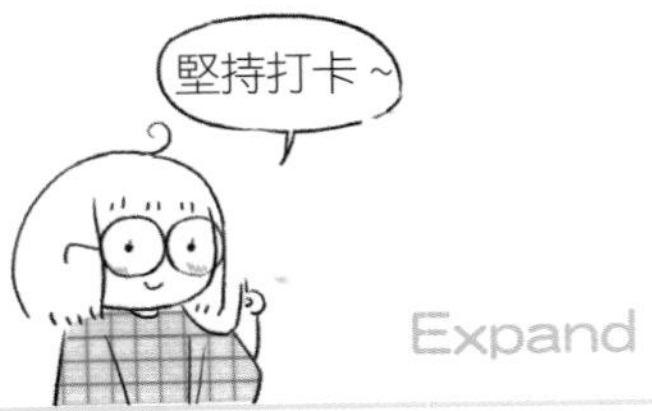

Expand

1 2 3 4 5 6 7 8 9 10
早起
早睡
看书

表格可以只用 3*7 的格子來記錄一件事情，也可以用 n*21 的大格子來記錄好幾件事情。利用點陣本或者方格本上現成的格子來製作表格會很方便。

✓ △ ▲ ○ × 5日 D15 2/13 23 19 17 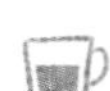 

格子裏可以用勾叉、塗色等標記，也可以寫數位表示打卡日期，還可以預先畫上小杯子，用藍色塗色表示喝水量等等。

飄帶裝飾

柔軟活潑的飄帶起到了貫穿聯接整個頁面的作用，富有裝飾性。

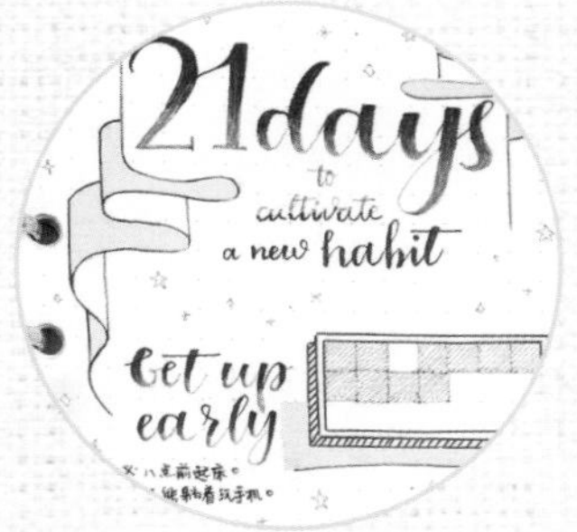

❶
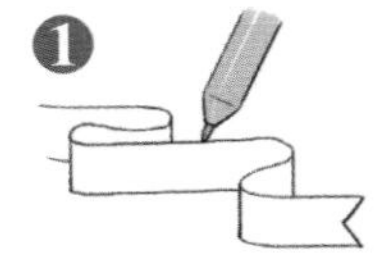

❷
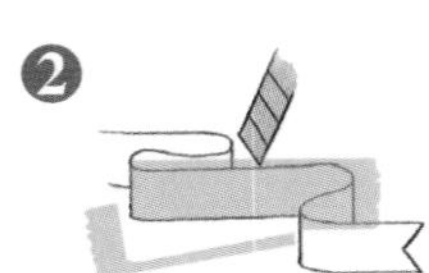

先畫出飄帶，用紙膠帶貼正面，再用美工刀小心地沿着其邊緣切割，並撕去多餘部分。

待辦事項

平時我們都會有很多待辦事項要處理，在手帳上登記待辦事項，一來不用事事裝入腦內，條理更清晰，二來還能及時提醒，避免錯過重要事件。

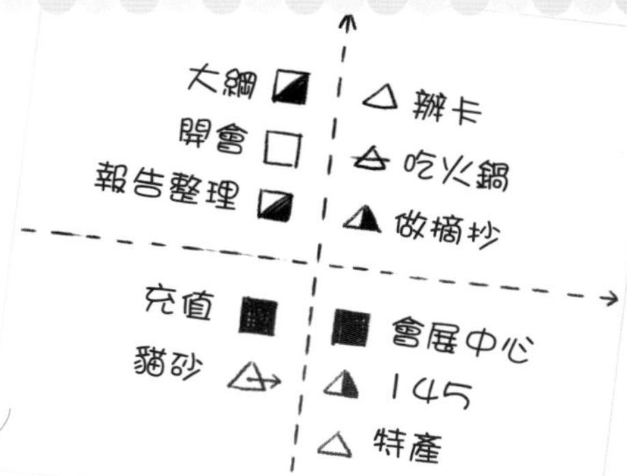

重要 & 緊急 Important & Urgent	重要 & 不緊急 Important & Not Urgent
不重要 & 緊急 Not Important & Urgent	不重要 & 不緊急 Not Important & Not Urgent

頁面劃分成四欄，將事件按照重要和緊急程度劃分，事件的輕重緩急一目了然。

Expand

可以用不同符號來表示不同的事件性質，比如正方形代表工作事件，三角形代表私人事件。另外，框內的不同狀態表現事件的進度，塗黑一半代表事件進行中，全部塗黑代表事件完成。

工作	約會
待完成的工作	預定的約會
進行中的工作	進行中的約會
已完成的工作	已完成的約會
取消的工作	取消的約會
延期的工作	延期的約會

貼圓邊框

百搭又出效果的貼圓裝飾，製作起來雖然稍微麻煩一點，但貼完後的成就感滿滿的。

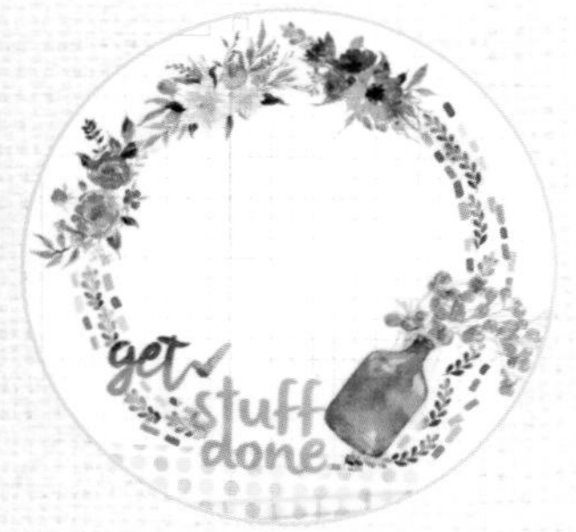

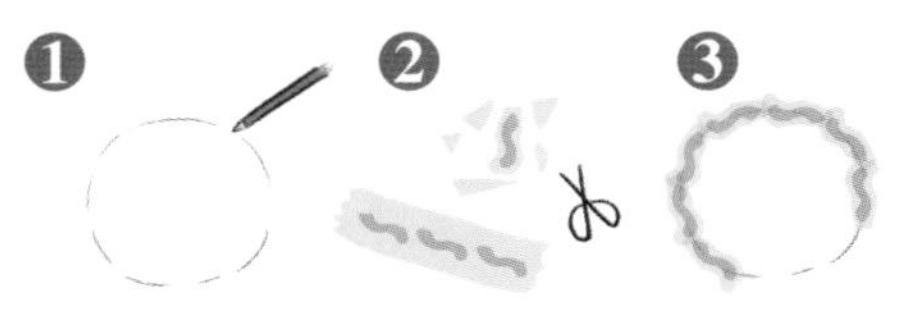

在手帳上畫一個淡淡的圓，再選擇合適的紙膠帶，用剪刀把圖案沿着輪廓修剪下來，沿着圓找好位置貼下去就可以了。

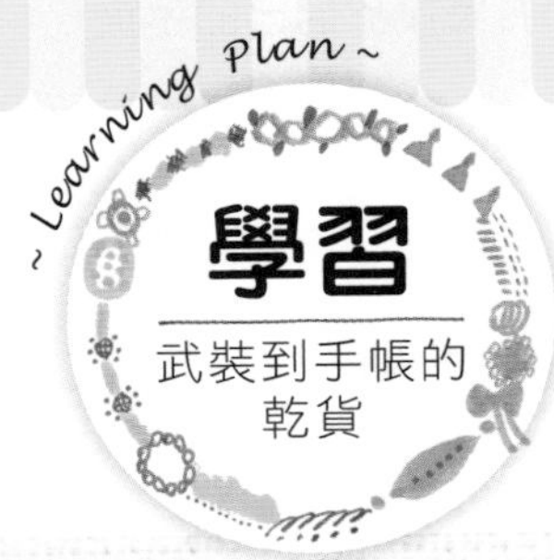

作為學生，時時刻刻需要把重要的知識點記錄下來。學習手帳能梳理思路，還能起到督促的作用，幫助自己在學習路上披荊斬棘，所向無敵。

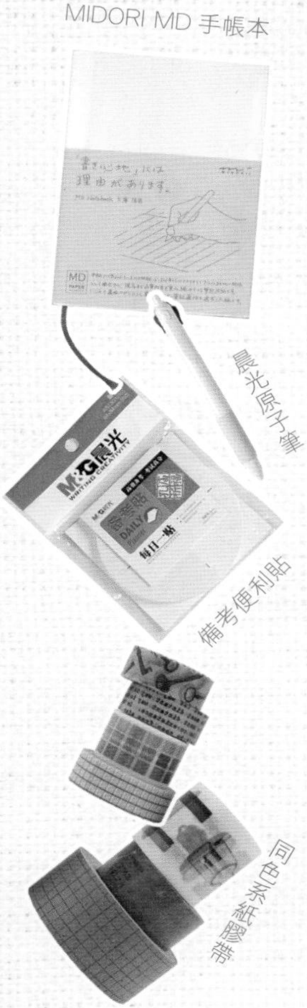

MIDORI MD 手帳本

晨光原子筆

備考便利貼

同色系紙膠帶

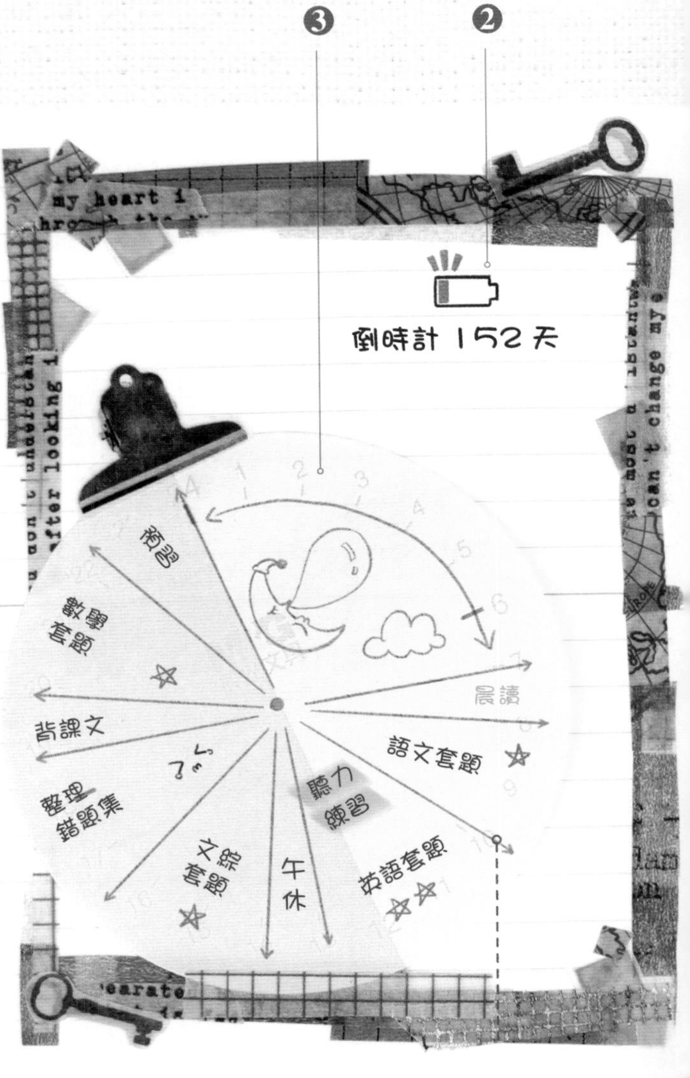

❸

❷

倒時計 152 天

預習

數學套題

背課文

整理錯題集

文綜套題

午休

聽力練習

英語套題

語文套題

晨讀

內容介紹

左頁是倒計時和每日時間安排，內容雖然較少，但在豐富的裝飾下頁面也毫不單調。右頁是康奈爾筆記法展示，建議將版面按照康奈爾筆記法分為三部分，這樣更能幫助記憶。

❶　❹

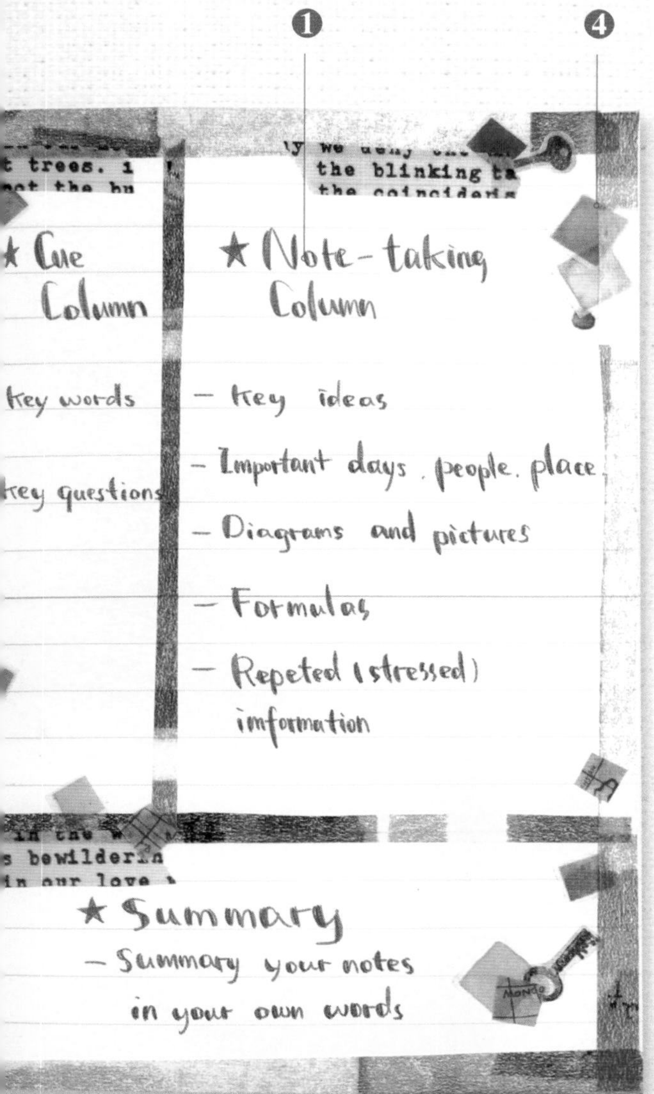

如果在學習之餘，把手帳美美地裝點一番，再承載一些乾貨，不僅能調劑心情，將來的你也一定會感謝現在努力拼搏的你！

1. 風靡學霸之間的康奈爾筆記法，可提高學習效率。
2. 充滿危機感的倒計時，是不是讓想摸魚的你立即警醒起來了呢？
3. 給自己規劃一個每日功課作息安排，時間跑不掉！
4. 學習筆記頁面比較單調，心靈好像也要枯萎了。不妨用同色系紙膠帶放肆又快速地裝飾一下。

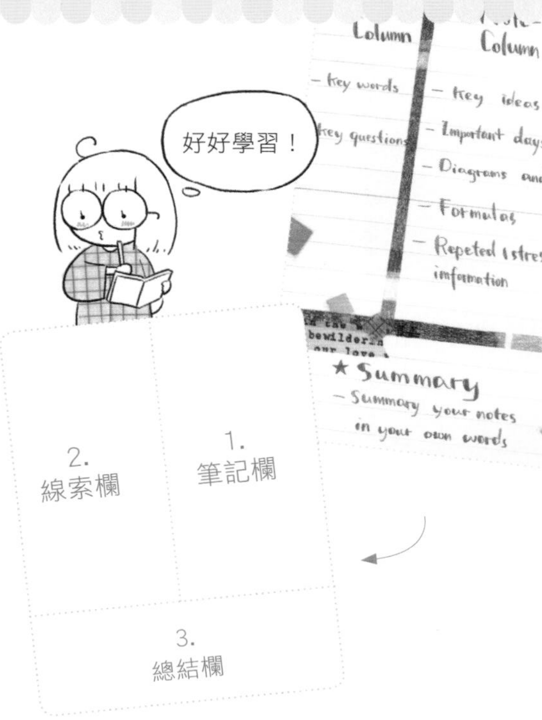

康奈爾筆記

在課堂上做的筆記往往比較雜亂，為了鞏固學習成果，累積複習資料，我們需要進一步整理筆記，使之成為比較系統、有條理的參考資料。

康奈爾筆記法把一頁紙分成了三個部分：
1. 筆記欄：最大的區域，用來記錄筆記。
2. 線索欄：歸納右邊筆記的內容。
3. 總結欄：用一兩句話總結這頁記錄的內容，起到促進思考消化的作用，是筆記的精華。

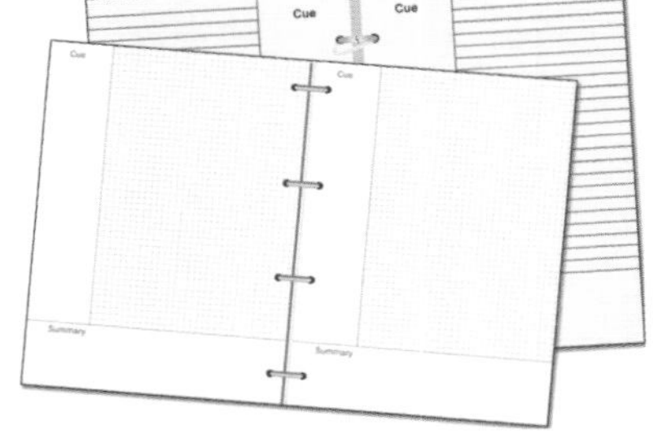

除了自製康奈爾筆記頁面，市面上也有很多不同開本與格式的康奈爾筆記本。

作息安排

合理地規劃一天的作息，保證學習時間和休息時間的均衡才是長久之計。

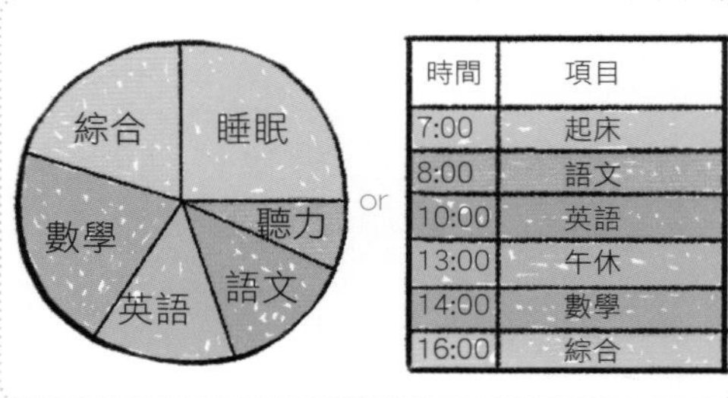

時間	項目
7:00	起床
8:00	語文
10:00	英語
13:00	午休
14:00	數學
16:00	綜合

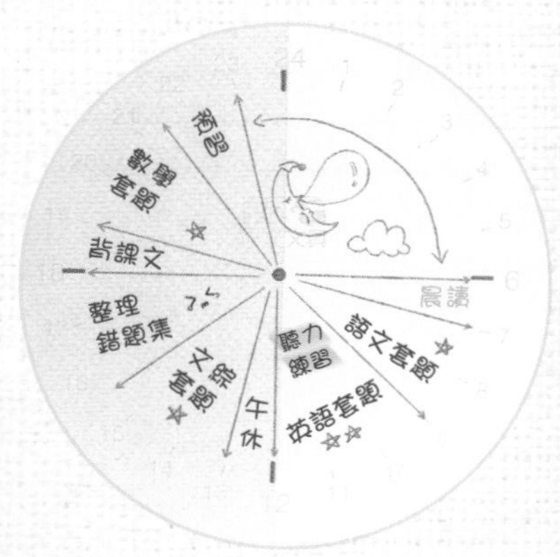

作息安排可用餅狀圖來做，簡單又直觀，也可以列表展示。

倒計時

Expand

沒有甚麼比倒計時更能營造緊張氣氛的了，在手帳上畫一個小小的倒計時，可提醒自己時間的流逝。

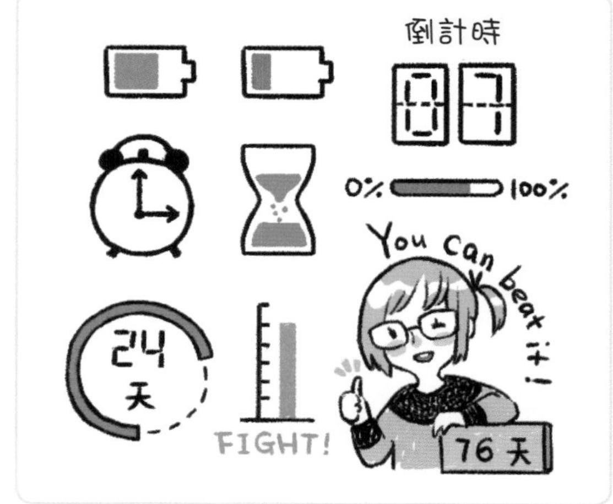

倒計時可以自己設計出豐富的樣式，一般要有提醒自己時間緊張和為自己打氣兩種功能。

拼貼邊框

選用同色系的紙膠帶隨意又規整地貼在內容週圍，邊緣可以留白，營造出豐富又透氣的視覺效果。

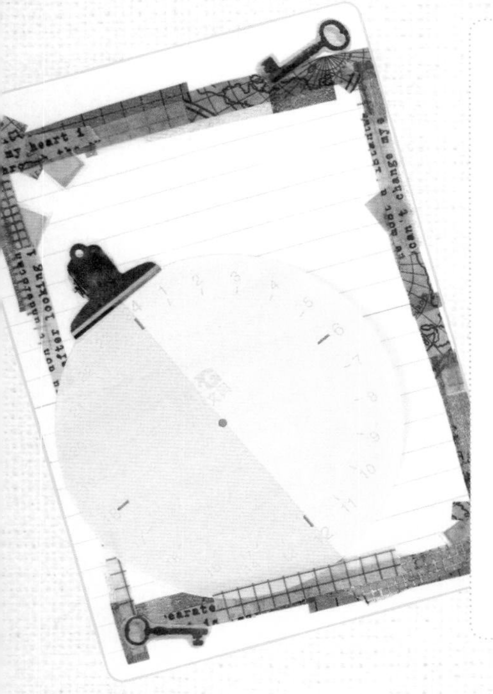

1. 在紙上淡淡地畫一個方框，如果是方格本或點陣本可利用現有的方格。

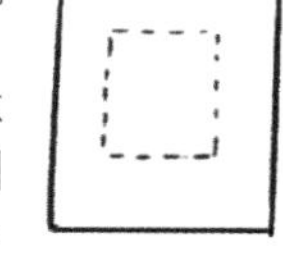

2. 選擇相近色系的紙膠帶，用手撕下適合的一段。

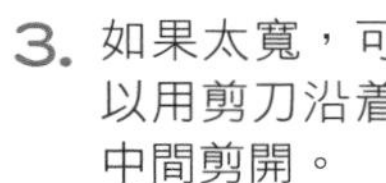

3. 如果太寬，可以用剪刀沿着中間剪開。

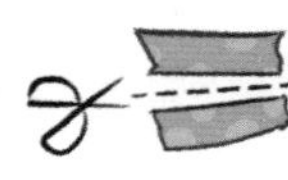

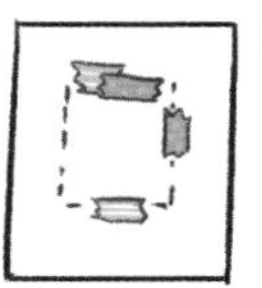

4. 把剪好的兩段膠帶分別貼在方框的對面，方框週圍貼滿即可。

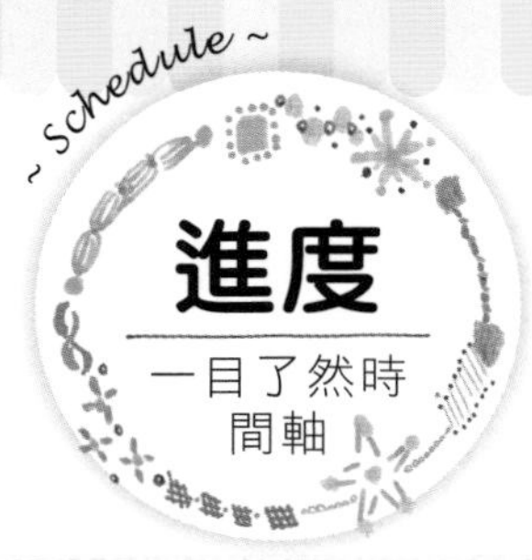

用時間軸記錄生活，能合理利用時間，規劃各項工作進度。對於工作比較忙又需要提高效率的朋友來說，時間軸手帳是不錯的選擇。

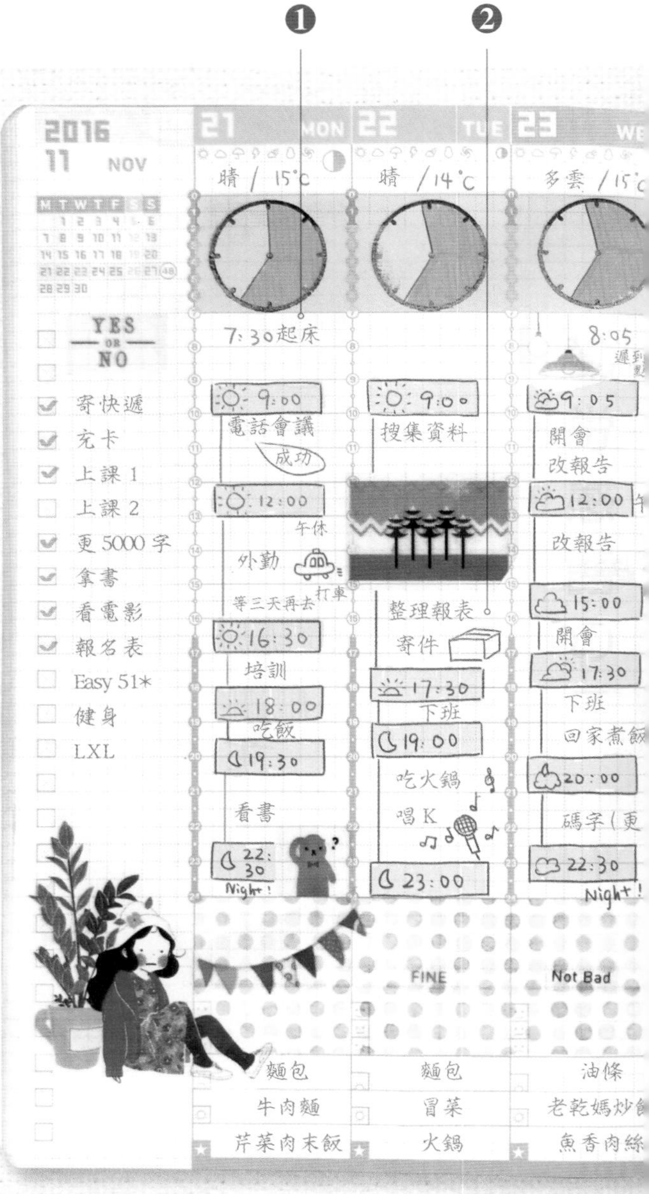

❶ ❷

國譽自我手帳

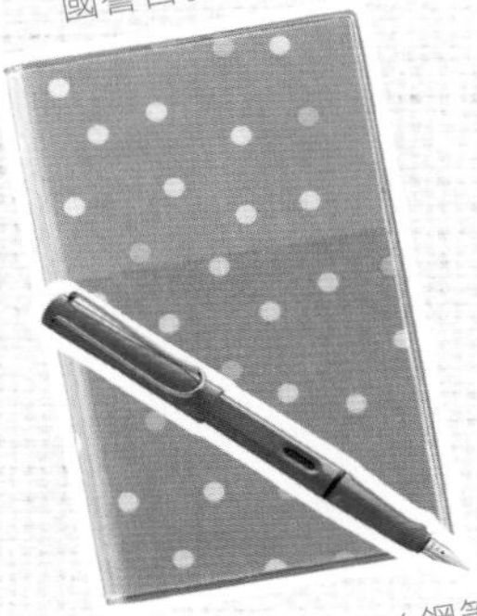

LAMY 鋼筆

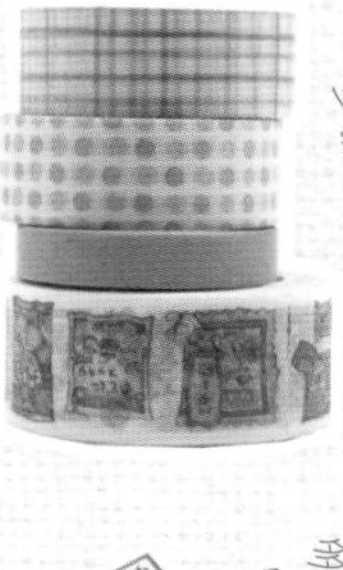

多款紙膠帶

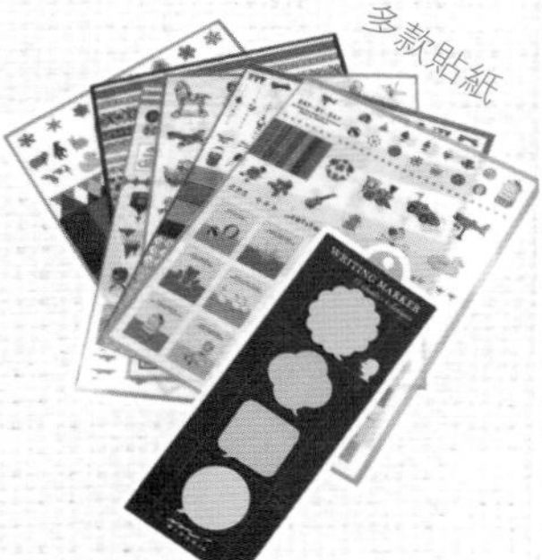

多款貼紙

內容介紹

左頁是一個每日工作時間的安排頁面，右頁是具體項目進度表。把自己所要完成的工作量整理出來，按完成情況塗色表示，既方便又美觀。

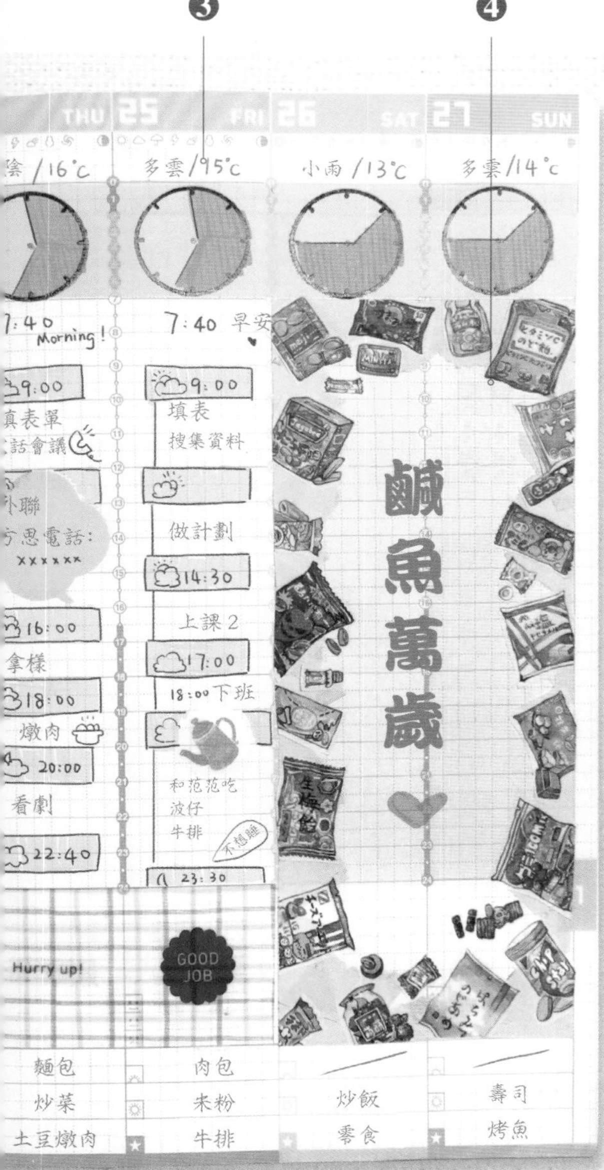

美觀又實用的工作提醒和完成情況一覽，讓自己每天開工和收工的時候都能有一個好心情，進程表塗滿顏色的時候更能收穫滿滿的成就感。

1. 把每日工作的具體時間安排用線段表現在時間軸上。
2. 在空餘的地方畫一些事件小插圖，有趣又好看。
3. 頁面上下左右的欄目也可以充分利用起來。
4. 用喜歡的紙膠帶對頁面進行一些美化。

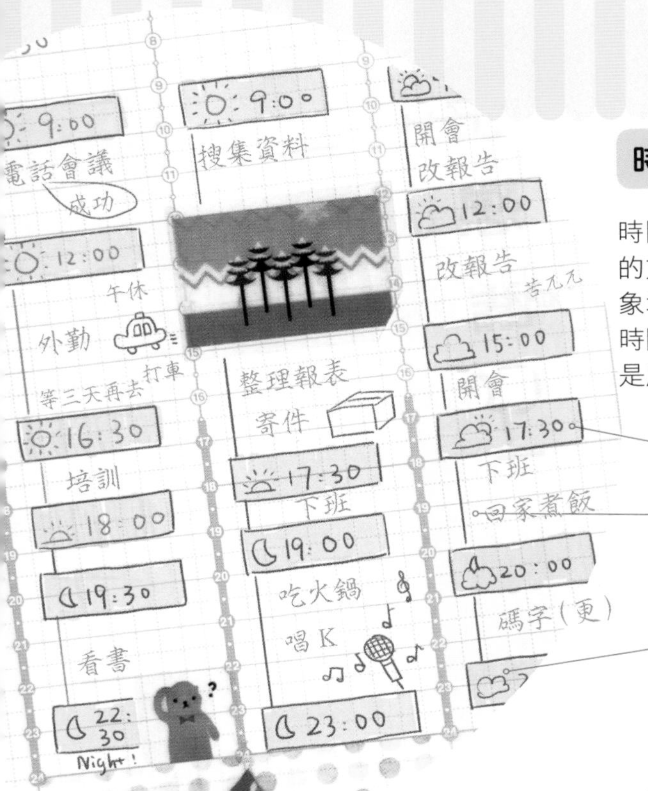

時間軸

時間軸是一個線條圖，以線條的方式通過清單和時間刻度形象地表示出項目的順序與持續時間，時間安排非常方便直觀，是成功人士的標記。

將重要的時間節點用塗色方框標示出來。

時間節點之間用直線連接起來，根據線條長短可以十分直觀地瞭解每件事情花了多少時間。

內容很多的話，可以再根據種類用不同顏色做一下區分，比如工作是藍色、私人事務是綠色等。

時間軸簿子可以選DOKI的活頁紙，自填式的一日一頁，也可以根據需求設計最適合自己的頁面。

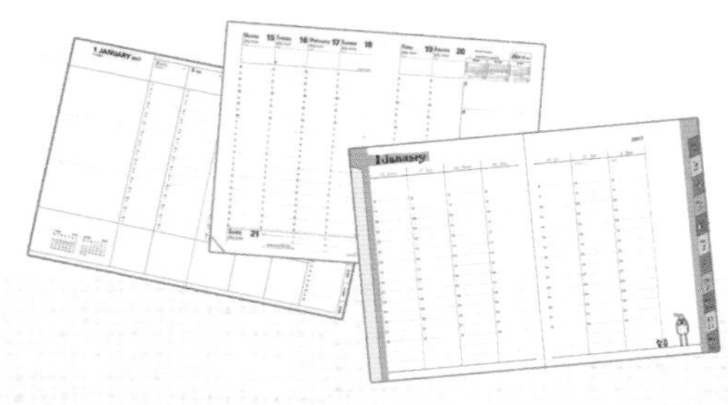

事件小圖案

時間軸雖然直觀，但是空間有限，不適合寫詳細內容，這時一個小小的備忘欄就能幫你記錄事件的詳細狀況和變化。

Expand

時間軸裏可以用小符號來表示事件狀況，除了常見的問號與嘆號，還可以用對話方塊寫一兩句心情短句，或者盡情使用其他豐富圖案。

擴展記錄

除了中間時間軸的部分，週邊的欄目也可以利用起來，比如預定事項、天氣、睡眠時間、工作評價、一日三餐、閱讀書籍等。

一週的待辦事項，一個個打勾消滅它！

每天的天氣狀況，還有晚上的睡眠時間。

每天的心情狀況，Fine 還是 Not Bad ？

一日三餐吃了甚麼，健康食品還是隨意？

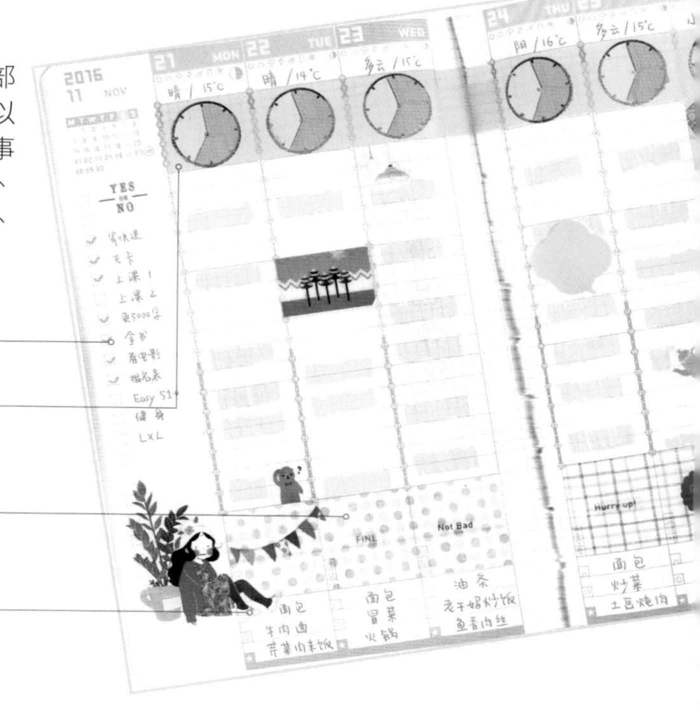

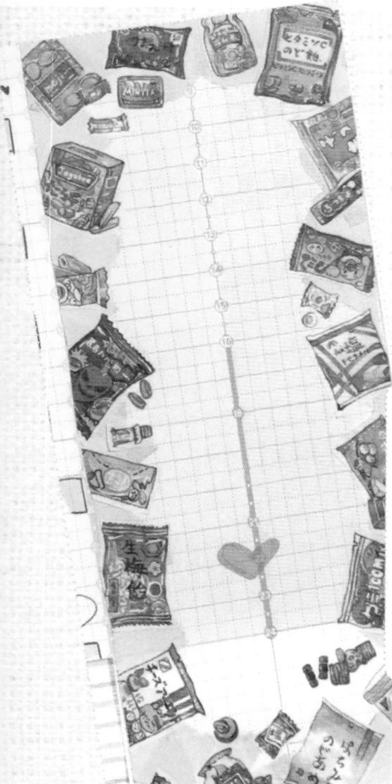

貼邊小裝飾

到了週末甚麼也不想做，只想用零食包圍自己？不妨把這份心情也表現在手帳裏！

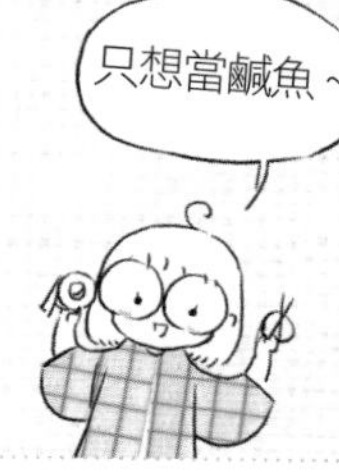

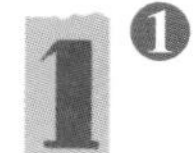
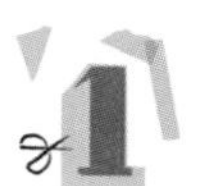

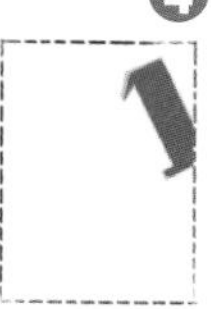

選擇合適的圖案紙膠帶，沿着所需圖案的邊緣修剪下來，再用剪刀修掉一個小角，沿着簿子上的邊線黏上，圖案就有一種要破框而出的張力了。

按時間先後把所有收入、支出、結餘變化連續記錄起來，不僅能對自己的經濟情況有個直觀瞭解，還能對日後開銷進行控制管理。可以給自己定個小目標，先存一億吧！

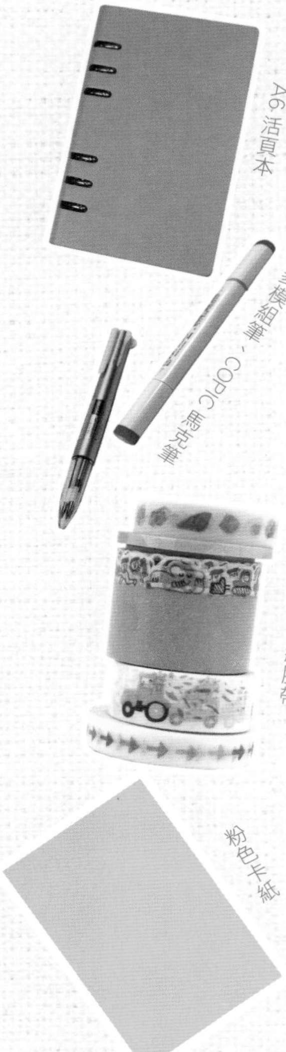

A6 活頁本

三菱模組筆、COPIC 馬克筆

同色系紙膠帶

粉色卡紙

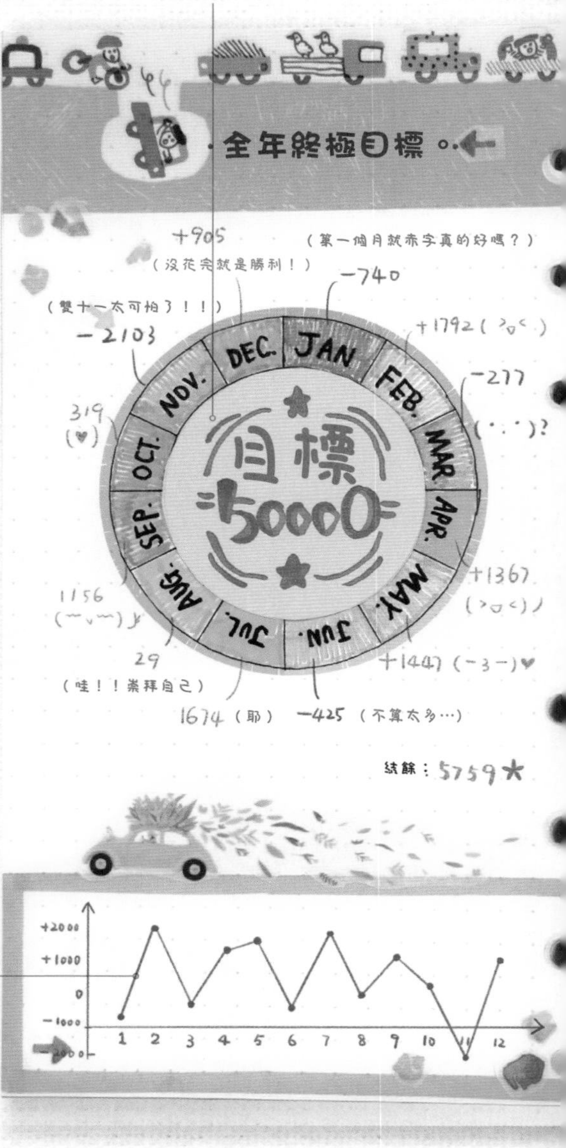

❶

全年終極目標

目標 50000

JAN −740（第一個月就赤字真的好嗎？）
FEB +1792（>▽<）
MAR −277（・.・）?
APR +1367（>▽<）
MAY +1447（−3−）♥
JUN. −425（不算太多…）
JUL. 1674（耶）
AUG. 29（哇！！崇拜自己）
SEP. 1156（〜ᵥ〜）
OCT. 319（♥）
NOV. −2103（雙十一太可怕了！！！）
DEC. +905（沒花完就是勝利！）

結餘：5759★

❷

+2000
+1000
0
−1000
−2000
1 2 3 4 5 6 7 8 9 10 11 12

內容介紹

左頁是一個存錢目標和 12 個月的結餘情況，右頁是每個月收入支出的詳細記錄，年底回顧的時候，自己在哪些項目上的開支最大就一目了然了。

月份	1	2	3	4	5	6
收入	7240	6780	7400	8120	7420	7700
月份	7	8	9	10	11	12
收入	8470	8100	7680	6950	7180	7820

	衣	食	住	行
1	870	2310	3200	1600
2	260	1300	3200	228
3	1700	2187	3200	590
4	168	3124	3200	261
5	*0*	2465	3200	308
6	739	2710	3200	1476
7	248	3170	3200	273
8	1472	2980	3200	178
9	420	2670	3200	234
10	78	2934	3200	419
11	3120	2437	3200	526
12	276	3104	3200	335

每月存現明細

翻開記帳本，除了可以方便管理開支情況外，以後翻閱起來，當年缺錢的境況似乎又浮現眼前呢！

1. 記錄了年初設立下來的存款目標和一整年結餘的圓環，年末的時候回顧這些數字是甚麼心情呢？
2. 用折線圖記錄結餘，讓每個月的完成情況更加直觀。
3. 詳細記錄了每個月收入支出的表格。
4. 用鮮豔的紙膠帶做一個索引。

全年終極目標

一覽圓環

年度狀況統統整理在圓環裏，一目了然，旁邊拉線寫一些簡短的説明，沒有表格的冰冷。

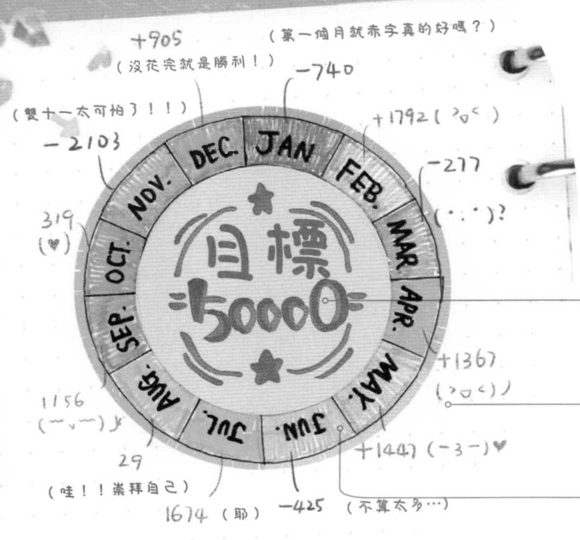

在卡紙上大大地寫上目標，貼在圓環中間激勵自己。

拉線寫上一些簡短説明，超出預算用紅色，有結餘用藍色。

圓環的配色可以使用同色系的顏色，這樣更顯清爽。

結餘：

Expand

圓環可以用來記錄身邊人的生日與星座等，也可以用來記錄三餐或者其他內容。

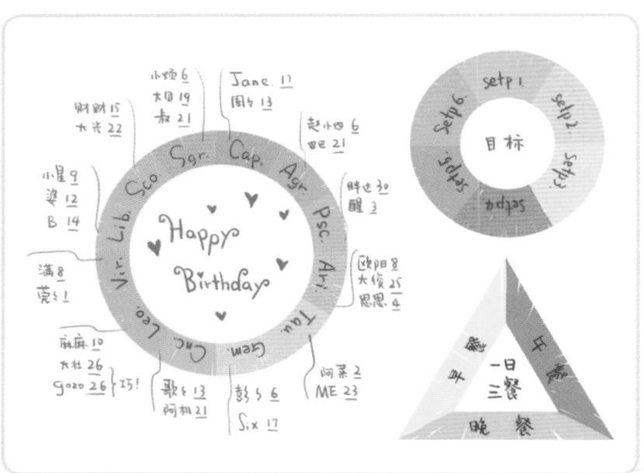

折線圖

折線圖非常適合用來記錄中長期的單件需要記錄詳細資料的事情，可以更直觀地體現事情的變化情況。

折線圖的應用範圍很廣，除了記帳外還可以用來記錄體重、步數、出勤、起床時間、睡眠時間和體溫變化等等。

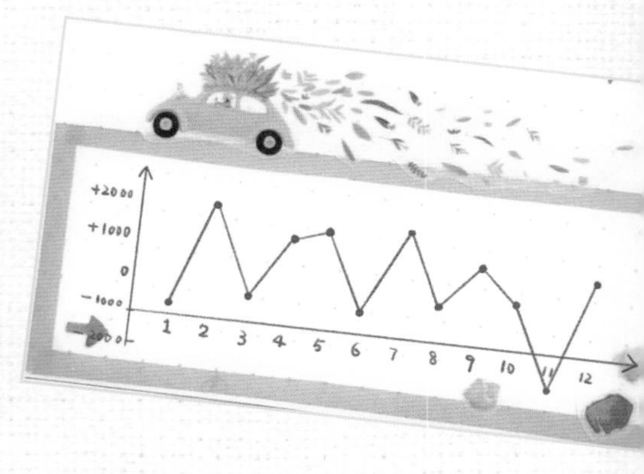

收支表格

記帳本身並不會讓你變得更節省，或者積攢更多的錢，但記帳是個人理財中最重要的一步。

堅持記帳能掌握收支情況，能合理規劃消費和投資，培養良好的消費習慣，增強對個人財務的敏感度，提高理財水準，還能記錄生活變化、社會變化。

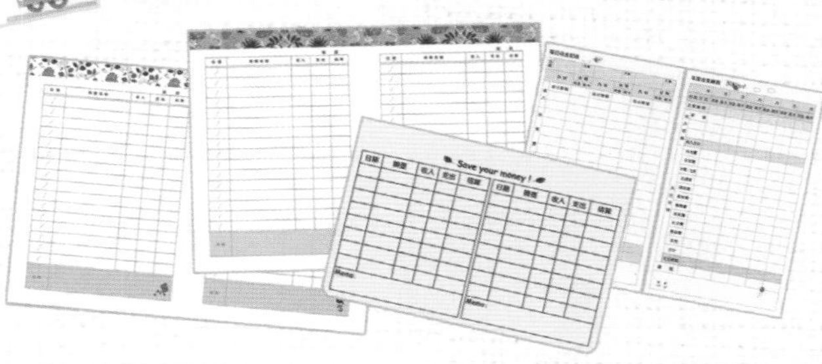

市面上可供選擇的記帳本很多，頁面花哨，分類細緻，還可以配合一些記帳APP，讓帳目更清晰。

索引標籤

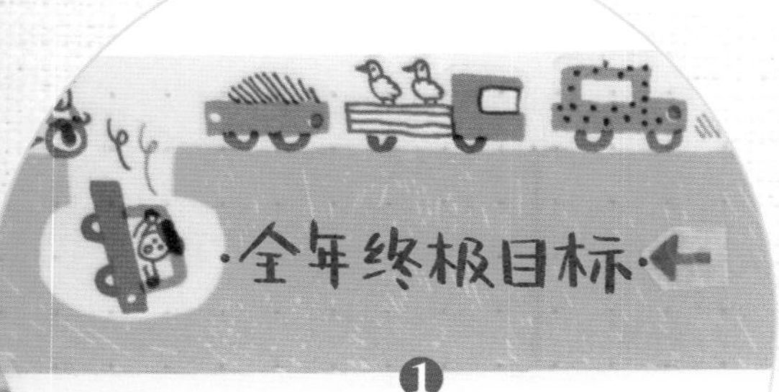

用顏色鮮豔的紙膠帶在頁面邊緣做一個索引，即使簿子合上也可以根據紙膠帶顏色很快地找到這個頁面。鮮豔的顏色也是對頁面的一個點綴。

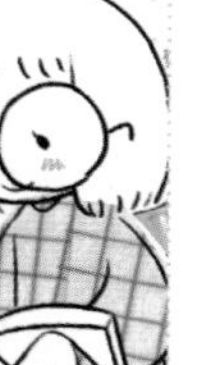

❶

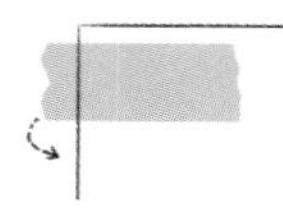

用純色系的紙膠帶做索引標籤。貼在邊緣後把多出的部分貼在背面。

❷

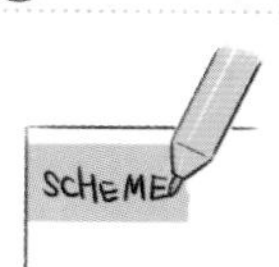

貼好後寫上文字。紙膠帶是防水的，有些滑，建議使用原子筆。

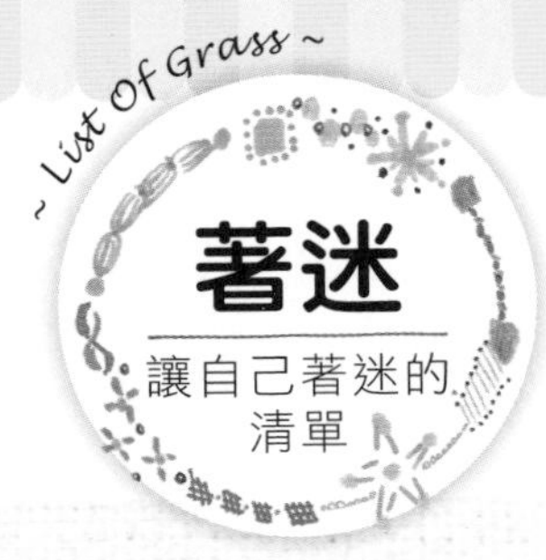

著迷

讓自己著迷的清單

大大世界的小小百貨令你著迷嗎？當時沒法買也沒關係，先記錄下來吧，想像自己一件件地買齊的時候，不是讓自己又有拼搏的動力了嗎？

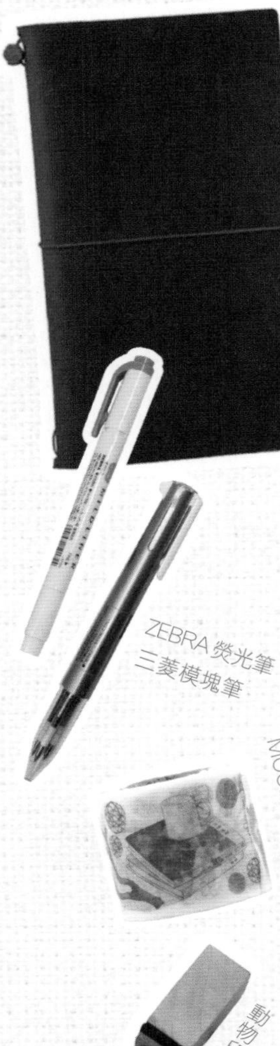

TRAVELER'S NOTEBOOK

ZEBRA 熒光筆、三菱模塊筆

MOODTAPE 紙膠帶

動物印章

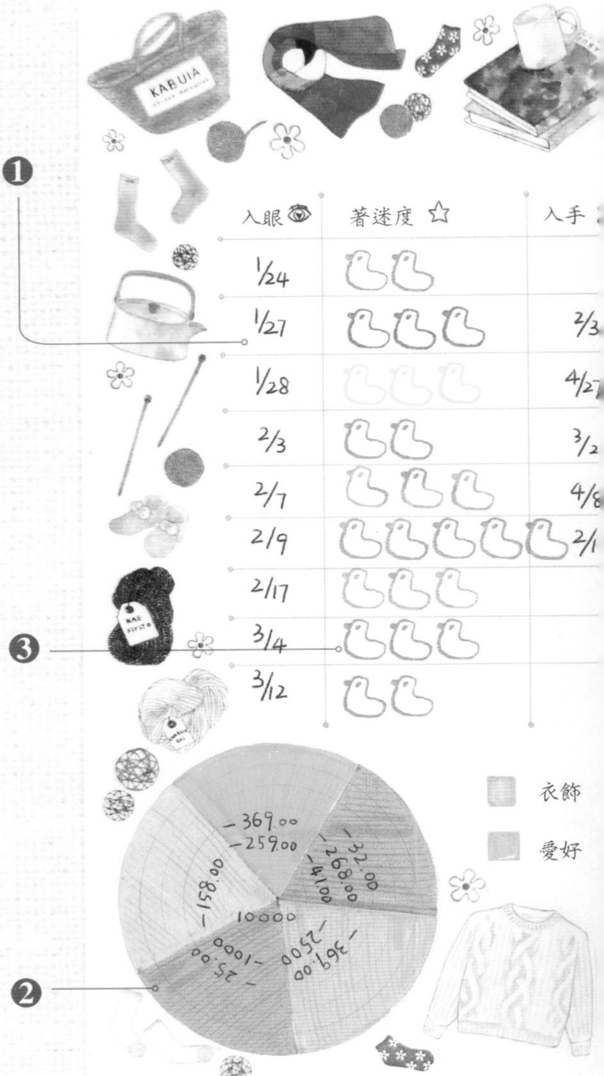

❶

❷

❸

入眼	著迷度	入手
1/24		
1/27		2/3
1/28		4/2
2/3		3/2
2/7		4/8
2/9		2/1
2/17		
3/4		
3/12		

-369.00
-259.00
-32.00
-268.00
-41.00
-158.00
10000
-25.00
-1000
-2500
-369.00

衣飾

愛好

內容介紹

在手帳上專門空出一頁來整理讓自己愉悅的商品，抄下它們的名稱與價格，再記錄下自己入手的時間和著迷指數，堅持幾年，回頭翻閱起來會對自己的審美和敗家進程有個直觀的認知。

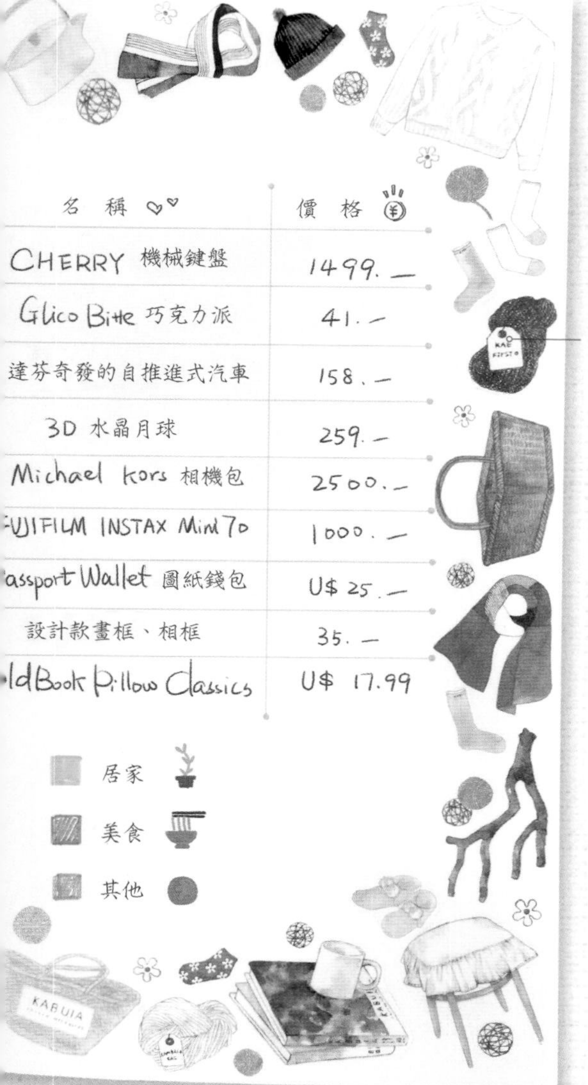

琳琅滿目的著迷清單，是熱愛生活的證明，是寵愛自己的時刻，是我們心底的一片柔軟地方。

1 列表記錄所有讓自己怦然心動並說出「啊，我想要一個」的東西。

2. 畫一個圓環，記錄下預算和分類開支。

3. 利用印章給物品的著迷指數評個星級。

4. 用紙膠帶把頁面周圍美化一下吧！

☆	入手	名稱	價格
		CHERRY 機械鍵盤	1499.—
		Glico Bitte 巧克力派	41.—
	2/3	達芬奇發的自推進式汽車	158.—
	4/27	3D 水晶月球	259.—
	3/22	Michael Kors 相機包	2500.—
	4/8	FUJIFILM INSTAX Mini 70	1000.—
	2/16	Passport Wallet 圖紙錢包	U$ 25.—
		設計款畫框、相框	35.—
		OldBook Pillow Classics	U$ 17.99

著迷目錄

「啊，我想要這個……」那麼就把它記錄下來吧，下次購物前打開手帳檢視一下現在有什麼可以入手的，當目標一個個實現的時候，可以感覺到自己正被幸福環繞……

將欄目分為看到寶貝並登記的日期——入眼，以及下單買入的日期——入手、價格、名稱和喜歡的程度——著迷度五欄就可以了。
從入眼和入手的時間差可以知道東西是在自己衝動時下單的還是沉澱了許久後冷靜決定的。而種草度和價格是決定東西性價比高低的重要因素。

Expand

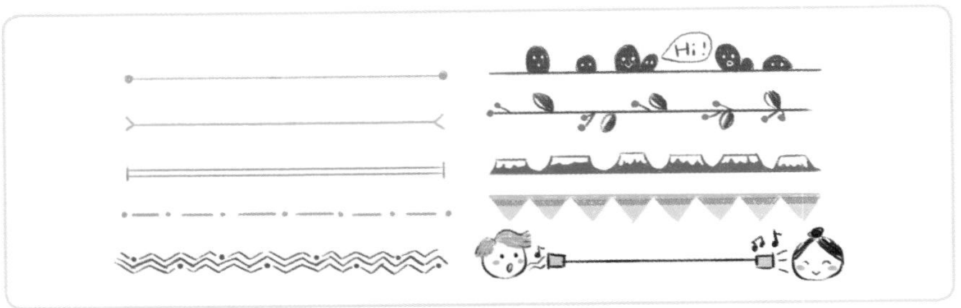

在記錄手帳的時候要注意，表格的線條也可以有很多變化哦！

計數圓環

種草不是無節制地買買買，將支出“可視化”提醒自己，就能瞭解金錢的流向，花錢時儘量考慮平衡就不會導致赤字吃土啦！

把想買的東西分類，並設定好預算，購買後在環形圖上寫下價格，回頭清點的時候就可以很快算出來了。只要能控制在“金錢短少也不會影響生活和心情”的範圍內，少許誤差也無妨！

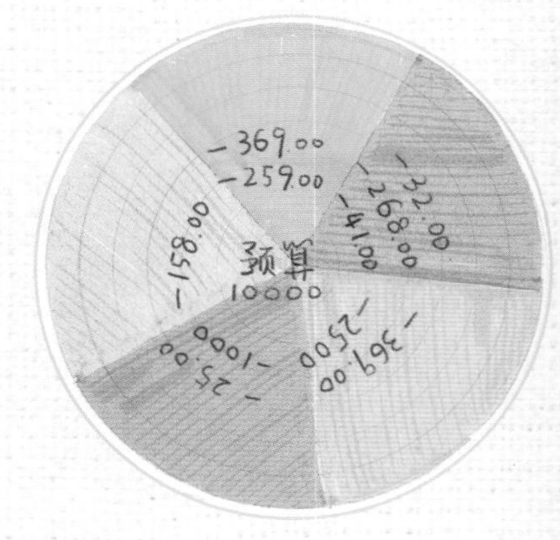

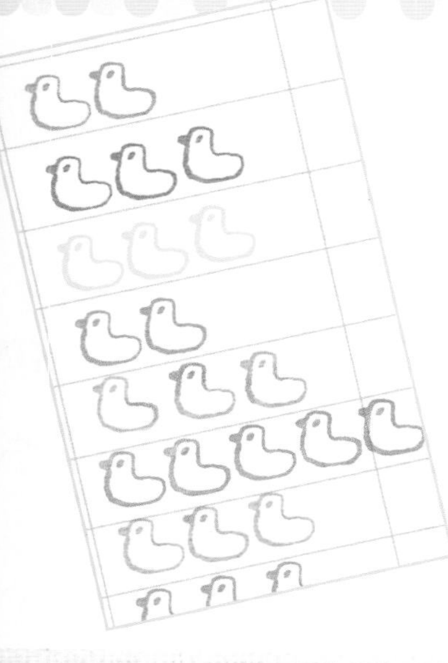

心動指數

喜歡是分等級的，活用小印章打星級來區分它們吧，也可以自行設定星級圖案。下單時要優先考慮自己最喜歡、性價比最高的東西！

著迷度分為三個等級，1 星是「啊，有點心動呢！」，2 星是「有閒錢就要買」，3 星是「好喜歡！拿下它！」，至於 5 星……那就是爆表的喜歡了吧？

頁邊小世界

可以將自己喜歡的圖案一個個剪切下來並貼在頁邊點綴，豐富美化頁面吧。

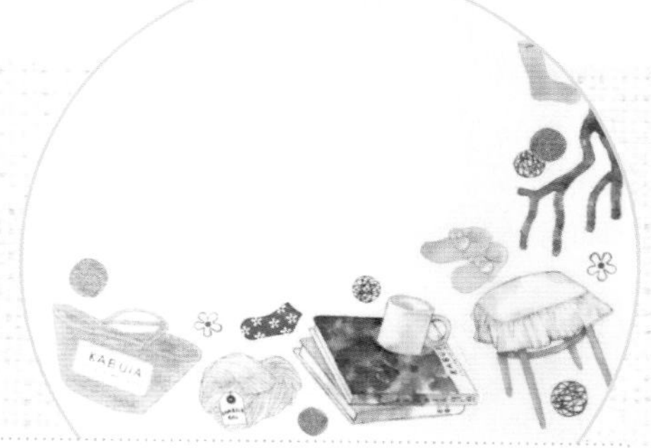

1. 準備圖案

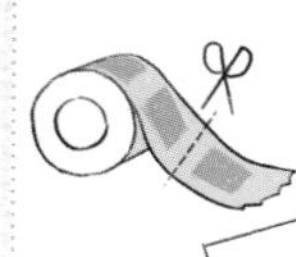

將紙膠帶上的圖案沿邊緣剪下來。

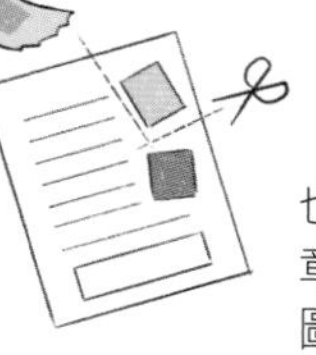

也可以將報章雜誌上的圖剪下來。

邊緣不規則的圖案，用剪刀修去多餘的部分，不用剪得太整齊。

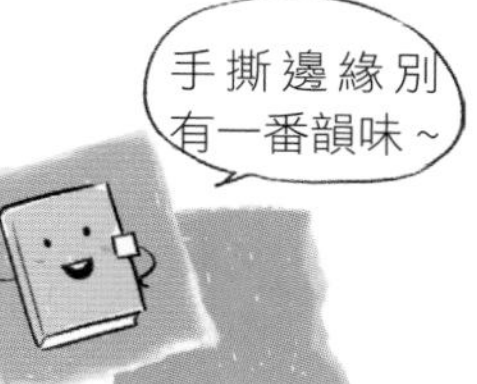

2. 拼貼圖案

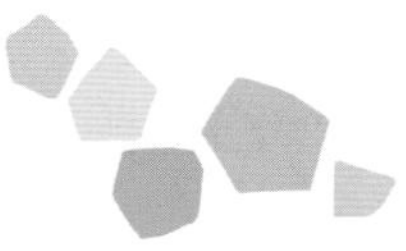

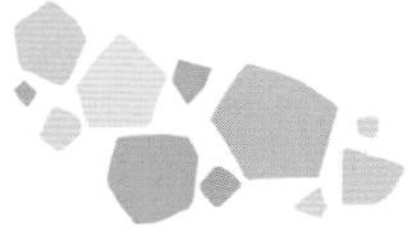

圖案要大小錯落排列，可以先貼大圖案，再在空出來的部分補一些小元素。

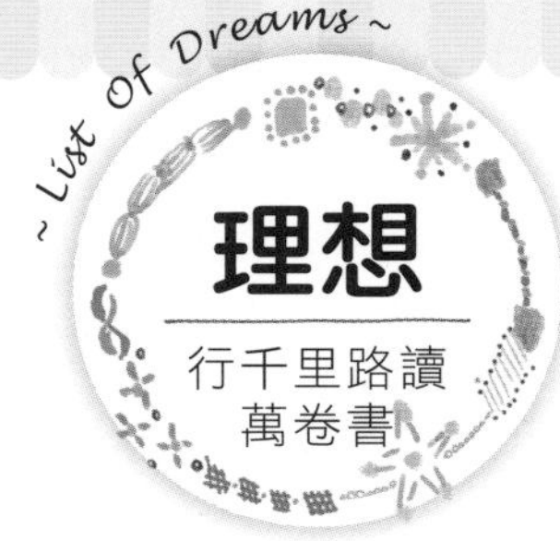

好好想一想，整理出想去的地方和要讀的書，目標就會變得很明確，好好實行，即可不虛此生！

TN 手帳

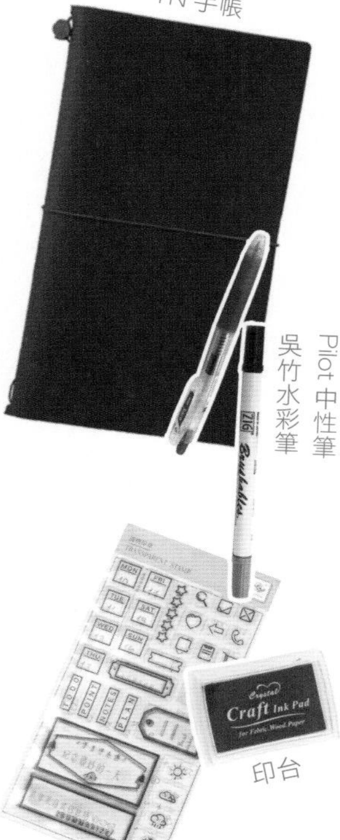

Pilot 中性筆

吳竹水彩筆

印台

印章

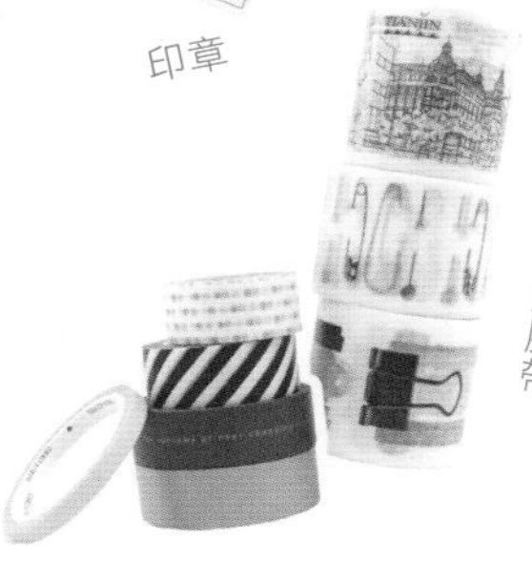

同色系紙膠帶

The Places I Want To Go

❶

❷

北京
上海
拉薩
香港
佛羅倫斯
開普敦
威尼斯
聖彼德堡
舊金山
倫敦
悉尼
開羅
雅典
維也納
夏威夷

迪拜
哈瓦那
紐約
阿姆斯特丹
溫哥華
新加坡
羅馬
布拉格
伊斯坦堡
日內瓦
裡約熱內盧
巴塞羅那
巴黎
羅馬
卡薩布蘭卡

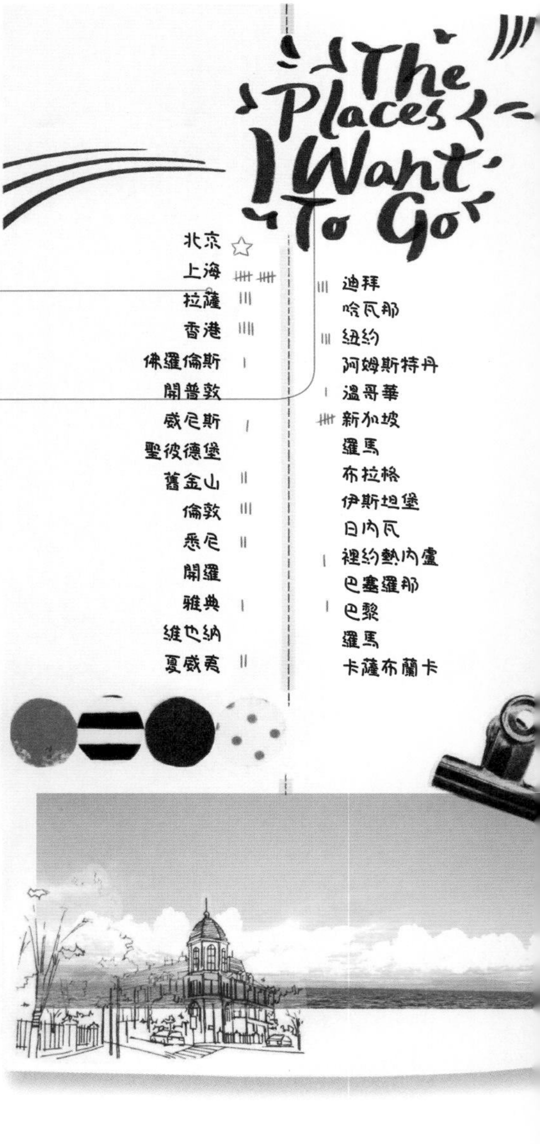

內容介紹

左頁是自己想去的地方，做上記號，標明自己已經去過的和反復去過的，或者是即將要去的。右頁是自己要讀的書，讀書就像吃飯，不知道哪一粒米給了你具體多少營養，但你知道它們已經化成血液化成思想，在你身體裏流淌！

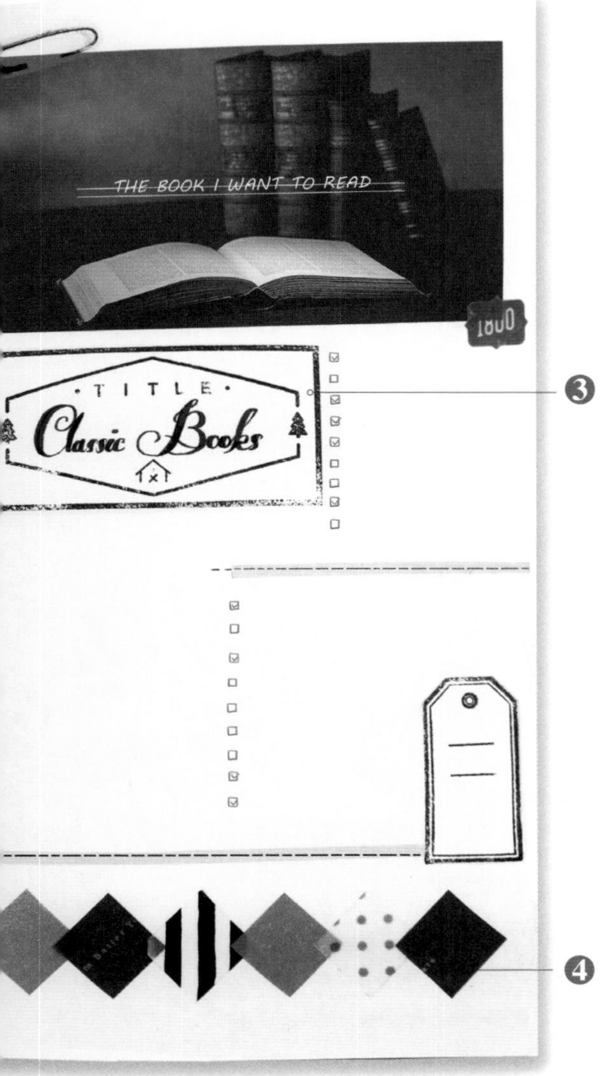

休假的時候好好計劃一次旅行，把世界看一遍；平時出不了門就閱讀吧，讓思想代替你去遠方！

1. 把自己的目標列下來並根據完成情況插上小旗。
2. 標題使用瀟灑的花體字來書寫，增加自己的雄心。
3. 利用印章來做標題的邊框，漂亮又有氣氛。
4. 將紙膠帶修剪成圓形或者方形，作為裝飾。

列下清單

在目標旁邊畫上標記，五角星表示自己所在地，用碼子計數法表示去過的地方和次數。還可以用空白的小旗將目標提上計劃，這是下一步即將要去的地方，塗上紅色表示已經去過。

Expand

目標可以定得小一些，比如吃貨就是吃吃吃，愛書的可以逛逛書店等。目標越具體，越容易實現。

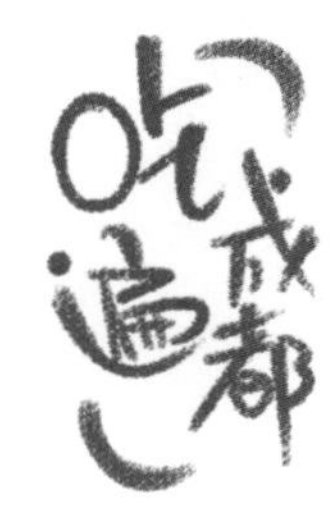

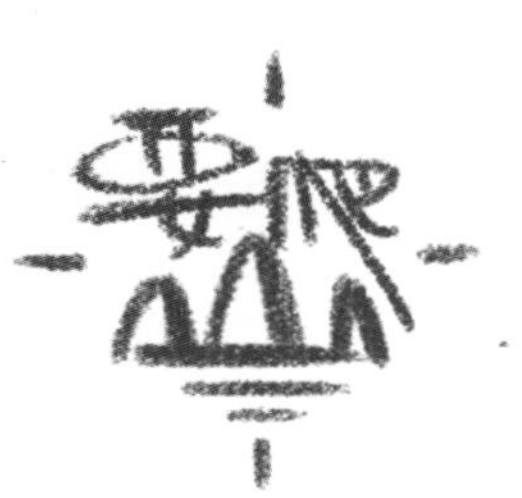

花體字

標題使用英文花體字，富於裝飾性且增加了文藝感。

花體字可用柔軟有彈性的筆尖表現粗細變化、用細筆尖表現游絲一般的靈動，標題可以用粗細變化大的吳竹水彩筆書寫，內文可用鋼筆書寫。

花體字帖隨處可得，可以找自己最喜歡的一種對照著勤加練習。

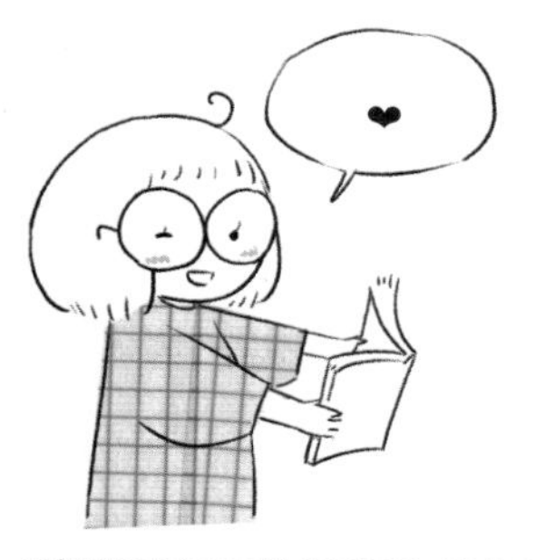

印章邊框

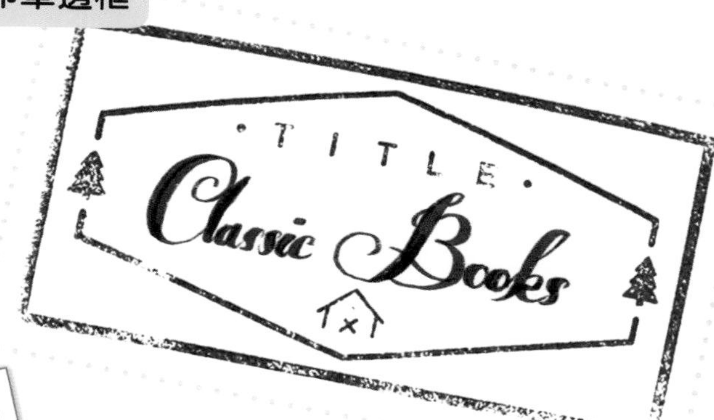

利用印章來做標題的邊框，配合花體字，漂亮又有氣氛。

現在的印章越來越多樣，不妨收幾款好看的印章，除了可以裝飾活躍標題和頁面，還能標示時間、天氣和備忘等內容。

方方圓圓

把紙膠帶修剪成小圓形或方形並連綴起來，有點綴的作用。如果覺得圓形不好剪，市面上也有各種大小的壓圓器售賣。

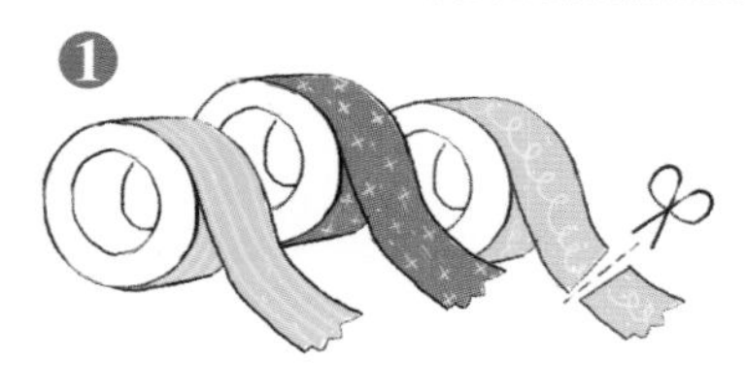

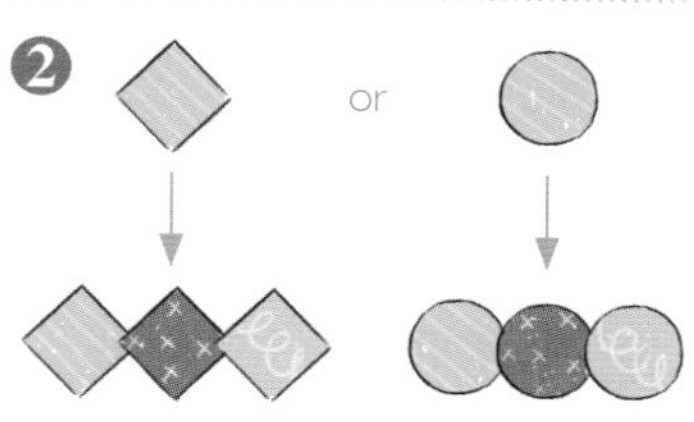

選擇同色系的紙膠帶，修剪成方塊或者圓形，也可以是其他形狀，比如三角形或者菱形等，再疊加拼貼在一起，就是一道亮麗的小點綴！

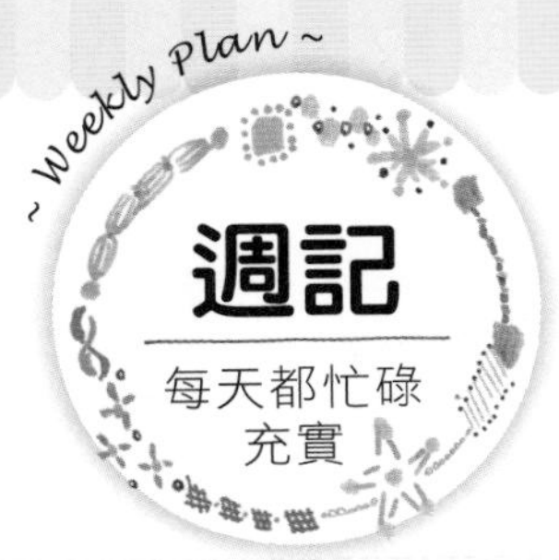

週計劃適合普通上班族或學生等以一週為單位進行工作學習安排，左側可以扼要地寫一下一日安排，右側可以對左側內容進行補充。

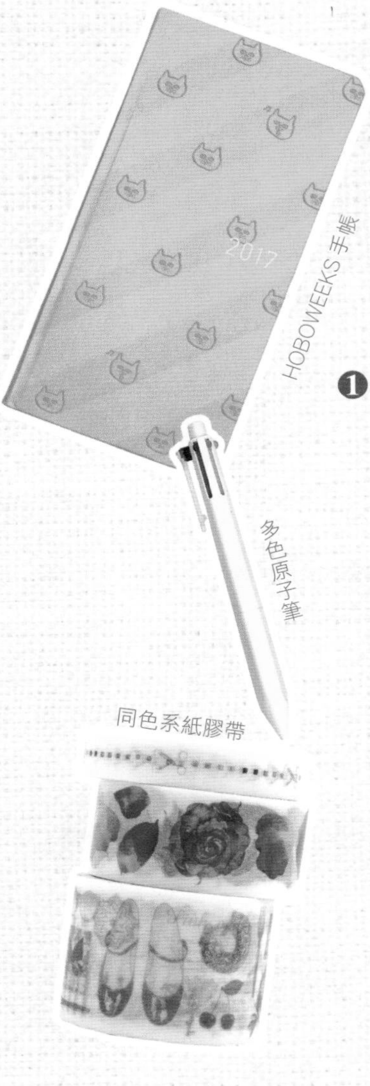

HOBOWEEKS手帳

多色原子筆

同色系紙膠帶

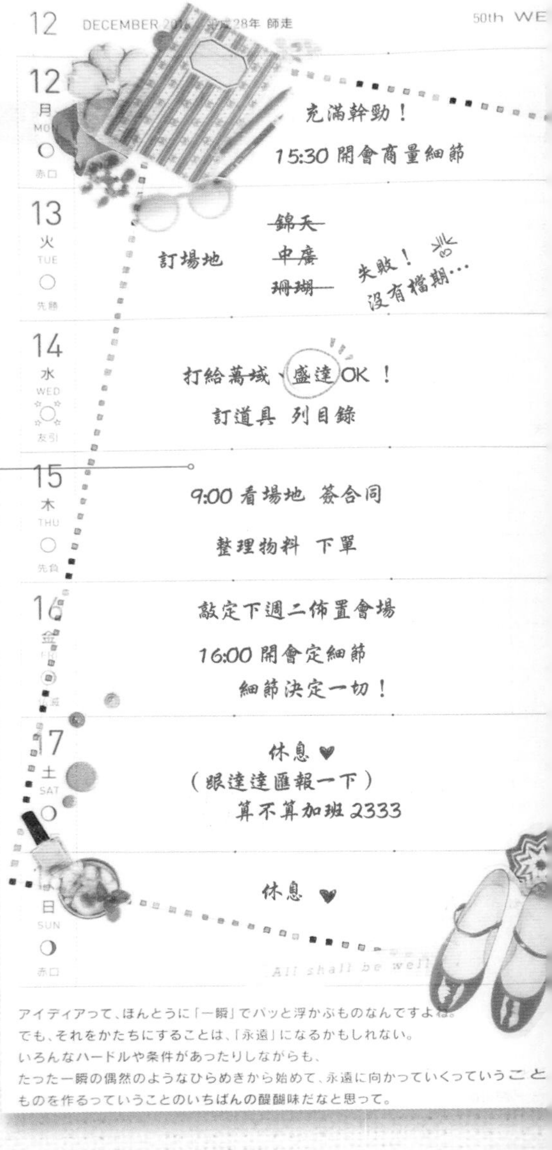

❶

12 DECEMBER 2016 平成28年 師走 50th WE

12 月 MON 赤口 充滿幹勁！ 15:30 開會商量細節

13 火 TUE 先勝 訂場地 ~~錦天~~ ~~中廣~~ ~~珊瑚~~ 失敗！沒有檔期…

14 水 WED 友引 打給萬域、盛達OK！ 訂道具 列目錄

15 木 THU 先負 9:00 看場地 簽合同 整理物料 下單

16 金 敲定下週二佈置會場 16:00 開會定細節 細節決定一切！

17 土 SAT 休息♥ （跟達達匯報一下） 算不算加班2333

18 日 SUN 赤口 休息♥

All shall be well

アイディアって、ほんとうに「一瞬」でパッと浮かぶものなんですよね。
でも、それをかたちにすることは、「永遠」になるかもしれない。
いろんなハードルや条件があったりしながらも、
たった一瞬の偶然のようなひらめきから始めて、永遠に向かっていくっていうこと
ものを作るっていうことのいちばんの醍醐味だなと思って。

內容介紹　每週工作都很辛苦，不如抱著愉悅的心情把手帳頁面打扮得像少女一樣粉嫩，轉換一下心情吧。左邊是週記，右邊是工作備忘，整個頁面清新又實用。

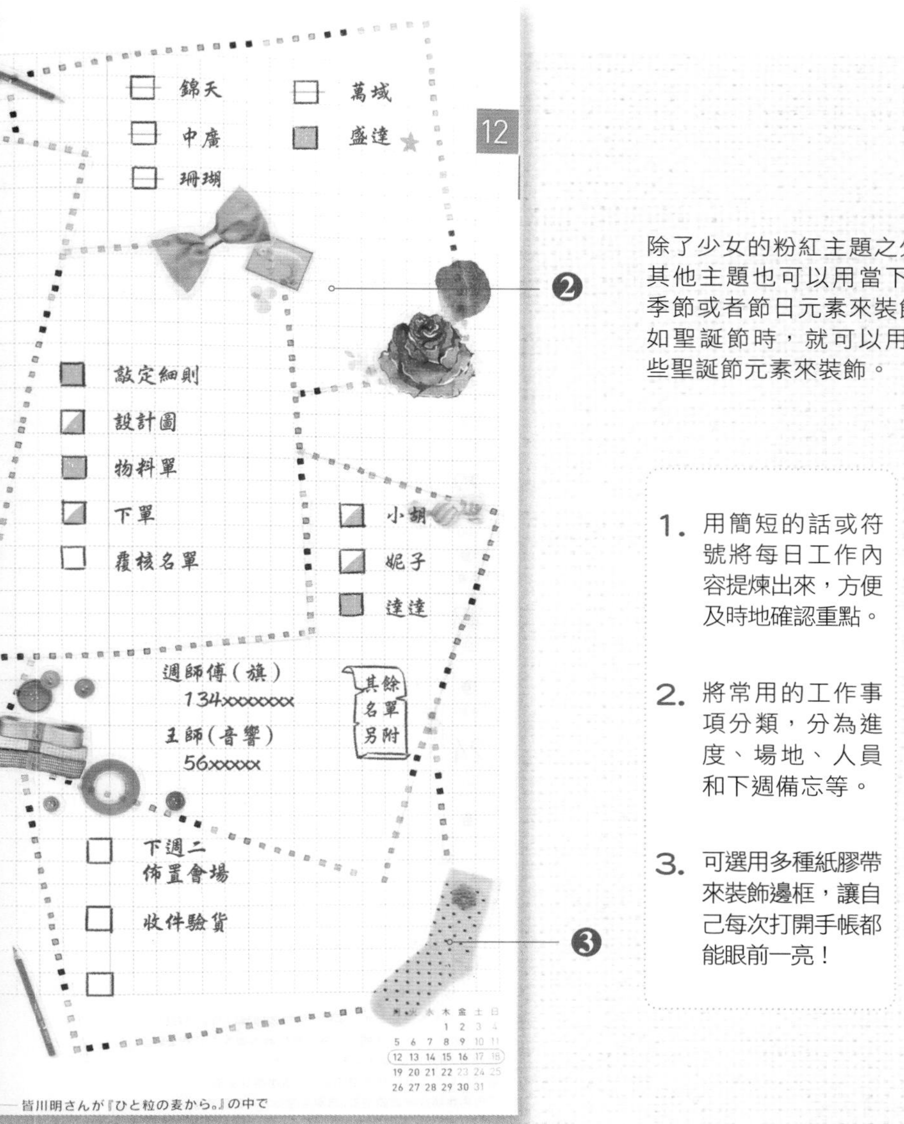

❷ 除了少女的粉紅主題之外，其他主題也可以用當下的季節或者節日元素來裝飾。如聖誕節時，就可以用一些聖誕節元素來裝飾。

❸

1. 用簡短的話或符號將每日工作內容提煉出來，方便及時地確認重點。
2. 將常用的工作事項分類，分為進度、場地、人員和下週備忘等。
3. 可選用多種紙膠帶來裝飾邊框，讓自己每次打開手帳都能眼前一亮！

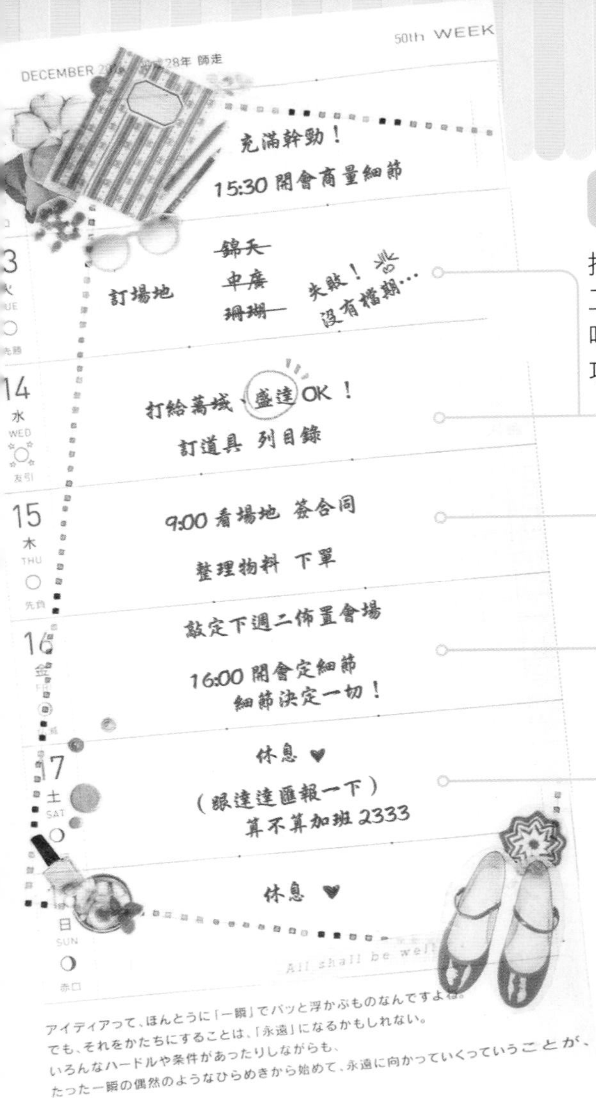

DECEMBER 2016 平成28年 師走　50th WEEK

充滿幹勁！
15:30 開會商量細節

13 火 TUE
訂場地　~~錦天~~ ~~中庚~~ ~~珊瑚~~　失敗！沒有檔期…

14 水 WED
打給萬城、盛達 OK！
訂道具 列目錄

15 木 THU
9:00 看場地 簽合同
整理物料 下單

16 金 FRI
敲定下週二佈置會場
16:00 開會定細節
細節決定一切！

17 土 SAT
休息 ♥
（跟達達匯報一下）
算不算加班 2333

18 日 SUN
休息 ♥

All shall be well

アイディアって、ほんとうに「一瞬」でパッと浮かぶものなんですよね。
でも、それをかたちにすることは、「永遠」になるかもしれない。
いろんなハードルや条件があったりしながらも、
たった一瞬の偶然のようなひらめきから始めて、永遠に向かっていくっていうことが、

簡單扼要

把週記本寫得密密麻麻的並不利於工作，話嘮型的在私人日記裏發揮吧，週記本上只寫每日主要工作事項和內容，以方便確認重點和進度。

沒通過的事項及時刪除，確定的用紅圈標出來。

與他人的約定比如簽合同，在事項前要寫上時間。

可以給自己寫一些打氣和提醒的話。

休息日的生活內容可以換一本手帳記錄，不必登記在工作手帳上。

很多人都是一本手帳打天下，生活和工作一起記錄。但如果你是一個特別注重隱私或者工作特別繁忙的人，建議準備兩個手帳分開記錄。

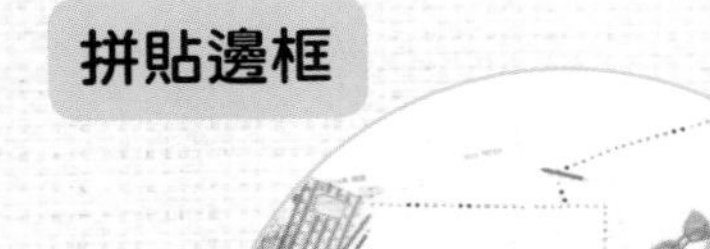

拼貼邊框

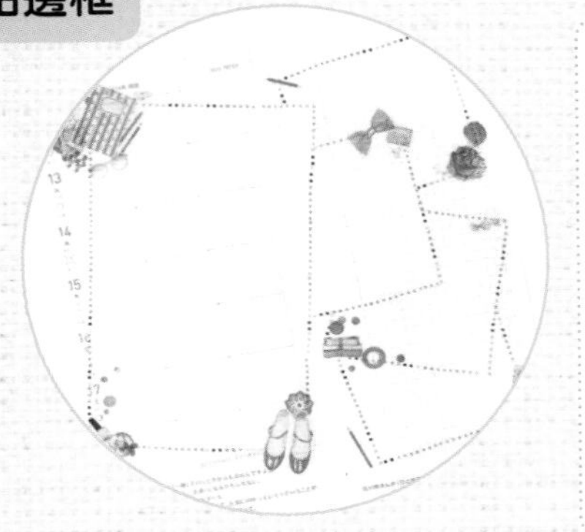

❶

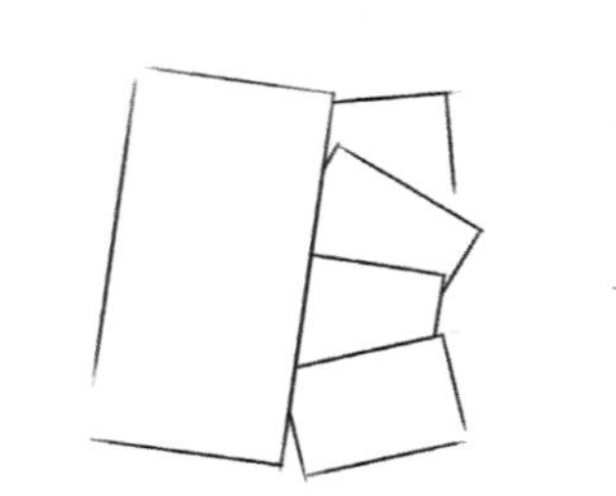

用鉛筆淡淡地在簿子上畫出輪廓。

分類事項

在右頁的空白處可以把工作內容進一步分類，分為進度、場地、人員、下週備忘等，查找起來方便快捷，一目了然。

場地

事項及進度

人員

下週備忘

Expand

☑ 開會 ☑ 整理郵件 ☐ 發報告	☑ 吃壽司 ☐ 約會 ☐ 踢球	☑ 見牙醫 ☐ 驗血 ☐ 取化驗單	☑ 取快遞 ☑ 買貓糧 ☐ 訂影票

分類時也可以用四色分類法：

藍色 - 工作，可以冷靜執行的各項工作。

綠色 - 私事，娛樂計劃或者與他人的約會。

紅色 - 健康，也有危機管理的意思。

黑色 - 雜事，就用平常的黑色來記錄。

❷

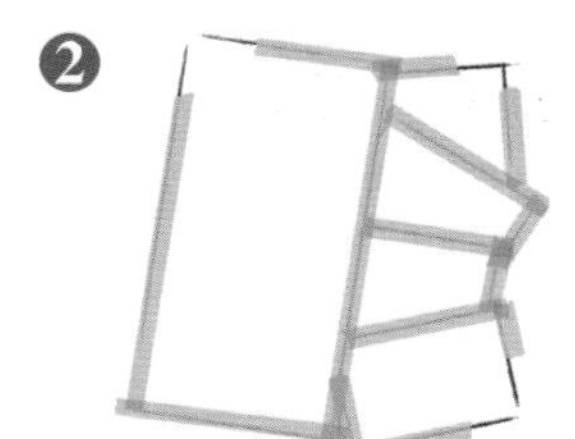

用合適的紙膠帶貼出邊框，留出一些邊角。

❸

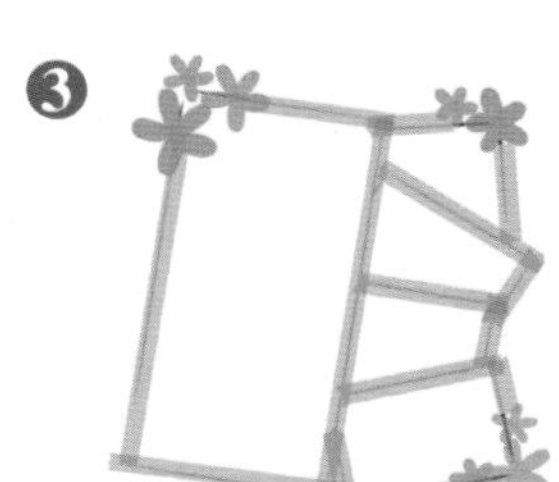

在留出的邊角貼上喜歡的元素，完成！

~ Scheduling ~

月記

行程錶帶來好心情

可一眼掌控整個月的行程，有助於管理自己以一個月為單位進行的行程與忙碌狀況等，但因為格子有限，所以請簡明扼要地書寫重點。

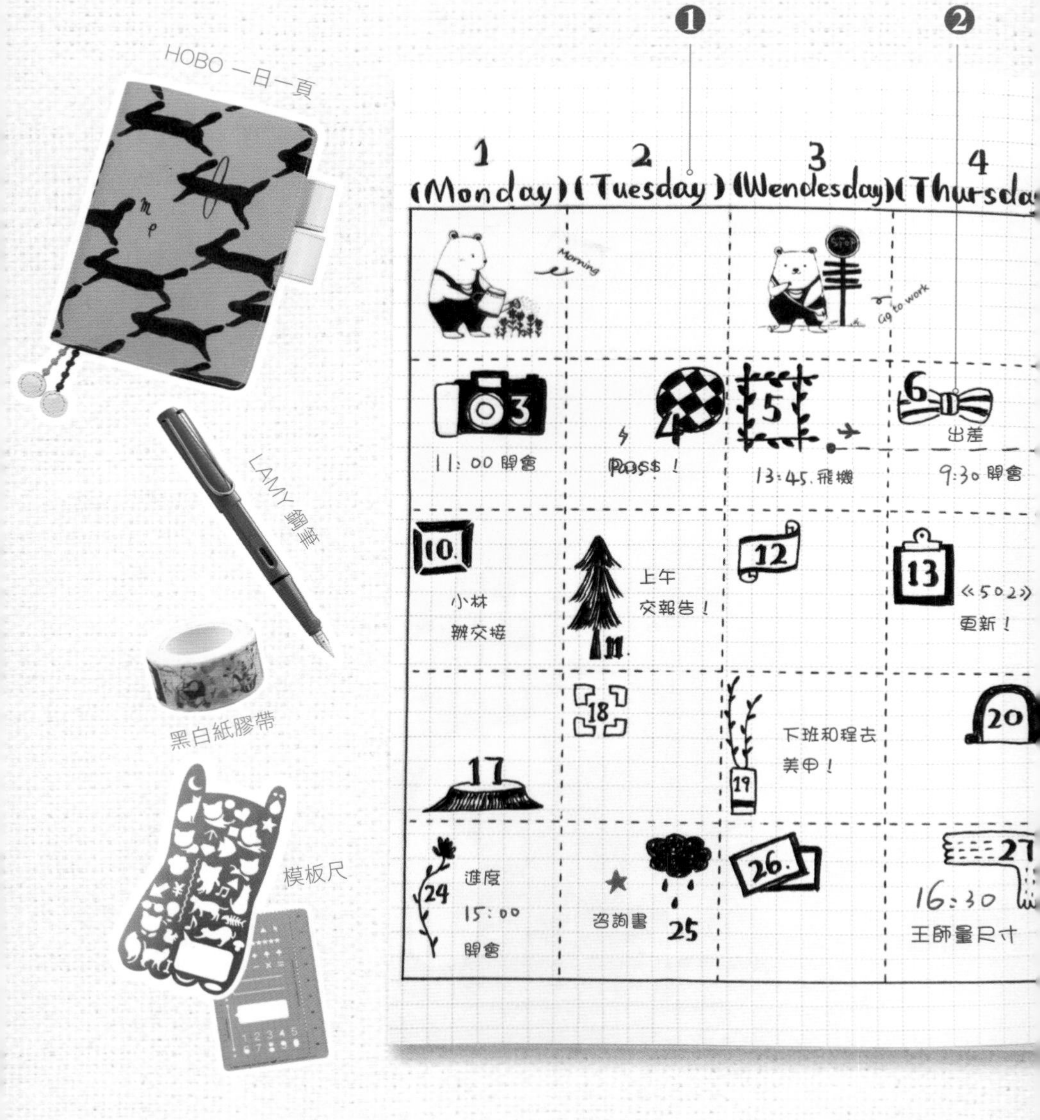

HOBO 一日一頁

LAMY 鋼筆

黑白紙膠帶

模板尺

內容介紹

用黑筆劃出來的黑白風格的月計劃，可以把每個日期都當作一個美化要點來進行設計。登記行程的時候只用一支其他顏色的筆就可以了，即使沒有寫得滿滿，但整個月看起來仍然很充實，這就是自製月計劃的魔力。

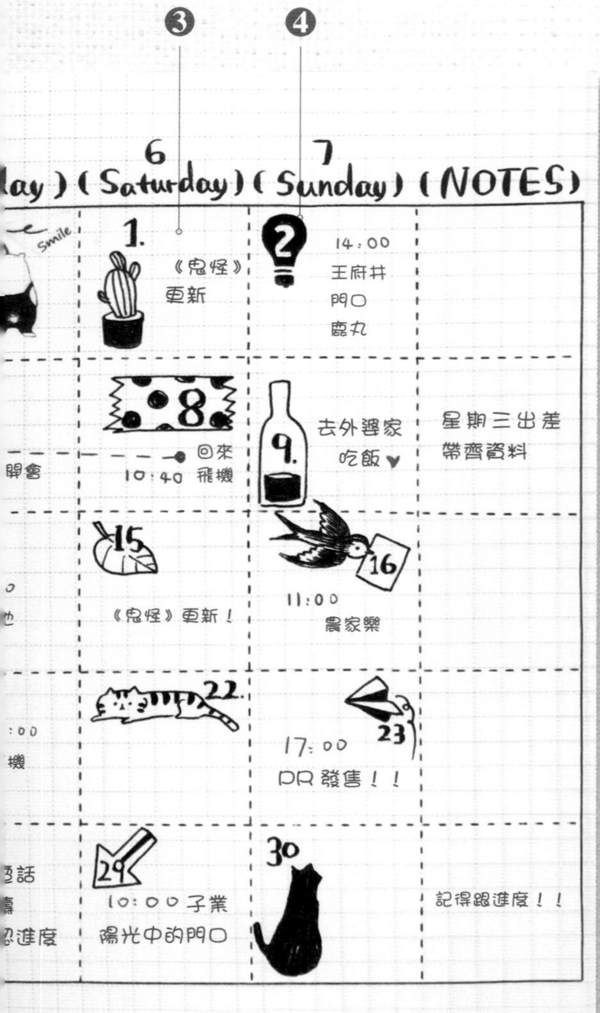

自製月計劃既是我們一個放鬆的過程，又是一個實用度很高的技能，可以讓我們的手帳既美觀又高效，成為我們真正的幫手兼朋友。

1. 將日期按星期拆分放在左右頁面，右頁多一個備注欄。
2. 把日期改造一下，變成美美的小貼紙一樣的存在。
3. 小格子裏可以記工作也可以記生活，最後一欄裏可以寫備注。
4. 小圖案可以利用模板尺來輔助繪製。

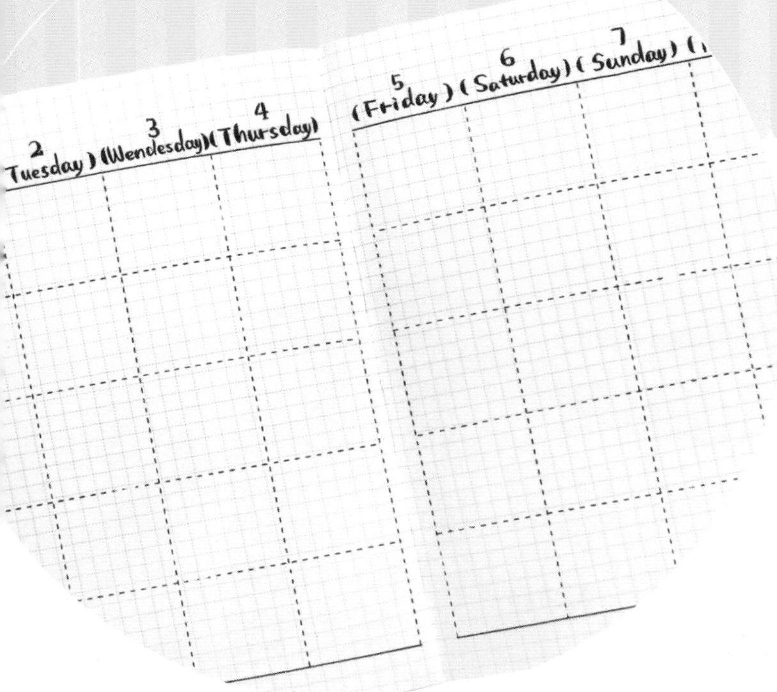

自訂月記

每個月基本都是五個星期，畫一個五行八列的表格，就能製成月計劃了。

月計劃表一眼就能區分星期幾與假日，所以用來管理控制每個月的行程相當方便。但因為書寫空間有限，所以只能用來記錄工作或生活中的預定事項，比如開會或者與家人約會，與朋友見面等固定行程。

日付是利用日期美化手帳的方法，通常是由數字和好看的圖案組成的。除了美觀，巧妙地把每日要點和日付結合起來也非常實用，比如提醒生日、工作等，還可以每日背一個單詞。

美麗日付

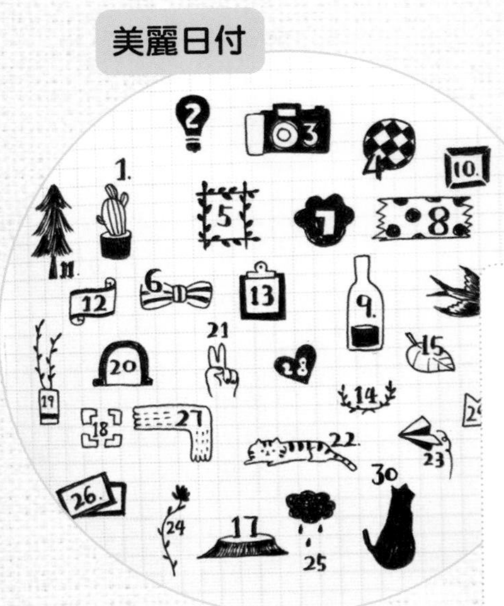

12345

12345

or

12345

日付的數字是在一般數字基礎上變形得到的，最簡單的變形就是加粗數字的橫線或豎線。

23 ×Apple×

17 結婚紀念日

16 阿比生日

日付也可以是彩色的，但是因為面積很小，配色建議不要太多，以免雜亂。

記事小格

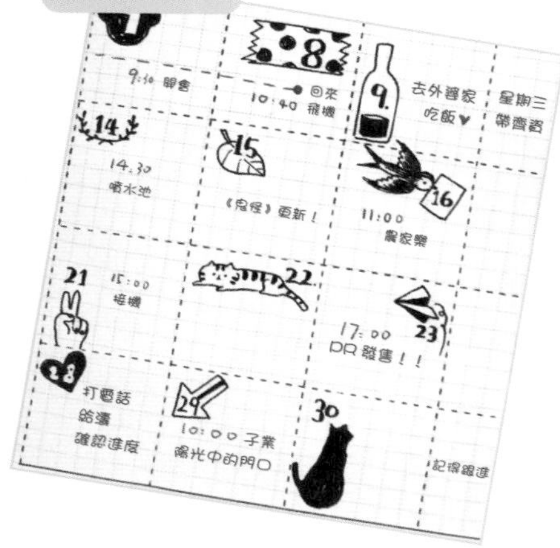

一個小格子代表一天，善用小格子來備忘記事，日子過得清晰又充實。如果沒有重要的事情，空著也很好看。

11:00 開會
18:00 聚餐

忙碌時不需要花太多時間來記錄，簡單扼要地寫上時間和關鍵字即可。

16:30 《劇集》更新

追劇黨可以寫劇集更新時間。

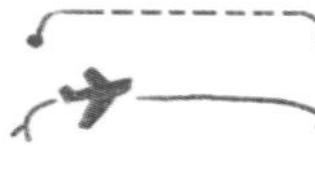

預定幾日的行程可以用長線條拉通幾個格子。

LOOK!

重要事項用三角、五星等符號表示。

月計劃的格子很多，如果配色也多容易顯得雜亂，影響閱讀。建議配色儘量簡化。因為提前做了日付，所以即使只有紅黑二色頁面也不會單調，重點也能馬上 get。

模板尺

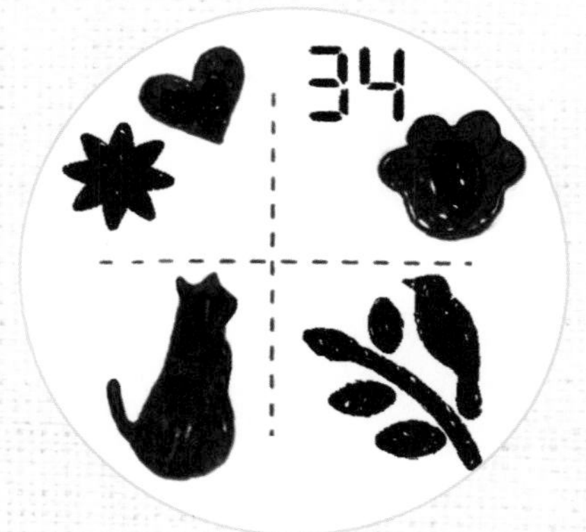

模板尺的功能很多，各種線條、數字和一些小圖案都能搞定。市面上有很多樣式的模板尺可供選擇。

效率小插畫

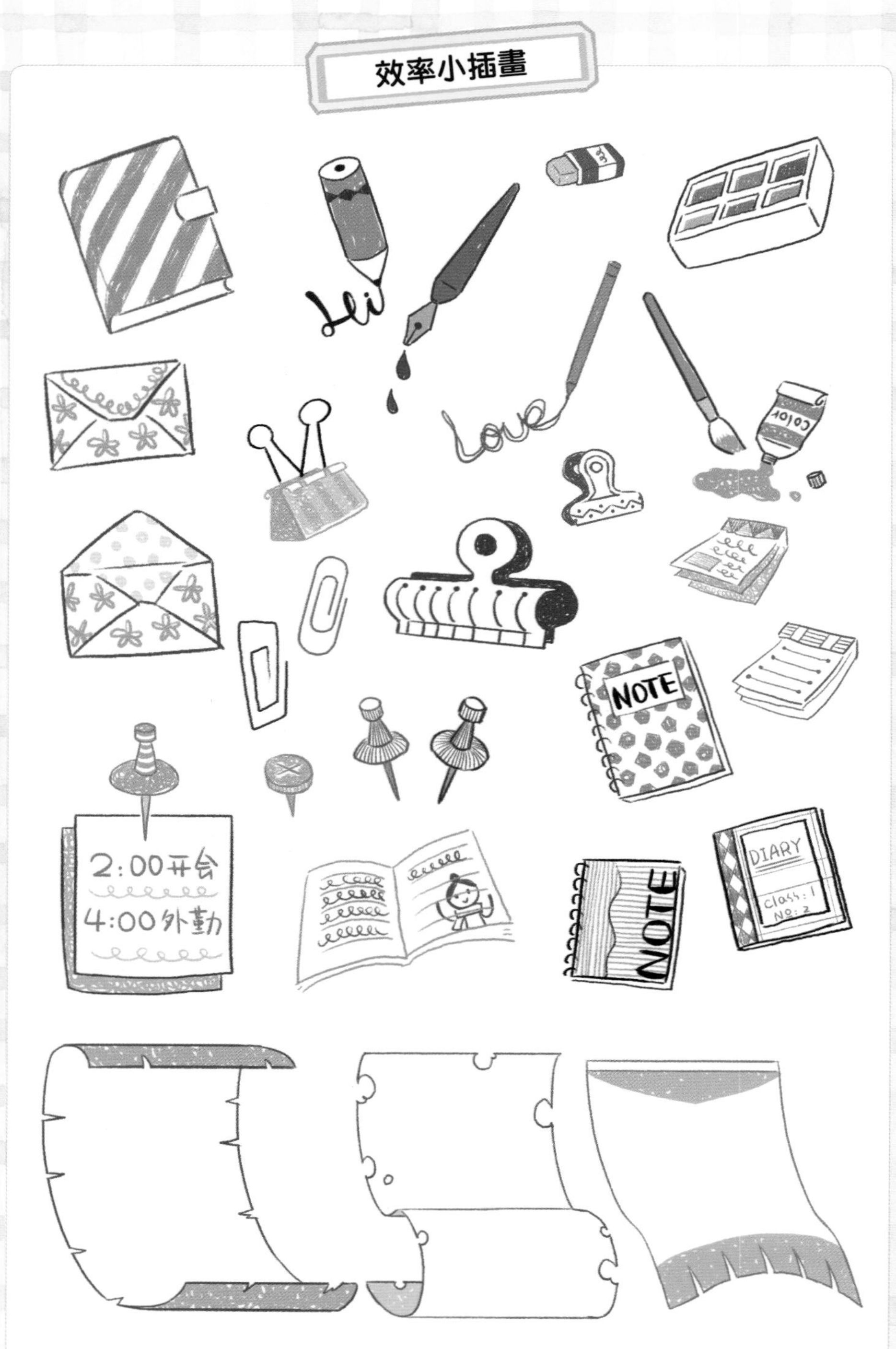

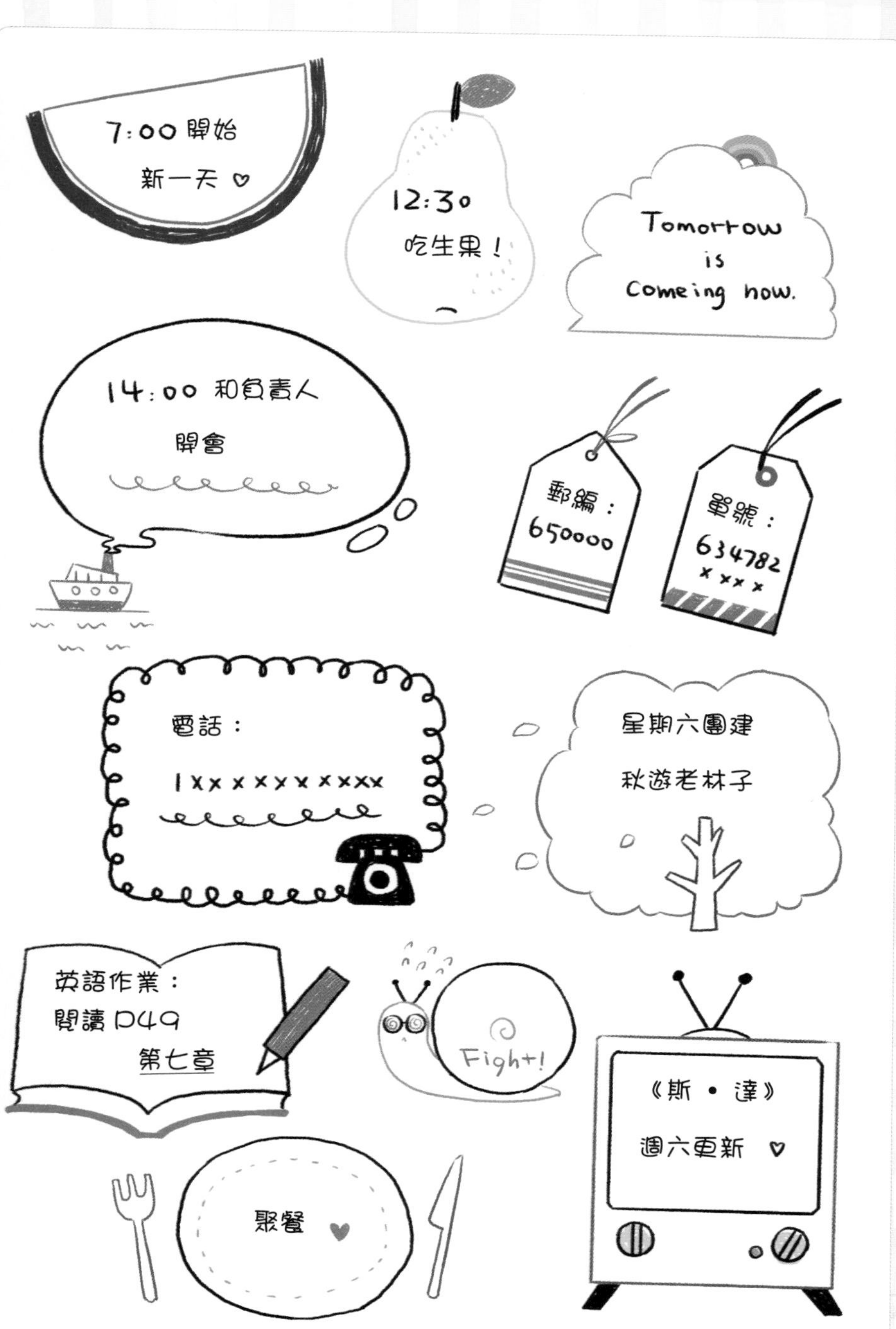
7:00開始
新一天 ♡
12:30
吃生果！
Tomorrow
is
Comeing now.
14:00 和負責人
開會
郵編：
650000
單號：
634782
××××
電話：
1××××××××××
星期六團建
秋遊老林子
英語作業：
閱讀 P49
第七章
Fight!
《斯・達》
週六更新 ♡
聚餐 ♥

讓生活變有趣

用手帳來記錄生活中的點點滴滴，你會發現很多平時忽略的小確幸哦！

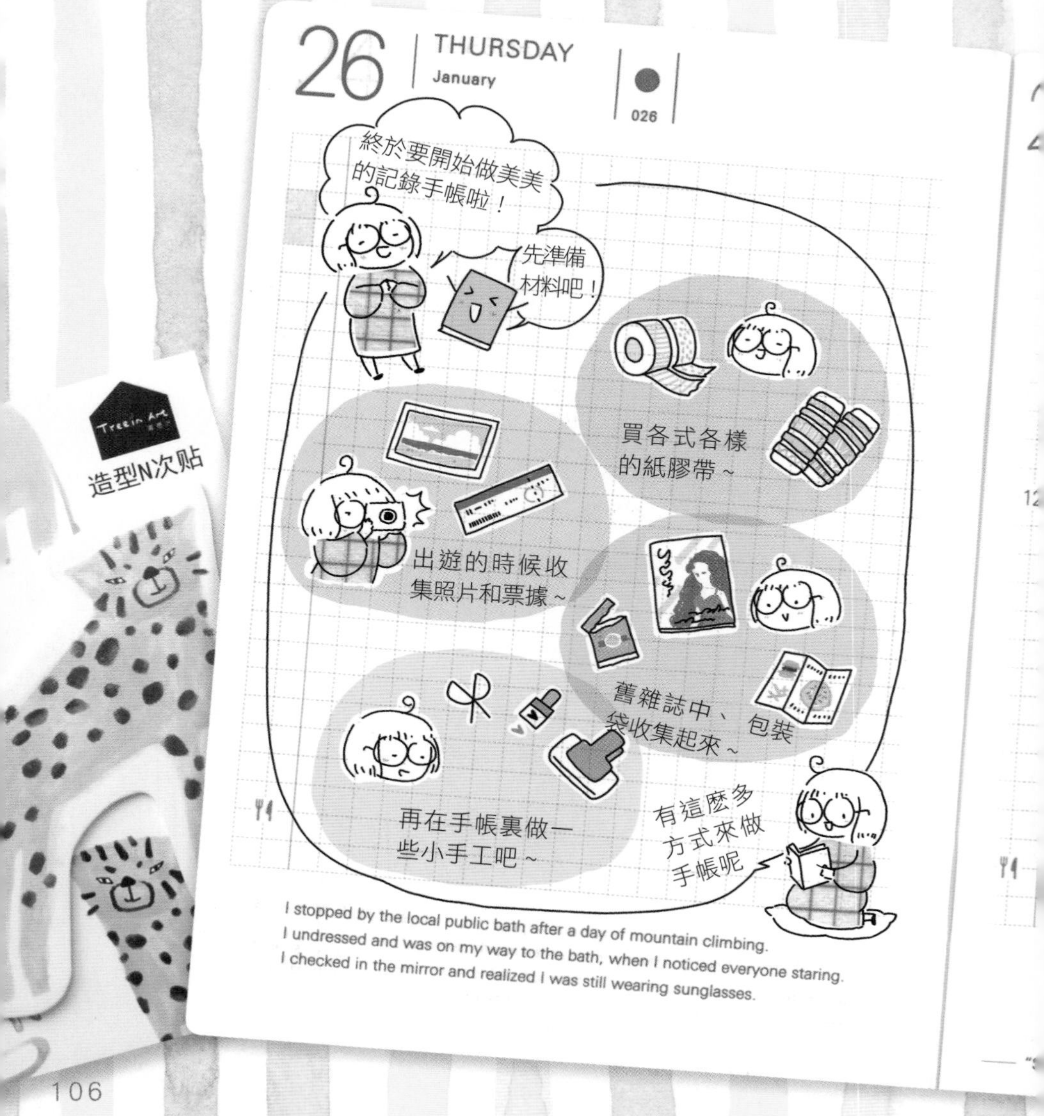

26 THURSDAY January
026
終於要開始做美美的記錄手帳啦！
先準備材料吧！
買各式各樣的紙膠帶～
出遊的時候收集照片和票據～
舊雜誌中、包裝袋收集起來～
再在手帳裏做一些小手工吧～
有這麼多方式來做手帳呢
I stopped by the local public bath after a day of mountain climbing.
I undressed and was on my way to the bath, when I noticed everyone staring.
I checked in the mirror and realized I was still wearing sunglasses.
Treein Art
造型N次貼

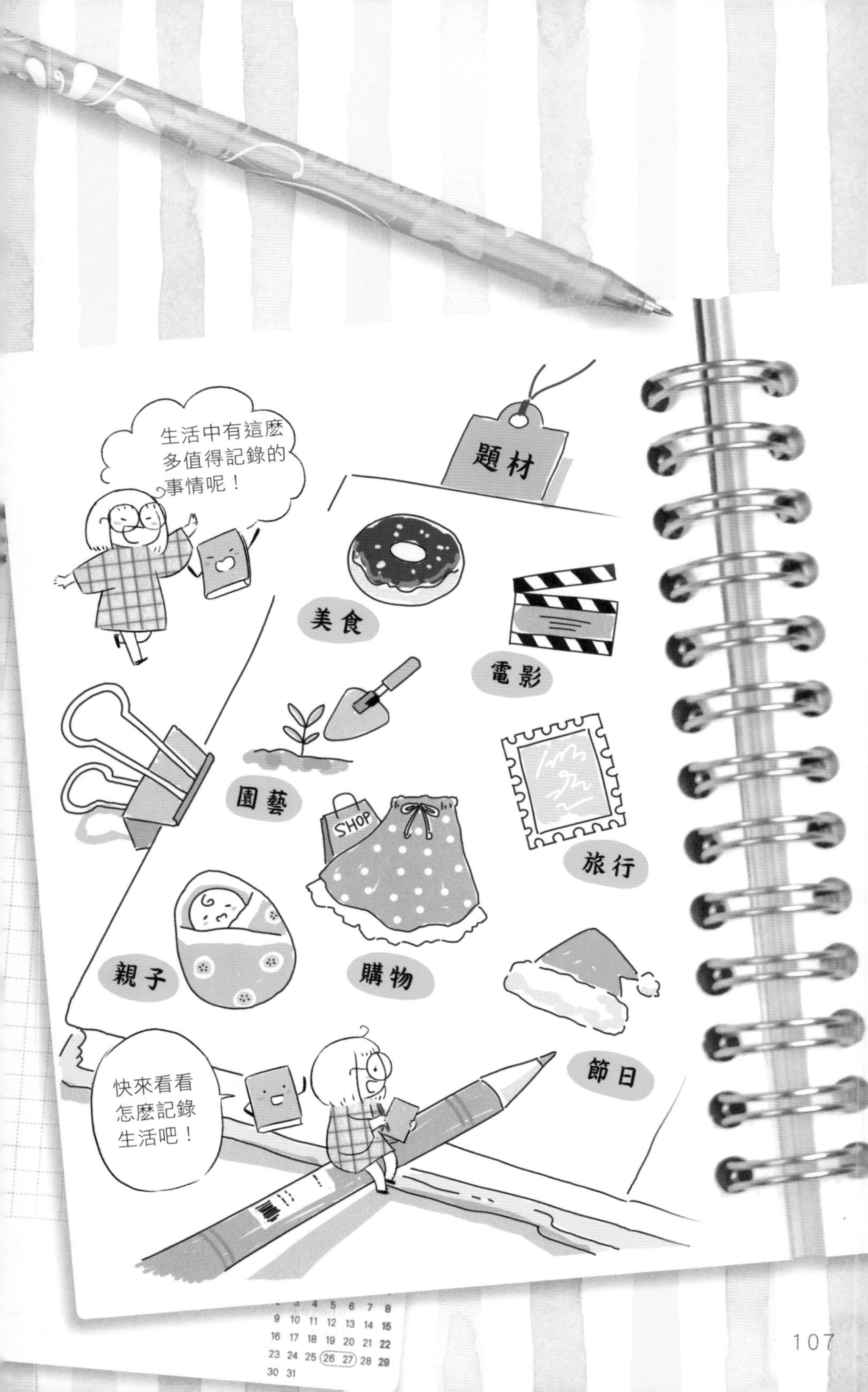
生活中有這麼
多值得記錄的
事情呢！
題材
美食
電影
園藝
旅行
SHOP
親子
購物
節日
快來看看
怎麼記錄
生活吧！

記錄美食的形式多種多樣，可以畫下來、拍照、收集小票據、收集店鋪宣傳頁＋少量文字等，這裏選取了最簡單的一種方法來給大家示範～

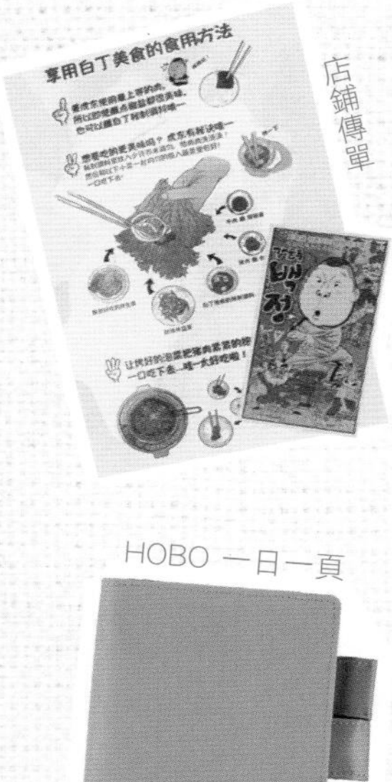

店鋪傳單

HOBO 一日一頁

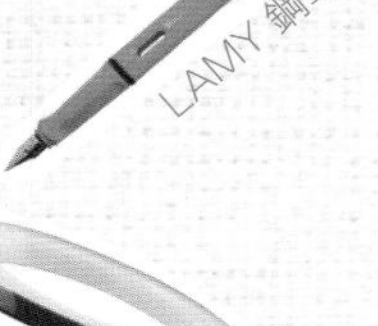

LAMY 鋼筆

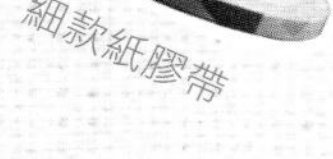

細款紙膠帶

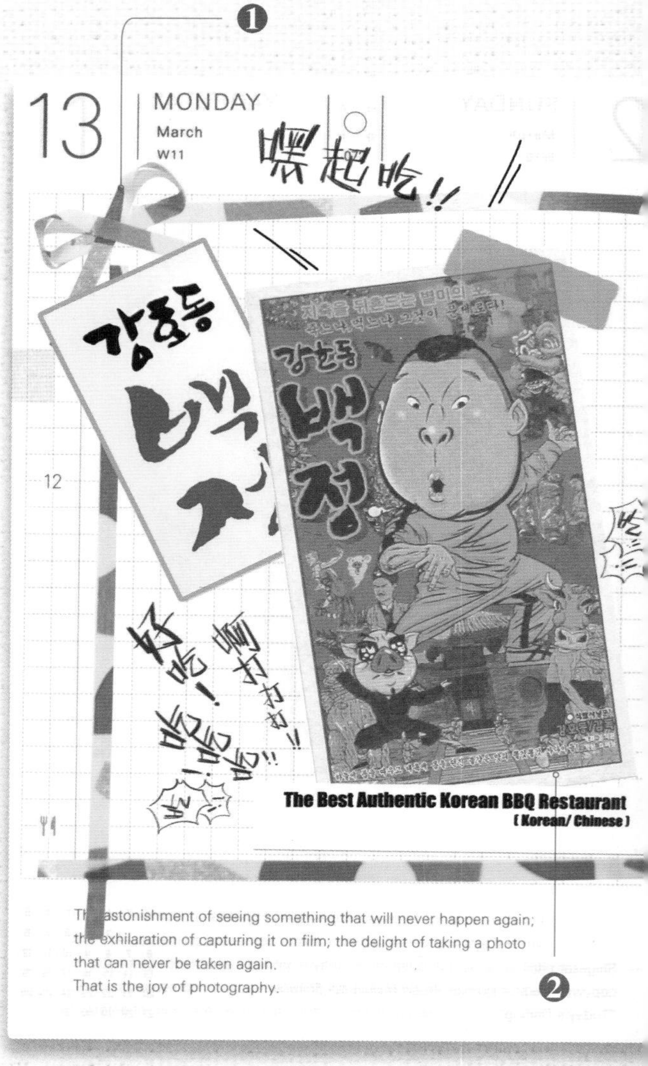

❶

13 MONDAY
March
W11

嘿起吃!!

강호동 백정

12

The Best Authentic Korean BBQ Restaurant
(Korean/ Chinese)

The astonishment of seeing something that will never happen again;
the exhilaration of capturing it on film; the delight of taking a photo
that can never be taken again.
That is the joy of photography.

❷

內容介紹

去新開的烤肉店聚餐，第一天沒排上，拿了名片回家，第二天又去了，把與兩天相關的內容做了跨頁記錄。因為傳單很有意思，所以把它帶回家作為手帳內容，圖文並茂，淺顯易懂呢！

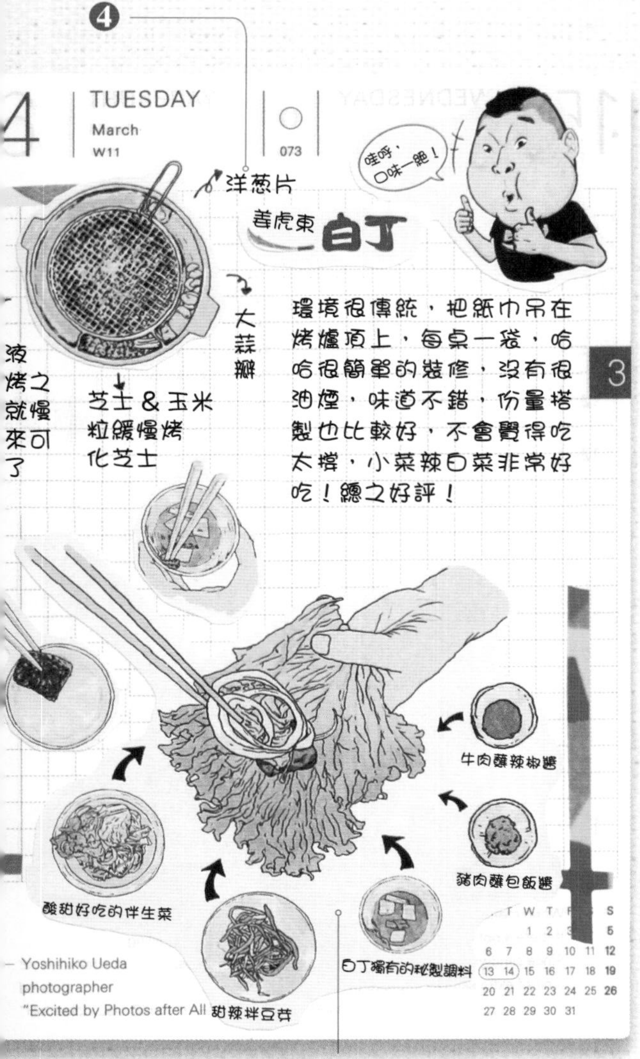

❹ ❸

唯有愛和美食不可辜負。無論何時品嘗到的美食都可以記錄下來，再次翻看的時候，餐桌上的氛圍就會再次浮現……

1. 用細款紙膠帶組成跨頁的邊框，並在左上角折疊一個蝴蝶結裝飾。
2. 將收集來的卡片依次黏在簿子上，歪歪斜斜也沒關係。
3. 將宣傳單上的有用內容剪下來黏貼在簿子上。
4. 用文字為圖片做出詳細的備注。

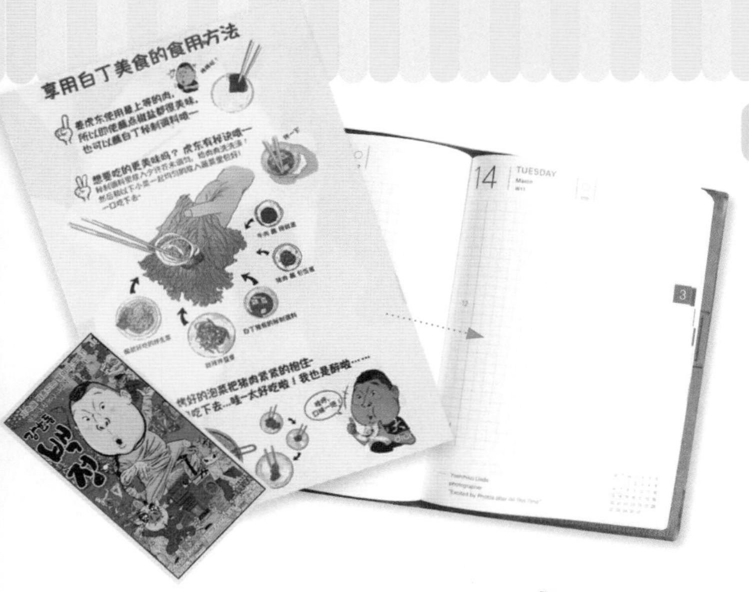

裁剪有用信息

選取信息的時候要有取捨。首先要提取有價值的，其次是看其能否黏貼在簿子上，如果傳單太大，則可以剪碎了拼貼。

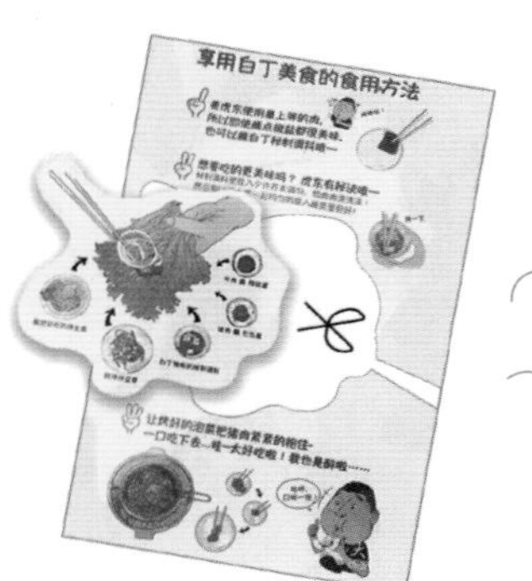

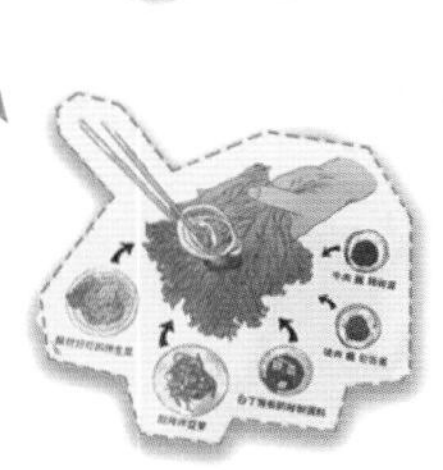

傳單有兩種剪法，如果你有足夠的耐心，那麼可以沿著邊緣均勻地裁剪，這樣剪出來的圖片會很圓潤。

如果你想快速地剪出形狀，那麼可以用短直線剪個大概的外形，這樣也會有種別樣的粗獷美！

紙膠帶蝴蝶結

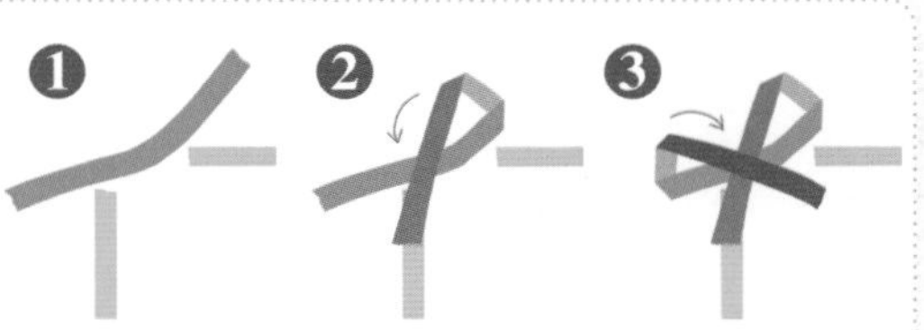

剪一段紙膠帶斜貼在左上角上，將其中一邊扭轉黏貼，另一邊同樣操作，蝴蝶結就完成了。最好選用細一些的紙膠帶來製作。

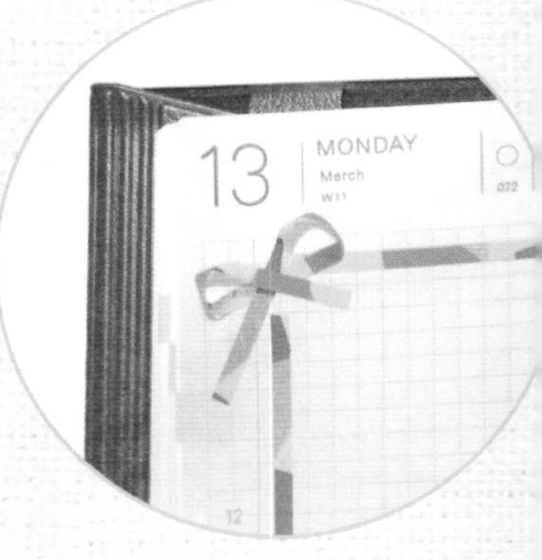

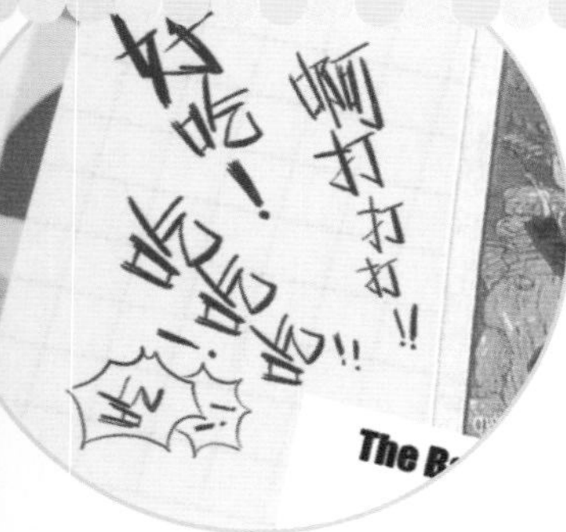

字體詳解

粗獷的文字有一種炸裂感，適合表達強烈的情緒。寫這種文字要注意兩點，一是筆劃要出頭，二是要加粗豎向的筆劃。

基本筆劃範例

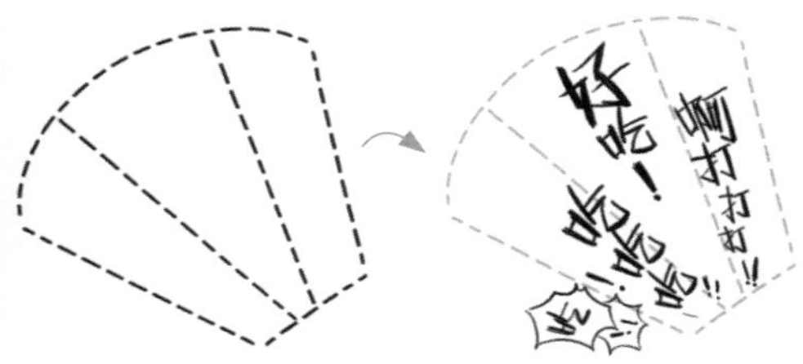

為了做出喊出來的效果，字形的排列呈扇形，可以先用鉛筆輕輕地在簿子上定好位置，然後按形狀書寫。

Expand

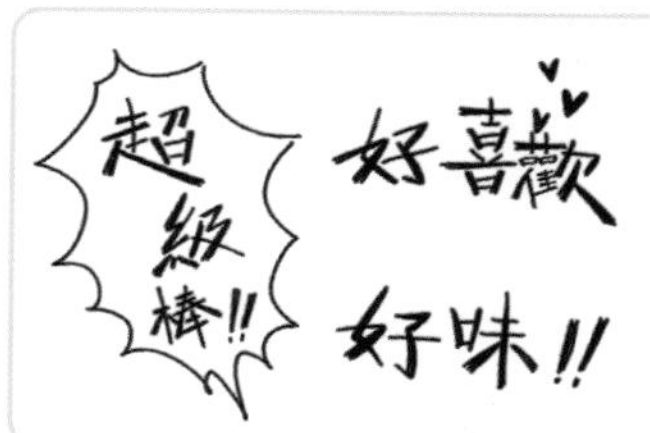

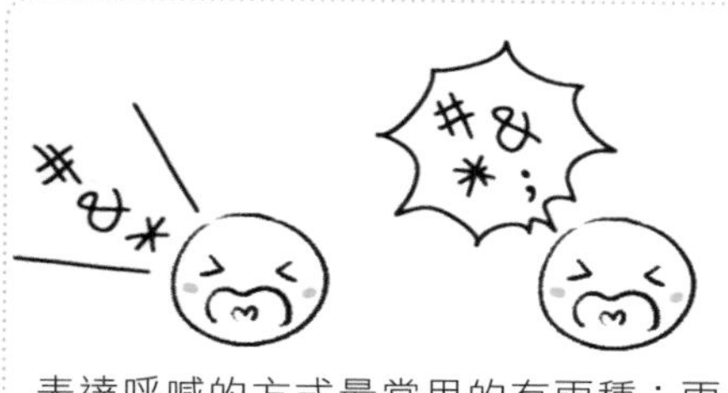

表達呼喊的方式最常用的有兩種：兩根開放式直線和鋸齒炸裂對話框。

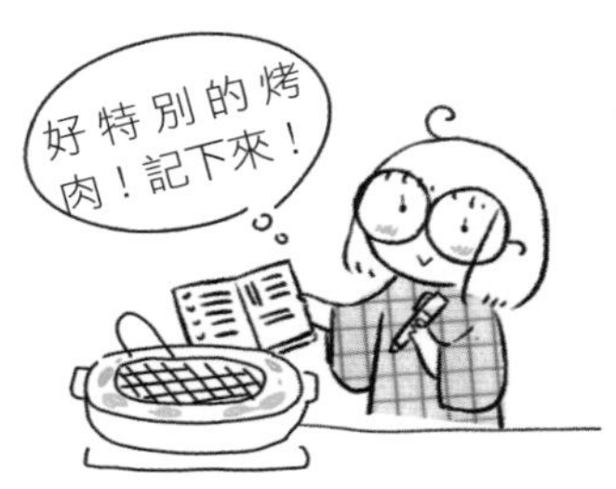

Expand

箭頭符號有很多種，在手帳中活用它們來指引圖片內容會更靈活。

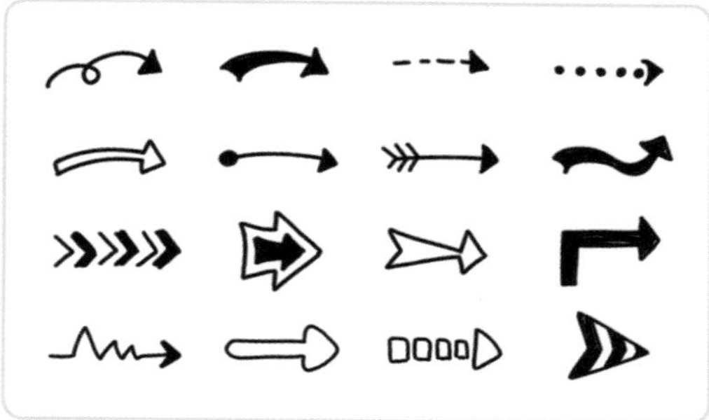

做電影主題的手帳要注意兩方面，第一是收集電影票作為回憶小物，上面會有電影時間。第二是手帳內頁的裝飾在顏色的選擇上要儘量貼合電影的風格。

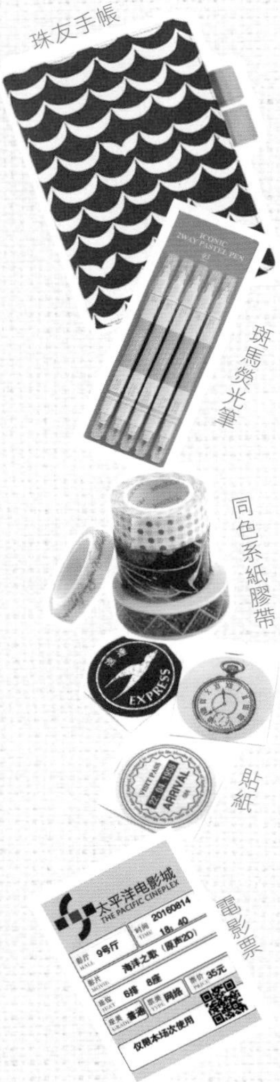

珠友手帳

斑馬熒光筆

同色系紙膠帶

貼紙

電影票

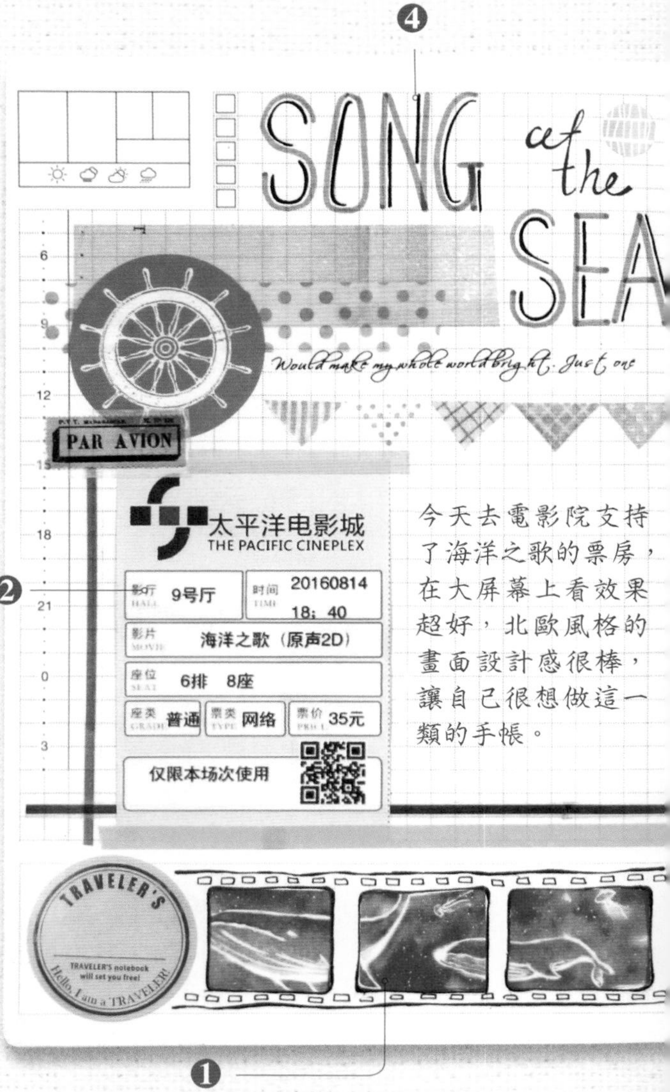

❹ SONG of the SEA

Would make my whole world bright. Just one

PAR AVION

❷ 太平洋电影城 THE PACIFIC CINEPLEX

影厅 HALL	9号厅	时间 TIME	20160814 18：40

影片 MOVIE	海洋之歌（原声2D）
座位 SEAT	6排 8座

座类 GRADE	普通	票类 TYPE	网络	票价 PRICE	35元

仅限本场次使用

今天去電影院支持了海洋之歌的票房，在大屏幕上看效果超好，北歐風格的畫面設計感很棒，讓自己很想做這一類的手帳。

TRAVELER'S notebook will set you free! Hello, I am a TRAVELER!

❶

內容介紹　今天和朋友去看了電影《海洋之歌》，獨特的畫風讓我印象深刻。正好電影票也是藍色的，所以配合著海洋的顏色做了一個海洋主題的手帳。

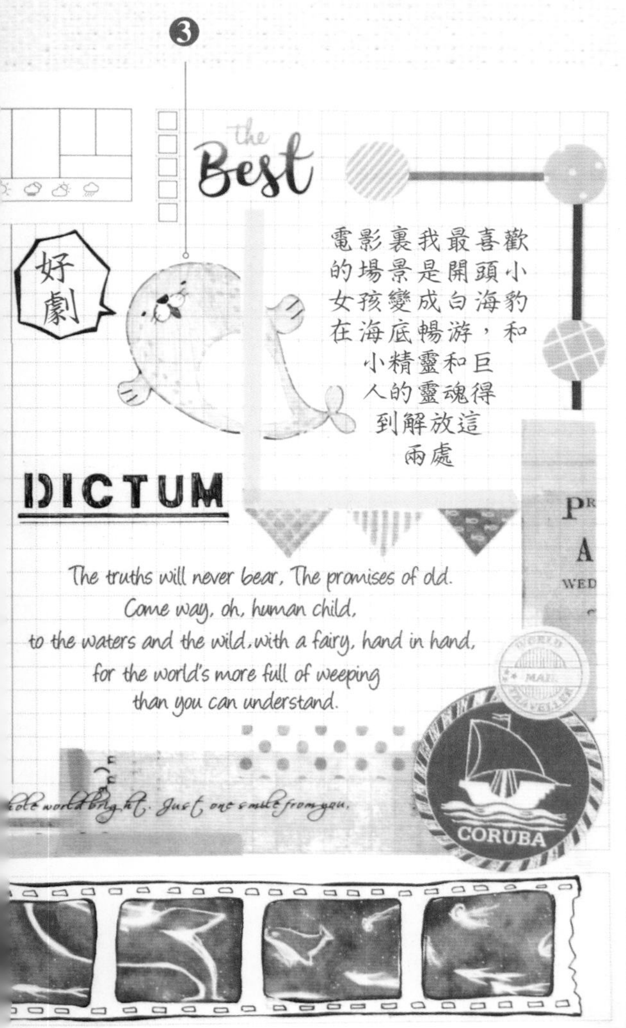

閑暇時候看一場電影是很不錯的放鬆方式，好看的電影會讓你印象深刻。將電影票和觀後感記錄在手帳裏，每次翻閱都是一次新的體驗。

1. 在底部做一條電影膠卷的裝飾。
2. 用紙膠帶將電影票黏貼在手帳裏。
3. 將電影裏的風景和動物畫在手帳裏。
4. 用藝術字來寫電影的名稱，同時作為手帳的標題，十分醒目！

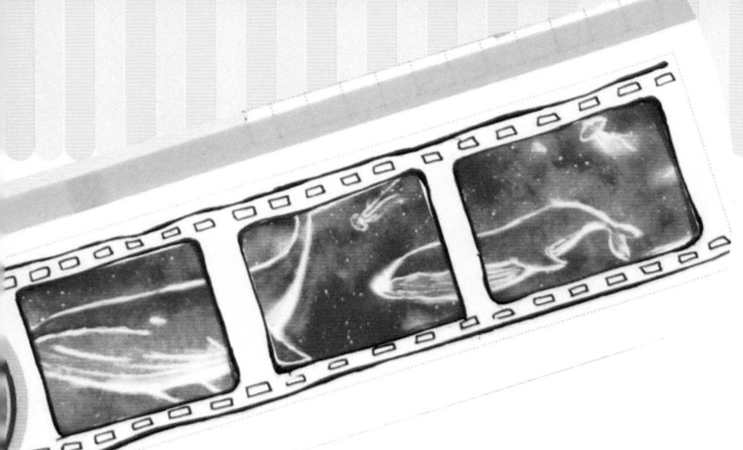

電影膠卷裝飾

在頁面的底部做一條電影膠卷式的裝飾，既吸睛又切合電影主題。

先在簿子上畫出外框。

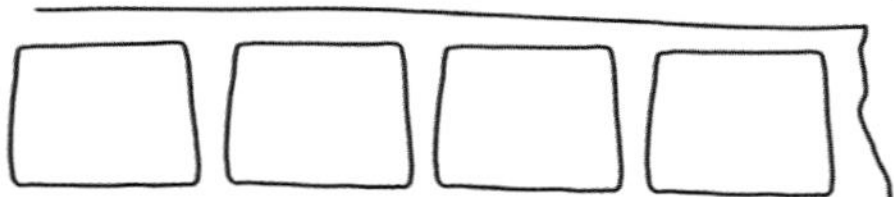

在框裏畫出一個個大方格，上下留有空隙。

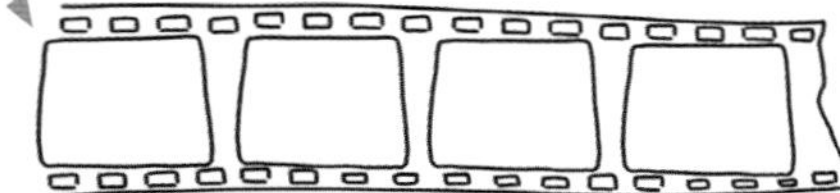

在上下的空隙部分補上一個小方格。

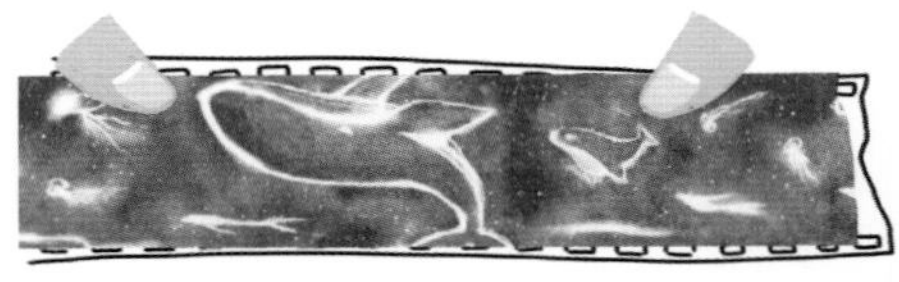

將紙膠帶貼在畫好的膠卷上。

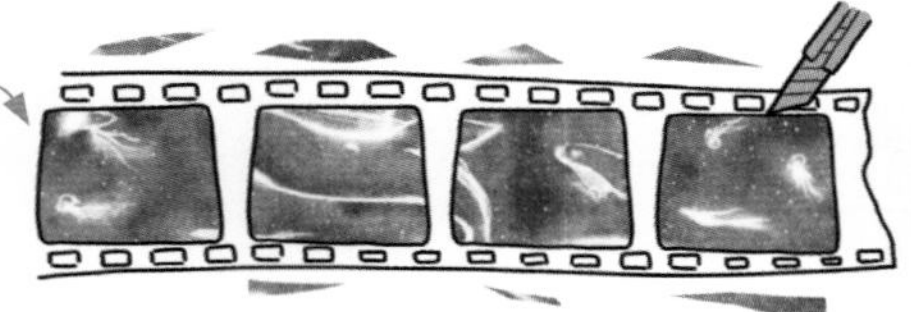

小心地沿著第二步畫的大方格的邊緣切割紙膠帶，將方框外的部分丟棄，完成~

黏貼電影票

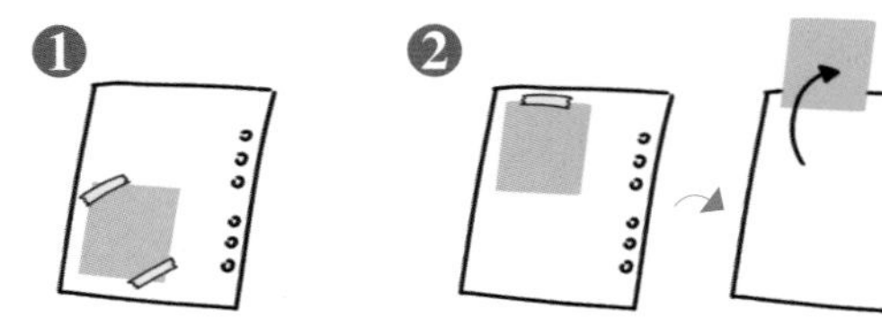

將電影票票根保留下來貼在手帳裏很有紀念意義。第一種是用喜歡的紙膠帶黏貼並固定在頁面上，第二種是只黏貼一端，票根可以隨時翻開查看頁面上的內容。

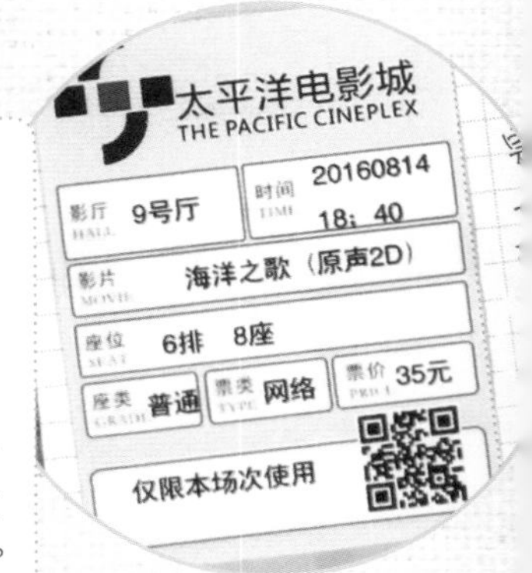

萌萌小海豹

如果能將電影裏的主要場景或人物、動物畫在手帳裏，肯定能為手帳大大地加分，跟著我一起來學習一下小海豹的畫法吧！

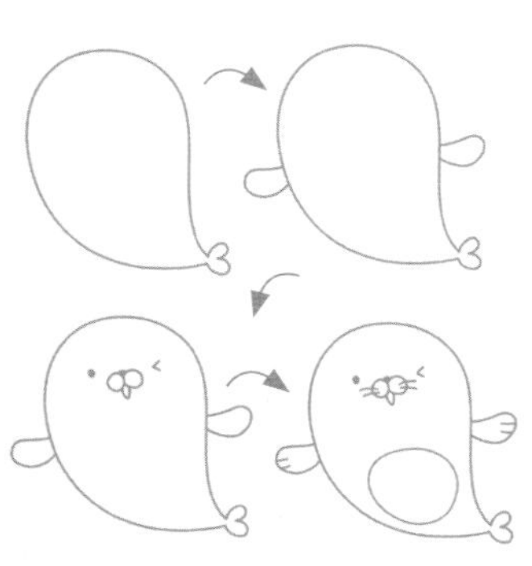

用線條勾勒出海豹的外形。

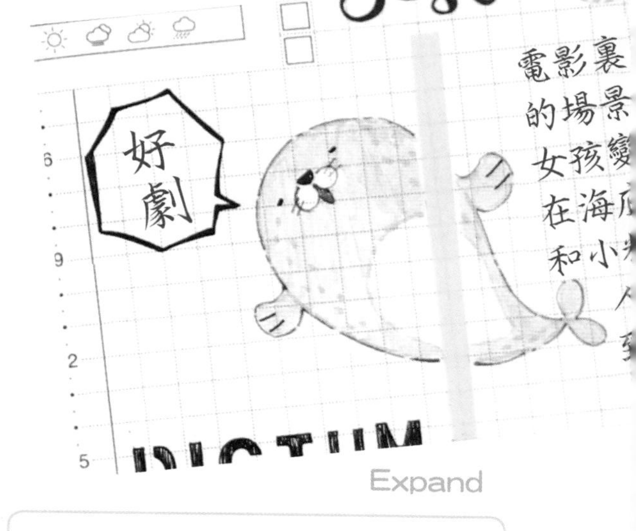

Expand

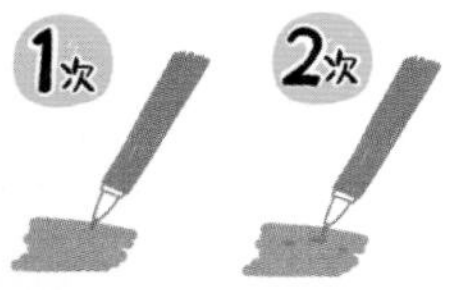

用水彩筆第二次塗色時，顏色會變深，畫斑點正合適。

海豹的配色一般比較灰。

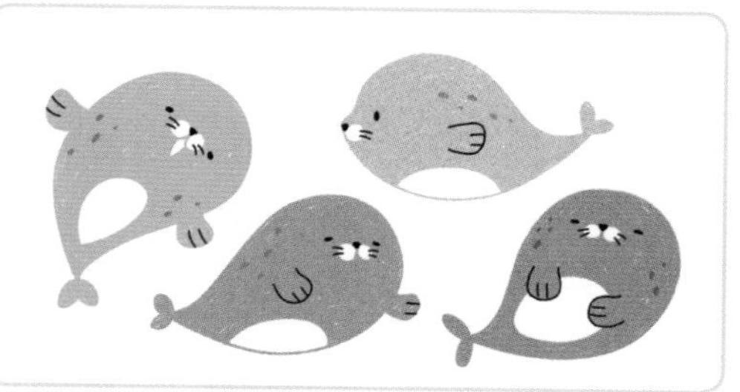

手寫小標題

SONG

先用粗頭筆流暢地寫出標題。

SONG

再用細鋼筆沿著標題輪廓描出文字的方向。

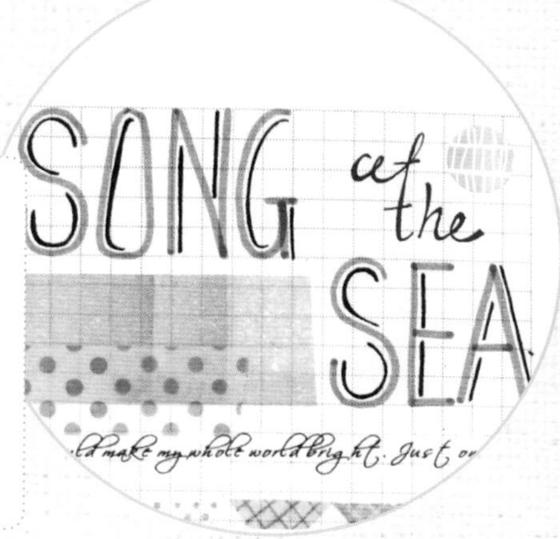

演唱會能留下的回憶最主要的就是門票、宣傳海報、傳單和自己拍的照片了，用這些東西來組成具有演唱會現場感的手帳需要做一點手工。

❶

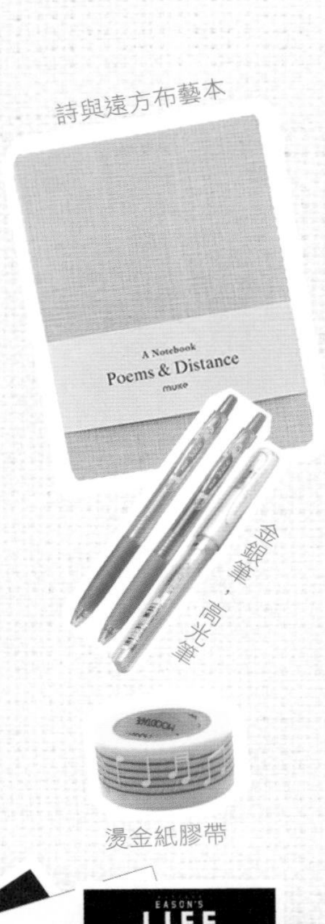

詩與遠方布藝本

陪着你把孤單 變成了勇敢～

今晚超激動！Eason 來成都開
五體中心人超多，我和肥仔提前
時坐地鐵去那邊，坐公交絕對要堵
我在場內的坐位稍微靠前，但還
楚 Eason 的臉，幸好屏幕夠大。

今晚Eason的舞台效果
唱了好多精典的老歌，
下的人都在跟着唱

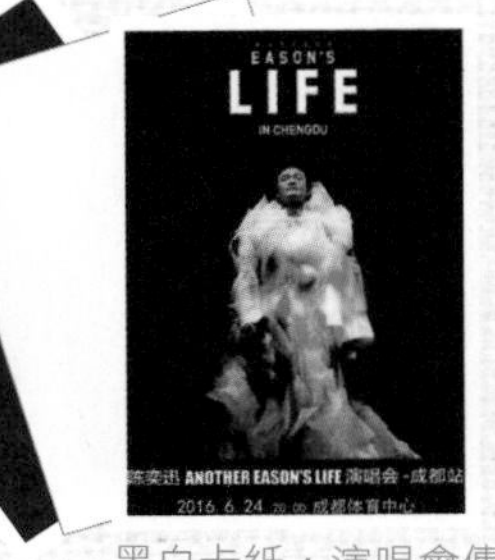

黑白卡紙，演唱會傳單

❷

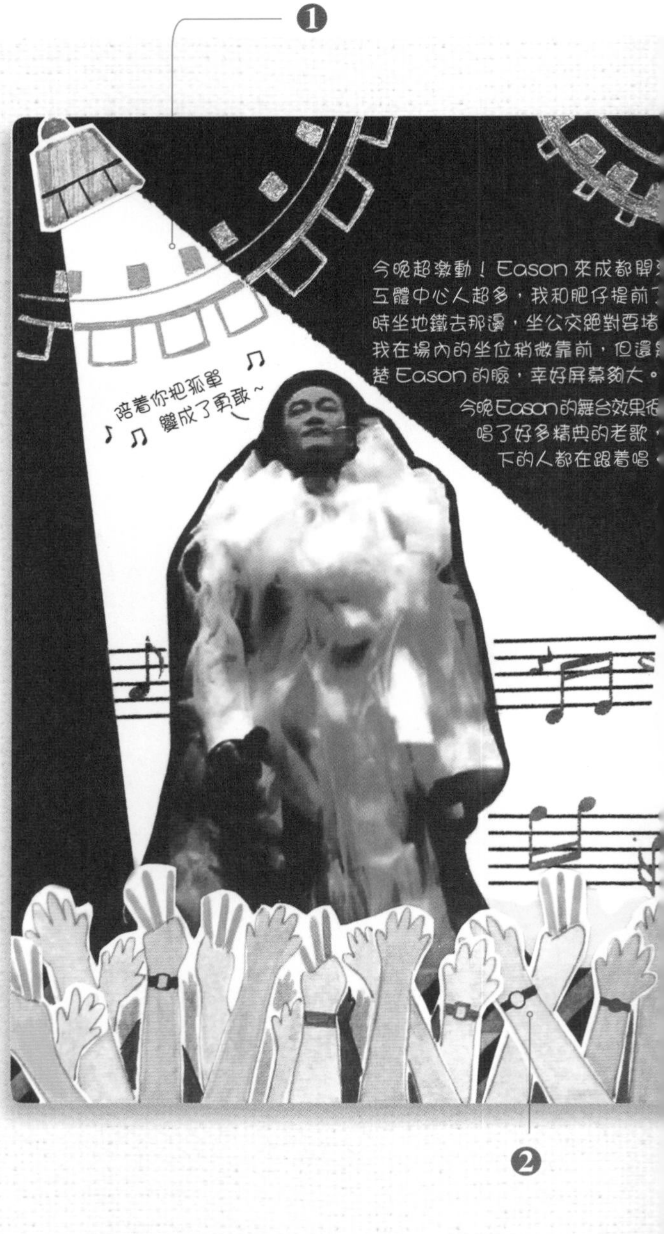

內容介紹 期待已久的演唱會絕對是人生中難得的經歷，從訂票的時候就非常期待，門票和傳單都有好好的留著，照片也拍了很多，回到家趁著興奮趕緊記錄，要做一個特別的演唱會手帳～

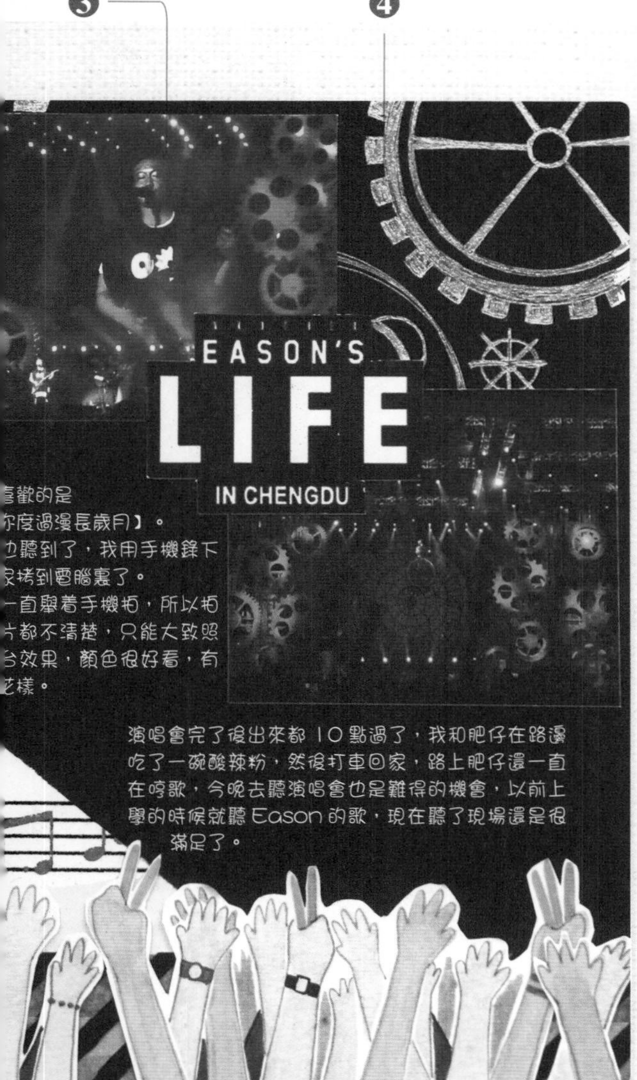

演唱會的歌曲久久地迴響在腦海中，但那熱鬧的場景可不能只存在相冊裏，讓我們用手帳將那難忘的一夜記錄下來吧！

1. 白色的紙模擬聚光燈的效果，再將從門票或傳單上剪下來的明星照片黏貼在聚光燈下。
2. 很多揮舞著的手層層疊疊的，烘托出演唱會熱鬧的氣氛。
3. 將拍攝的現場照片打印出來黏貼在簿子上。
4. 用熒光筆畫出舞台的佈置，營造現場氣氛。

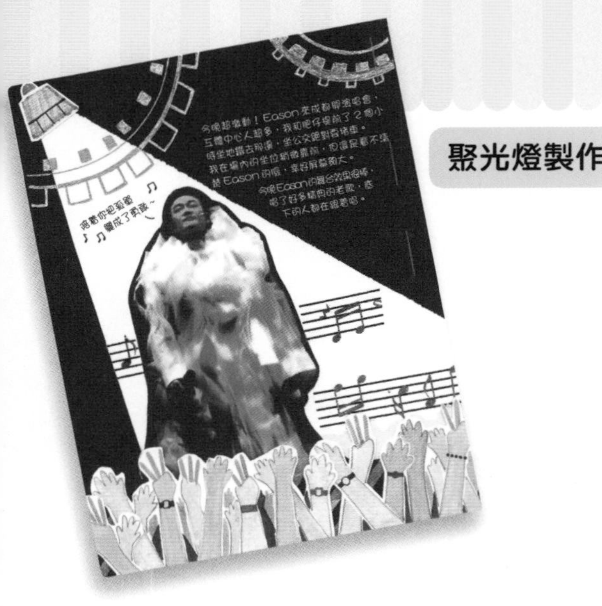

聚光燈製作

在黑色的主題色中出現一束白光會特別顯眼，這就是聚光燈的效果，能一下確定出手帳頁面的主體，這個效果製作非常簡單哦！

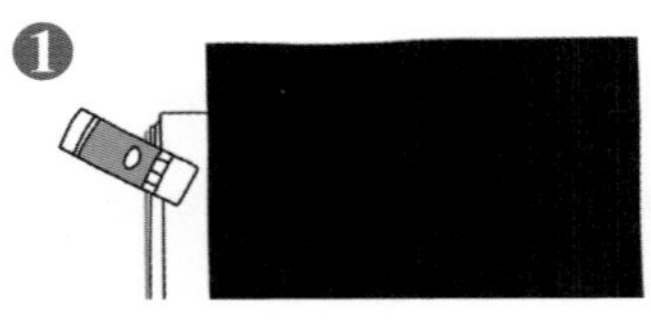

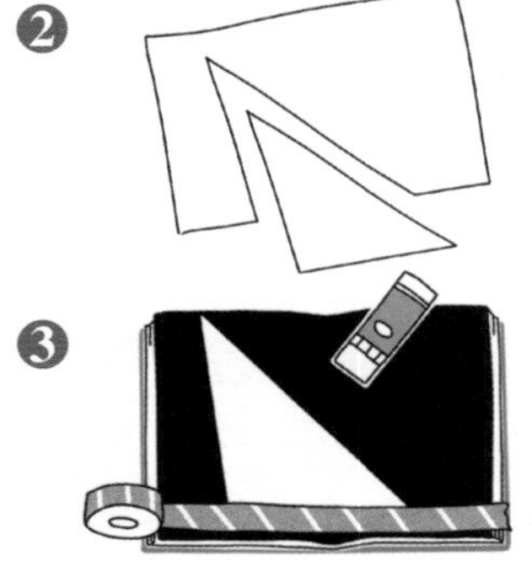

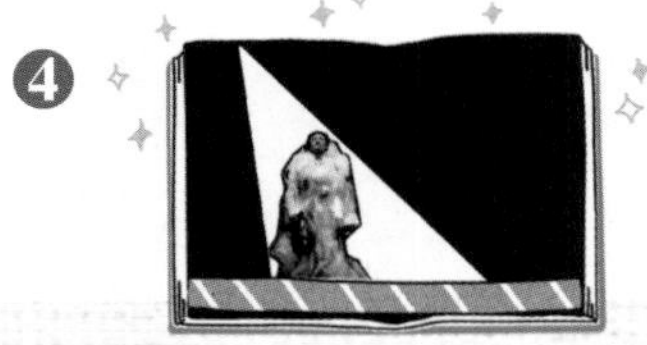

1. 將黑色的紙黏貼在簿子上，如果沒有黑紙也可以直接在黑色的簿子上製作。
2. 在白色的紙上撕出一個傾斜的三角形，用尺子輔助會撕得整齊一些。
3. 將白色三角形黏貼在黑色的紙上，再拉一條深色的紙膠帶作為舞台。
4. 最後將明星照片黏貼在聚光燈上，就完成舞台的製作啦！

照片黏貼版式

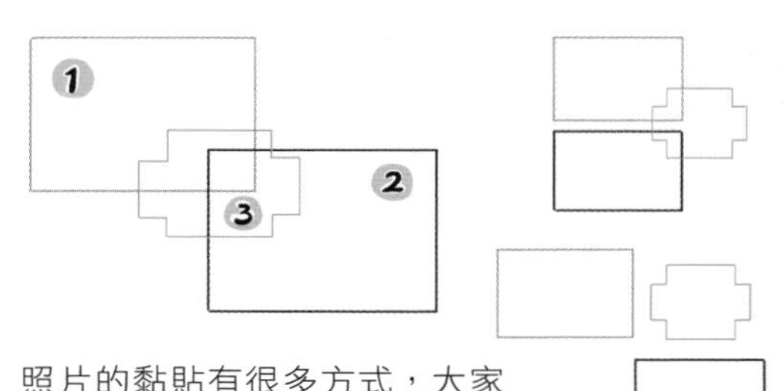

照片的黏貼有很多方式，大家可根據頁面安排來變換位置。

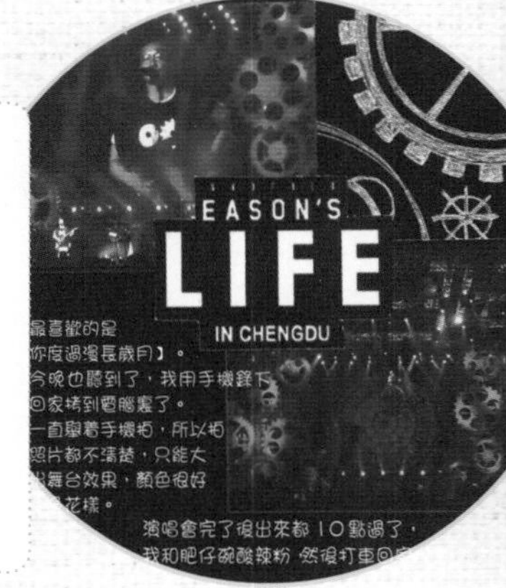

台下觀眾的手

Expand

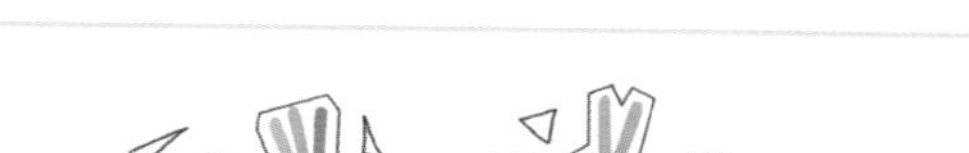

舞台下會有很多的觀眾，為了不搶明星的光彩，可以畫一些揮舞的手來烘托氣氛。

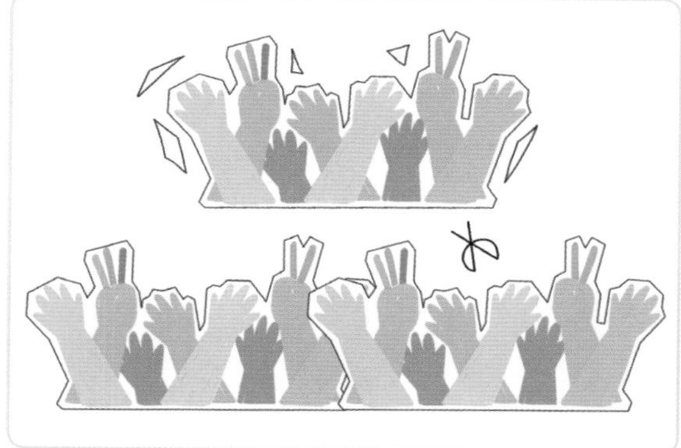

將畫好的手剪下來黏貼在簿子上，注意黏貼的時候可以重疊擺放，這樣會在視覺上增加手的數量。

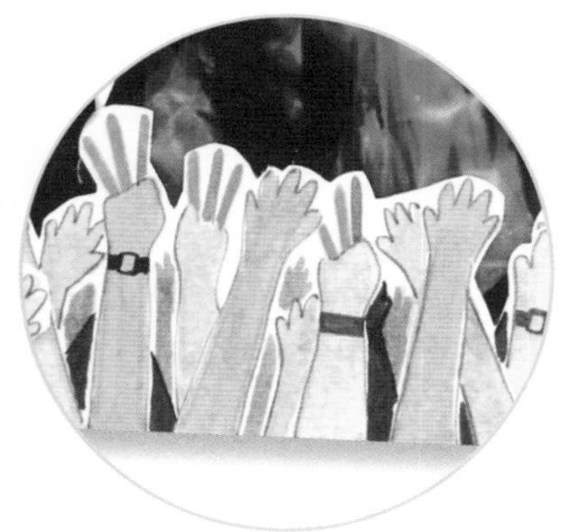

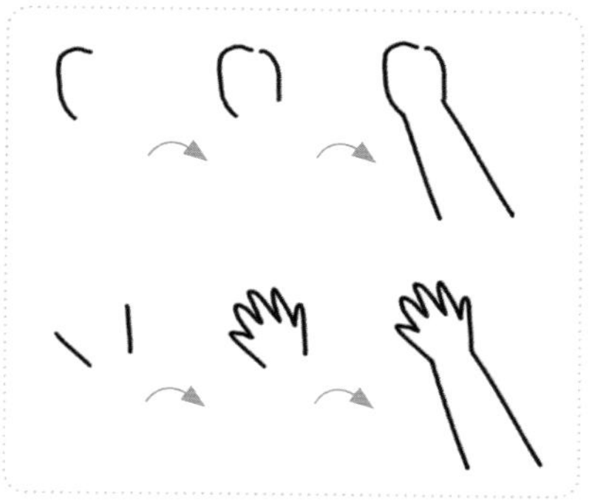

❶

用淺色畫出第一排的手，注意手伸出的方向可以隨意變化。

❷

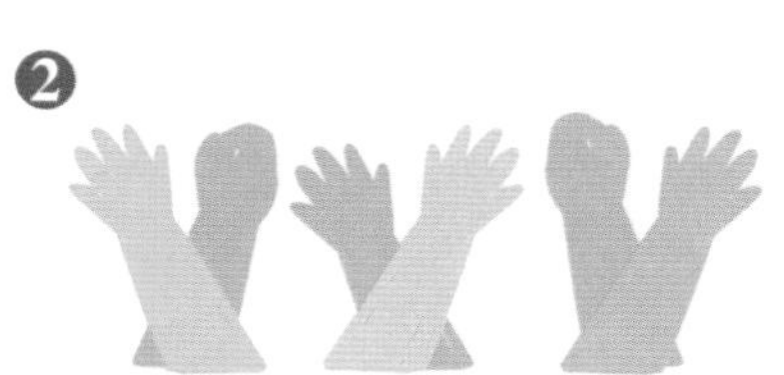

用淺灰色畫出第二排的手，要和第一排的手互相交叉。

❸

用深灰色畫出第三排的手。

❹

在握著的手裏加上熒光棒。

~ Touring ~

旅行

用手帳記錄旅行

難得出門旅行卻只帶回遊玩照？多沒意思啊！利用收集的各種照片和門票週邊等拼接一份屬於自己的獨一無二的回憶吧！

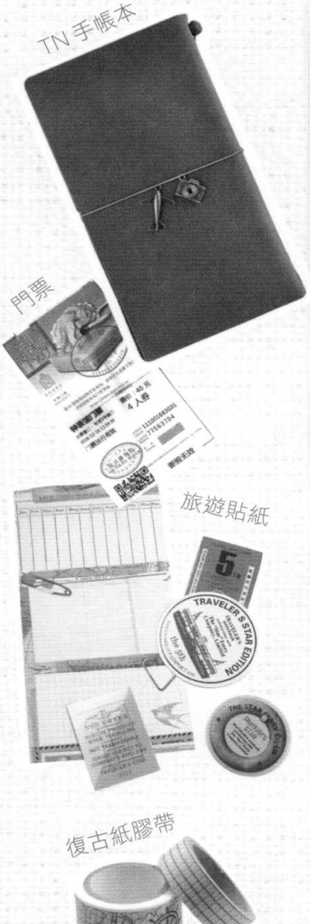

TN手帳本

門票

旅遊貼紙

復古紙膠帶

寶克中性筆

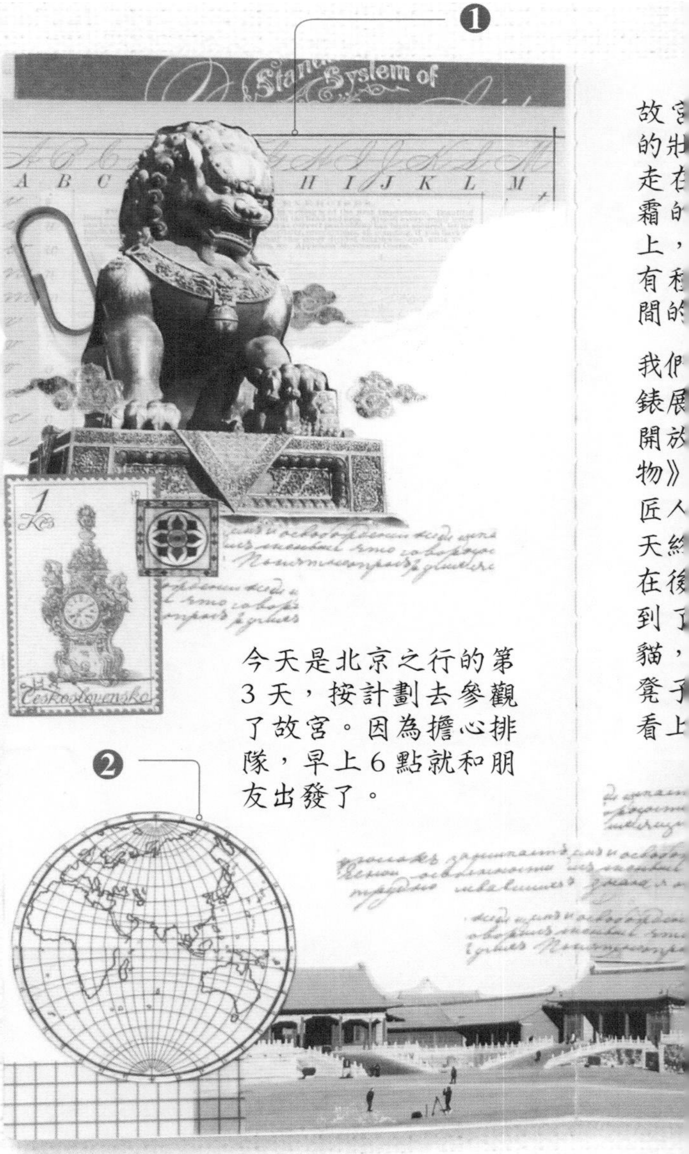

❶

❷

今天是北京之行的第3天，按計劃去參觀了故宮。因為擔心排隊，早上6點就和朋友出發了。

內容介紹

出門旅行的時候要有意識地收集各種照片、門票和貼紙週邊等，有了豐富的素材就能做出屬於自己的美美的回憶手帳啦！

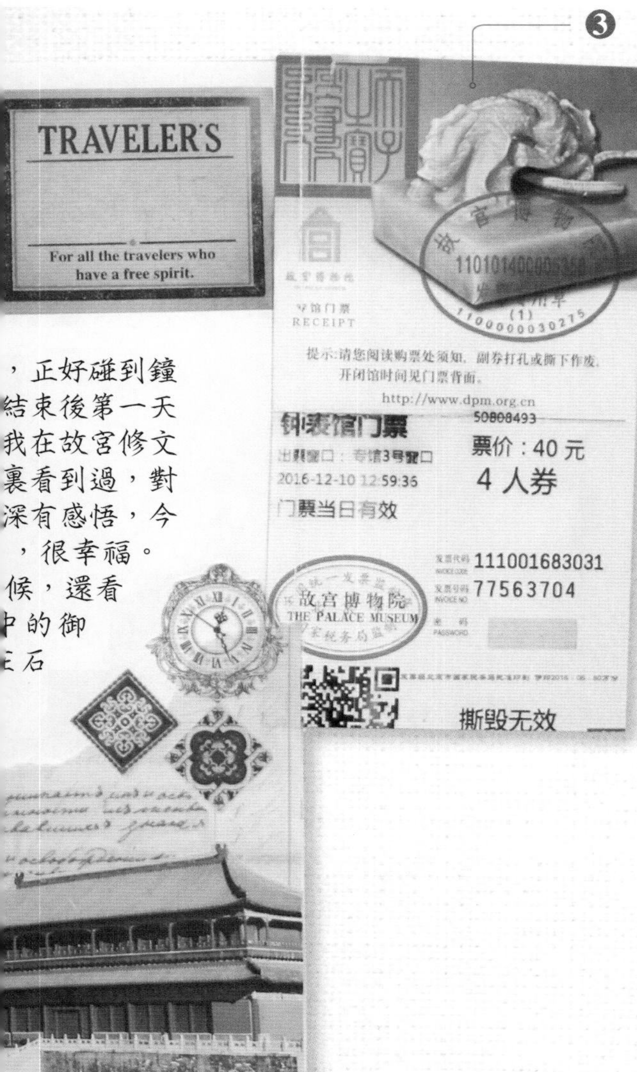

出門旅行時就是手帳的大豐收期，各種素材十分容易獲得，利用各種豐富的素材來拼貼一份滿滿的旅行記事吧！

1. 左上角利用獅子和右下角呼應，形成對角三角形構圖。
2. 利用連續性的紙膠帶拼出一個完整的圖案。
3. 如果頁面中的內容很滿，票據可以貼在側邊收進手帳裏，不影響內容還能讓手帳更加豐富。

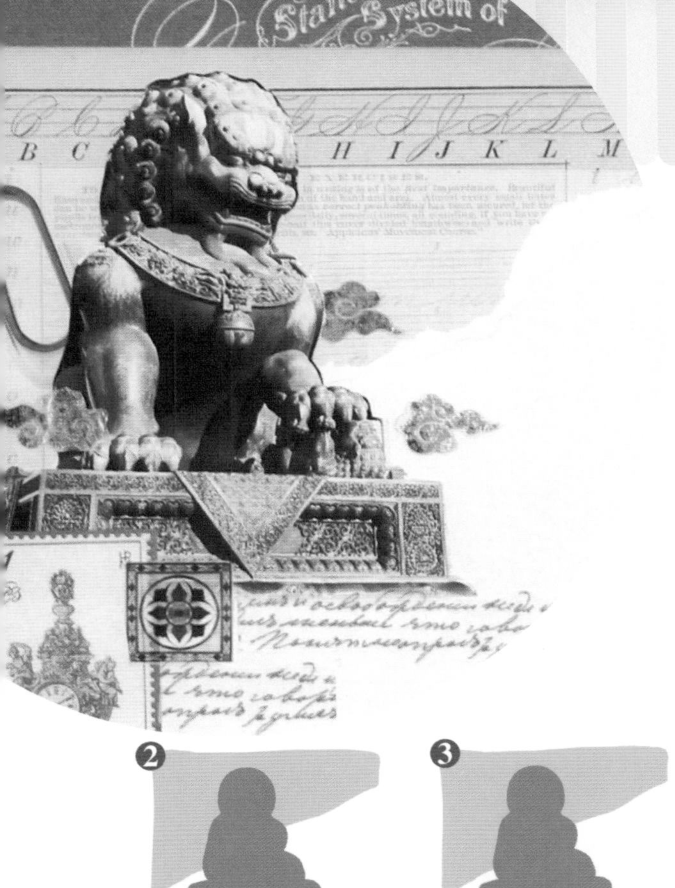

凜凜雄獅

看到鎮守千年的雄獅挺震撼的，把它保存到簿子裏吧！跟著我一步步操作。

❶
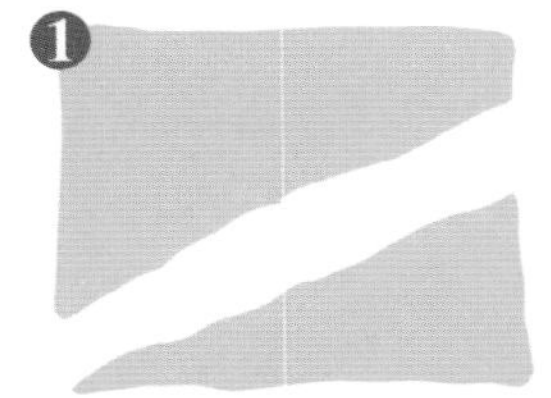

隨意地將便利貼撕成三角形貼在簿子左上角。

❷

將獅子照片沿邊緣修剪下來貼好。

❸

在左下角補充一些郵票和小貼紙元素，延伸畫面。

❹
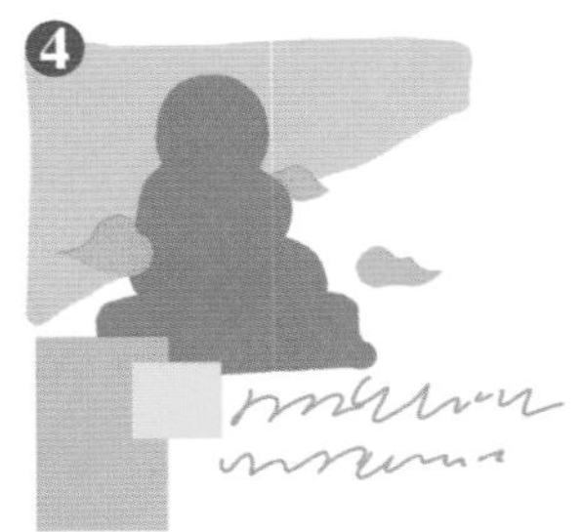

最後在獅子週圍點綴一些祥雲和英文紙膠帶。

拼接紙膠帶

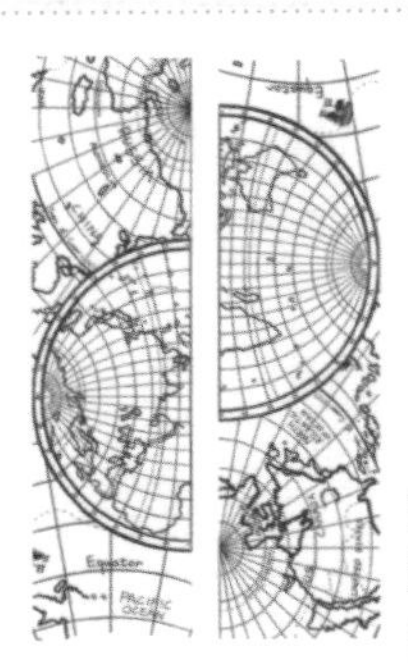

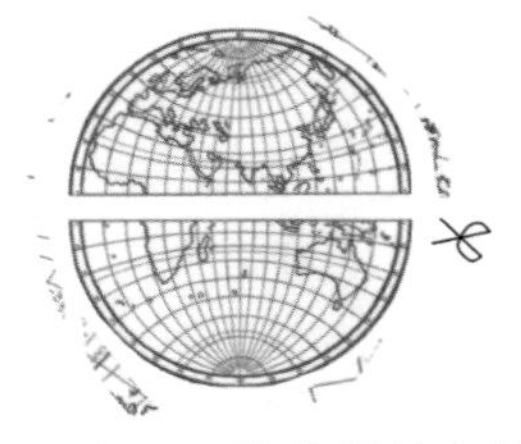

找到連續紙膠帶的拼接處並對齊黏在離型紙上，再把多餘的部分修掉後，揭下來轉貼到手帳本上。

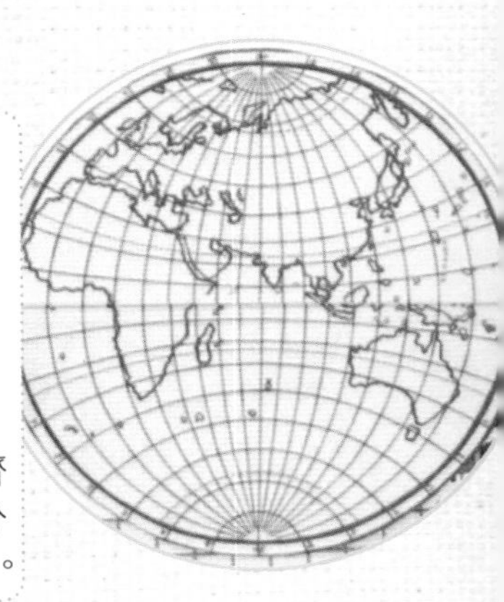

黏貼門票

現在的門票往往設計得十分精美，十分具有收藏意義。前面介紹了怎樣利用紙膠帶來黏貼電影票，這裏看看在沒有紙膠帶的情況下怎麼黏貼門票吧！

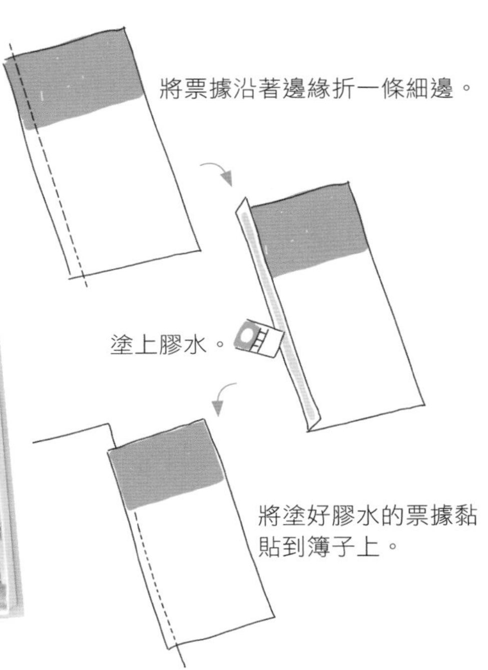

Expand

旅行時可以收集到很多富有紀念意義的紙製品，例如照片、門票、郵票和地圖等等。甚至還可以收集飛機餐上的包裝、飲品瓶上的宣傳和當地商場的廣告，這些都能成為獨特的記憶。

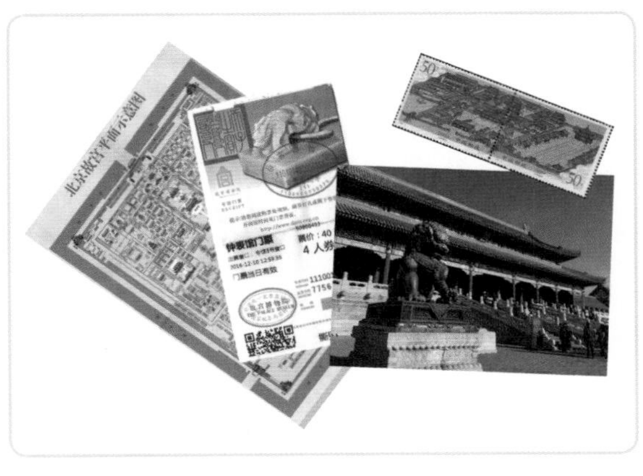

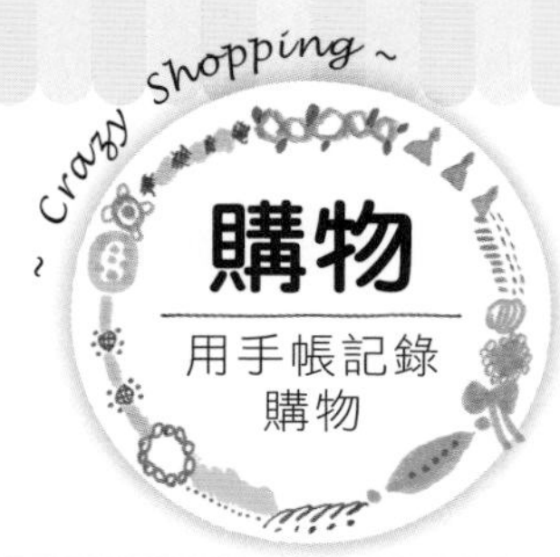

快將你的血拼成果記錄在手帳裏吧！你可以將要買的東西提前做好打卡清單，這樣就不會遺漏了。

❶

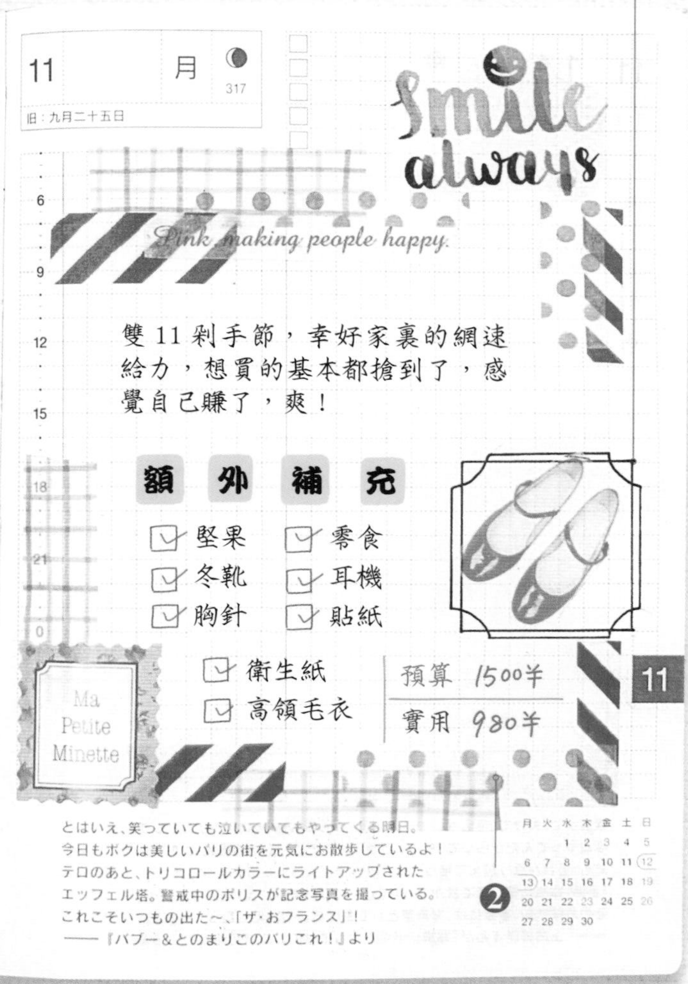

11 月 317

旧：九月二十五日

Smile always

Pink making people happy.

雙11剁手節，幸好家裏的網速給力，想買的基本都搶到了，感覺自己賺了，爽！

額外補充

- 堅果
- 零食
- 冬靴
- 耳機
- 胸針
- 貼紙
- 衛生紙
- 高領毛衣

預算 1500¥

實用 980¥

Ma Petite Minette

11

とはいえ、笑っていても泣いていてもやってくる明日。
今日もボクは美しいパリの街を元気にお散歩しているよ！
テロのあと、トリコロールカラーにライトアップされた
エッフェル塔。警戒中のポリスが記念写真を撮っている。
これこそいつもの出た～、「ザ・おフランス」！
——『パブー＆とのまりこのパリこれ！』より

❷

月	火	水	木	金	土	日
		1	2	3	4	5
6	7	8	9	10	11	12
13	14	15	16	17	18	19
20	21	22	23	24	25	26
27	28	29	30			

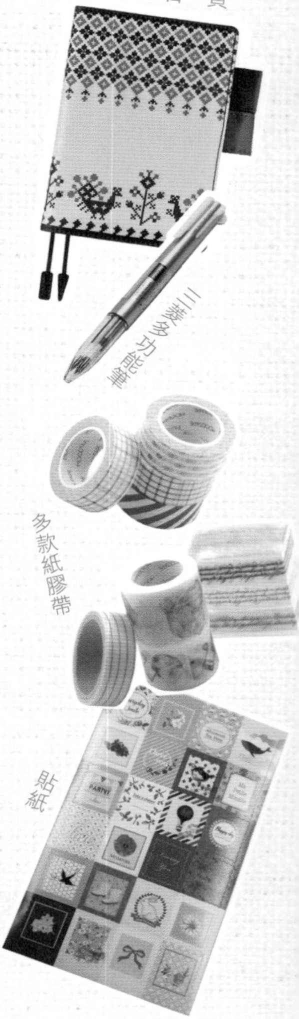

HOBO 一日一頁

三菱多功能筆

多款紙膠帶

貼紙

內容介紹

為了不遺漏我提前一天將計劃要買的東西畫在了簿子上，第二天可以對應著來買。過了幾天快遞到了，又可將貨物的好壞記在手帳中作為以後購物的參考。

時常抑制不住體內的買買買洪荒之力，一不小心就是恨不得剁手的節奏。將這種小日常記錄在冊，看看每年你都買了哪些好貨吧！

1. 用手繪小方框給頁面做一些不一樣的裝飾。
2. 看似簡單的隨意拉條裝飾的邊框要注意配色。
3. 在後續的手帳裏用紙膠帶做一個框和前面的內容呼應。
4. 如果紙膠帶太薄不好剪，可以試試離型紙。

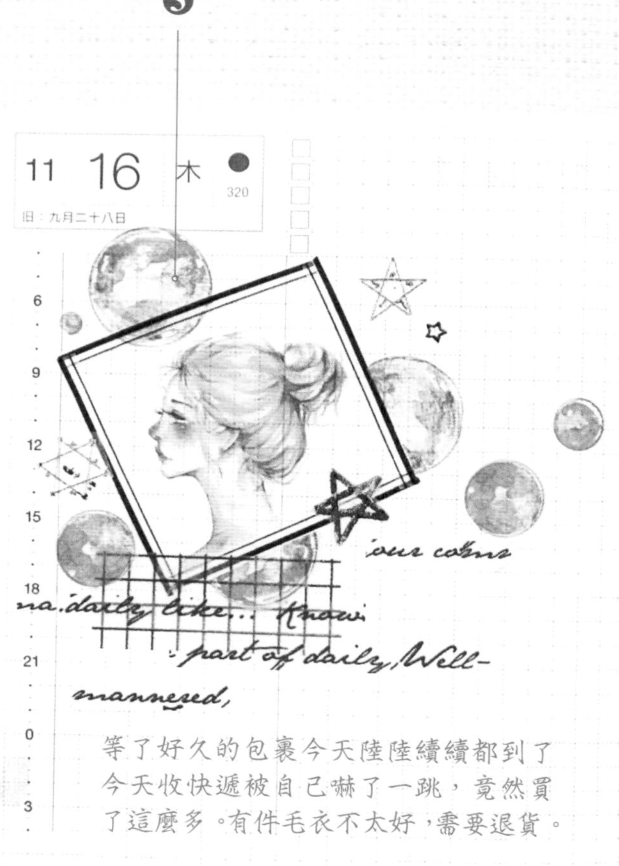

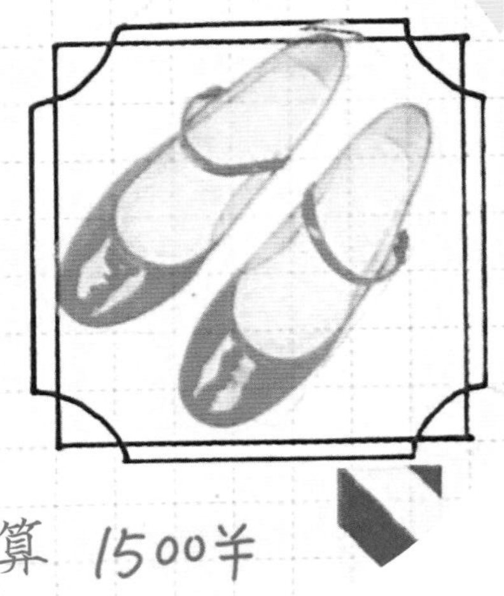

簡潔小方框

先沿著簿子上的線畫一個大小合適的方框。

在外圍畫四條長線條。

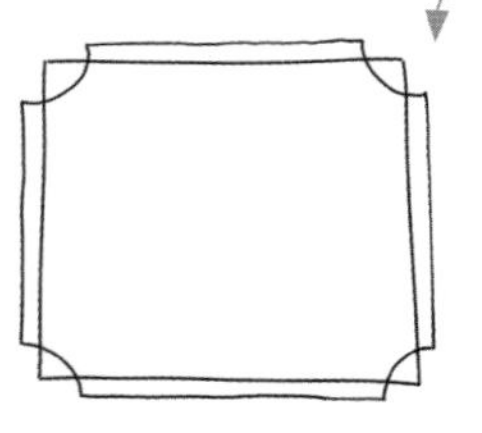

用曲線將線條連起來。

用方框來作為畫面的點綴能讓手帳的頁面更加生動，是跳出紙膠帶拼貼的一種新方式，方框的樣式有很多種變化。

Expand

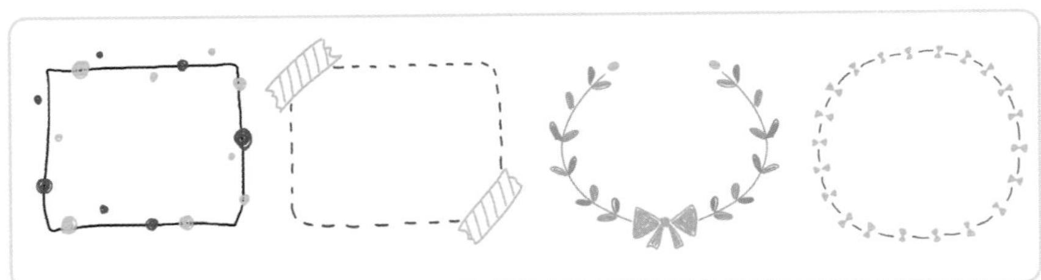

紙膠帶的配色

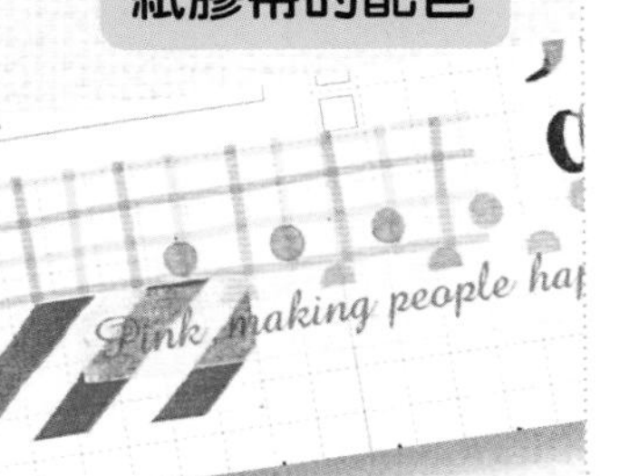

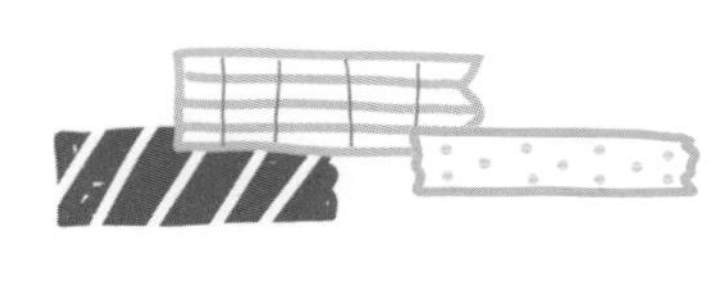

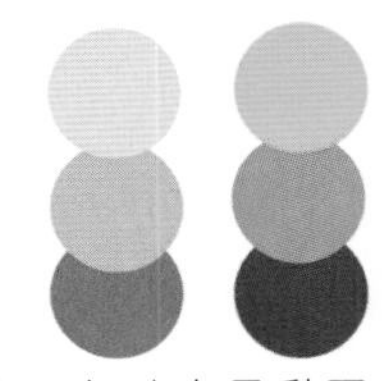

看似隨意黏貼的拉條，實際上在配色時也是動了小小心機的，選擇紙膠帶的時候要選擇同色系的或者有對比色的紙膠帶，這樣貼出來才會更好看。

裝飾小方框

在方框的基礎上再加以裝飾，可使頁面擁有更加華麗的視覺效果。

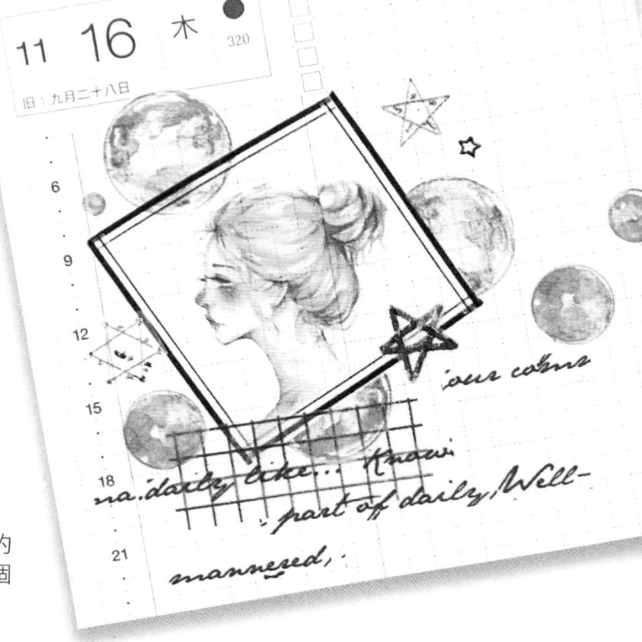

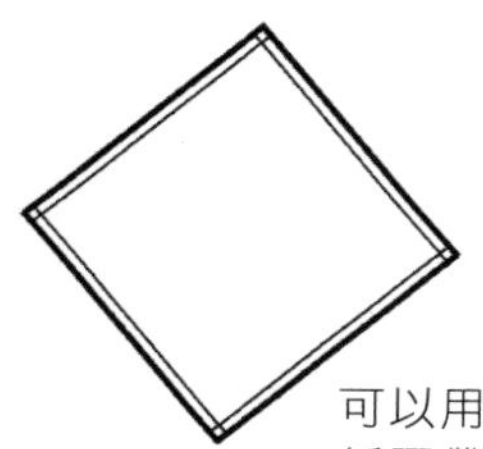

可以用合適的紙膠帶做一個方框。

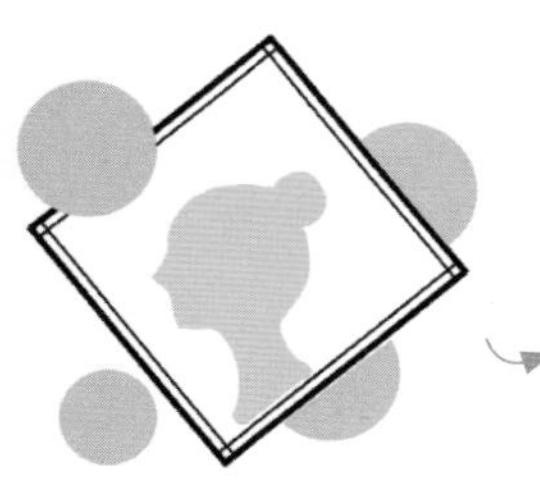

在框裏貼上人物紙膠帶，週圍利用氣泡紙膠帶做出層次。

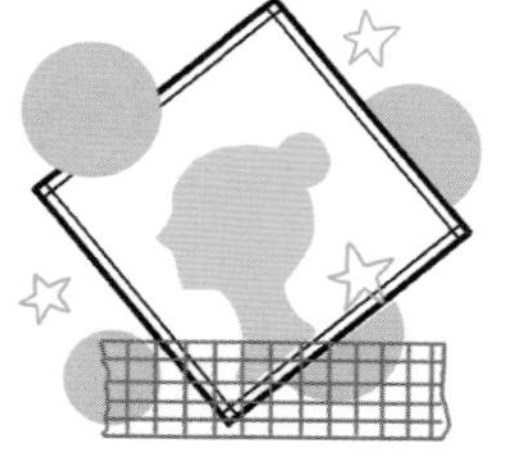

用燙金紙膠帶豐富方框層次。

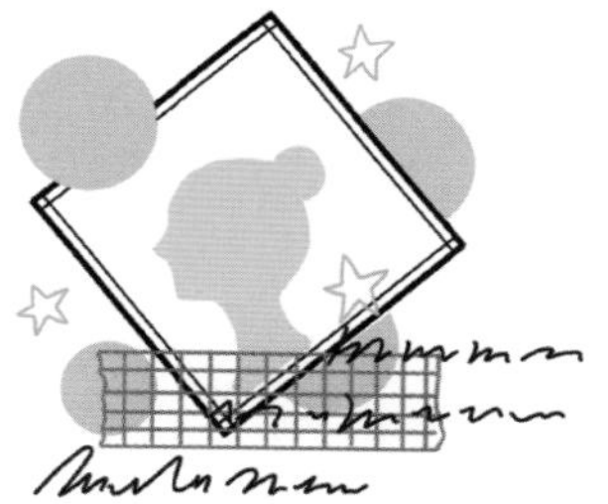

用文字款的紙膠帶做最後的裝飾。

剪紙膠帶妙招

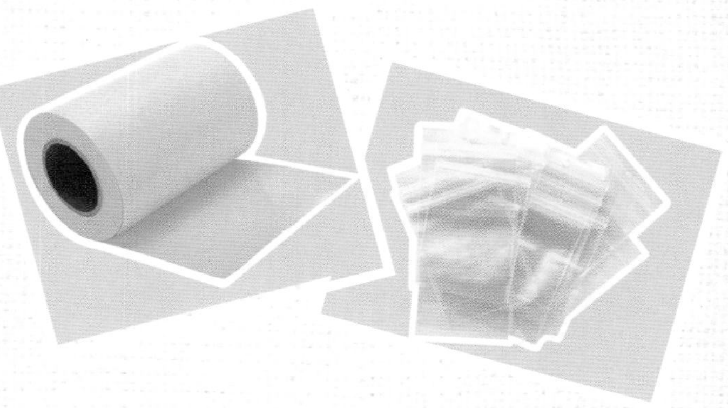

如果紙膠帶太軟不好剪，可以先把紙膠帶貼在離型紙或透明小膠袋裝袋上再剪裁，剪好後撕下來轉貼也很方便。

栽培的手帳記錄更像是一篇觀察日記，它不但可以記錄你的心得，還可以將一些長期觀察得來的數據記錄下來，使它更具功能性。

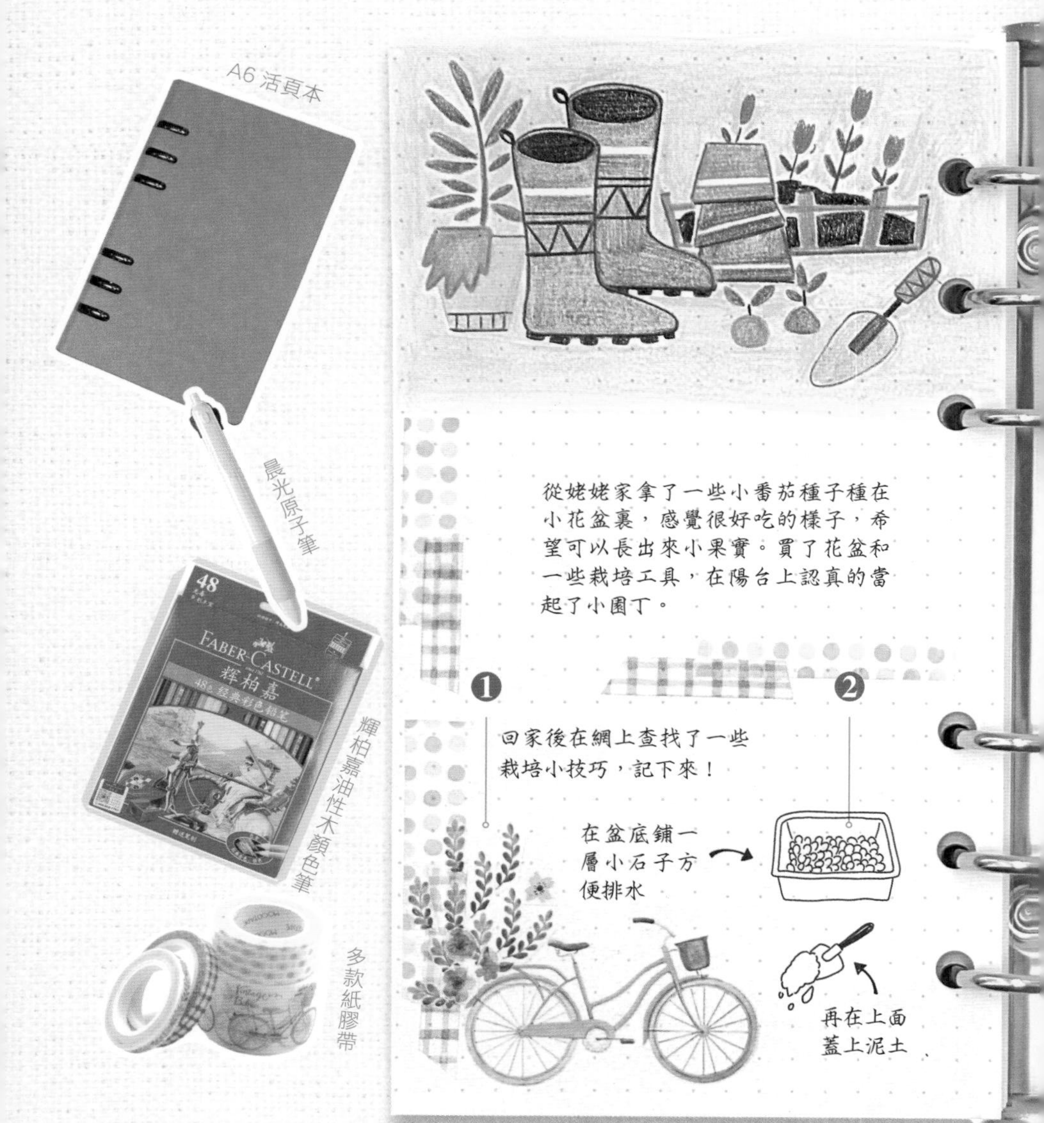

A6 活頁本

晨光原子筆

輝柏嘉油性木顏色筆

多款紙膠帶

從姥姥家拿了一些小番茄種子種在小花盆裏，感覺很好吃的樣子，希望可以長出來小果實。買了花盆和一些栽培工具，在陽台上認真的當起了小園丁。

❶ 回家後在網上查找了一些栽培小技巧，記下來！

❷ 在盆底鋪一層小石子方便排水

再在上面蓋上泥土

內容介紹 夏秋之際，種植了一株櫻桃番茄，在手帳裏我專門用了一個跨頁來記錄它的種植過程，等到收穫的時候我就有了一篇充滿回憶的栽培手帳了。

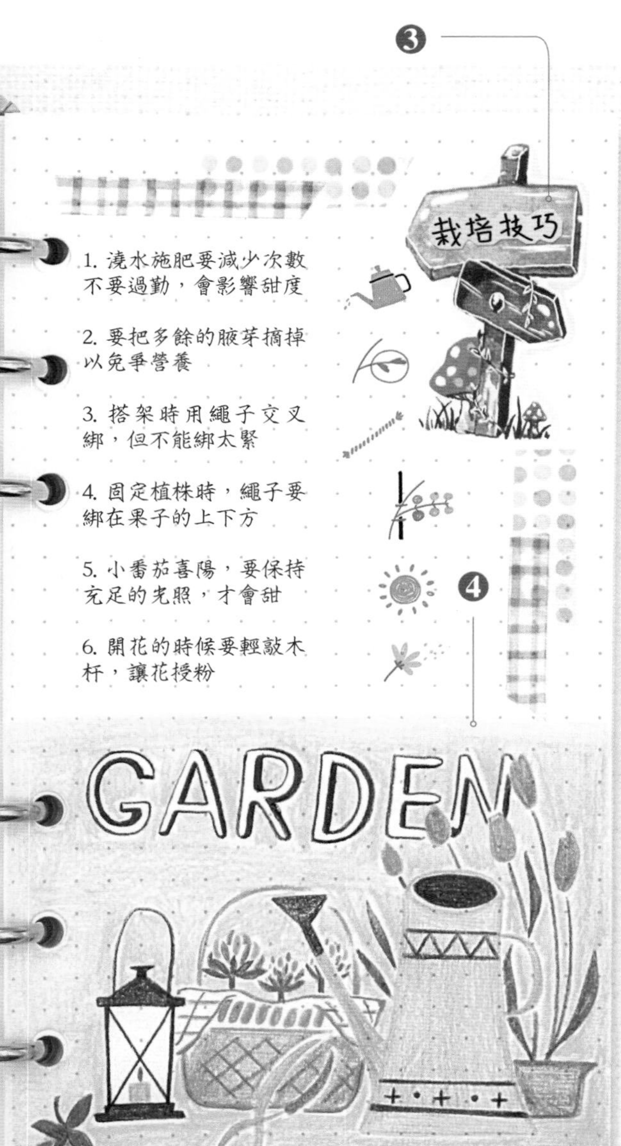

在收穫的時候，我不僅品嘗到了自己親手栽培的甜美滋味，還完成了一份具有實踐經驗的栽培手帳，每每翻開都是一份珍貴的回憶。

1. 用多款紙膠帶拼貼成一幅小插畫。
2. 用一些栽培小插畫豐富畫面。
3. 在紙膠帶上黏貼了小標題。
4. 來學學怎麼寫空心立體字吧。

紙膠帶插畫

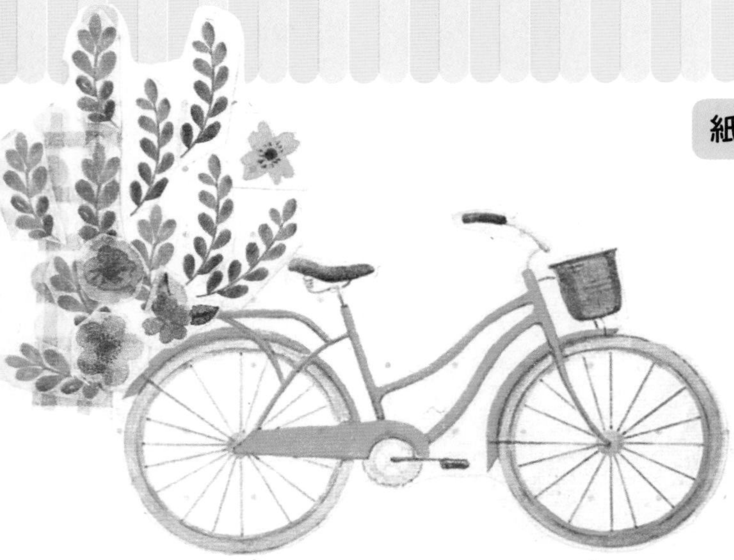

用紙膠帶來拼接插畫是常見的創意，選擇單個圖案的紙膠帶，可將圖案單獨剪下來拼湊出一個完整的圖案。基研所、大狸家和 Mood 家都有很多好看的單個圖案紙膠帶！

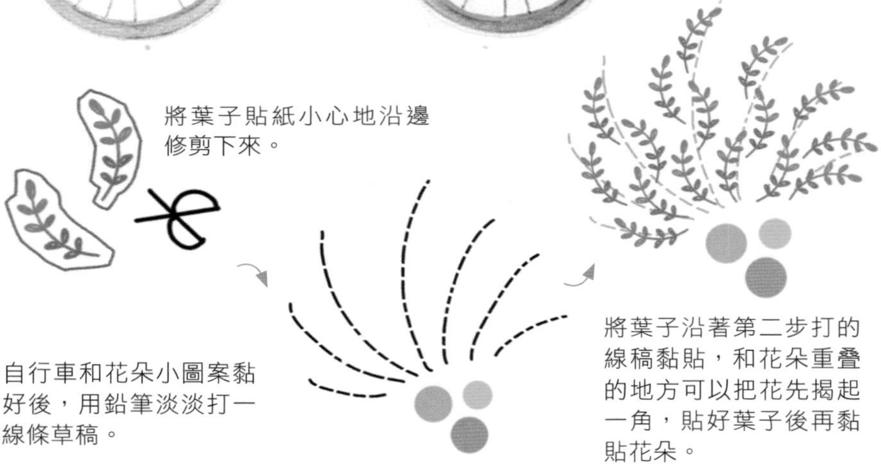

將葉子貼紙小心地沿邊修剪下來。

將自行車和花朵小圖案黏貼好後，用鉛筆淡淡打一些線條草稿。

將葉子沿著第二步打的線稿黏貼，和花朵重疊的地方可以把花先揭起一角，貼好葉子後再黏貼花朵。

栽培小圖標

使用一些栽培常用的小圖標會讓單純的文字記錄變得更加生動有趣。

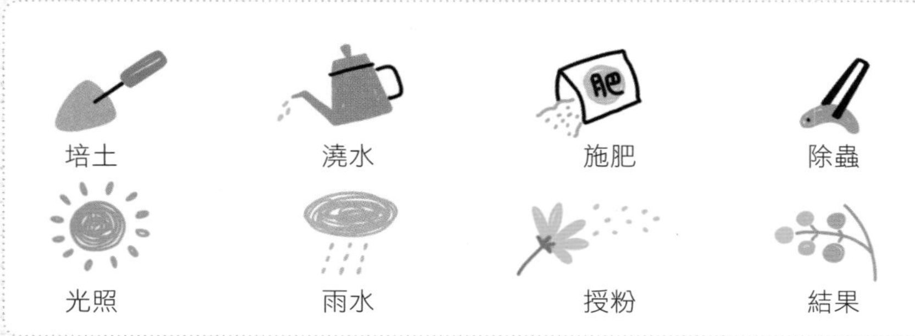

靈活的文字

因為紙膠帶是防水的，所以一般的筆很難在紙膠帶上寫字，這種時候我們就要用到黏貼的妙招了。

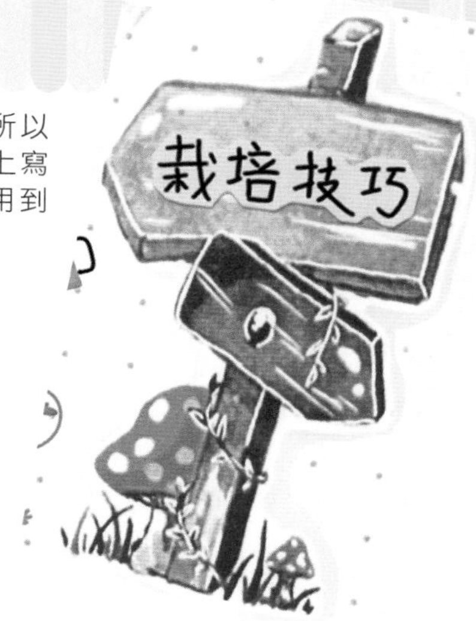

在白紙上或者彩紙上寫上需要的文字。

栽培技巧

栽培技巧

沿邊修剪下來。

栽培技巧

黏貼在紙膠帶上，完成！

除了黏貼在紙膠帶上還可以試試其他方法。

Expand

栽 培 技 巧

在彩色的紙上寫字，然後黏貼。

栽 培 技 巧

在簿子上直接用筆劃出標題方框。

空心立體字

GARDEN

❶ GARDEN ❷ GARDEN

❸ GARDEN

先用鉛筆寫出要寫的字，再用黑筆描出邊緣，最後添上陰影，空心立體字就完成啦！

為寶寶做一本世上獨一無二的親子手帳，可以記錄他一路前行的成長。這是最珍貴的回憶，也是最寶貴的家庭財富。

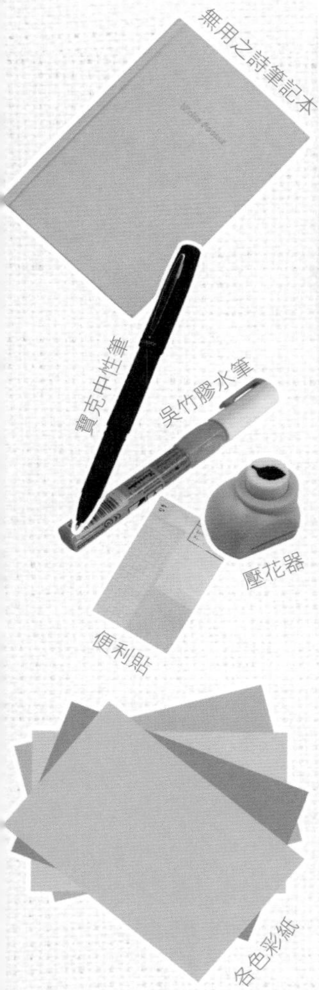

❶

❷

無用之詩筆記本

寶克中性筆

吳竹膠水筆

壓花器

便利貼

各色彩紙

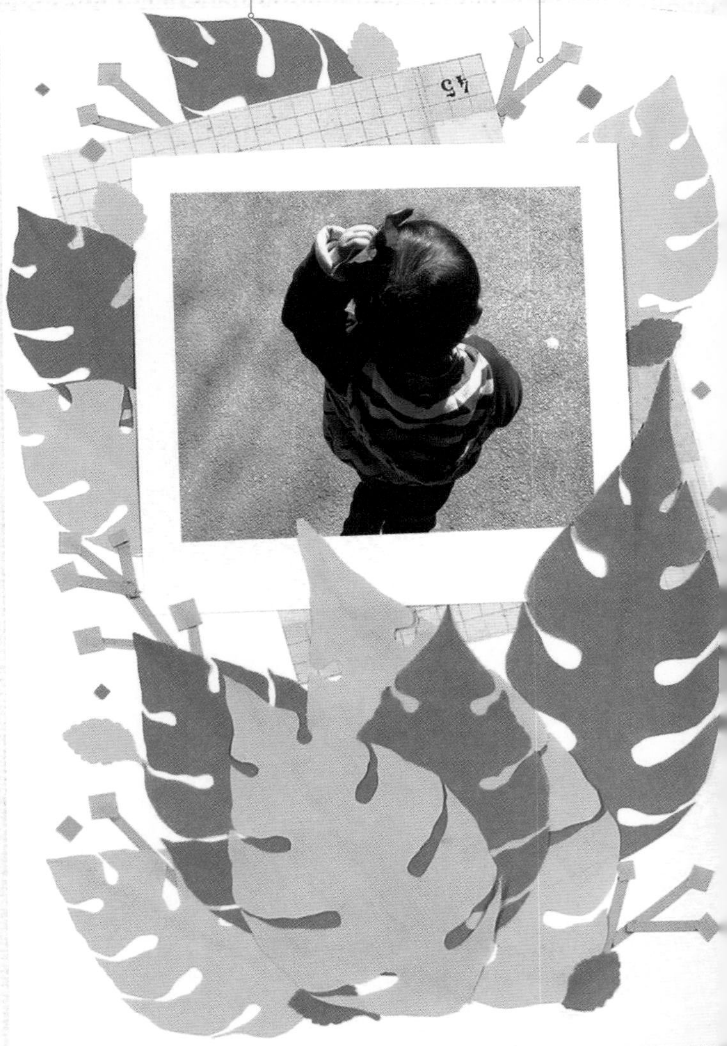

內容介紹

寶寶的樣子怎麼看也看不膩，再加上媽媽每日的時間都有點不太夠用，所以親子手帳做成了以照片為主文字為輔的樣式，也可以發動爸爸一起來記錄！

你用你的背影告訴我，
不必追。
2017 年 1 月 28 日
於寶華山道
③
④

翻開手帳，首先映入眼簾的是當天出遊的照片和時間地點，還有當時的感想，回憶洶湧而來。

1. 用和照片色調相配的彩紙剪出葉片的形狀。
2. 用其他顏色剪出小枝幹和果子點綴一下。
3. 用便利貼做出照片的底框，增強頁面的變化和連貫性。
4. 照片留一圈白邊，有寶麗來的復古文藝感。

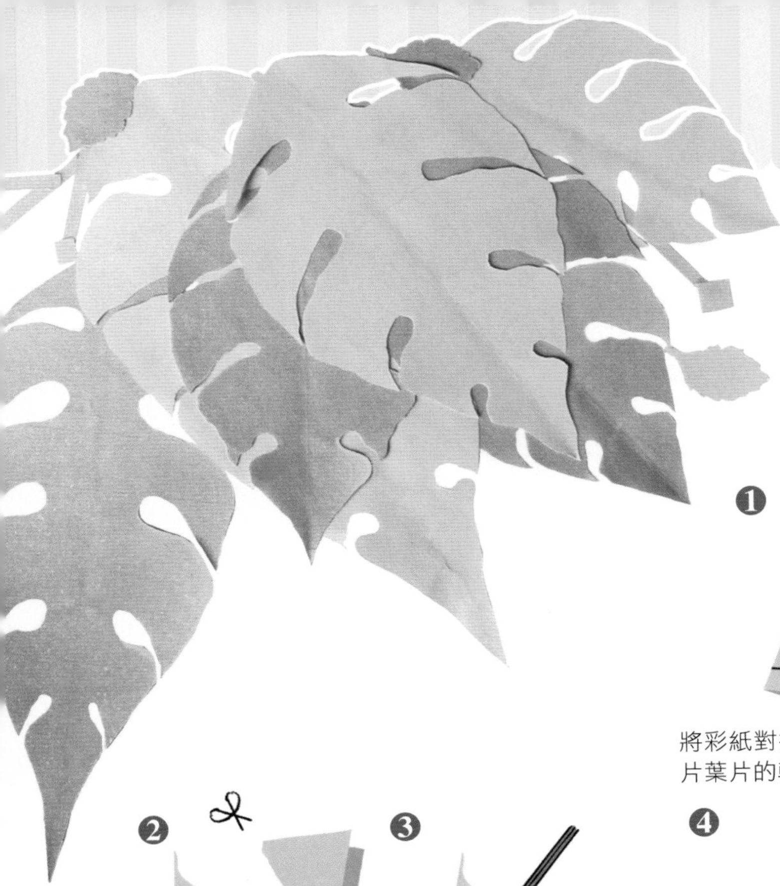

交疊之葉

不用紙膠帶，揮動小剪刀剪出一些葉片，也能很好地裝飾頁面。

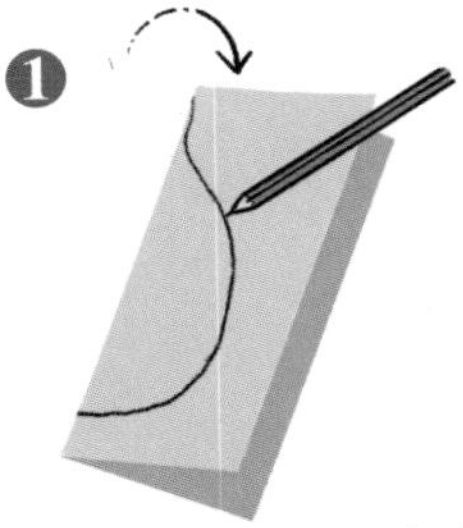

❶ 將彩紙對折並用鉛筆畫出半片葉片的輪廓。

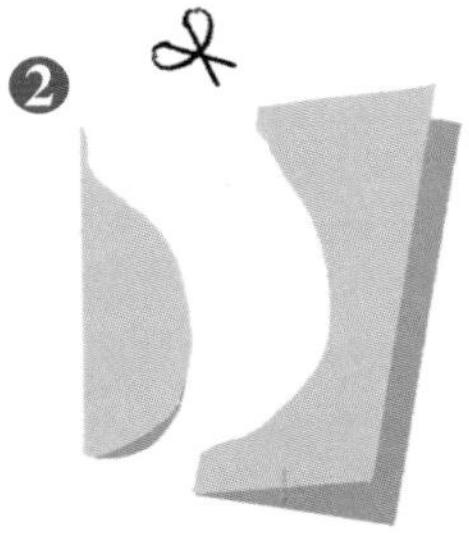

❷ 剪刀沿著葉片輪廓修剪。

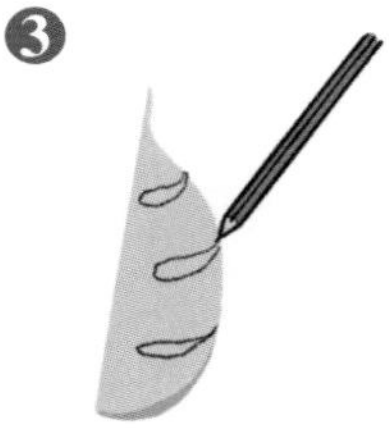

❸ 用鉛筆畫出葉片上的鋸齒。

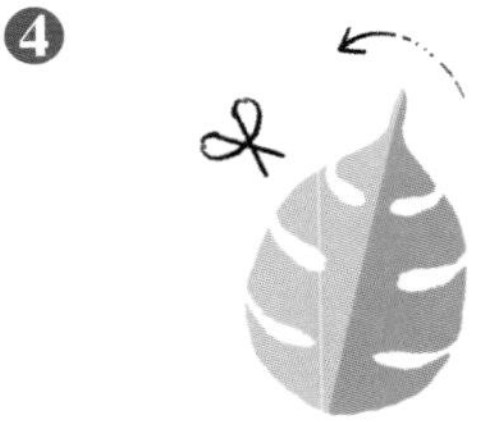

❹ 用剪刀修剪，隨意一些。剪好打開就是一片完整的葉子啦！

小果子

在葉片的空隙點綴一些枝丫和果子，活躍頁面。

枝丫可以用細長的紙條表現，果子則用菱形紙片表現，若它們太小用一般的膠水不好黏貼的時候，膠水筆是你的好幫手。

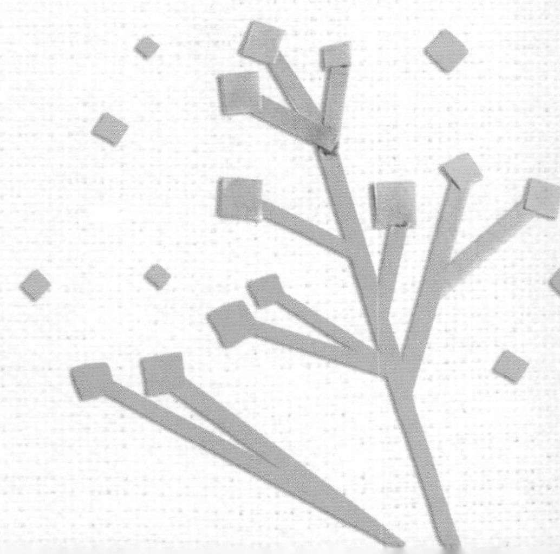

相片底紋

直接貼照片會有些生硬，可以再加一層好看的復古便利貼來做底紋，為畫面增加層次，增強左右兩頁的呼應。

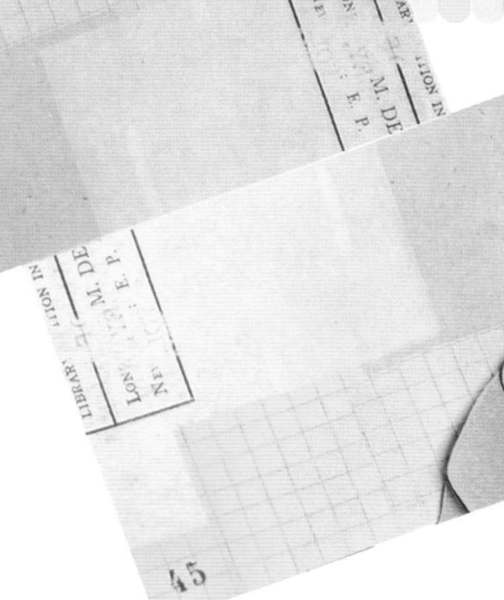

便利貼可以根據照片的大小多貼幾張，可以和照片對齊，這樣照片就只有左上角和右下角有框的感覺了，也可以不對齊，營造一些活躍感。

復古寶麗來

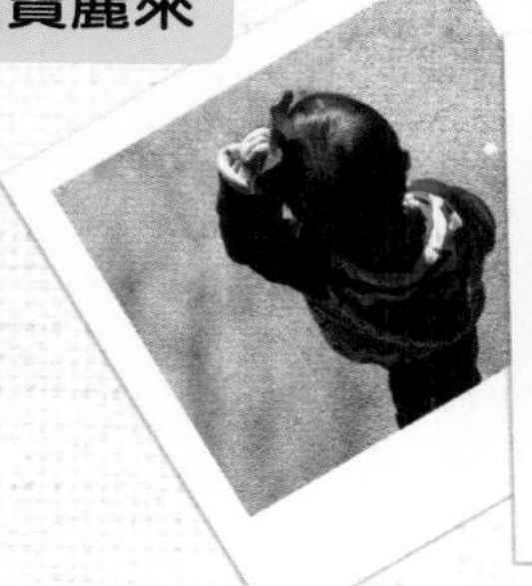

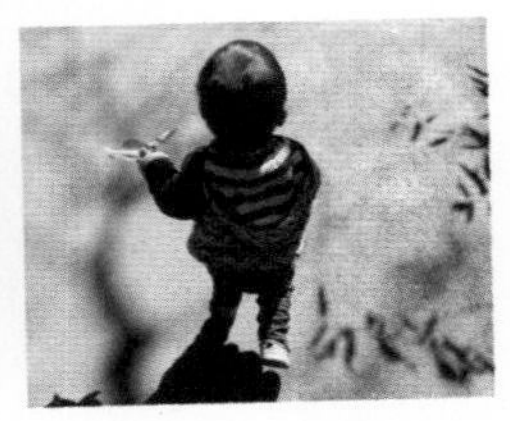

在照片的週圍留一圈白邊，很有復古寶麗來相片的感覺。

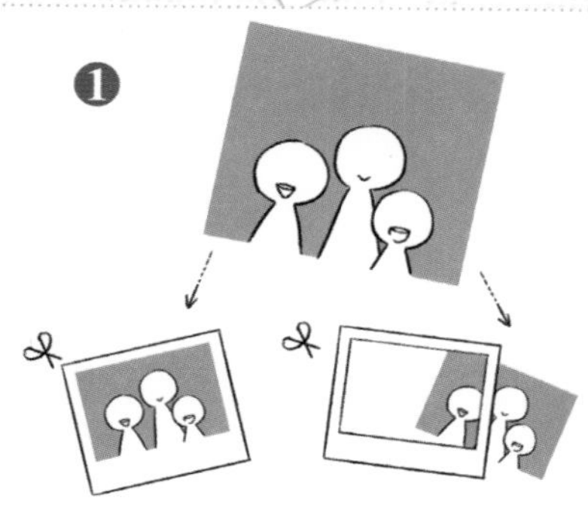

照片可以在剪切的時候就留出白邊，或另找一張紙剪一個鏤空的框貼在照片上。

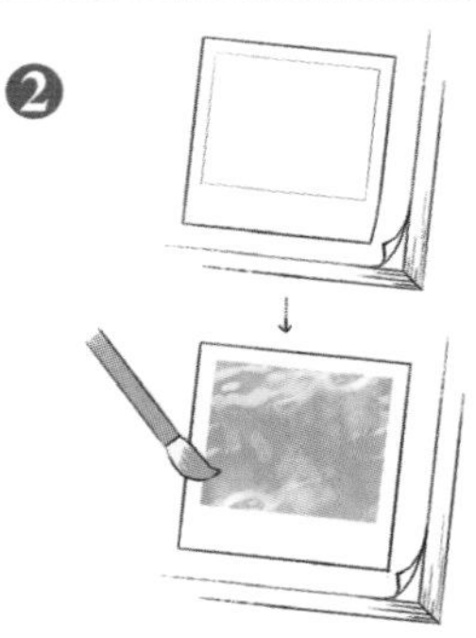

還可以在簿子上畫一個框，內框畫得淺一些，然後在框內自由地畫一些小畫。

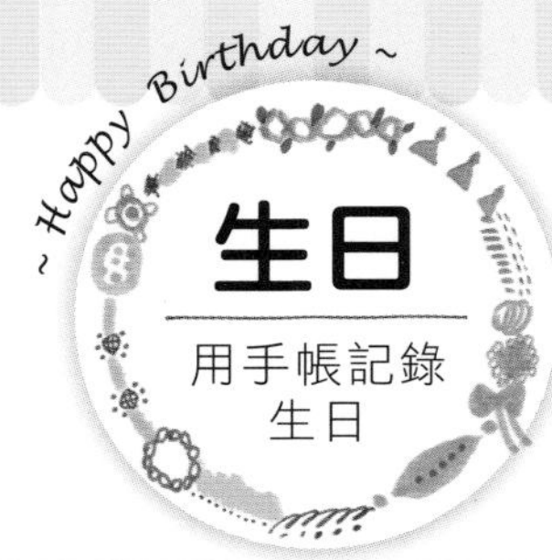

生日是每個人都很期待的一天，這一天的手帳一定要做出特色。光有照片是不夠的，這裏教你一招，做好玩的立體手帳吧！

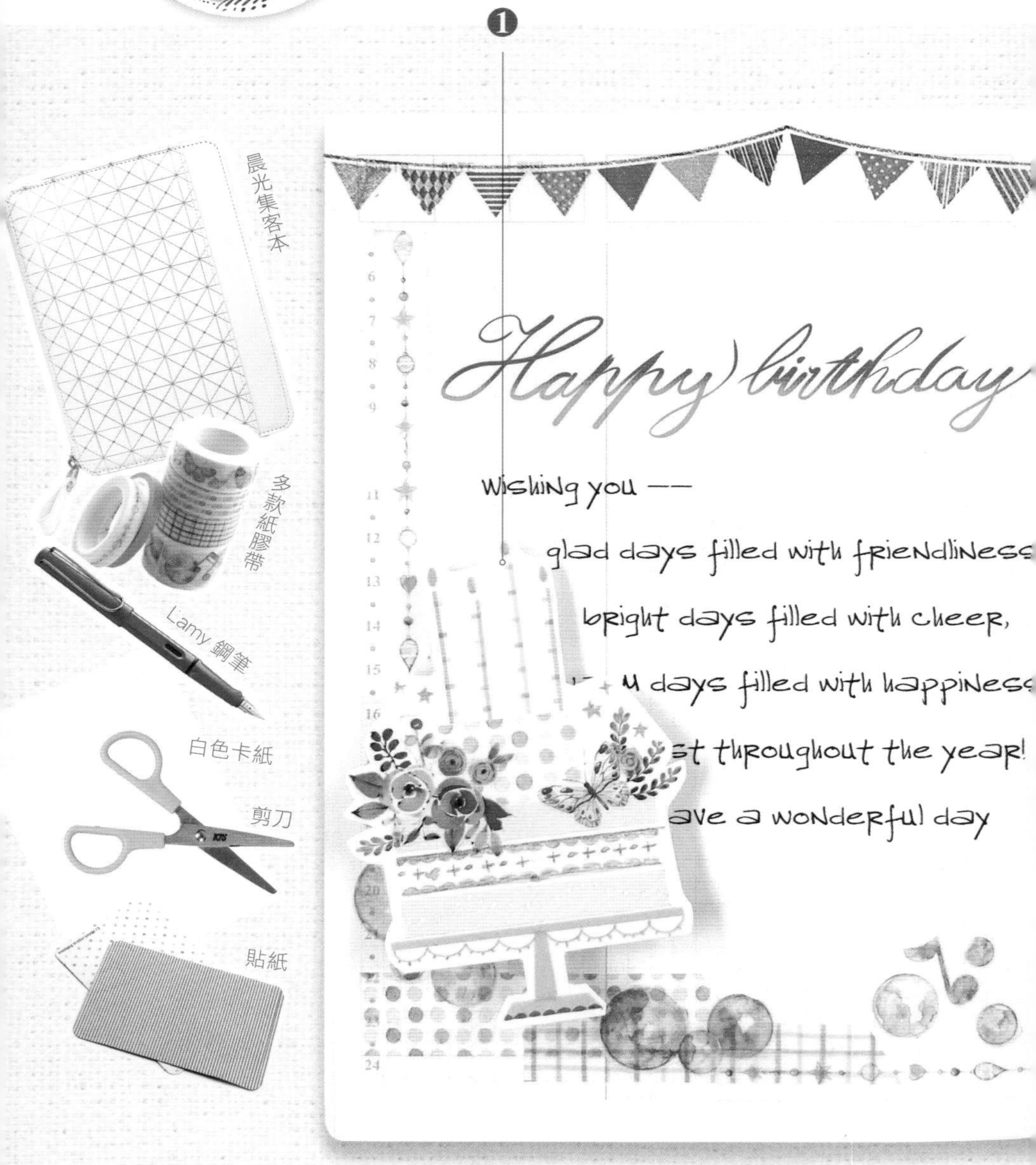

❶

晨光集客本

多款紙膠帶

Lamy 鋼筆

白色卡紙

剪刀

貼紙

Happy birthday

Wishing you —

glad days filled with friendliness

bright days filled with cheer,

... days filled with happiness

...st throughout the year!

...ave a wonderful day

內容介紹

生日這一天要花點心思打扮一下手帳。抄一首小詩，送自己一張立體小賀卡，每每翻開這一頁都會有一種驚喜的感覺！

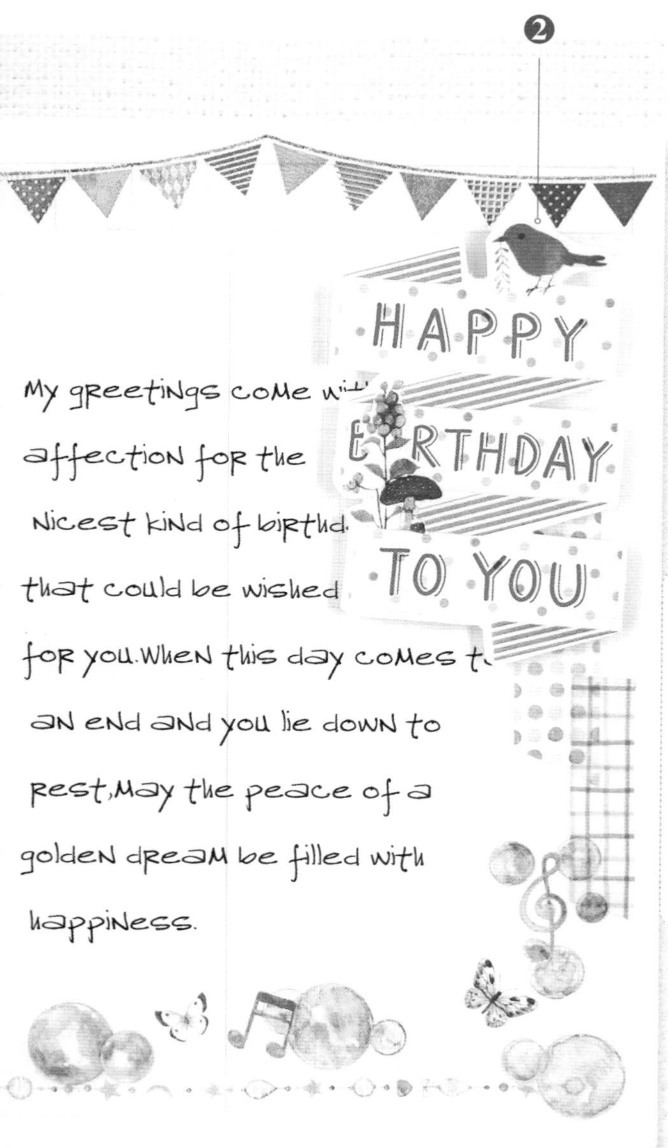

生日這一天是一段歡樂的時光，帶著美好的心情來製作手帳吧，整個頁面都洋溢著歡樂的氣息。

1. 製作一個彈起的立體小賀卡，讓自己擁有一個好心情。
2. 心情像漂亮的飄帶一樣飄逸，還有很多貼紙！

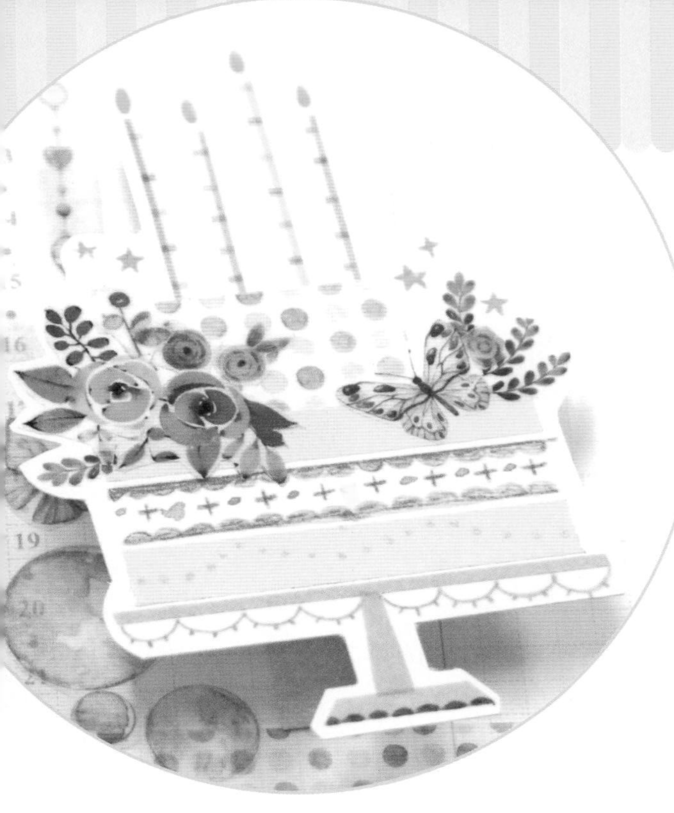

彈起小卡片

翻開手帳的時候會彈起立體小卡片，每次看見都是滿滿的驚喜，製作也很簡單。還可以將貼紙或者雜誌上剪下來的圖片做成立體的！

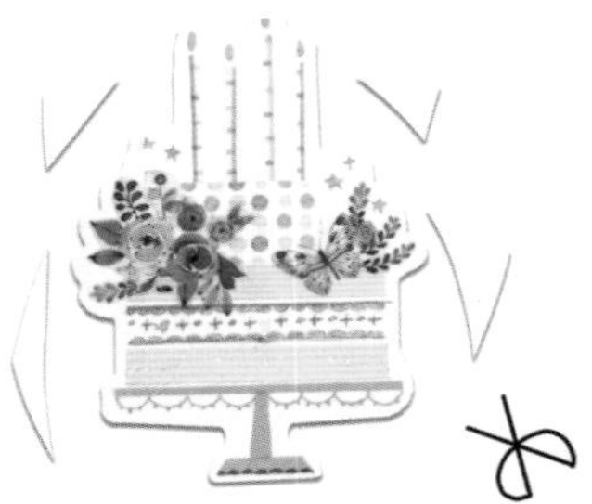

1. 將圖案沿邊緣剪下來。

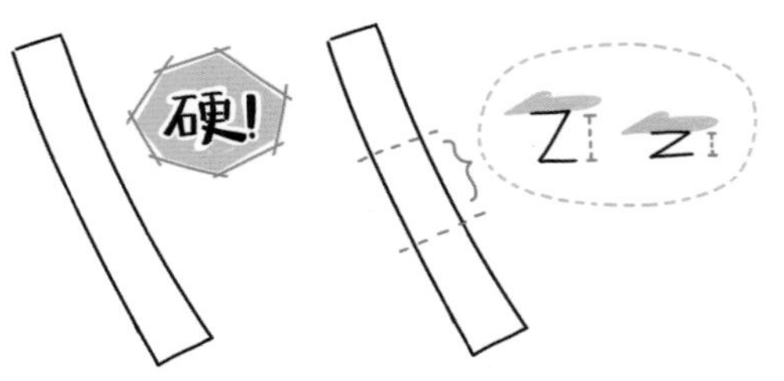

2. 準備硬一點的紙條，在平均分成三份的地方做個記號，注意中間部分的長度會影響立體圖片的高度！

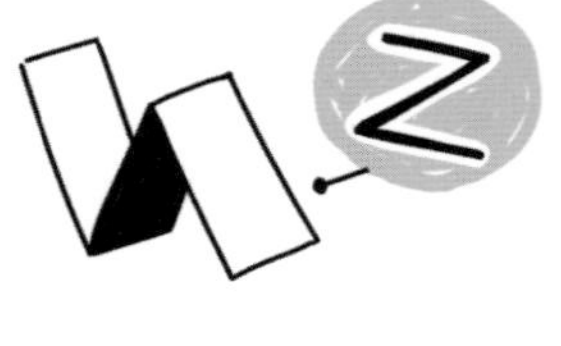

3. 將紙條折成Z字形。

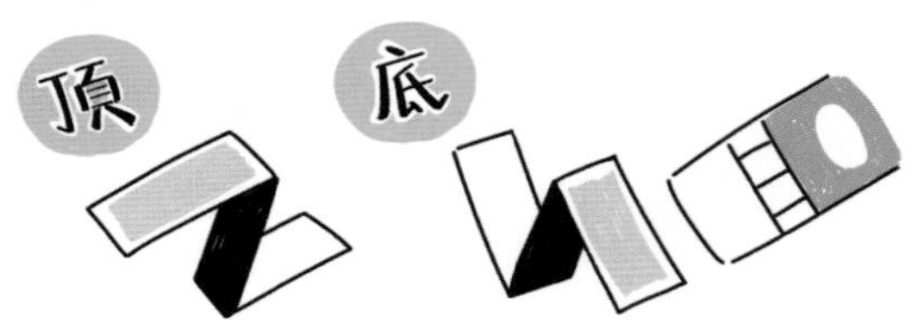

4. 在紙條的頂部和底部都塗上膠水。

5. 將紙條的一面黏在圖片上，另一面黏在簿子上。

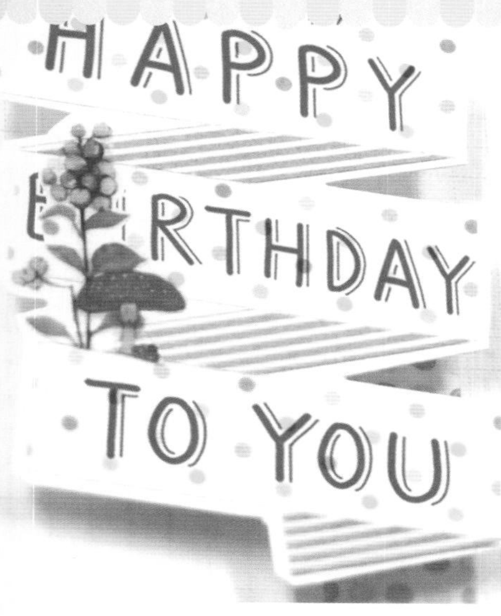

折疊飄帶旗

用紙膠帶做的小彩旗能夠自由地控制弧度，還能配搭出好看的顏色，是很實用的裝飾物。

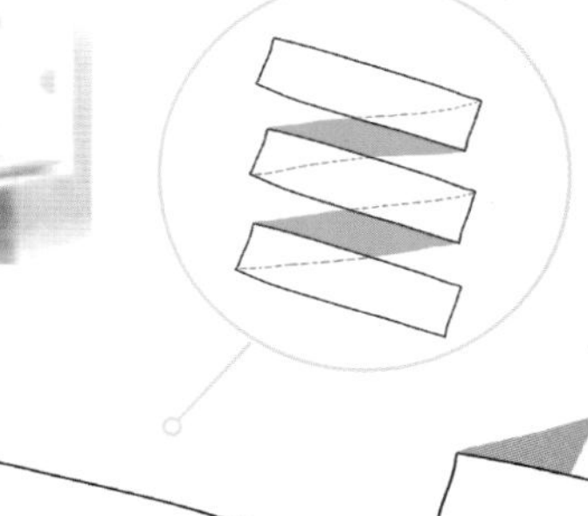

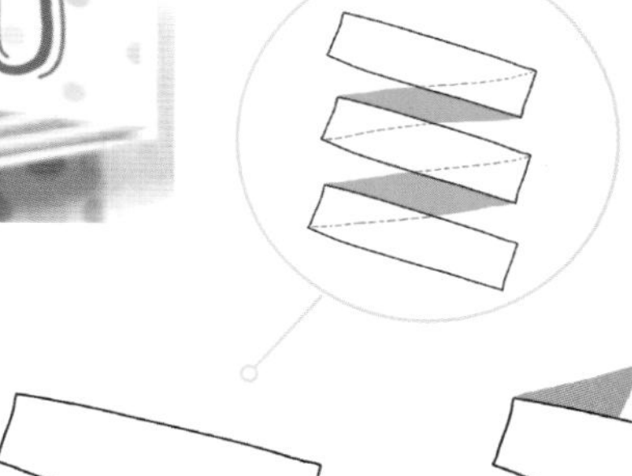

注意背面紙條的轉折部分要能和正面的紙條銜接上。

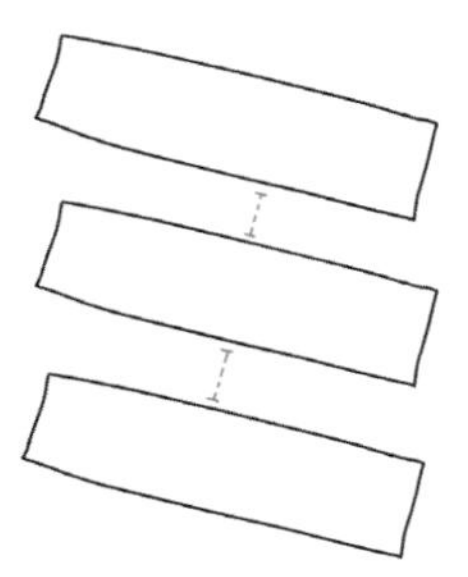

1. 準備三段長寬相等的紙條並等距排列。

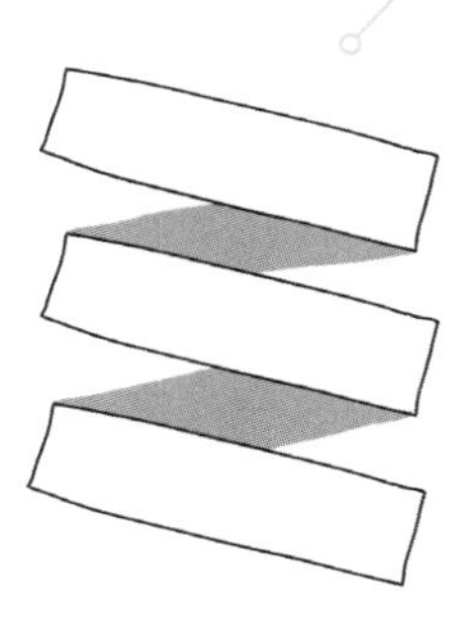

2. 背面用其他顏色的紙條斜著黏貼起來，超出部分修剪掉。

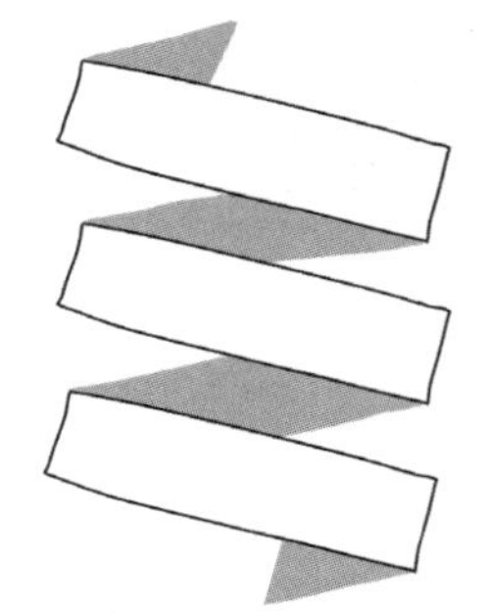

3. 再黏貼出頭尾飄揚的部分即可。

Expand

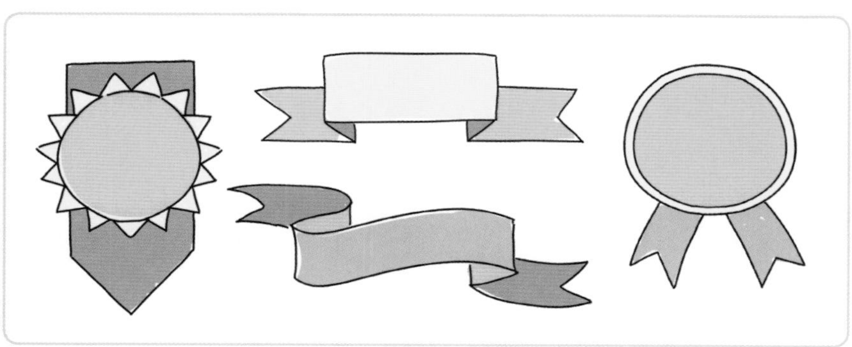

烘培手帳對於美食的製作步驟會有詳細的記錄，但是頁面不夠怎麼辦？這裏就要用到風琴伸縮頁了，它能夠更多地擴展手帳空間。

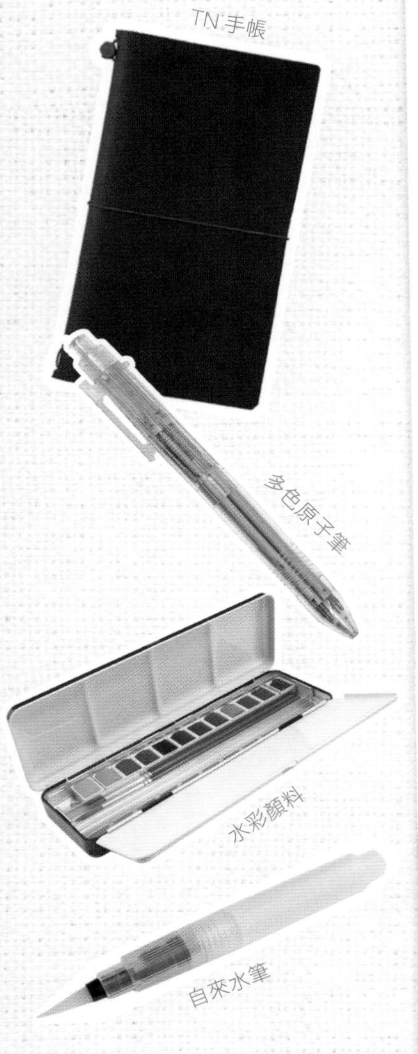

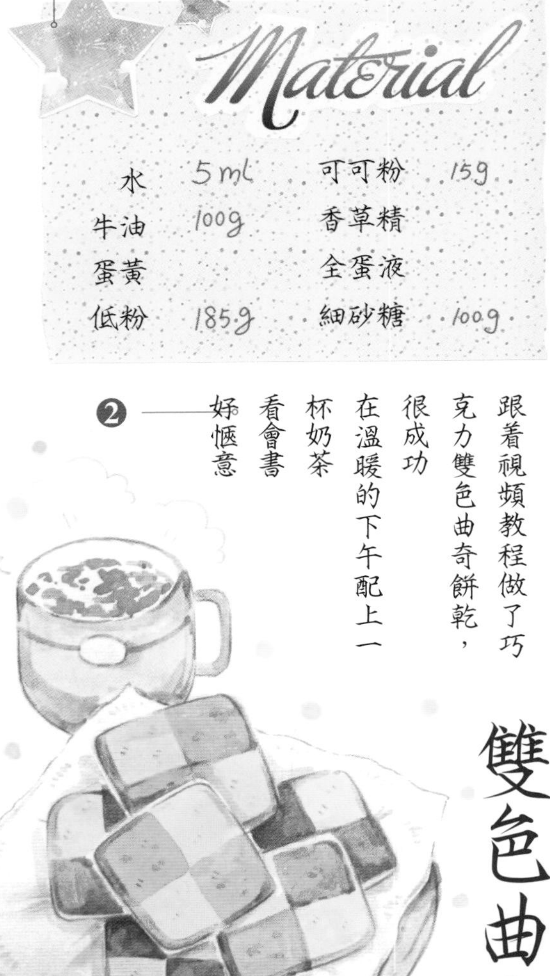

內容介紹

在網上看教學影片學會了雙色曲奇餅乾的製作方法，正好新買了焗爐，趕緊動手做起來吧！將食譜詳細地記在手帳裏，按步驟來做不要太簡單！

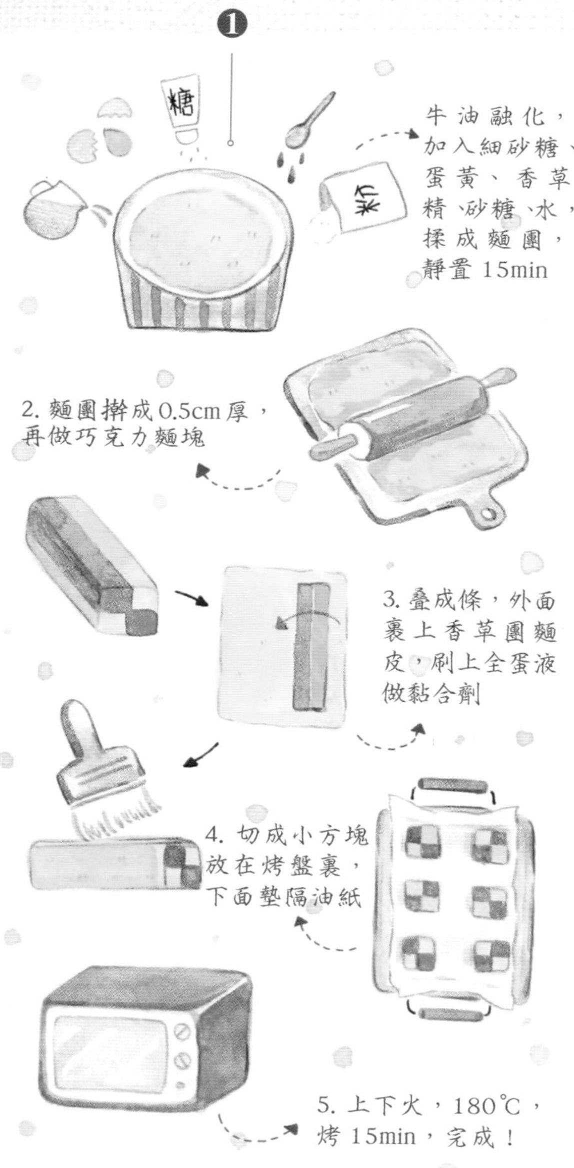

花一點時間來烘焙，再花一點時間把它記錄在手帳裏。吃著餅乾，喝著奶茶，記著手帳，這就是最完美的下午時光！

1. 來學畫一些烘焙鍋碗瓢盆的小圖案，以後你也有自己的獨家秘笈了。
2. 小插畫配上豎寫的文字，一幅文藝小插圖就完成啦！
3. 如果有同色系貼紙，可以拿來裝點需要準備的食材。

烘焙簡筆畫

來學畫烘焙簡筆畫吧，靈活加以應用，你也可以自己記錄烘焙的過程啦！

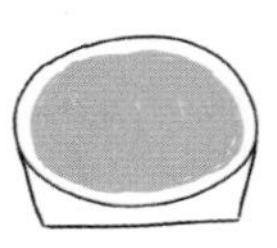
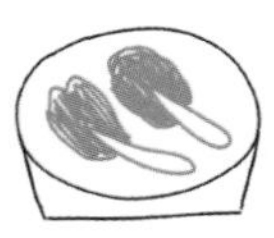
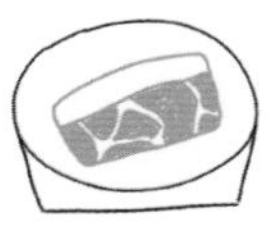

在盆子裏面裝各種麵團、蔬菜和肉，注意盆子不用刻意追求透視，平平的即可。

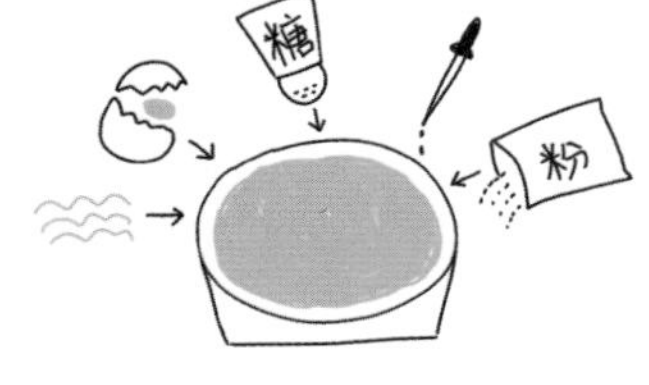

在麵團裏加入各種東西，用箭頭表示倒入。

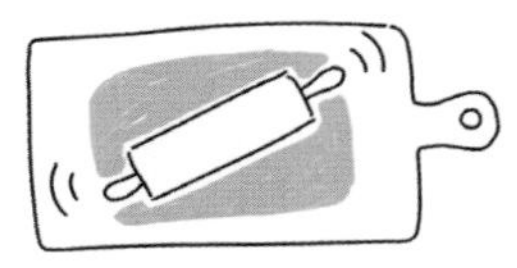

在砧板上擀面，用弧線表示晃動。

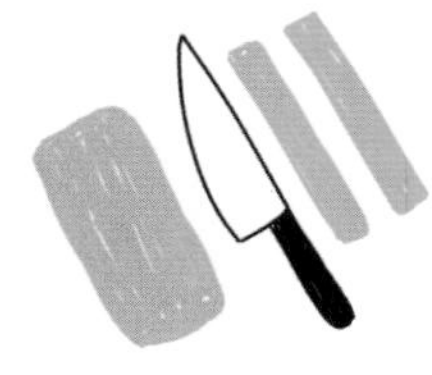

用刀子切條，可以替換成菜或者肉。

用模具壓形狀，在麵團上留出圖案的形狀表示鏤空狀態。

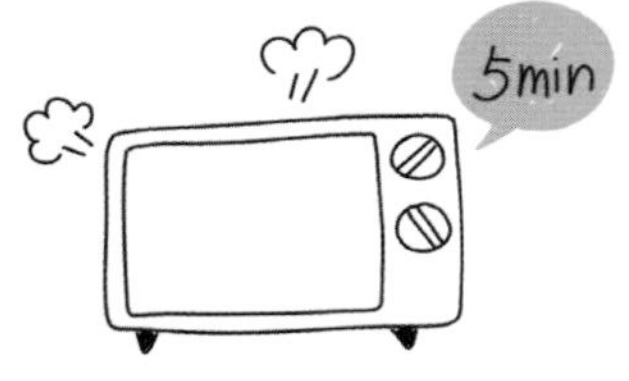

進焗爐，氣體表示正在加熱。可以把時間用對話框的形式表示出來。

烹飪小物

這些是很常用的烘培簡筆畫，可以用在手帳裏豐富頁面。注意要用黑色做主色，其他顏色稍有一點即可。

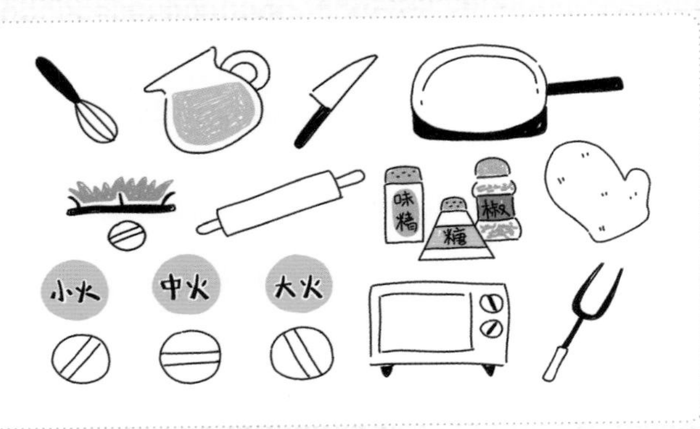

竪排文字

竪排文字配搭插畫最有文藝特色了。如果擔心竪排文字歪歪斜斜的，可以先用鉛筆和尺子畫出竪線，再比著寫。

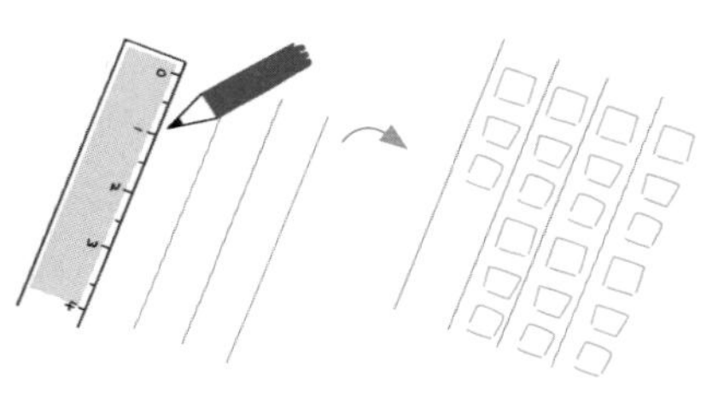

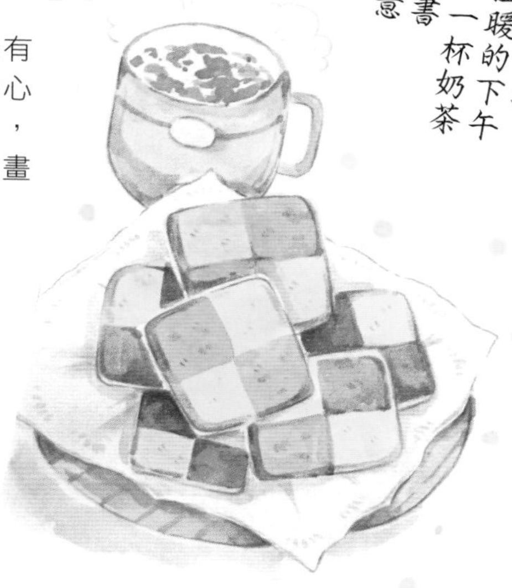

風琴拉頁

如果頁面不夠用，可以用長條白紙自製風琴拉頁，這樣可以添加的內容就多啦！而且其封面可以自由裝飾，好看又實用。

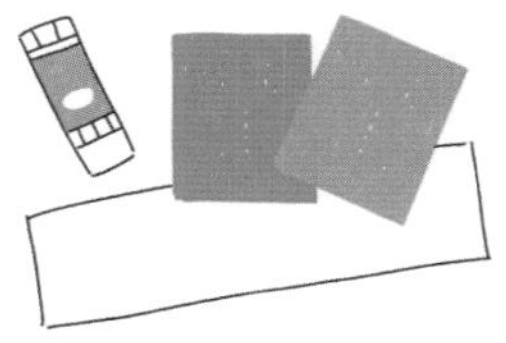

1. 準備一張白紙條、兩張等大的卡紙和膠水。

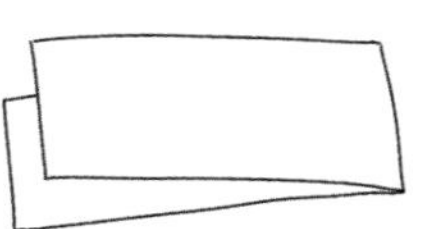

2. 然後將白紙對折。

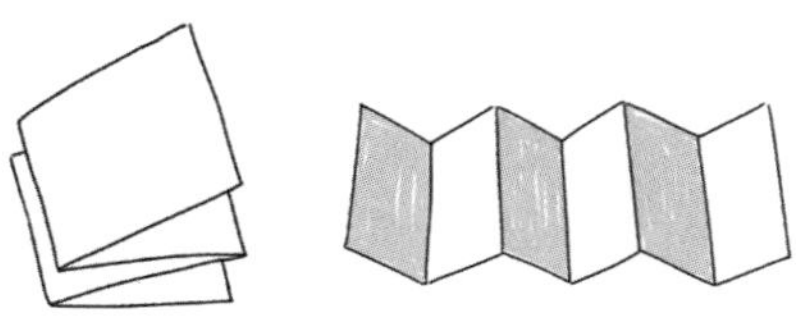

3. 兩邊再對折，折成起伏的鋸齒狀。

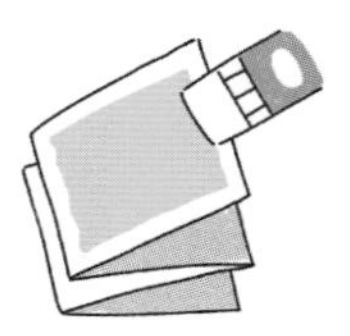

4. 在兩邊塗上膠水。

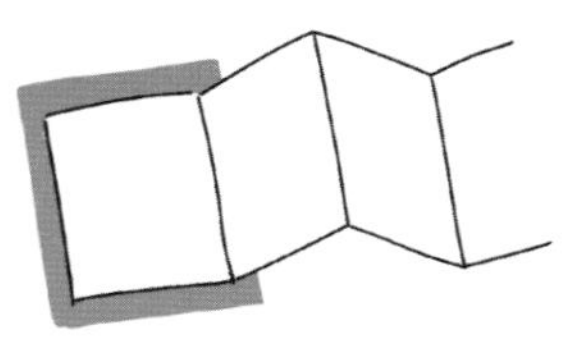

5. 將紙條的兩邊黏在卡紙上，完成！

各種節日也是很適合裝飾手帳頁面的主題，各大品牌都有節日的貼紙和紙膠帶，但是這裏我要提供一個更有趣的思路，讓手帳變得像賀卡一樣。

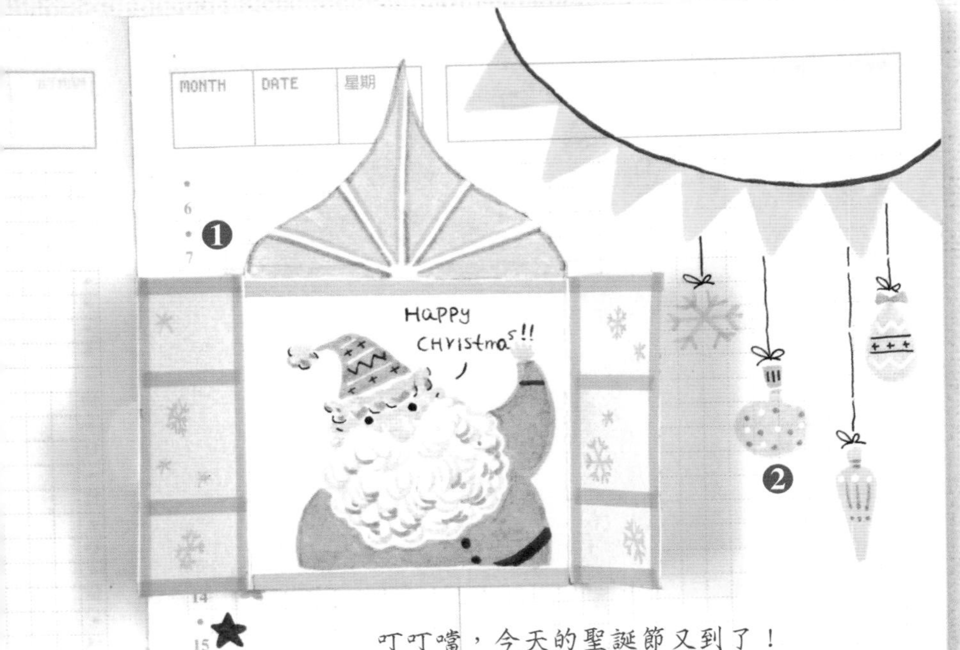

叮叮噹，今天的聖誕節又到了！
正好是周末，和小哥哥上街去掃貨。
趁着打折，又買了很多東西，最喜歡的是聖誕木樁蛋糕，很好吃。
主要是包裝好看，可以留下來以後做手帳。

內容介紹

最近聖誕的氛圍很濃，我想做一個不一樣的手帳。不用傳統的紅綠色，而是用灰色調來配搭，這樣感覺會更有格調。再添加一些手帳小機關，會讓頁面更有看點！

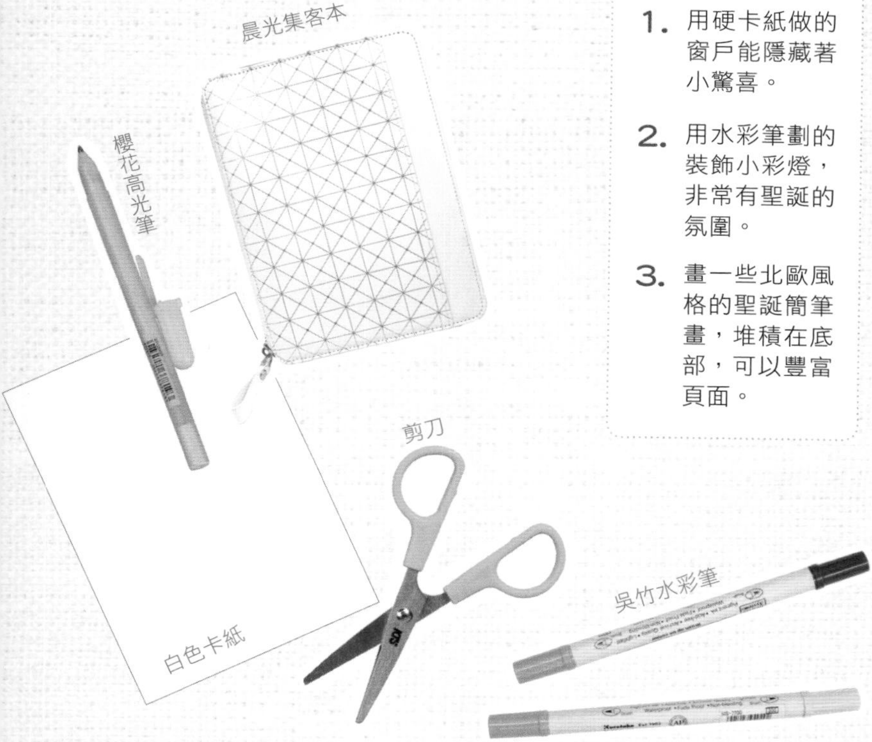

晨光集客本

櫻花高光筆

白色卡紙

剪刀

吳竹水彩筆

1. 用硬卡紙做的窗戶能隱藏著小驚喜。
2. 用水彩筆劃的裝飾小彩燈，非常有聖誕的氛圍。
3. 畫一些北歐風格的聖誕簡筆畫，堆積在底部，可以豐富頁面。

灰色系配色

用深灰色、中灰色、淺灰色配搭一個亮色，顯得很有格調，注意畫面配色的比例，淺灰色和亮色最多，重色很少。

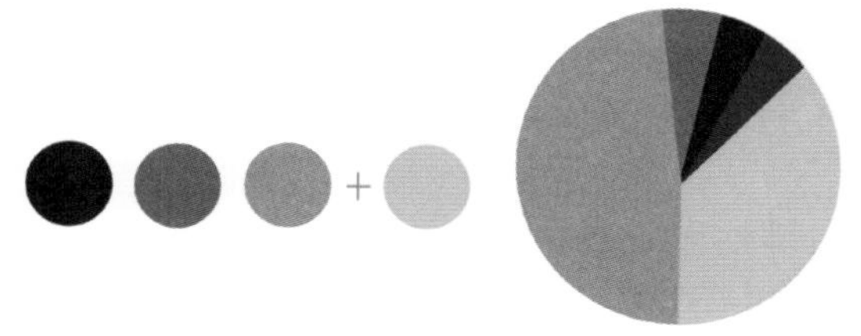

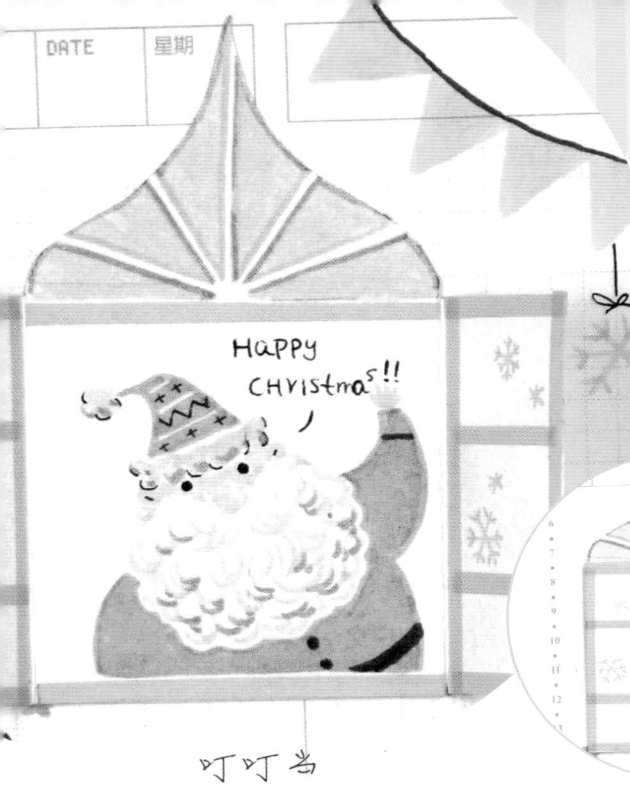

DATE 星期

窗戶小機關

手工做的小窗戶，能開能關，中間裝飾小插畫，每次拉開都會有驚喜，關窗戶的時候用一張貼紙就可以封閉了。

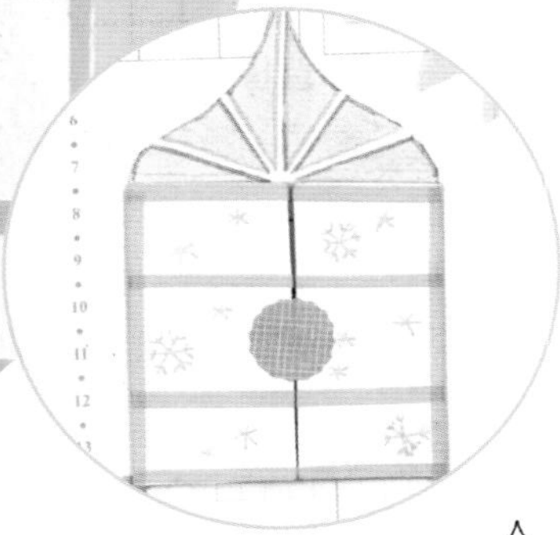

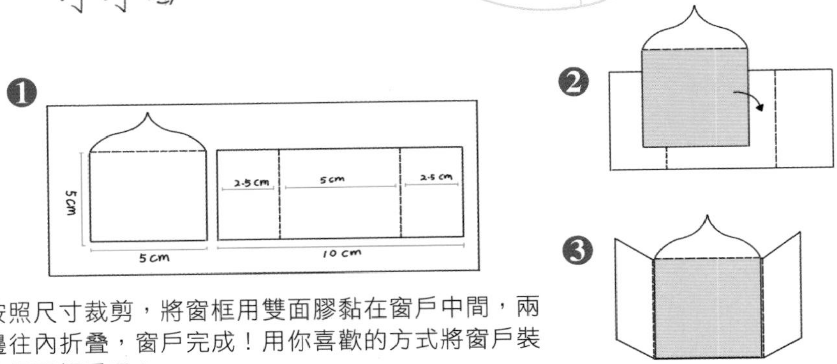

Happy Christmas!!

叮叮当

❶

5cm

5cm

2.5cm 5cm 2.5cm

10cm

❷

❸

按照尺寸裁剪，將窗框用雙面膠黏在窗戶中間，兩邊往內折疊，窗戶完成！用你喜歡的方式將窗戶裝飾得更好看吧！

聖誕簡筆畫

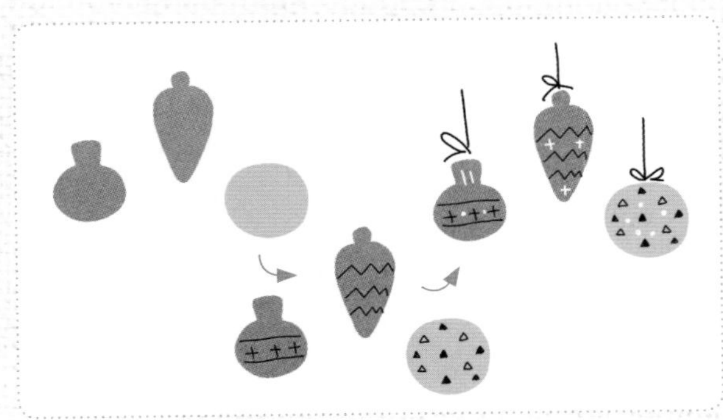

北歐風格的簡筆畫常用平鋪的底色＋黑白裝飾線條來畫，用高光筆來裝飾簡筆畫，效果非常好！

生活小插畫

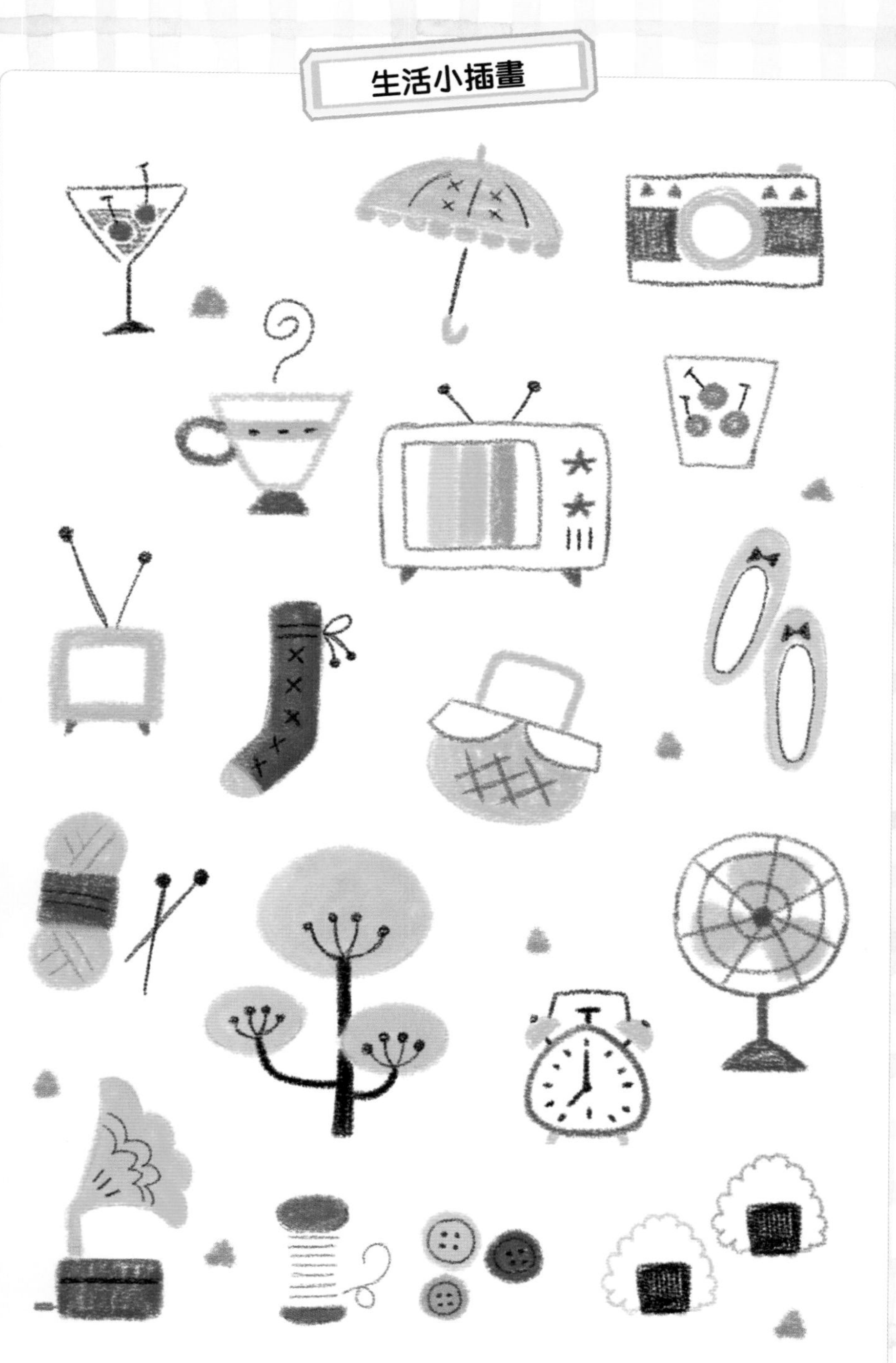

生活小插畫

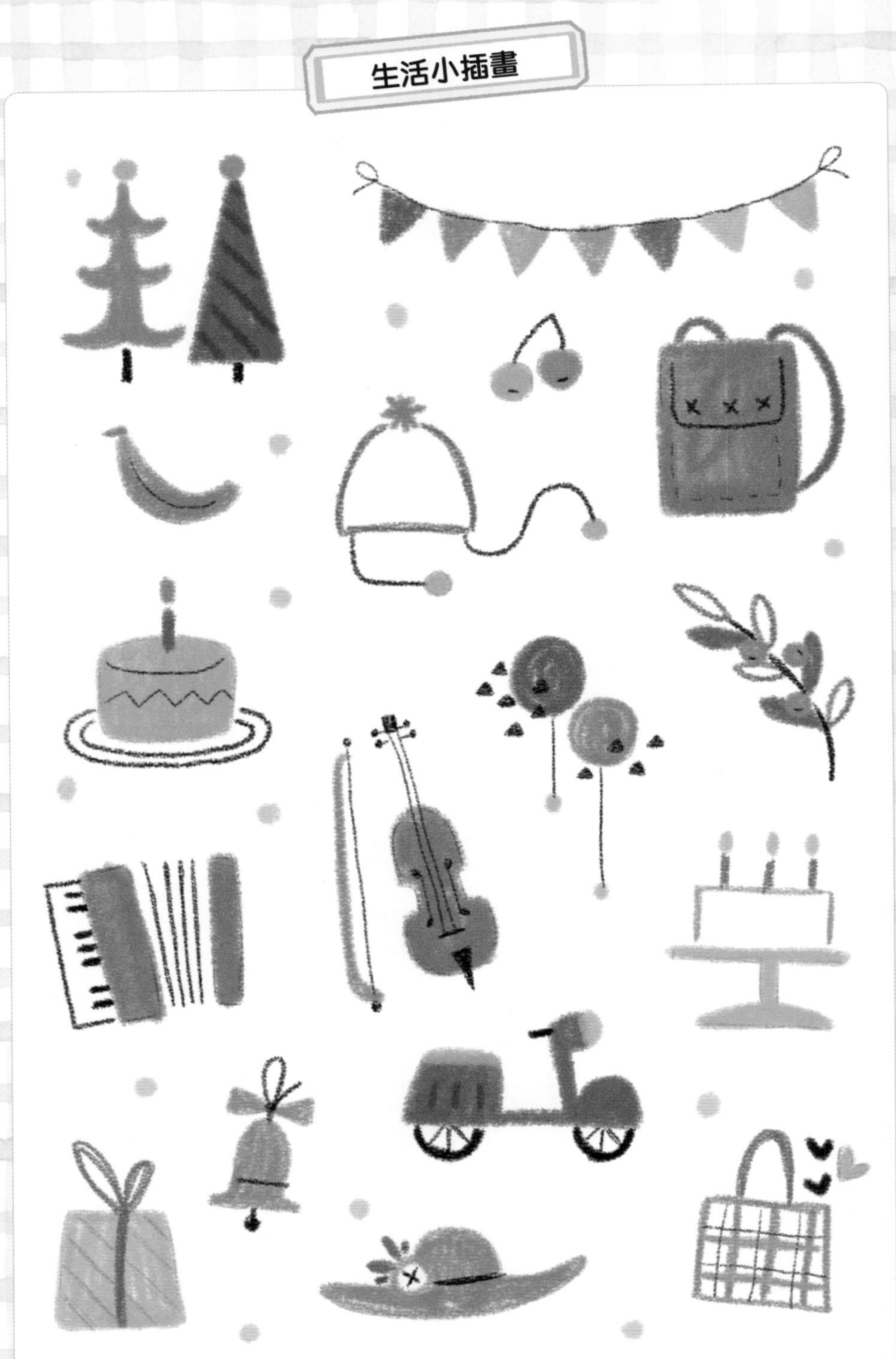

journal book

Part 3

Make It Better

匯聚了八位手帳達人的手帳秘籍大公開！跟著她們一起學排版，你也能做出好看的手帳！再用一些手工潤色，手帳更好看！

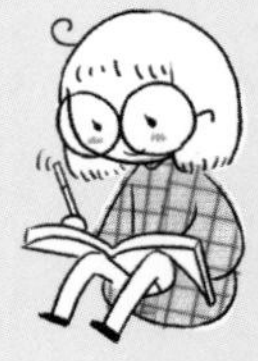

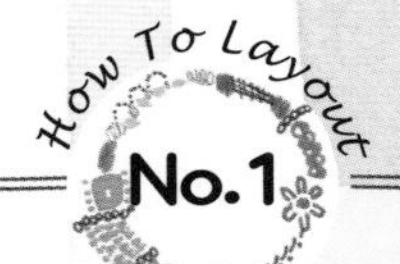

五種萬能版式

我要為你解答一些關於手帳的常見問題，讓你知道記手帳也是一件能讓生活更美好的事情。

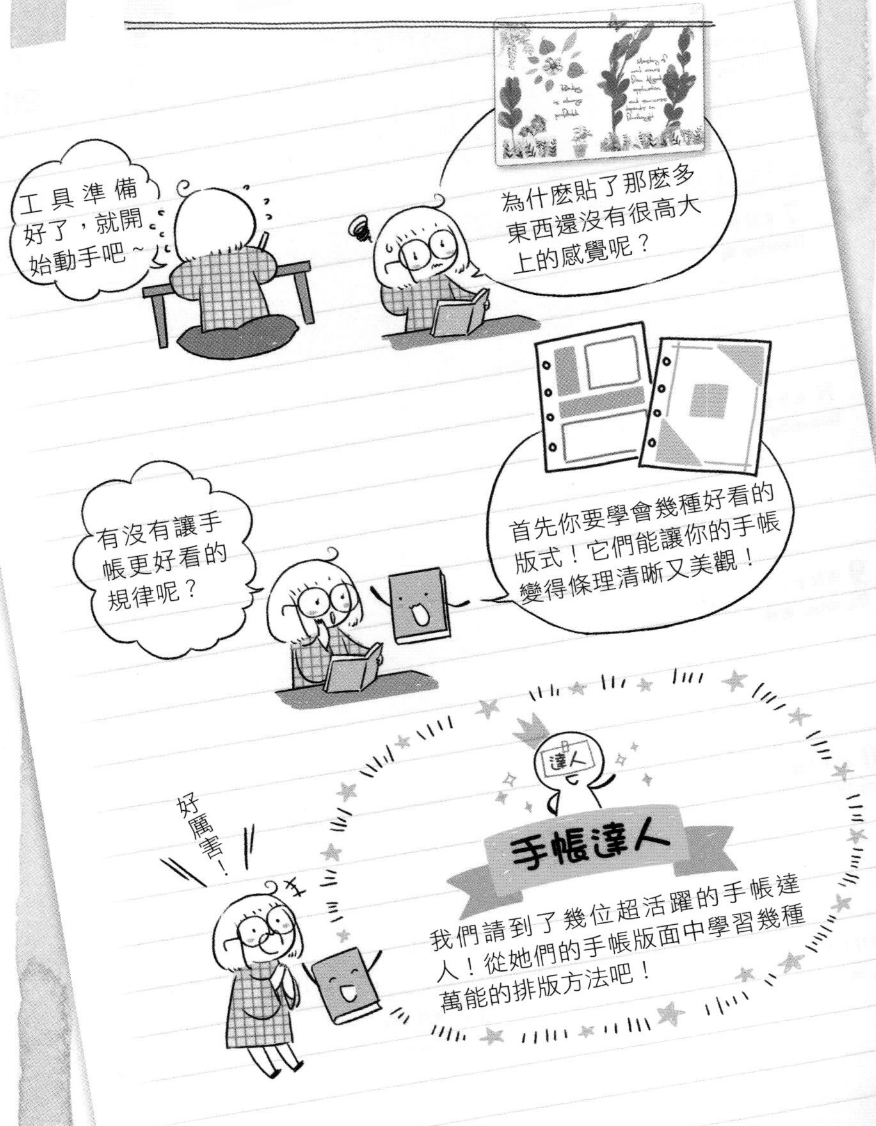

工具準備好了，就開始動手吧~

為什麼貼了那麼多東西還沒有很高大上的感覺呢？

有沒有讓手帳更好看的規律呢？

首先你要學會幾種好看的版式！它們能讓你的手帳版式變得條理清晰又美觀！

好厲害！

手帳達人

我們請到了幾位超活躍的手帳達人！從她們的手帳版面中學習幾種萬能的排版方法吧！

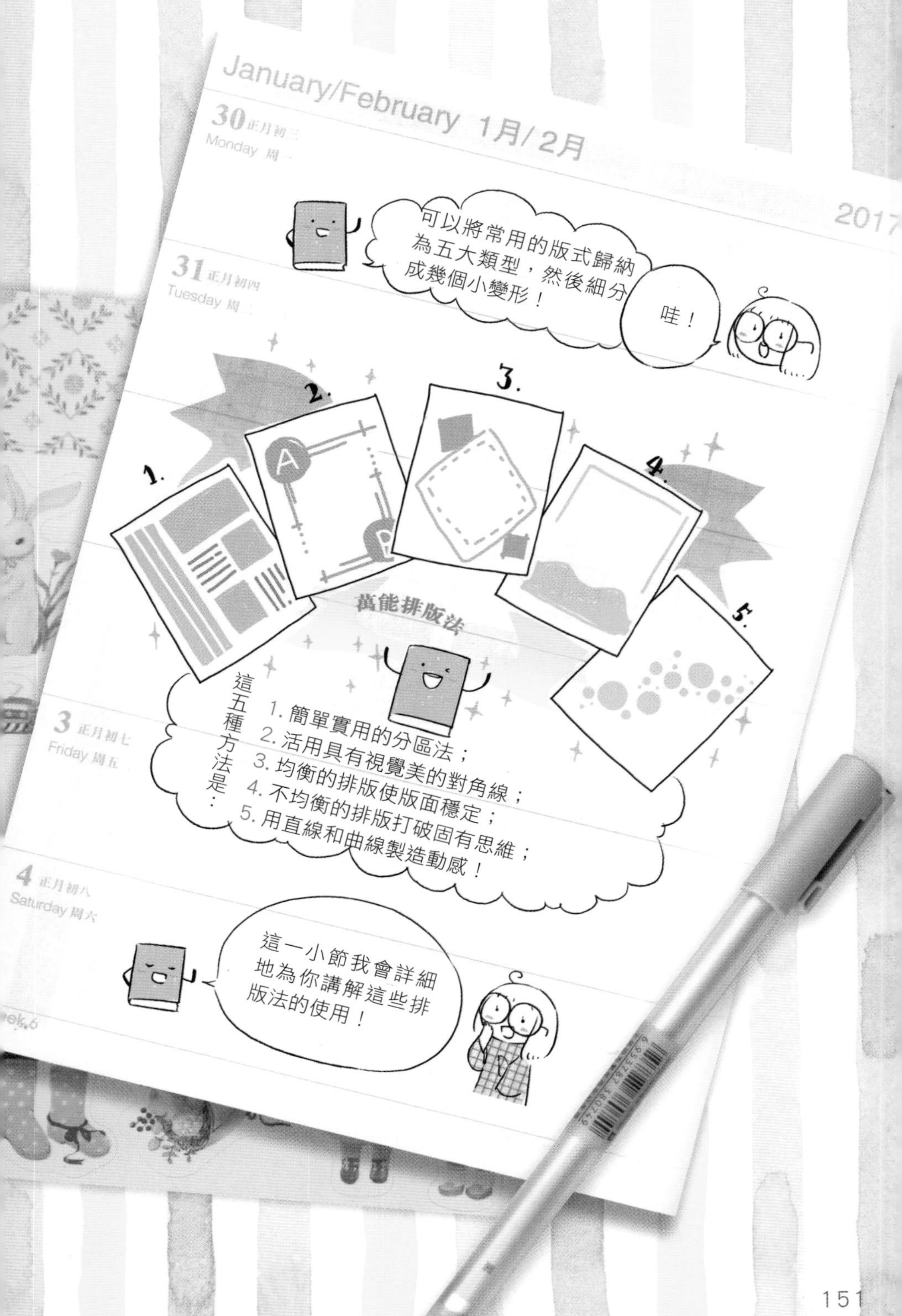
January/February 1月/2月
2017
30 正月初三
Monday 周一
31 正月初四
Tuesday 周二
3 正月初七
Friday 周五
4 正月初八
Saturday 周六
可以將常用的版式歸納為五大類型，然後細分成幾個小變形！
哇！
1.
2.
3.
4.
5.
萬能排版法
這五種方法是：
1. 簡單實用的分區法；
2. 活用具有視覺美的對角線；
3. 均衡的排版使版面穩定；
4. 不均衡的排版打破固有思維；
5. 用直線和曲線製造動感！
這一小節我會詳細地為你講解這些排版法的使用！

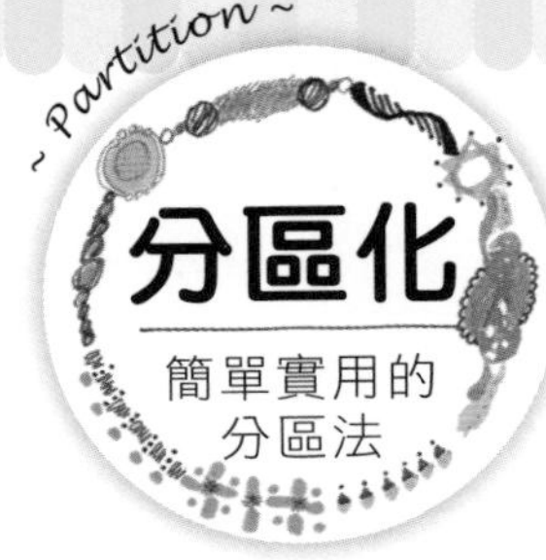

把版面區域化，分為方格排版、多格排版、漫畫式排版、重疊排版等，實用好記。

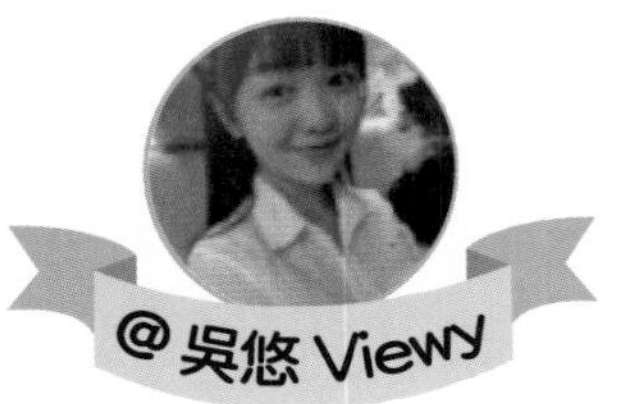

悠悠是非常有想法的 90 後女孩，她的手帳總是充滿粉嫩的少女色，她喜歡用週記本把每天的 To Do It 記下來，而且版面分區明顯，沒有過多的裝飾，非常適合新手學習～

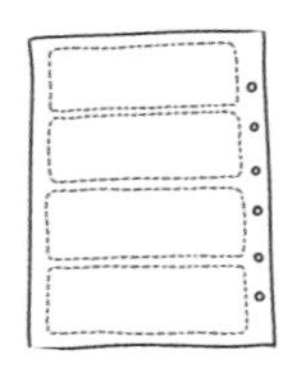

先將版面平分成四份。

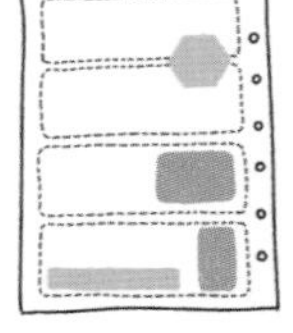

用紙膠帶黏在兩個邊框交界的地方，以打破呆板的版面。

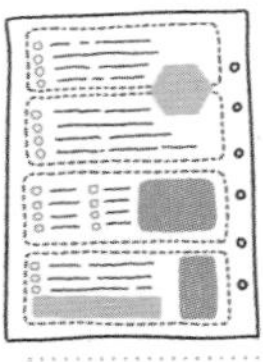

在方框中整齊地寫字，如果是打卡，那麼一個框就是一件事情。

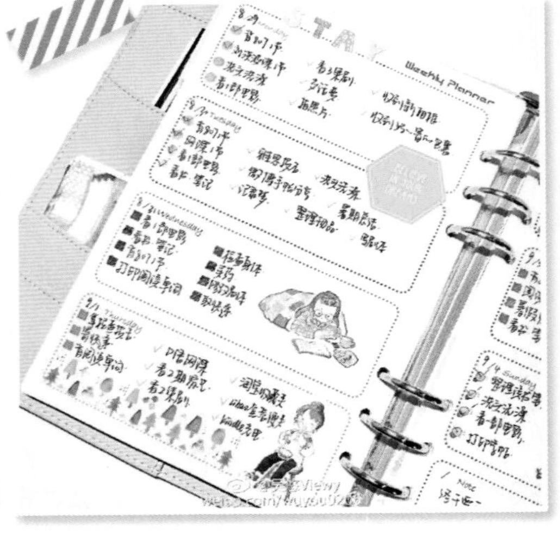

方格排版

在做手帳前先用鉛筆將版面分成幾個方塊，然後用紙膠帶或手繪邊框來裝飾，這種排版的好處是能讓版面區域分明，井井有條。

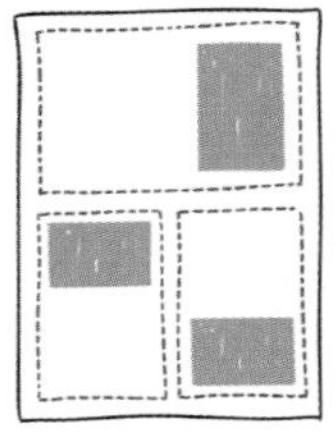

品字形

版面由上面的大框和下面的兩個小框組成，圖片可以錯開黏貼。

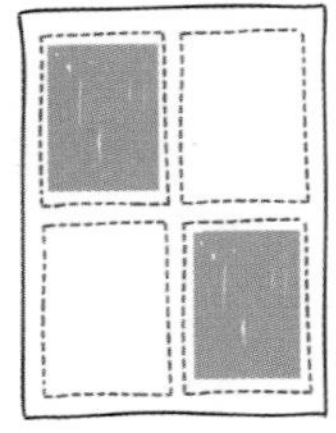

田字形

版面平分成四塊，圖片可以貼在對角線的位置，也可以貼在邊框中間。

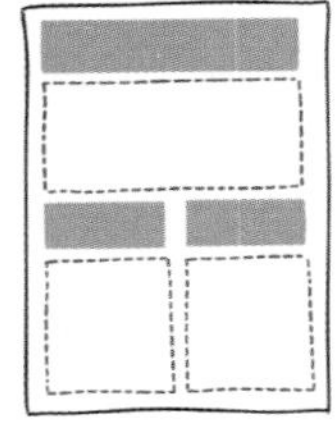

晶字形

圖片和邊框組成了上大下小的三部分，這種版面會顯得很飽滿。

水彩達人吉吉的手帳本裏總是有很多好吃的，她樂於將美好的生活用水彩的方式描繪在手帳本中，而且她的版面一目了然，井井有條，非常適合喜歡畫畫的人！

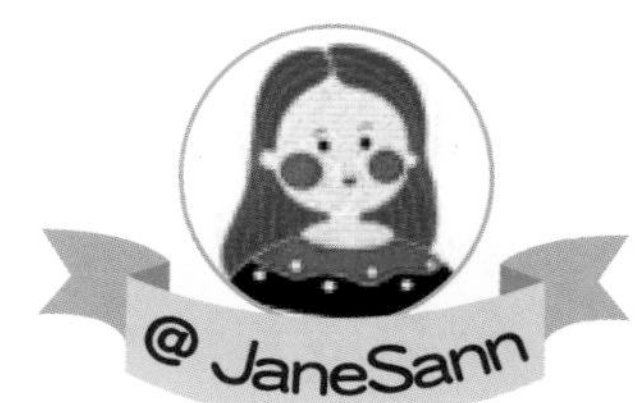

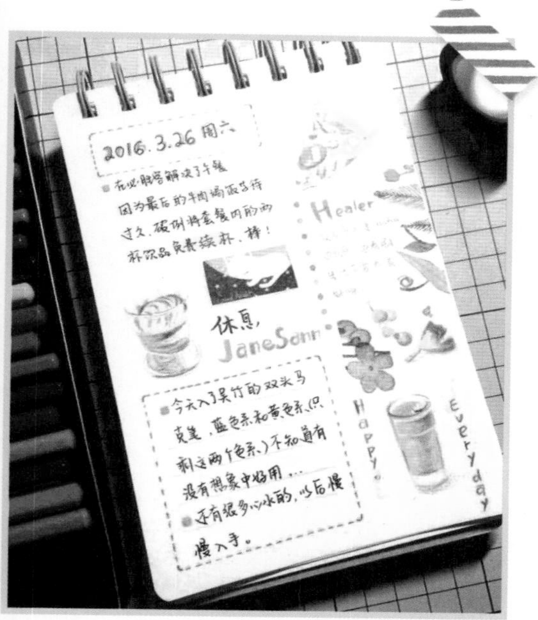

將版面分成大小不同的幾個區域。

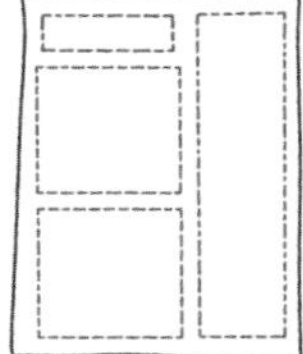

在中間和右邊的區域用水彩畫小插圖。

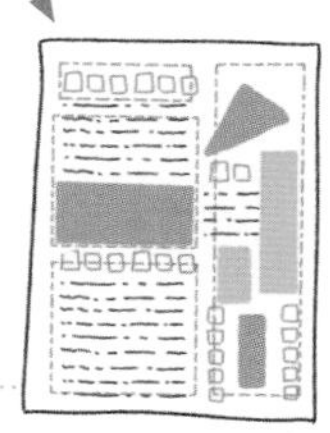

小標題緊挨著插圖交叉排列，文字整齊地書寫在空白處。

多格排版

細分了方框的佈局，版式更多樣，可自由地安排方框的大小和位置，版面顯得更加活潑。

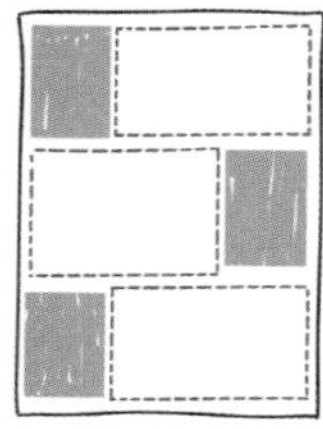

交叉排列

圖片和文字所在的位置交叉佈置，顯得很有節奏感。

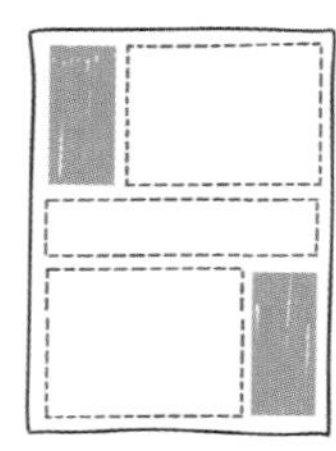

對稱排列

版面分為三部分，上部和下部對稱排列。

不對稱排列

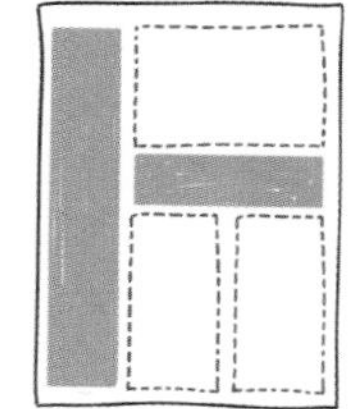

自由的分區，文字要用圖片來區隔開，做到區域明顯。

手帳和擺拍都頗具復古特色的路枝枝，她的版面總是縈繞著一種淡淡的歷史感。她善於用復古的素材和紙膠帶拼貼出耐看的內容，看上去很複雜，但也是有版式歸納的！

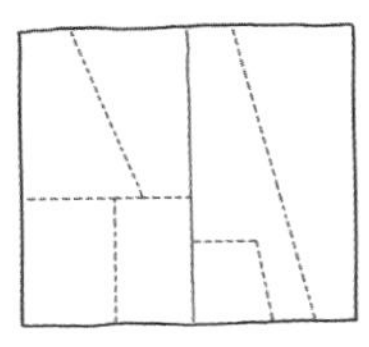

將版面分成大小不同的塊面。

先將紙膠帶拉條貼在最底層，然後貼上素材圖片，注意互相遮擋。

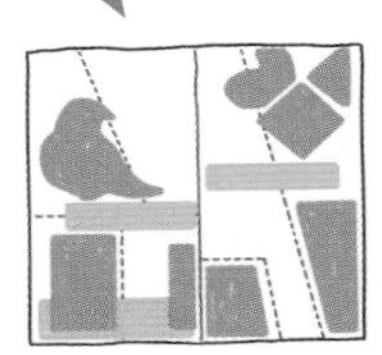

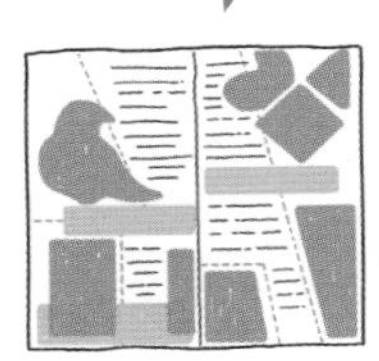

用文字圍繞著圖片的外輪廓整齊書寫。

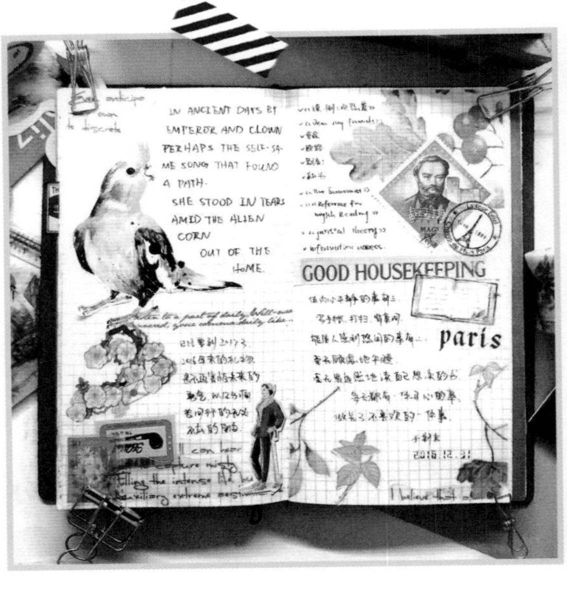

漫畫式排版

漫畫式排版會讓畫面更具有衝擊力和設計感，其重點是圖片的不規則擺放以及文字要貼合圖片外輪廓書寫。

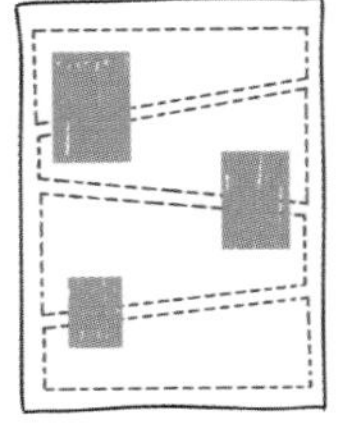

錯位排列

文字邊框是互相傾斜錯位的，圖片可以貼在邊框中間。

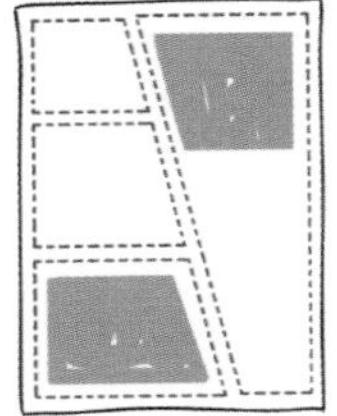

互補排列

從版面中間傾斜平分，然後一半完整一半再細分區塊。

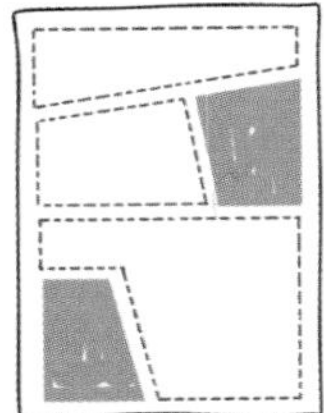

鑲嵌式排列

文本框的形狀與圖片的外輪廓要貼合，貼圖片的時候外輪廓儘量完整一些。

超元氣少女繪琳同學是我們飛樂鳥的編輯，她是個手帳狂熱愛好者，常常用手帳來計劃工作和記錄生活，如果你想瞭解鳥醬家的手帳信息，那就關注她吧！

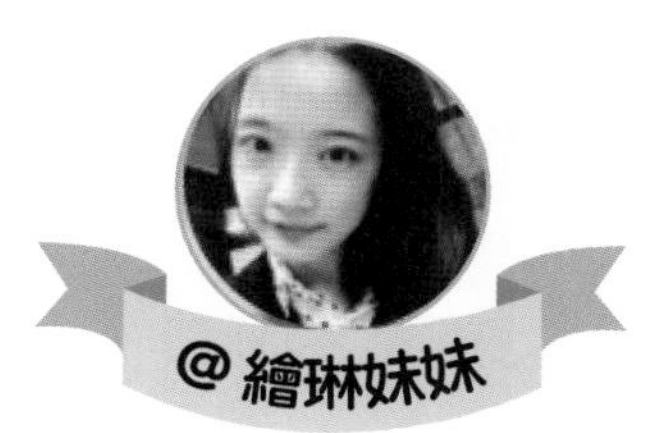

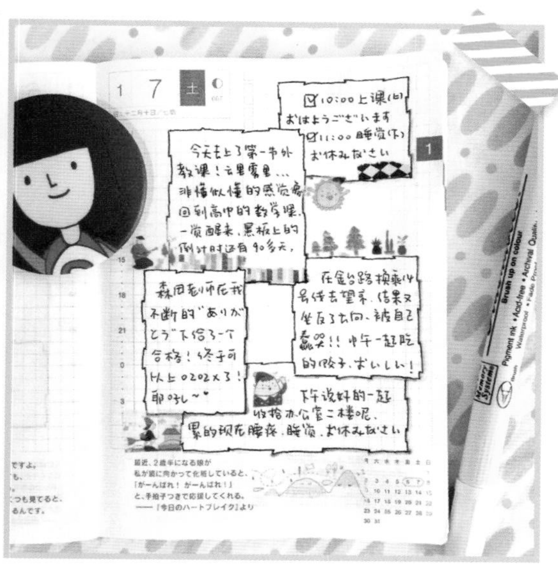

將版面分成五個互相重疊的方框。

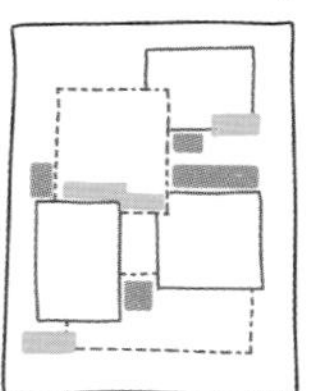

然後在重疊的空白處貼上紙膠帶和貼紙。

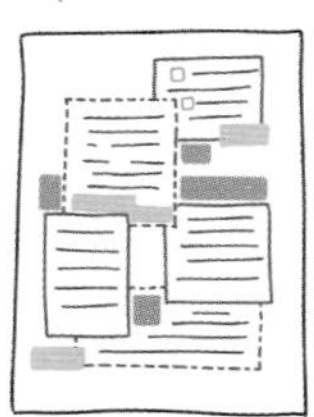

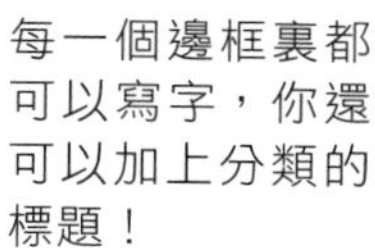

每一個邊框裏都可以寫字，你還可以加上分類的標題！

重疊排版

重疊排版用重疊的邊框讓頁面更有層次感。構圖的重點是方框要前後遮擋，可用紙膠帶或手繪來做好看的邊框。

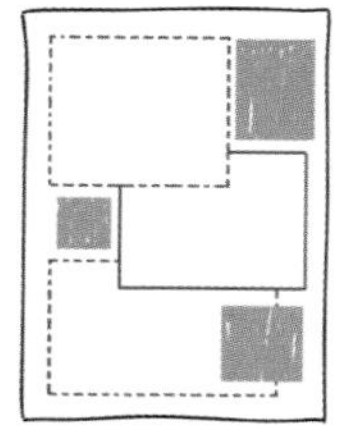

依次重疊

邊框一個疊在一個的後面，圖片貼在空白處。

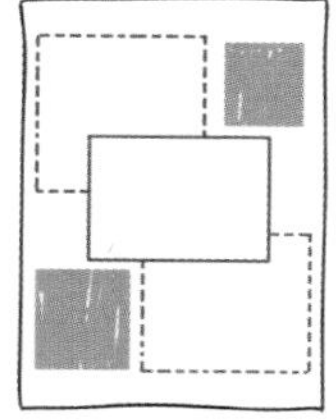

重點突出重疊

將重點放在最前面的醒目位置，其他邊框放在它後面。

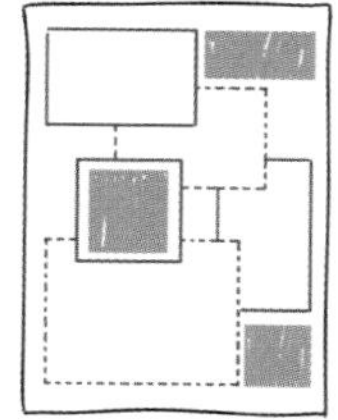

複雜重疊

選取兩個以上的邊框放在最前面，之後的邊框互相重疊。

對角線排版法有很多，如單頁對角線、跨頁對角線、傾斜對角線等，靈活好看。

非常可愛的 90 後少女，手帳風格多樣，喜歡紙膠帶拼貼。她的微博裏有很多有趣的種草哦，如果你喜歡華麗的紙膠帶拼貼，那一定不能錯過她的作品。

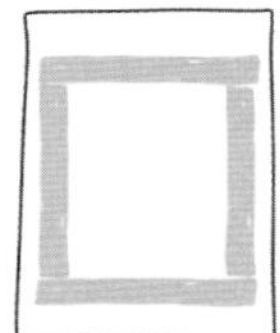

先用基礎款紙膠帶拉條一個方形作為邊框。

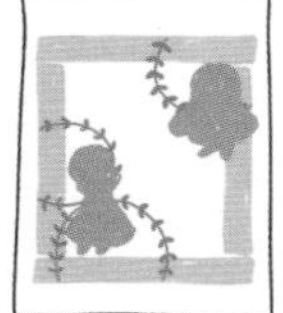

用植物紙膠帶在對角拼圓，再貼上人物貼紙。

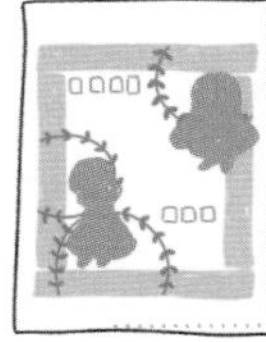

標題放在反方向的對角線上，版面中間放內容。

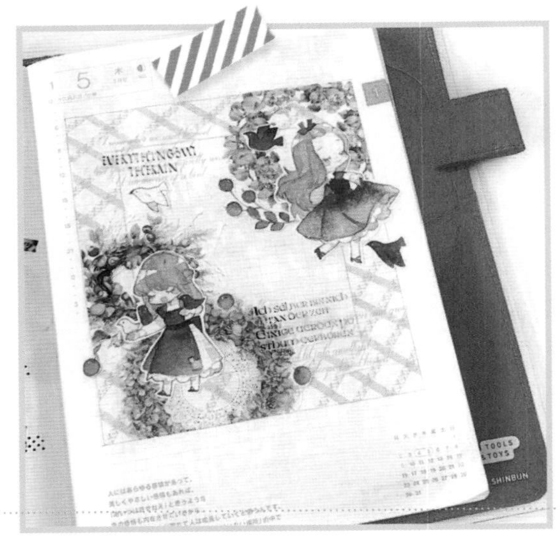

單頁對角線

在對角線上放上主要的裝飾會讓版面更加生動，而且互相對稱的佈局不會導致版面一邊重一邊輕，且非常容易上手。

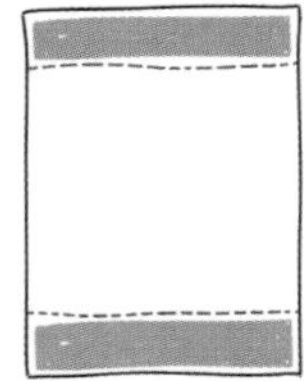

上下對稱

以簿子的邊緣為參考，裝飾物平行對稱。

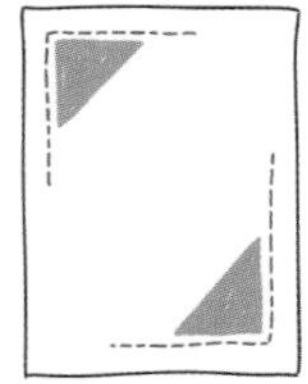

斜角對稱

裝飾物在簿子的對角線上，要選擇相同風格的裝飾元素。

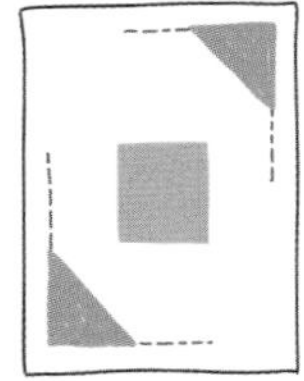

中心環繞對稱

斜對角上有呼應的拼貼元素或邊框，中間有獨立的圖片。

後姨媽的手繪水彩非常有感覺，她繪製的日付系列很受歡迎，你可以到網上下載打印出來使用。她的排版很簡單，一般是當天的 To Do 和時間軸，適合喜歡版面清爽的人！

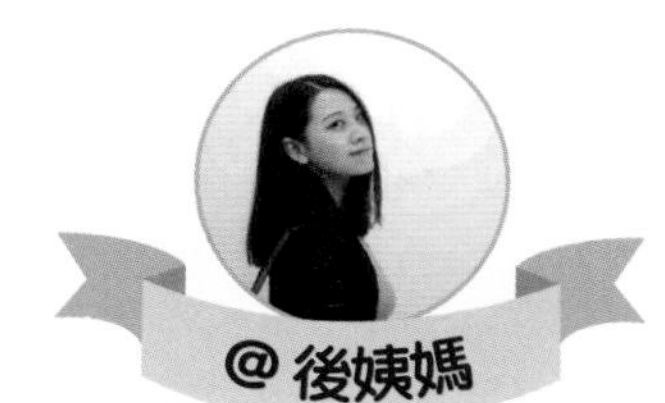

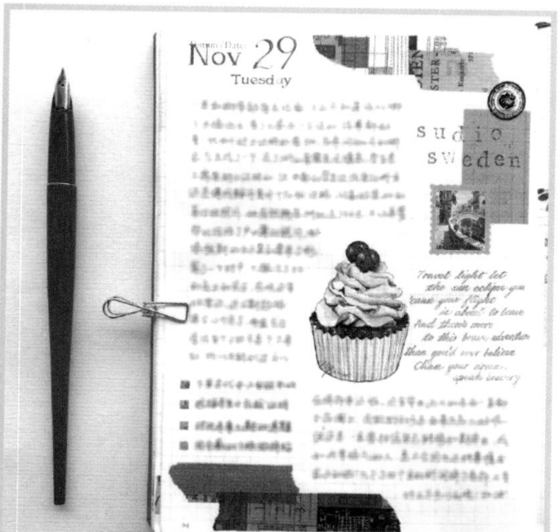

將版面分成中心環繞的三部分。

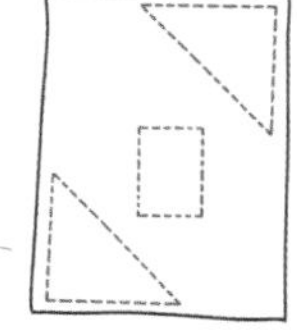

左右兩角拼貼紙膠帶，中間用水彩插畫作為視覺中心。

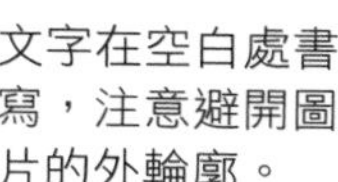

文字在空白處書寫，注意避開圖片的外輪廓。

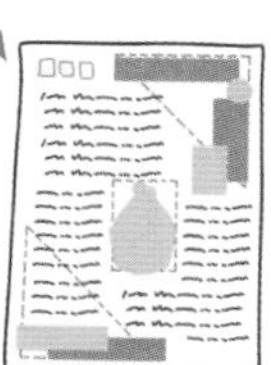

達人作品展示

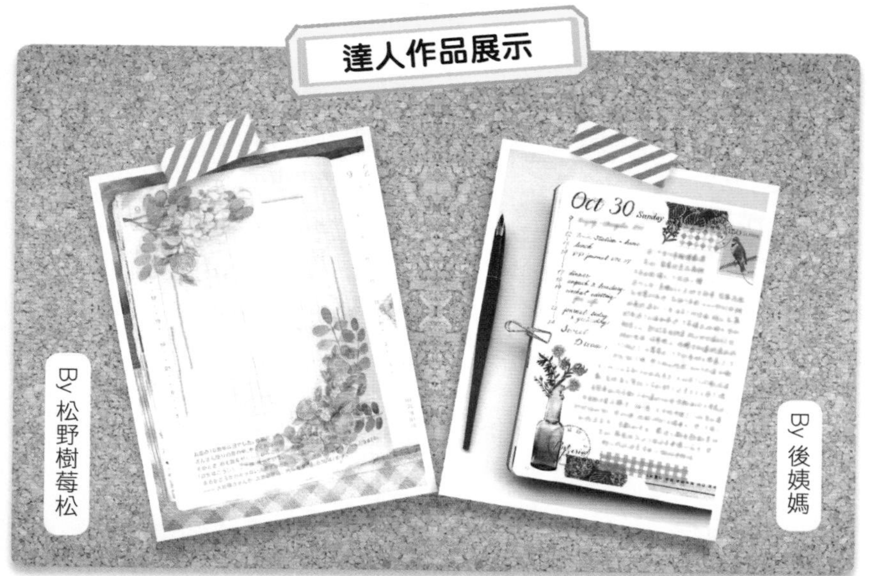

By 松野樹莓松

By 後姨媽

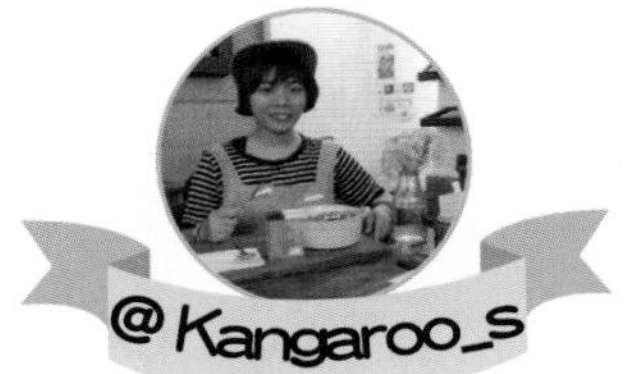

水彩手繪達人酸酸，她的手帳充滿自然的味道，手繪的植物，簡潔的版面，讓她的手帳格外清爽，她畫的水彩日付也很有意思，大家可以去她的微博看看。

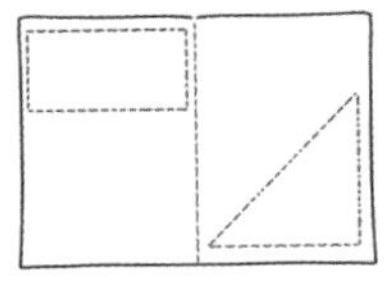

在簿子的對角劃分好區域。

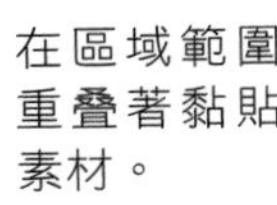

在區域範圍重疊著黏貼素材。

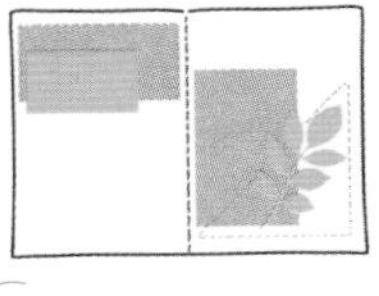

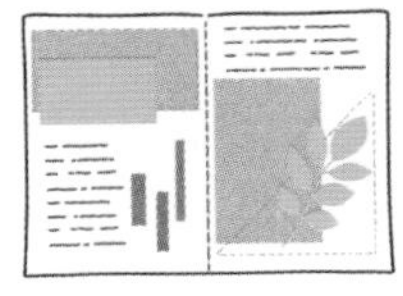

文字在空白處書寫。

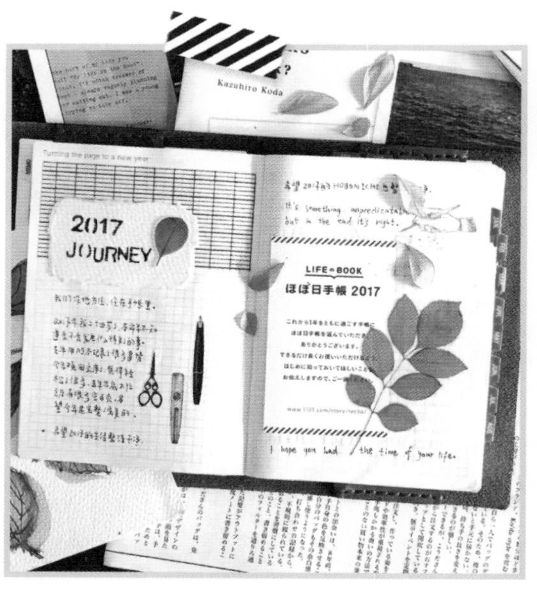

跨頁對角線

在跨頁上做斜角裝飾，可以用紙膠帶將兩頁連起來，這樣互相之間的聯繫就更大了。兩頁的畫風要相同，最好有共同元素。

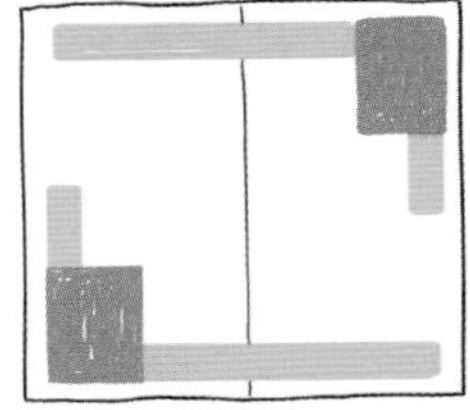

中間相連的簿子

這種簿子中間連在一起，用紙膠帶可以直接拉條串聯起來。

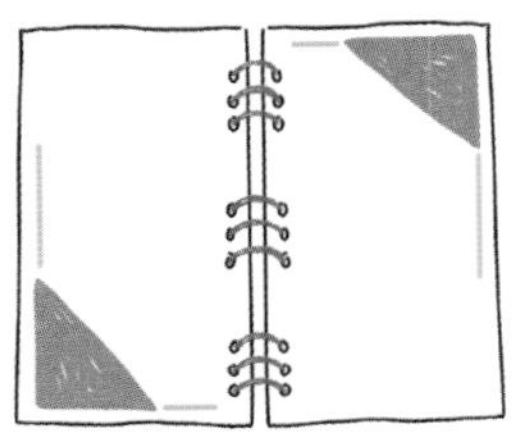

互補排列

中間隔斷的簿子要用相同的裝飾物來美化對角線。

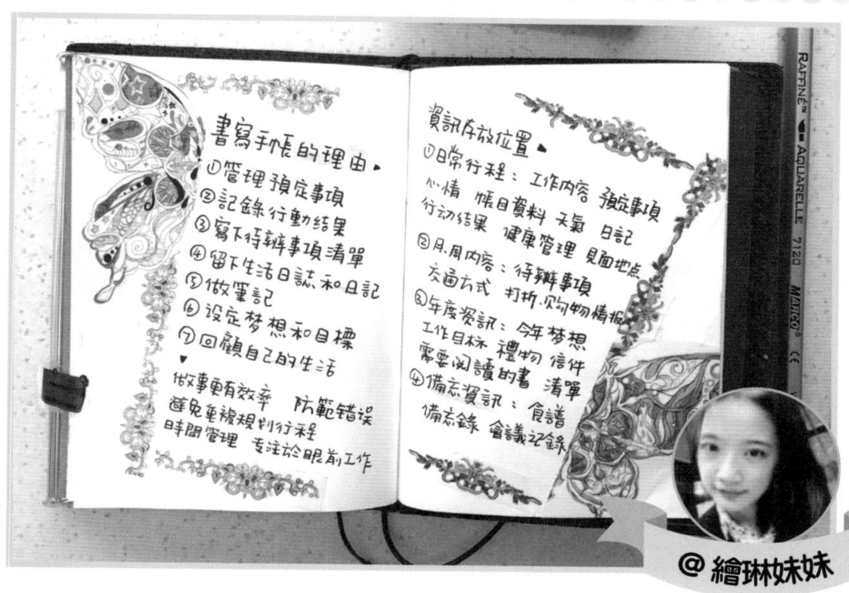

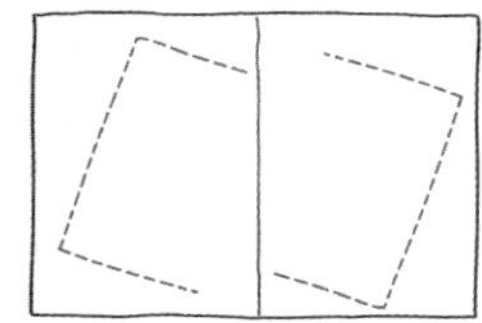

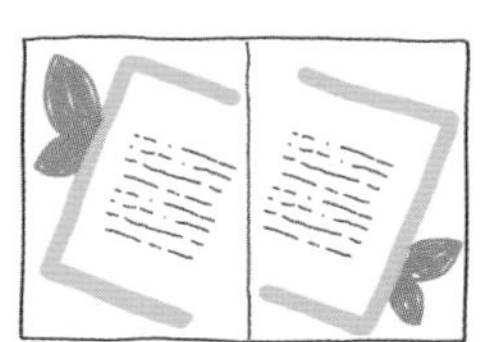

在左右頁畫上傾斜的邊框。

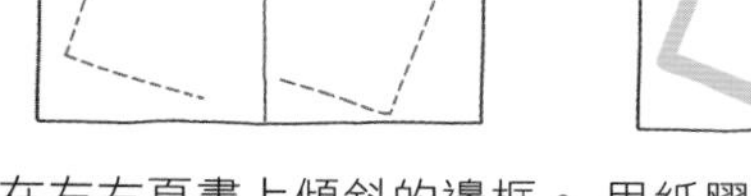

用紙膠帶拉條貼在邊框上，再對稱貼上大的裝飾物。

文字的書寫要傾斜著，和邊框平行。

傾斜對角線

傾斜的畫面會給人強烈的失重感，而且更具有設計性，製作前可以用鉛筆和直尺先指定位置，再黏貼裝飾物。

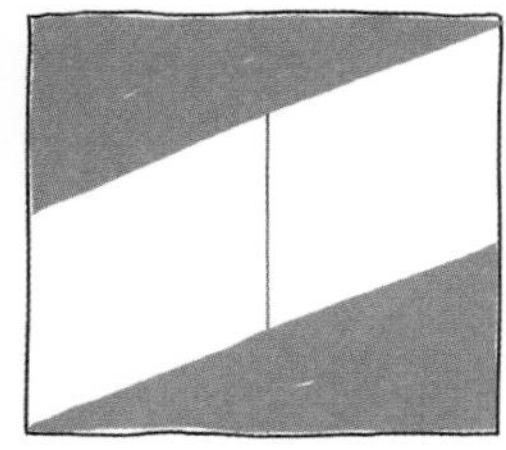

平行傾斜

裝飾物的位置在頁面的上下部分，呈傾斜狀。

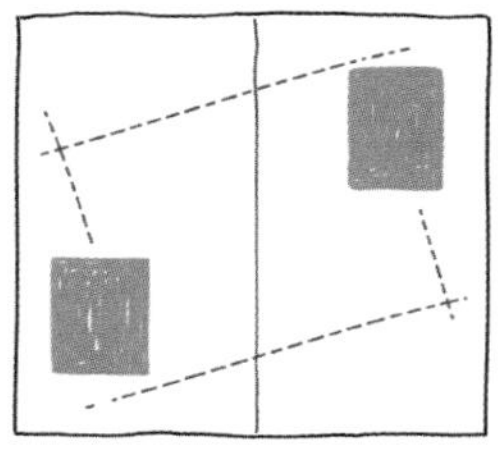

對角傾斜

左右對角有呼應的裝飾物，中間用傾斜的邊框連接。

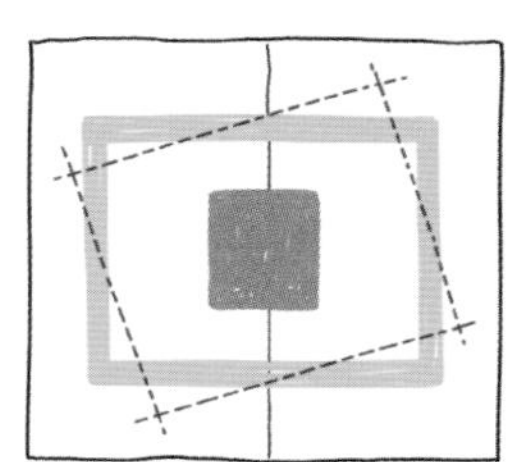

雙重傾斜邊框

擺正的邊框和傾斜的邊框互相重疊，頁面中心放裝飾物。

穩定的排版一般比較均衡，這種類型的版面一般用中心排版、紙膠帶拼圓等方式讓頁面的重點更突出。

木木的手帳拼貼雜亂但有序，帶著濃濃的復古風。如果你也喜歡這種類型的，她的手帳很具有參考價值！

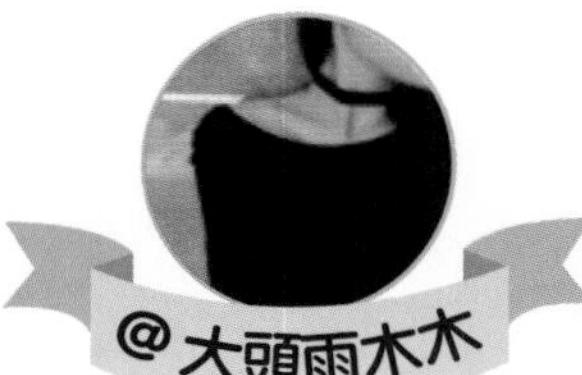

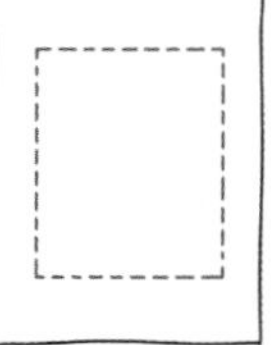

在版面中心畫一個方框。

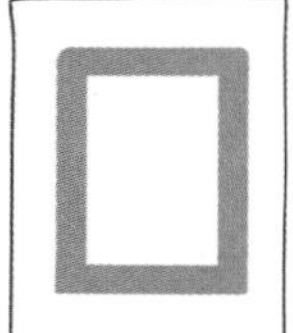

用手繪的形式裝飾邊框。

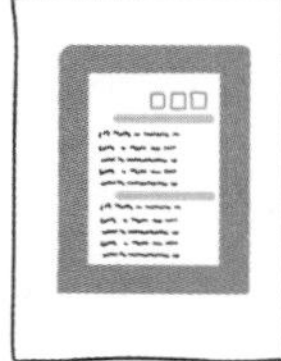

文字寫在方框內部，其餘地方留白即可！

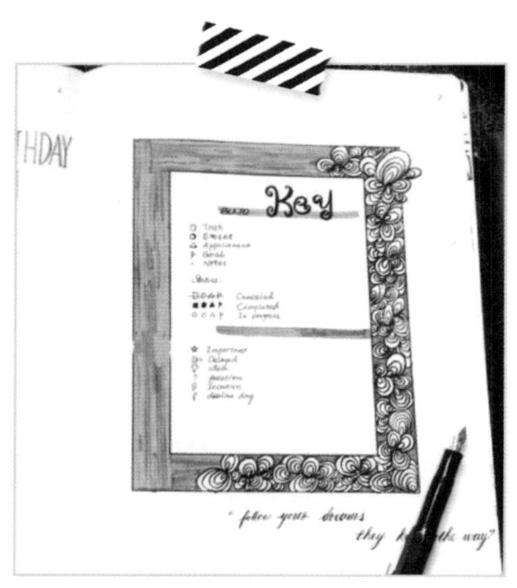

中心排版

在頁面中心安排裝飾元素會讓版面更均衡，也能讓人一眼就能看到重點，文字可以安排在中心內部或外部。

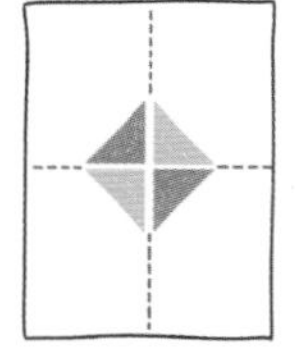

中心圖片四週文字

裝飾物集中在頁面中心，文字圍繞四週書寫。

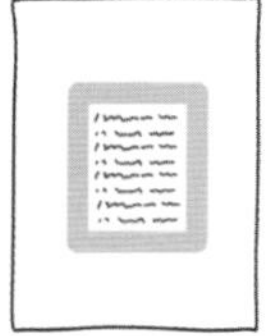

中心文字四週留白

用裝飾物在頁面中心拉框，文字寫在框內，四週留出大片空白。

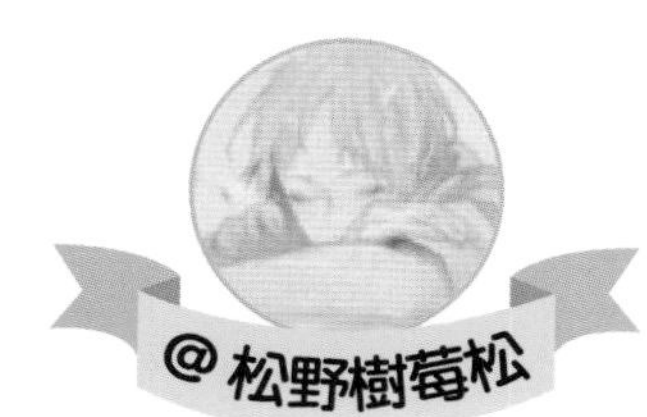

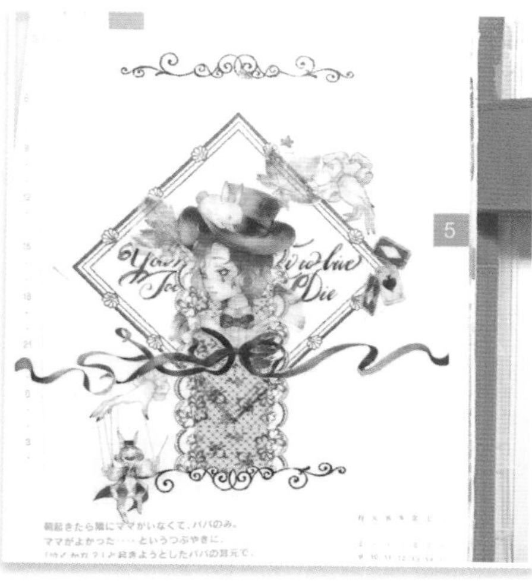

在頁面中間貼上一個大菱形。

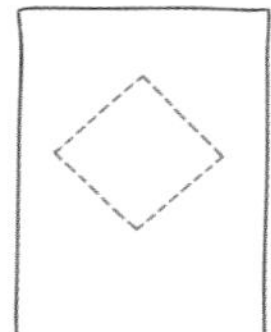

用紙膠帶來裝飾菱形，中間空出來放主要裝飾物。

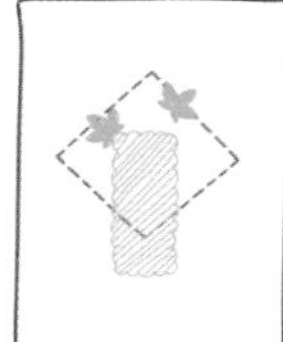

將人物紙膠帶黏貼在菱形的正中央，作為版面的視覺中心。

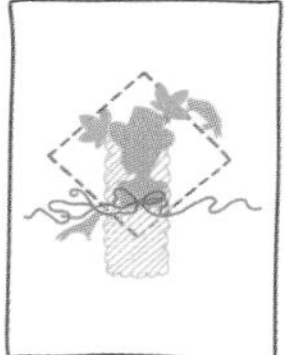

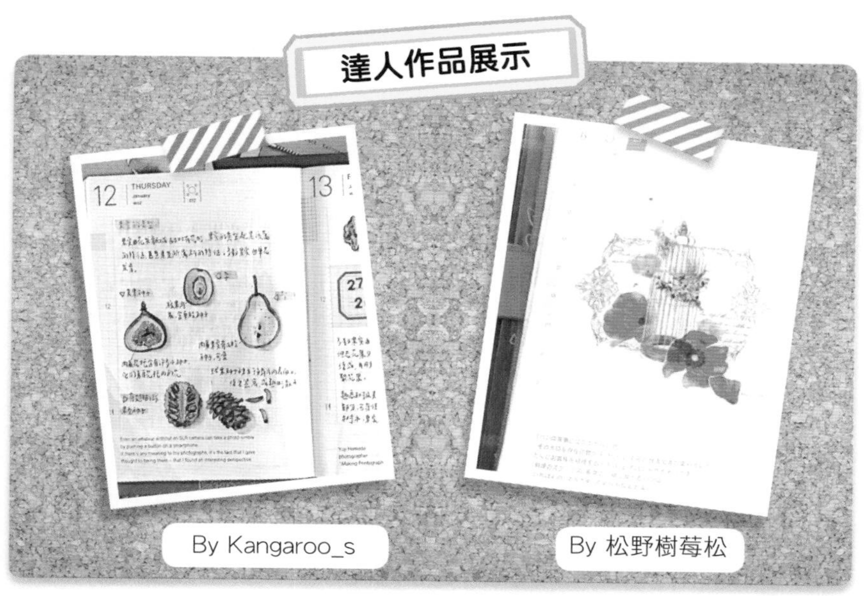

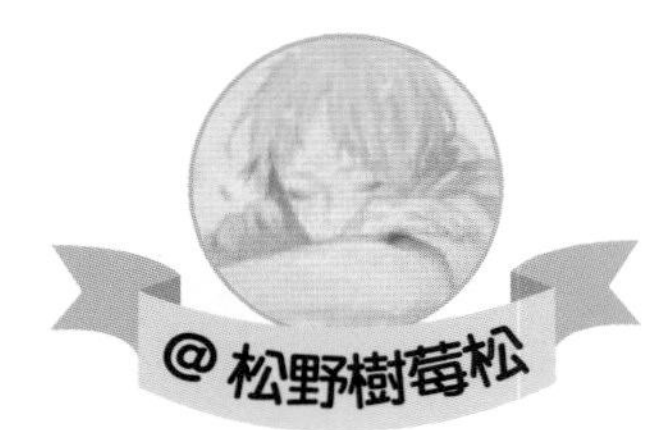

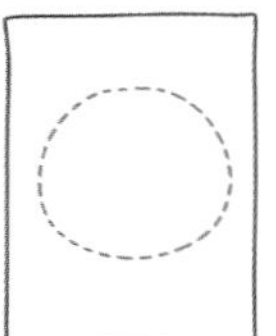

在頁面中間畫出圓形。

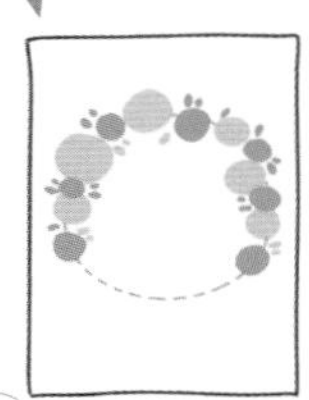

將紙膠帶單個剪下來，沿圓形拼貼，留出底部。

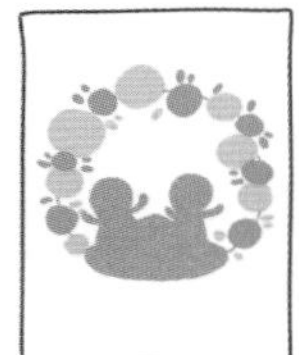

將人物紙膠帶貼在底部，作為頁面主體。

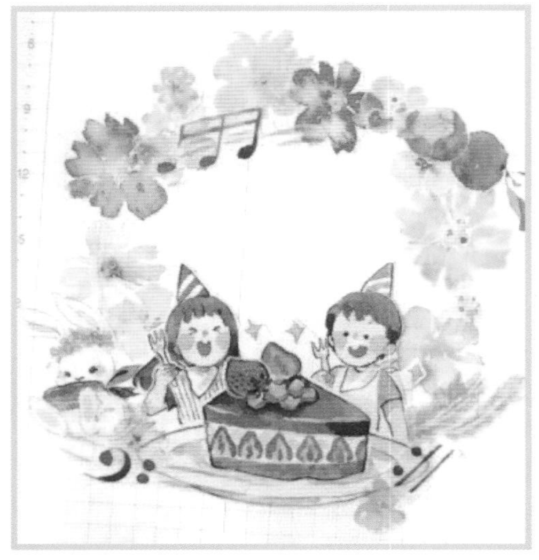

紙膠帶拼圓

拼花環時，單個圖案為首選，連續的單純圖案也可以用。需要將拼貼元素剪下來，這樣圓形的轉折會更圓潤。

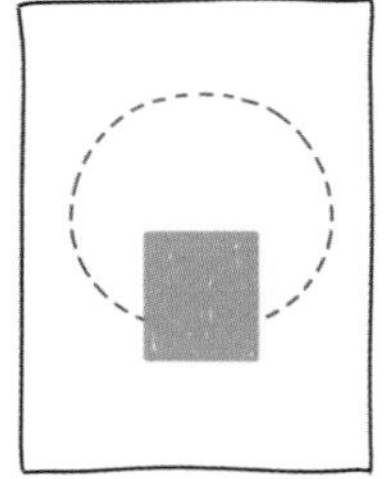

破圓拼貼

用一個顯眼的裝飾物打破圓的完整性，這樣更有看點。

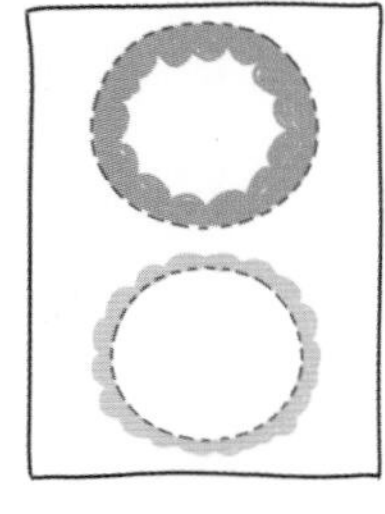

內圓和外圓

圓貼好後用小刀沿著圓的邊緣切取內部或外部的部分。

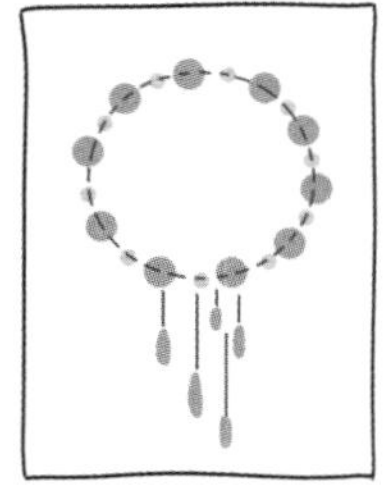

捕夢網

仿印第安捕夢網的樣式，在圓的下方吊上一些小裝飾。

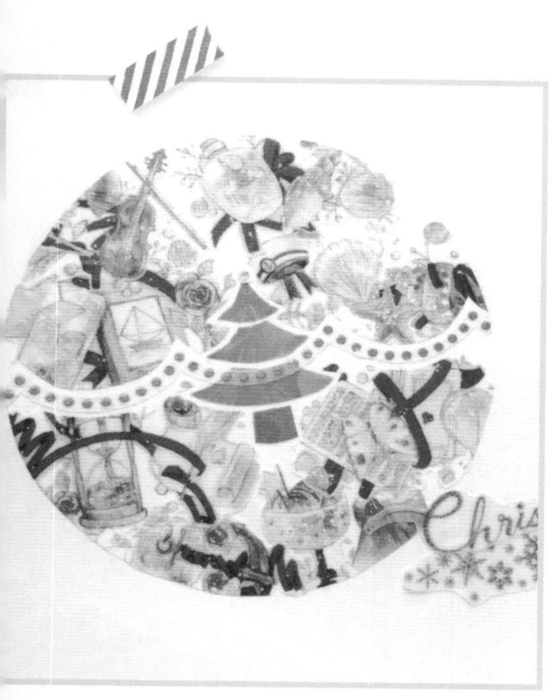

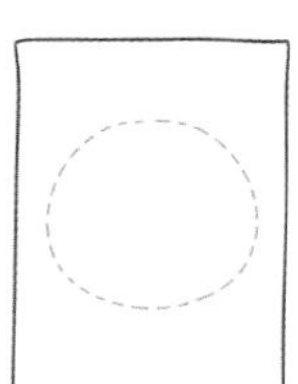

在頁面中間畫圓。

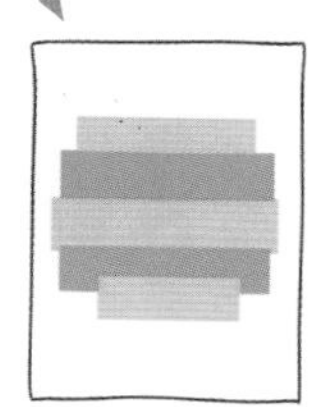

用多種紙膠帶拉條遮住圓形。

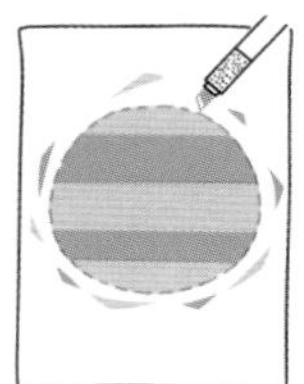

按照圓形的外形用小刀切去多餘的部分。

達人作品展示

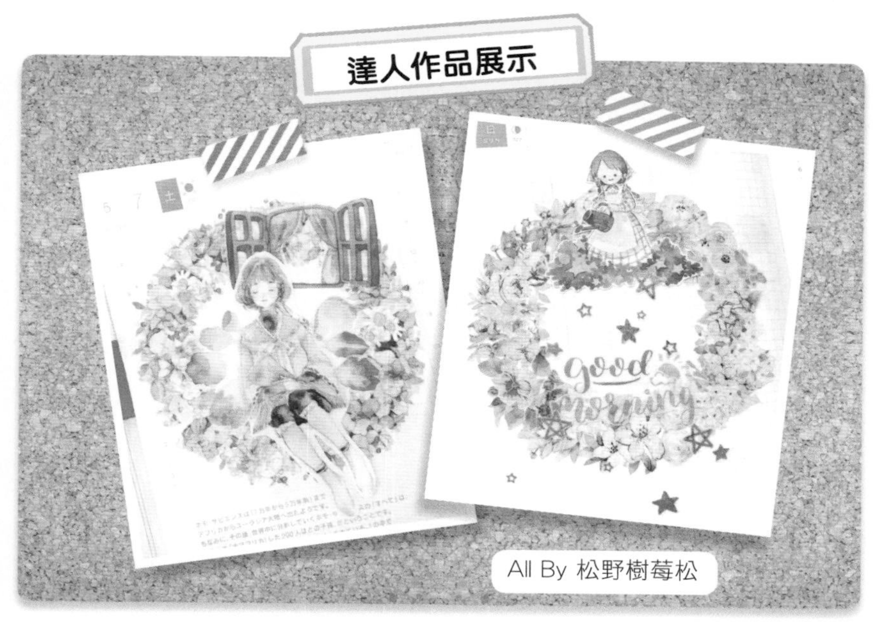

All By 松野樹莓松

看似沒有規律的版式其實都有規律可循，不均衡的頁面可以給拼貼留出更大的空間。

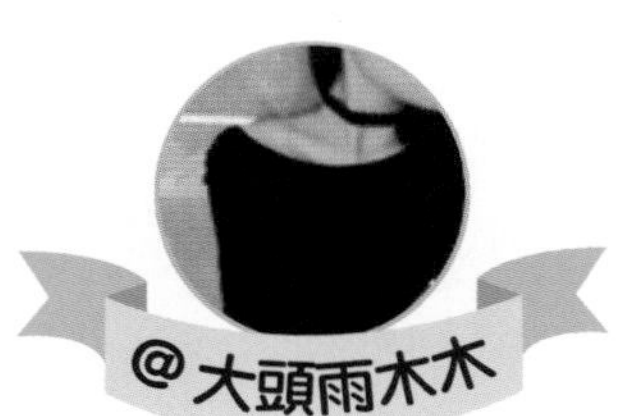

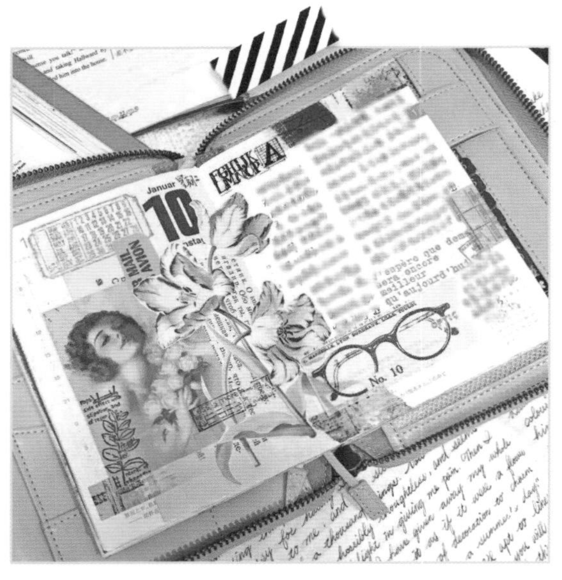

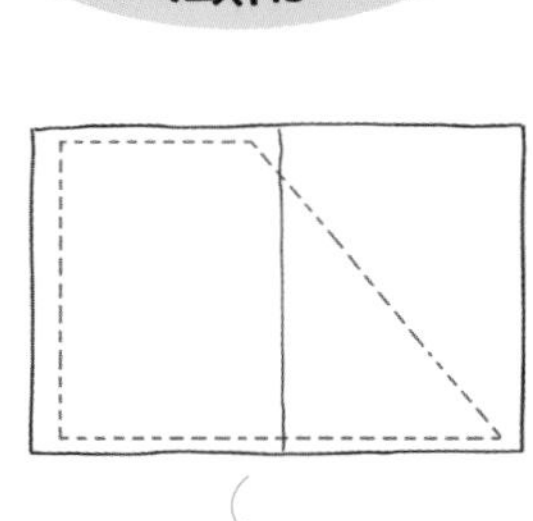

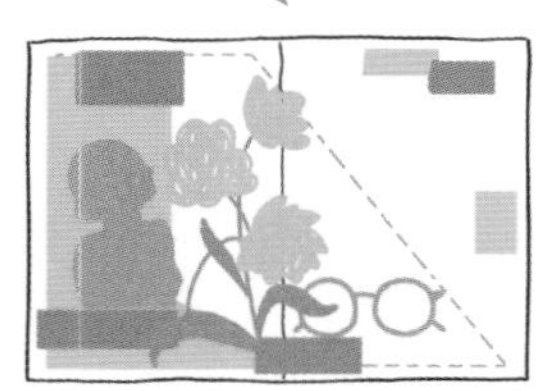

在跨頁上留出大面積的空間作為裝飾，將裝飾物集中黏貼在預定範圍內，空白處寫字。

不均衡排版

裝飾物的位置有明顯的偏向性，沒有完全均衡，這樣的手帳適合拼貼多種素材，以豐富頁面。

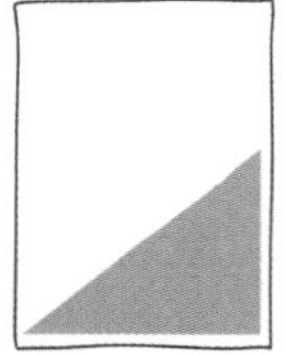

斜角裝飾

裝飾物的外形呈三角形，堆積在一起。

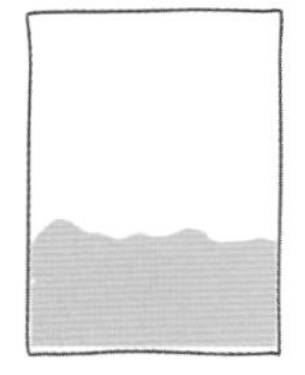

底部裝飾

裝飾物集中在底部或頂部，適合拼貼大場景。

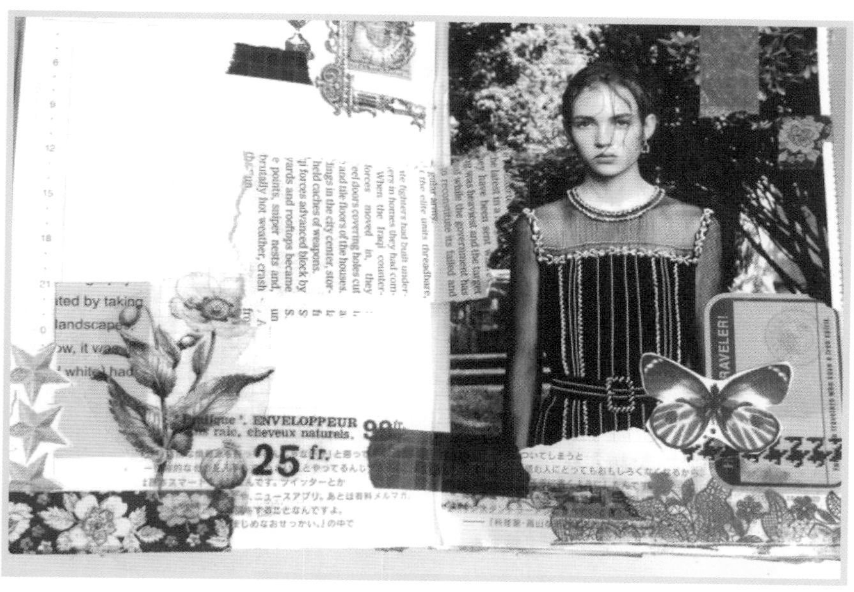

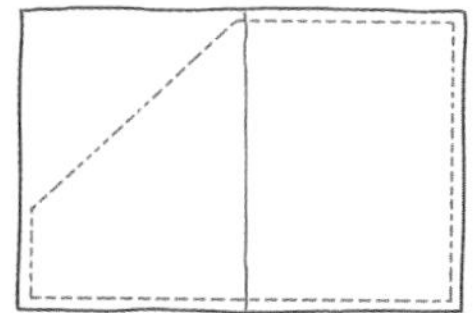

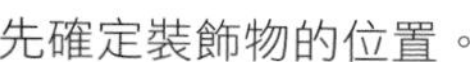

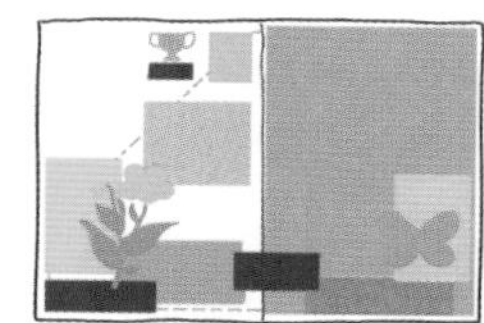

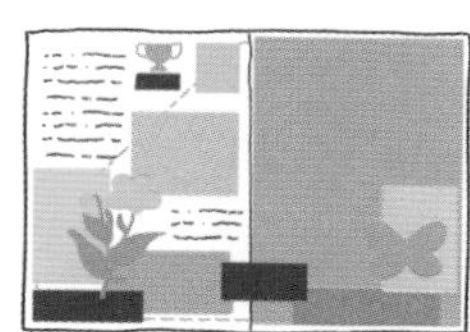

先確定裝飾物的位置。　裝飾物互相遮擋著拼貼。　文字寫在左邊空白處。

達人作品展示

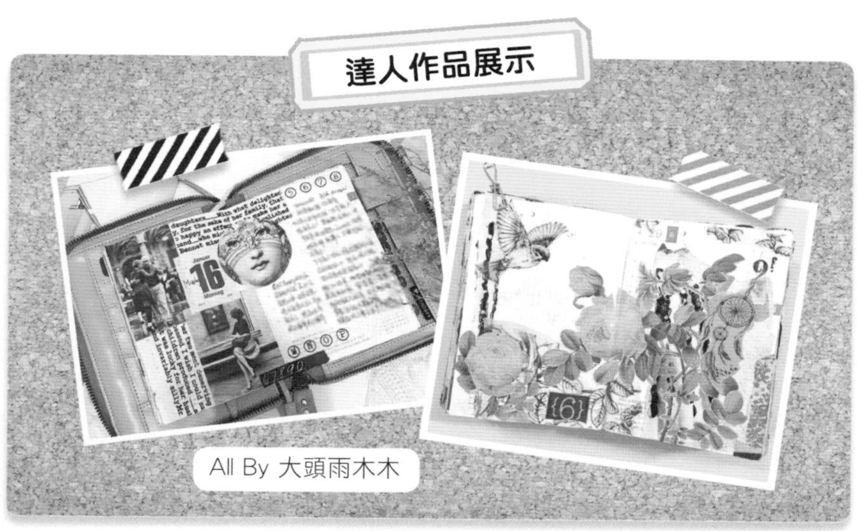

All By 大頭雨木木

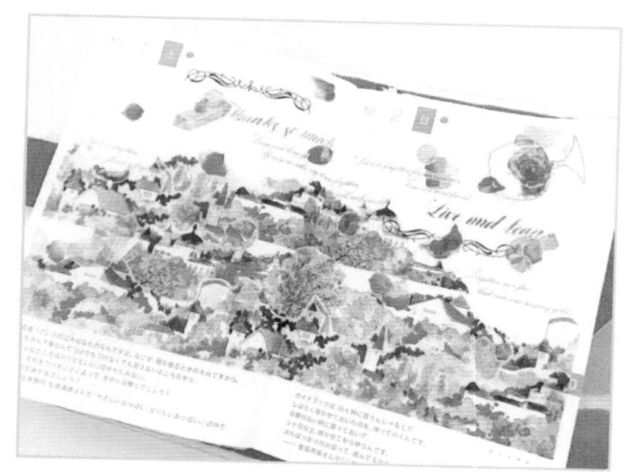

拼貼風景的時候，動手前腦海中要有畫面。平時可以多看圖，紙膠帶的顏色過渡要自然，一個場景一個主色調，近深遠淺。膠帶拼貼時的縫隙要用同色來填補。

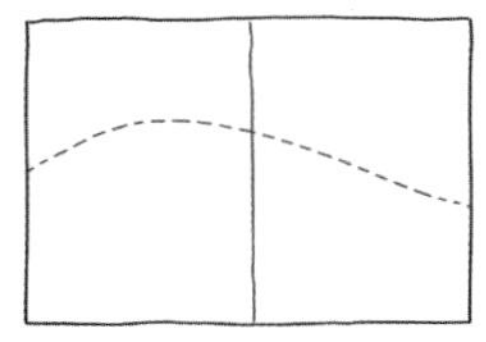

將裝飾物集中在頁面的下半部分。

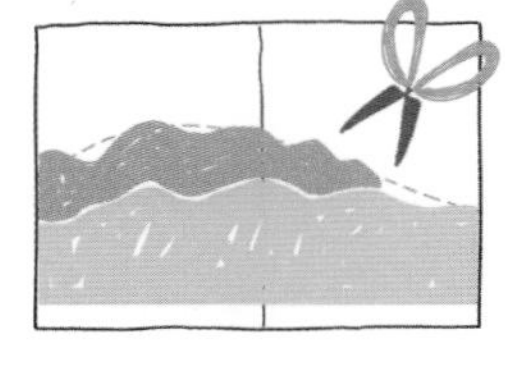

將紙膠帶裁剪成需要的形狀，注意紙膠帶的拼接儘量貼合。

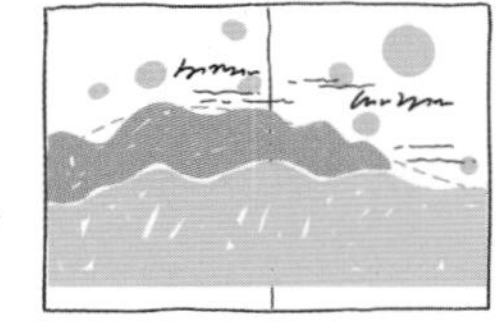

在上半部分貼上少許裝飾元素以免顯得太空，寫字也可以。

達人作品展示

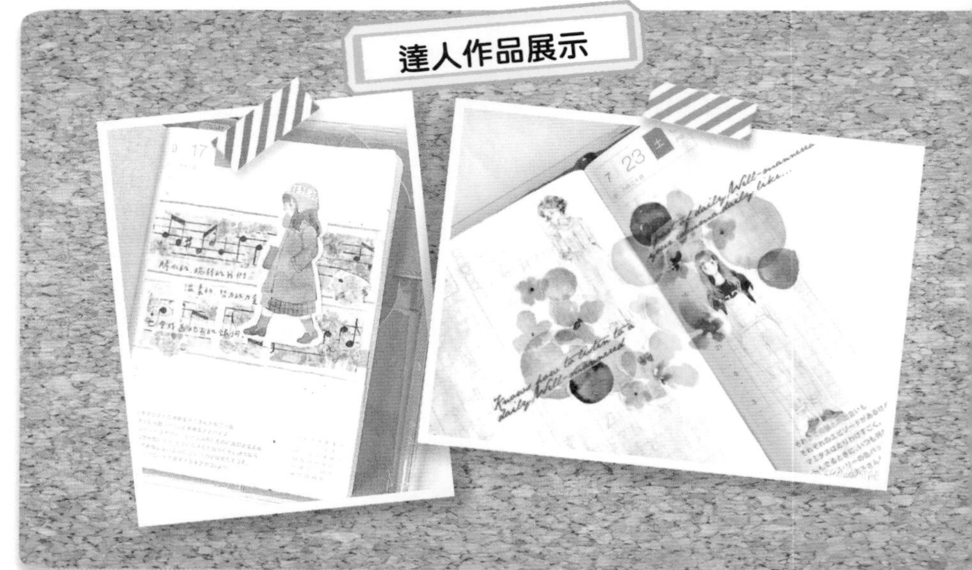

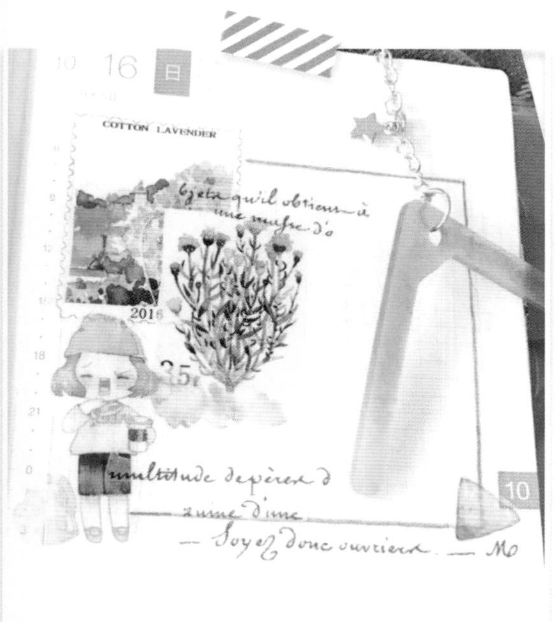

在頁面上將裝飾物集中在左側。

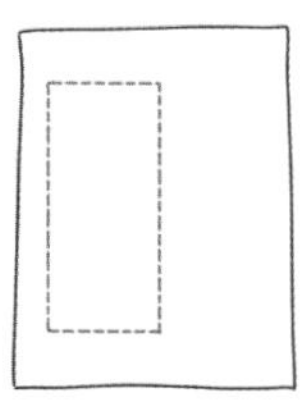

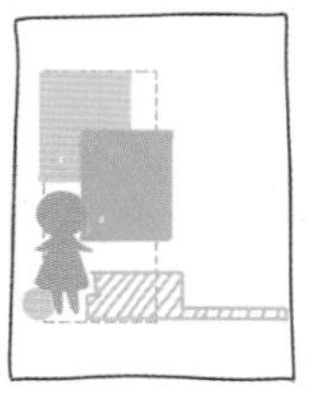

在預定範圍內拼貼裝飾物。底部延長出一邊。

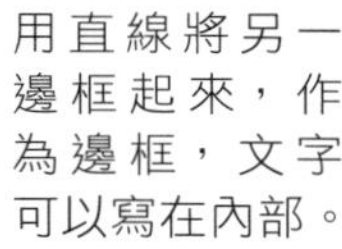

用直線將另一邊框起來，作為邊框，文字可以寫在內部。

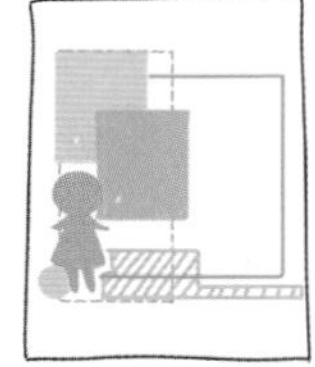

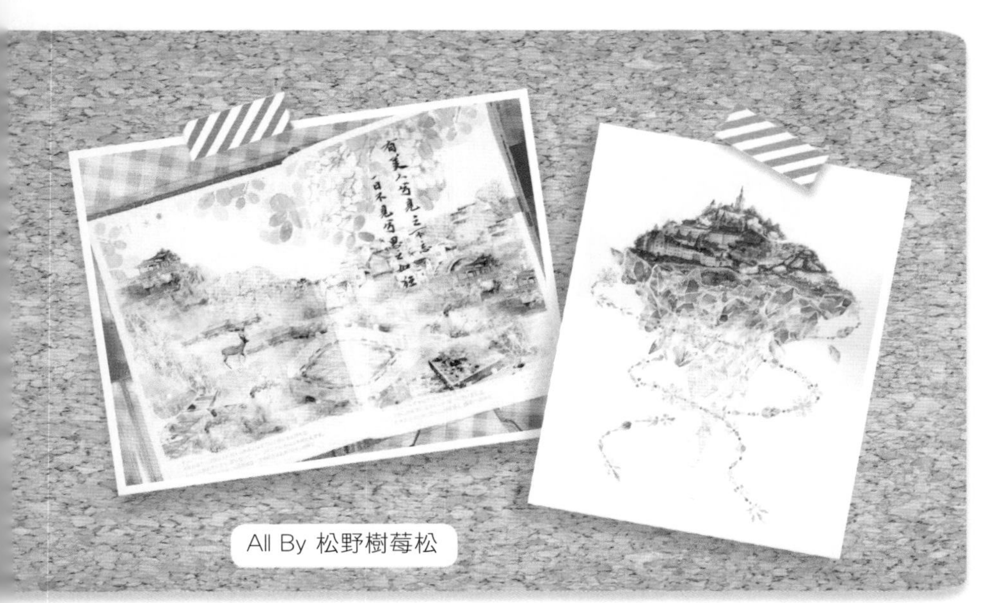

All By 松野樹莓松

用直線和曲線串聯裝飾元素，可以製造出設計感，讓手帳的版面更加靈活。

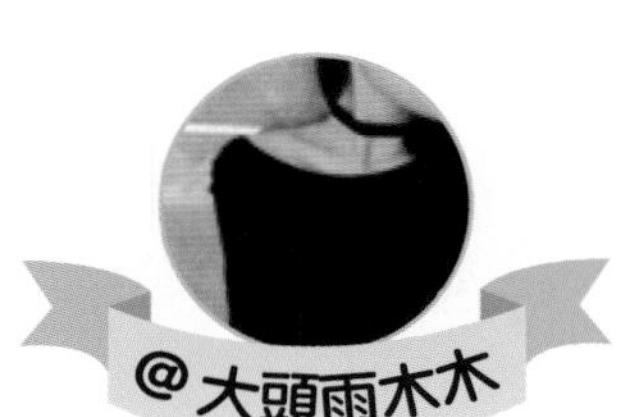

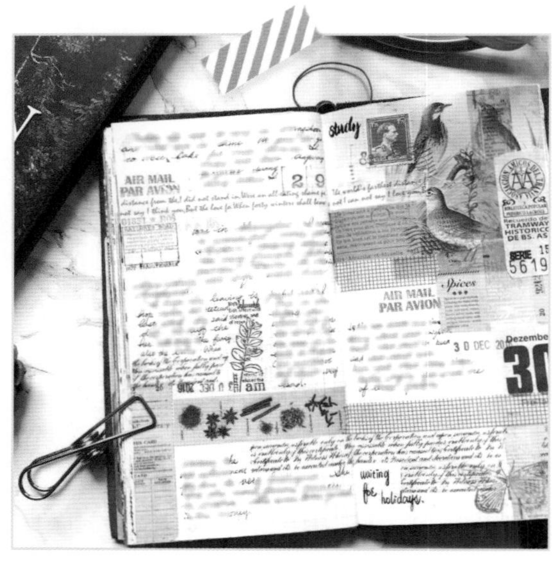

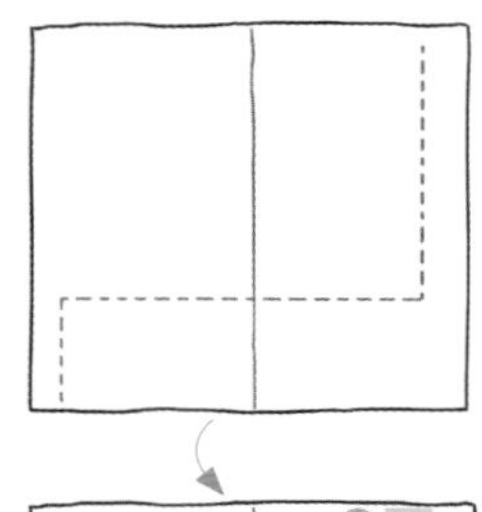

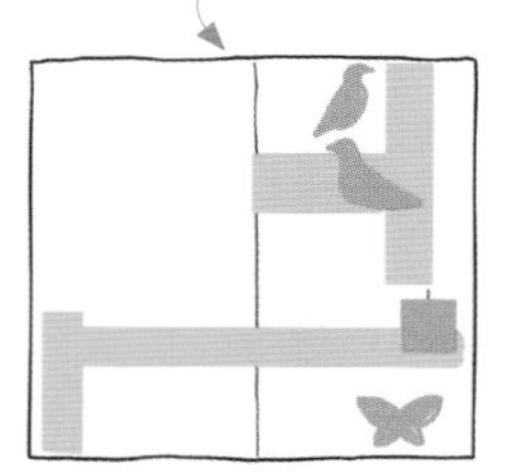

用轉折的直線段將版面分成兩部分，再用紙膠帶和貼紙沿著直線走向裝飾頁面，最後書寫文字。

直線串聯裝飾元素

用轉折直線將版面分成幾個板塊，既串聯了分散的裝飾元素，又不至於用方框將版面框死，會讓版面更有設計感。

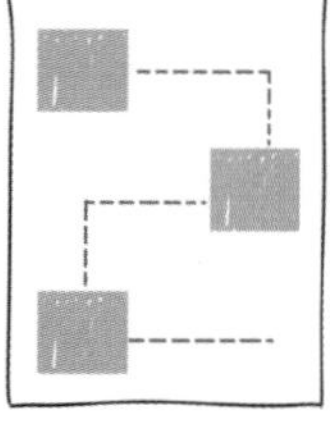

直角轉折

直線 90° 直角轉折，可在轉折處黏貼裝飾元素。

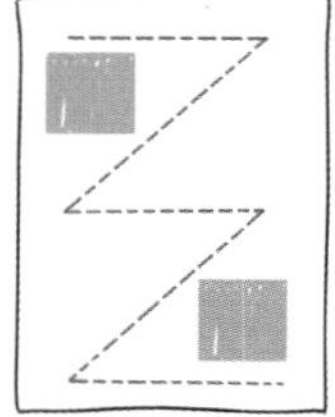

鋭角轉折

鋭角轉折會給人更加鋭利的感覺，文字的分區會更多。

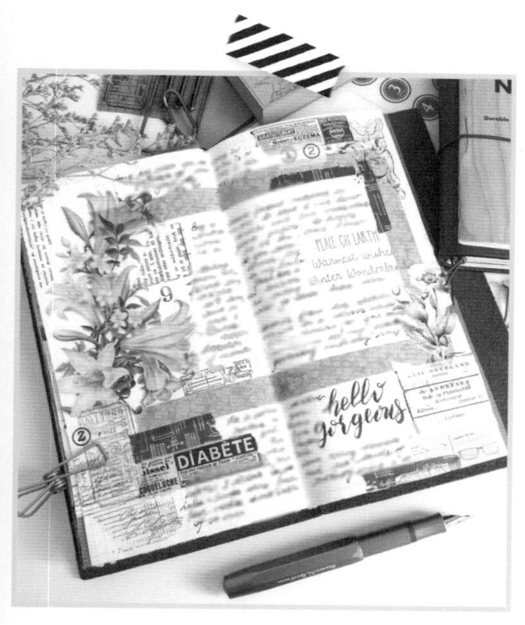

用轉折直線將頁面分成兩部分。

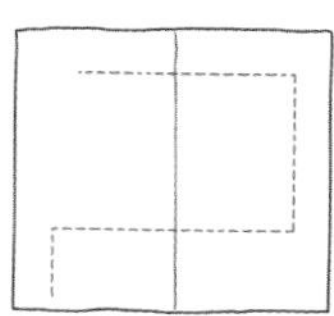

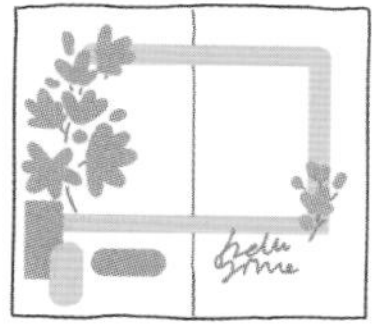

在頁面空白處書寫文字。

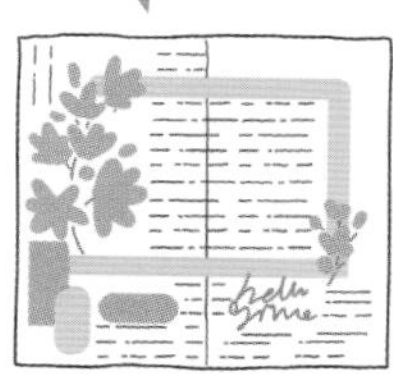

沿著直線走向用紙膠帶和貼紙豐富頁面。

達人作品展示

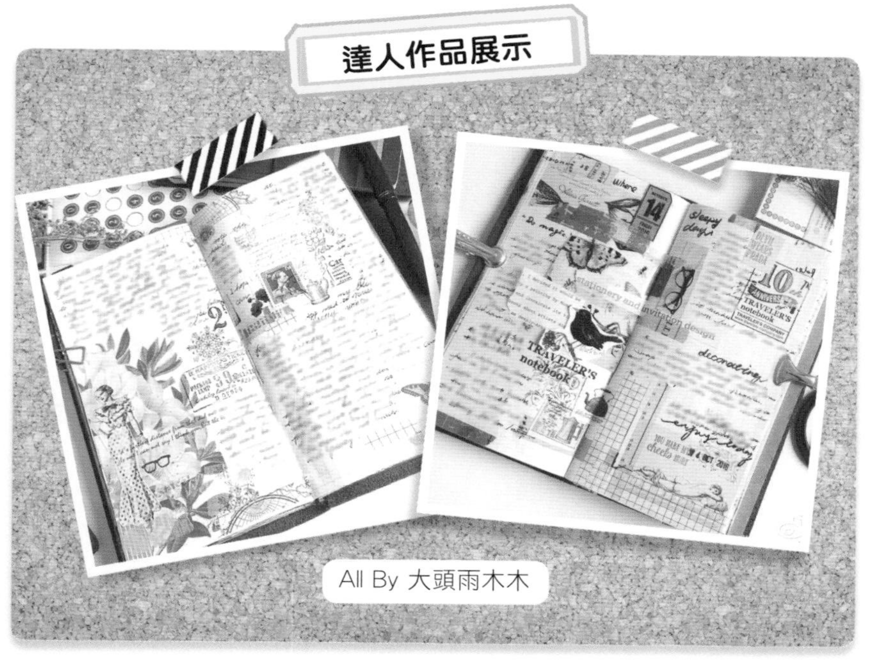

All By 大頭雨木木

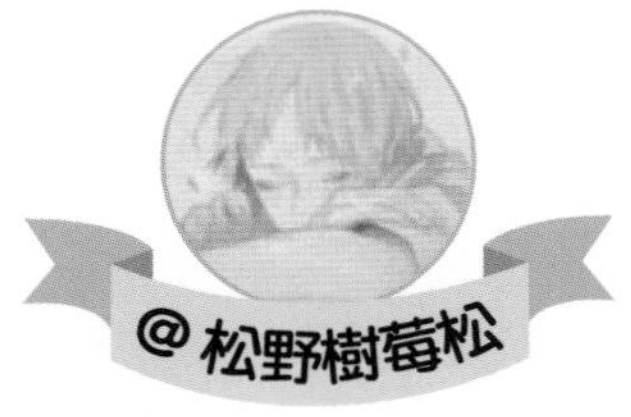

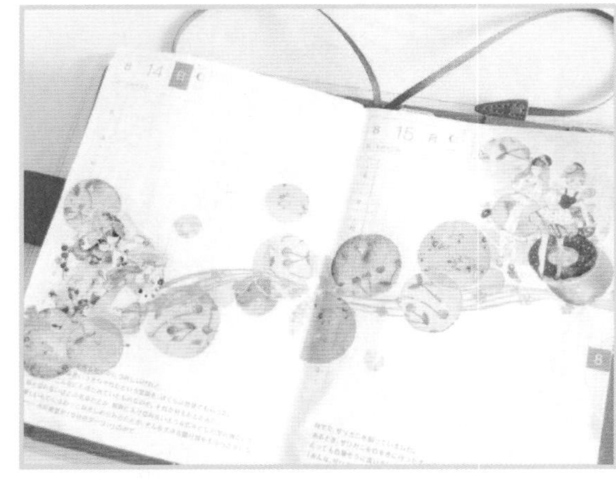

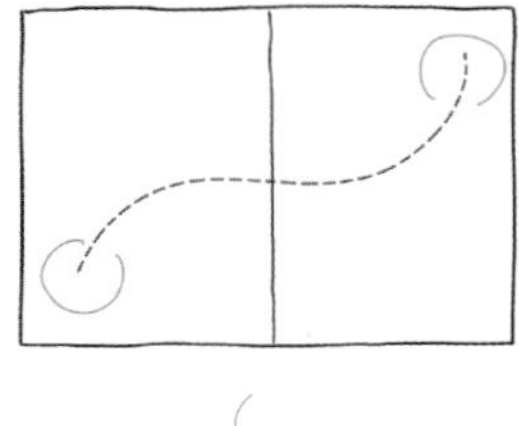

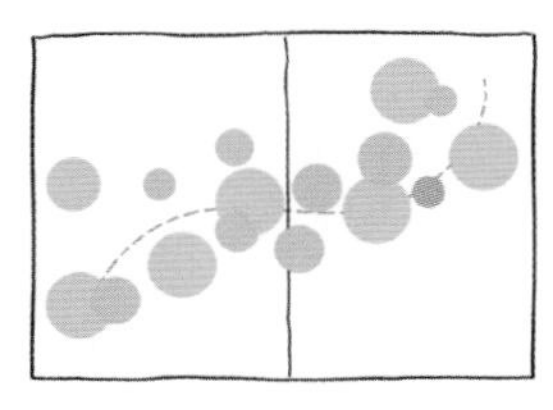

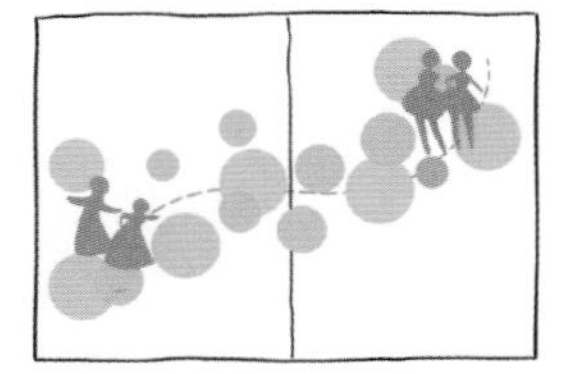

用曲線將版面分成兩部分，將圖案紙膠帶單個剪下來沿著曲線拼貼，文字圍繞著圖片外輪廓整齊地書寫。

曲線串聯裝飾元素

用曲線來串聯版面會比用直線串聯更加柔和，適合小清新風格的表現。

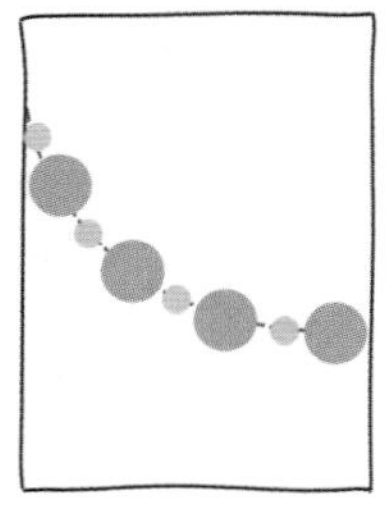

弧線分割

弧線的弧度較小，將頁面分成了明顯的兩部分。

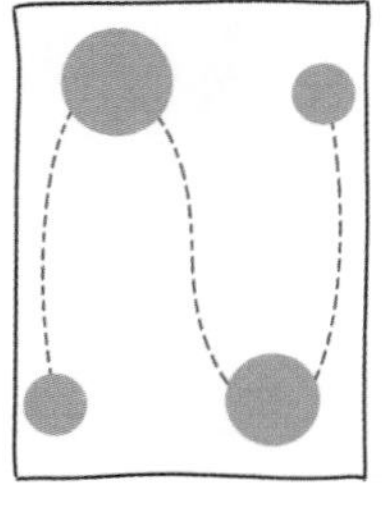

大弧度轉折

曲線的弧度較大，而且兩段弧度的大小不一致。

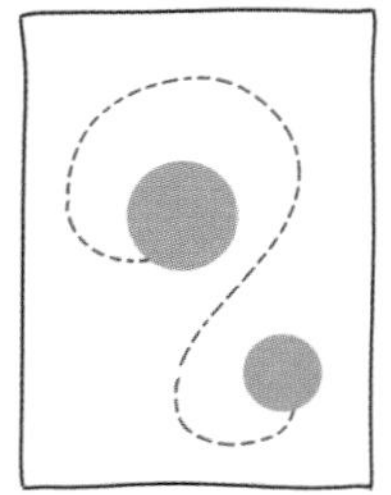

壓縮弧度

曲線轉折得很急，適合裝設內容較多的版面。

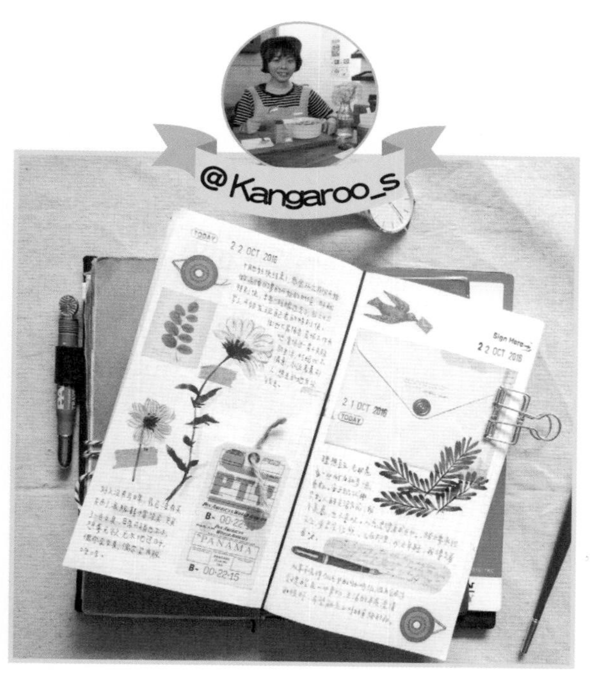

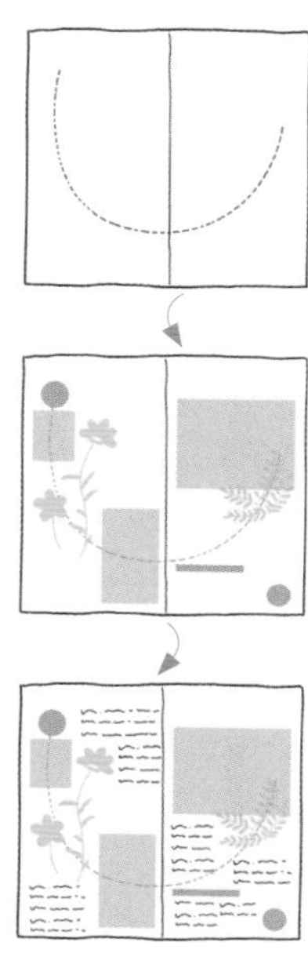

用曲線將版面分成兩部分，插圖沿著曲線的走向裝飾。

達人作品展示

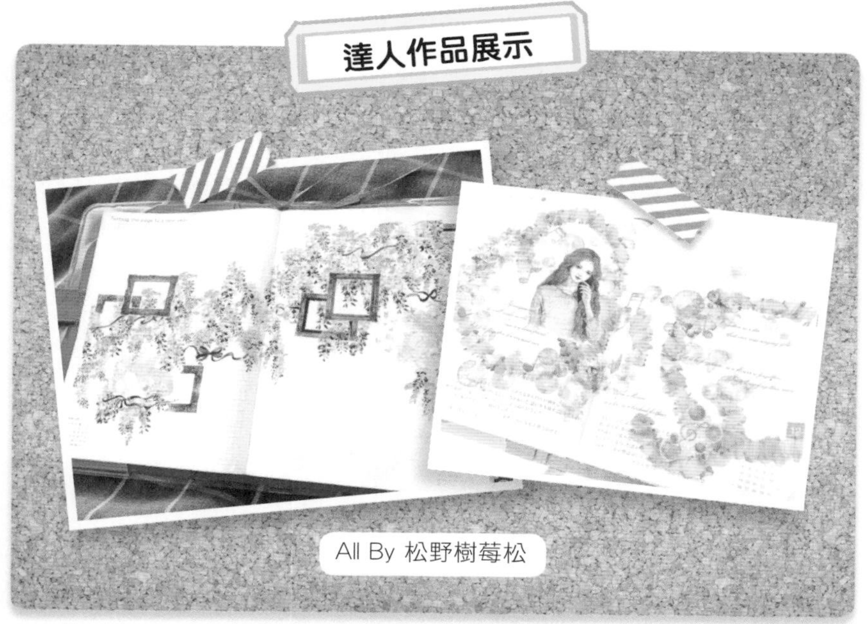

All By 松野樹莓松

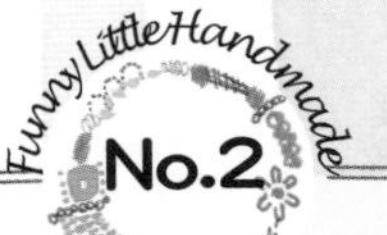

實用的手工創意

拍出來的手帳很單調？跟我學做手工吧，既實用又能配搭好看的照片，達人必備！

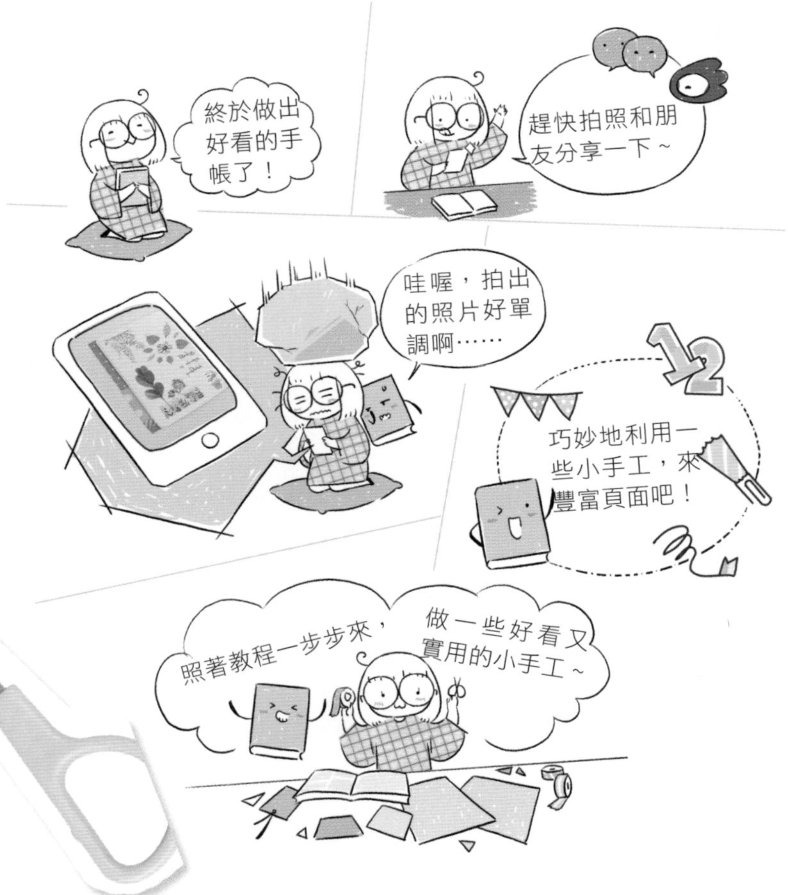

終於做出好看的手帳了！

趕快拍照和朋友分享一下～

哇喔，拍出的照片好單調啊⋯⋯

巧妙地利用一些小手工，來豐富頁面吧！

照著教程一步步來，

做一些好看又實用的小手工～

~ Template Ruler ~

模板尺

萬能模板尺

常用的圖案都可以用模板尺製作，用不同顏色的畫筆直接塗出來即可，簡單又好看～

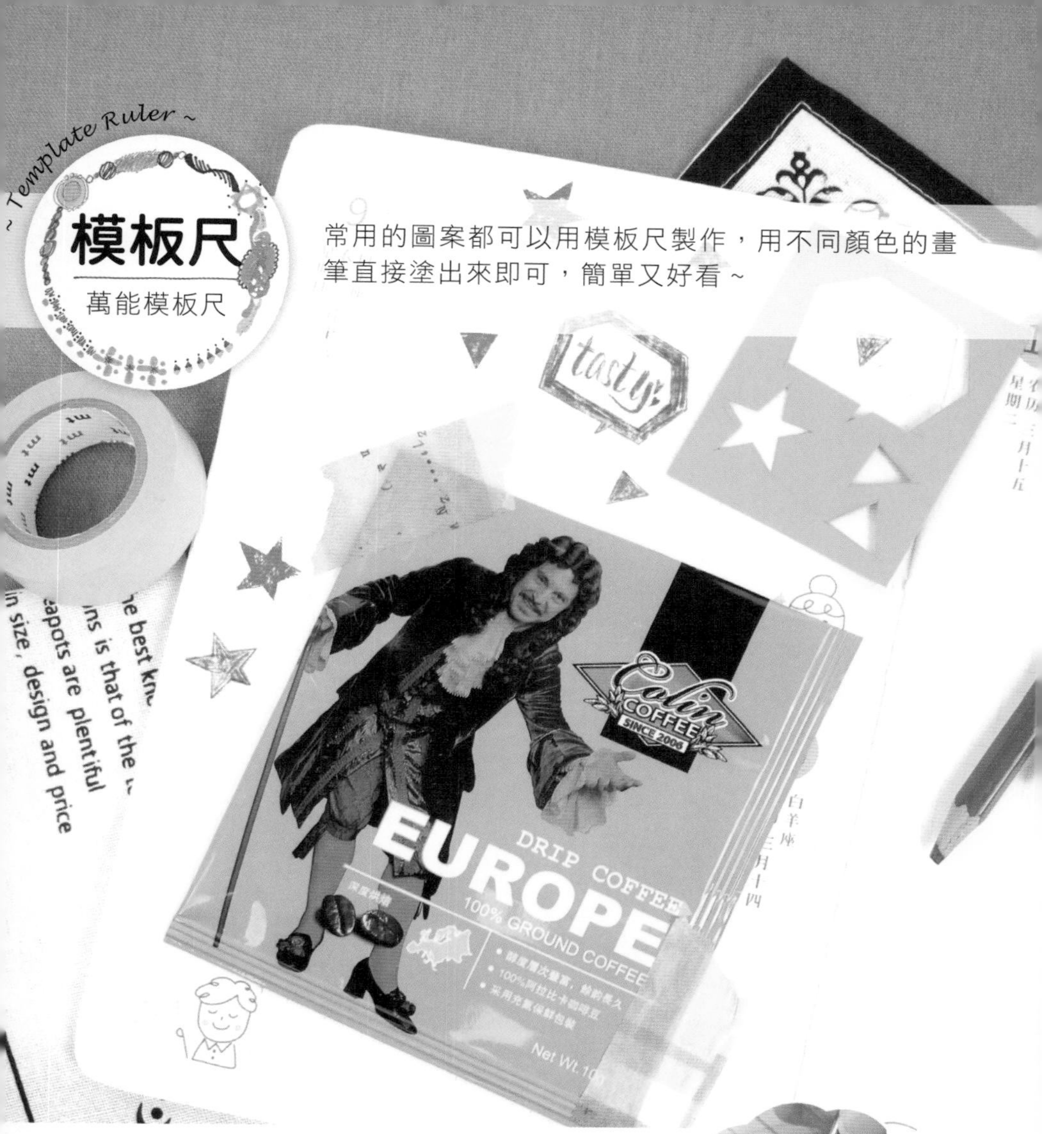

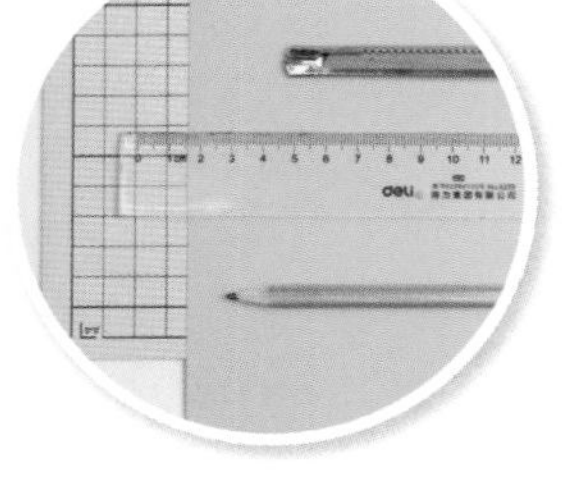

準備材料：厚卡紙、鉛筆、尺子、美工刀。有條件的話準備一塊切割墊。

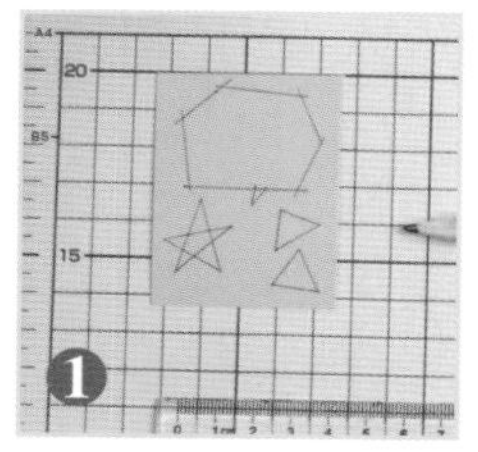

將卡紙裁成需要的大小，用鉛筆畫出要切割的形狀草稿，儘量用直線畫出來。

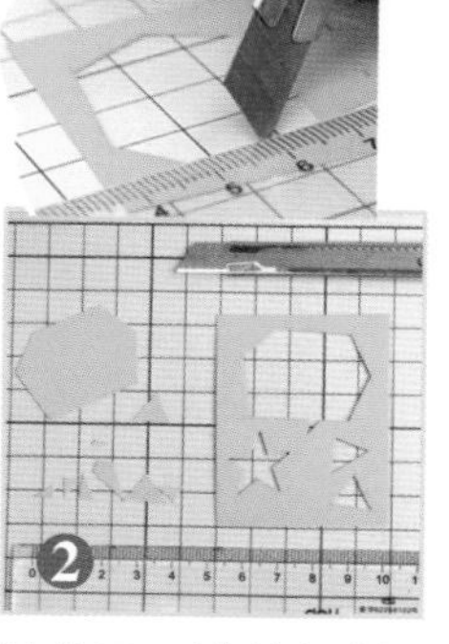

用美工刀沿線切割，將刀刃豎起來，這樣切口會更平整。

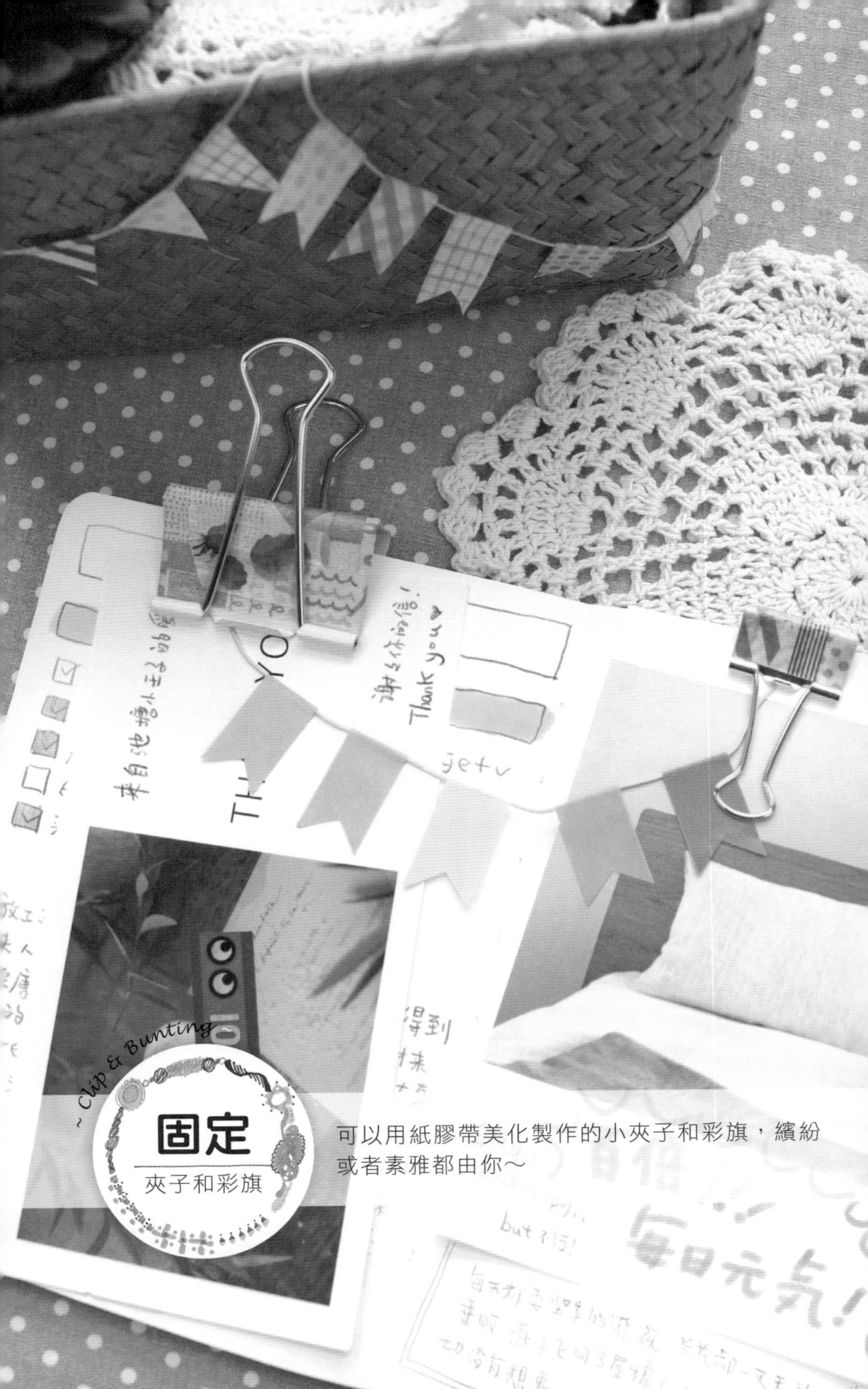

~Clip & Bunting~

固定

夾子和彩旗

可以用紙膠帶美化製作的小夾子和彩旗，繽紛或者素雅都由你～

美化小夾子

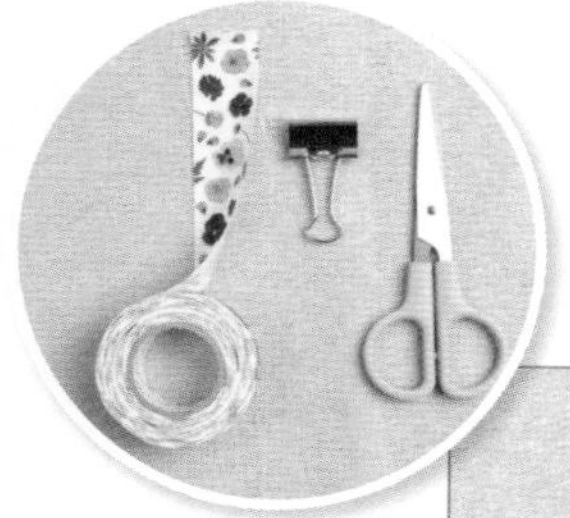

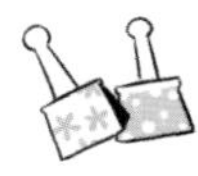

如果沒有寬度剛好合適的紙膠帶，可以把紙膠帶分段貼好後將邊緣折進夾子內部，或用剪刀修去多餘部分。

準備材料：
1· 夾子
2· 紙膠帶
3· 剪刀

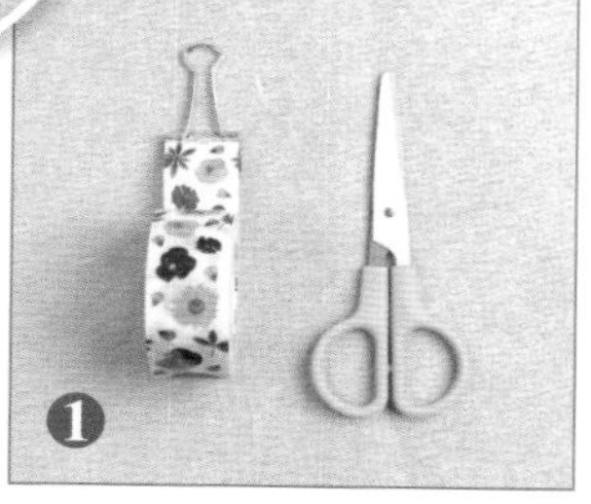

選擇和夾子一樣寬的紙膠帶，將紙膠帶對準夾子的邊緣貼好。

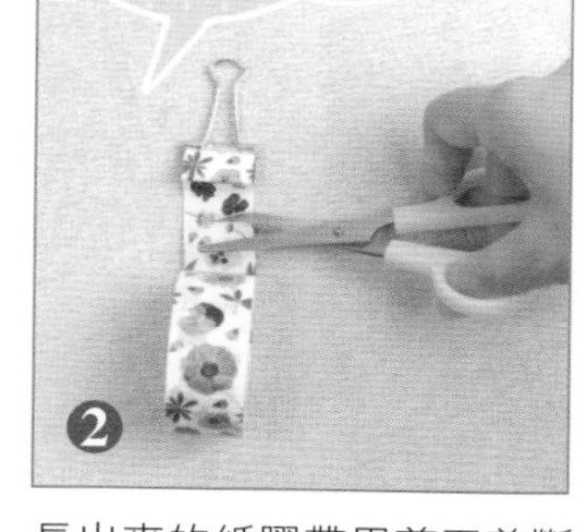

長出來的紙膠帶用剪刀剪斷。

繽紛小彩旗

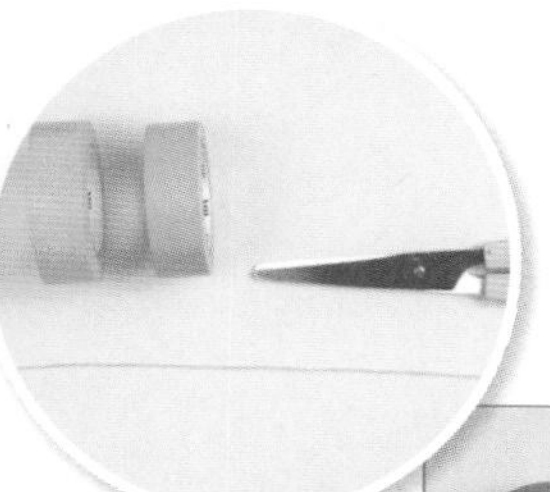

不要細繩，在手帳上畫一條線直接貼也非常有效果！

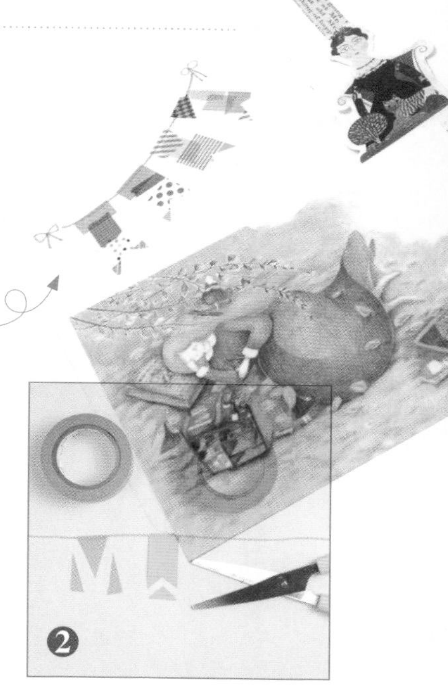

準備材料：
1· 細繩
2· 紙膠帶
3· 剪刀

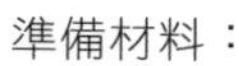

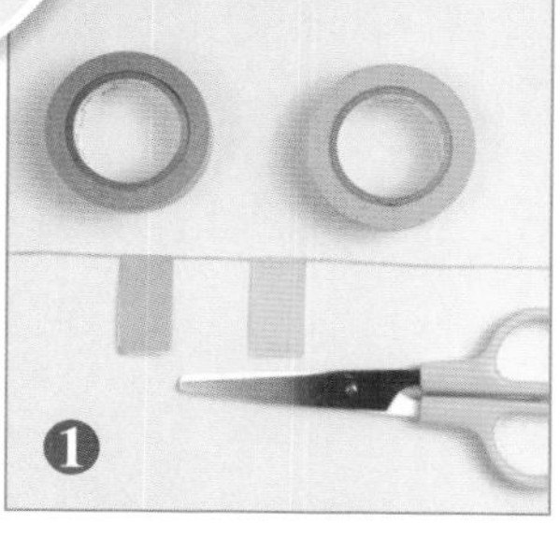

將紙膠帶對折黏在繩子上。

用剪刀剪去不需要的部分。

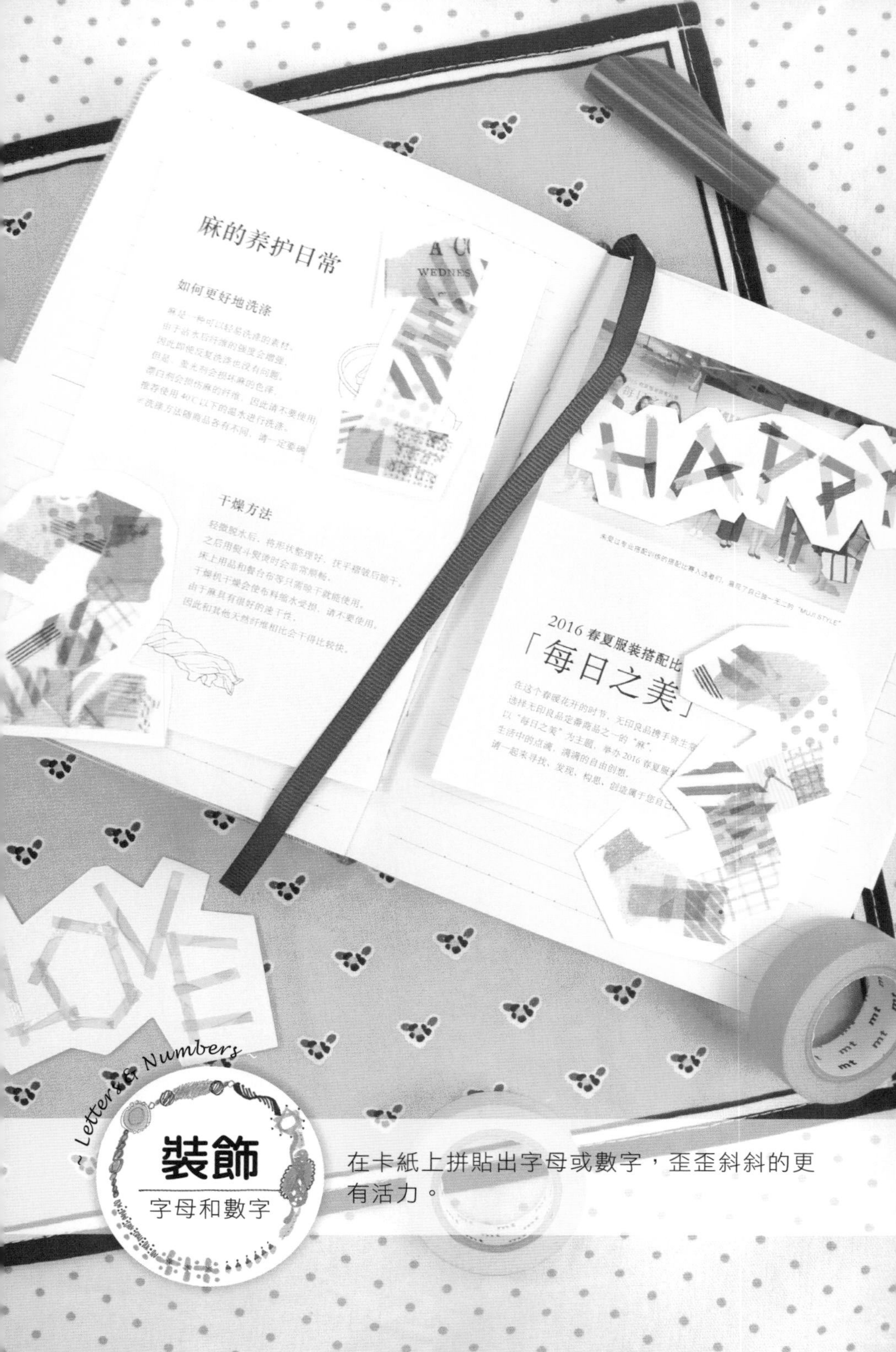

Letters & Numbers

裝飾
字母和數字

在卡紙上拼貼出字母或數字，歪歪斜斜的更有活力。

百搭小字母

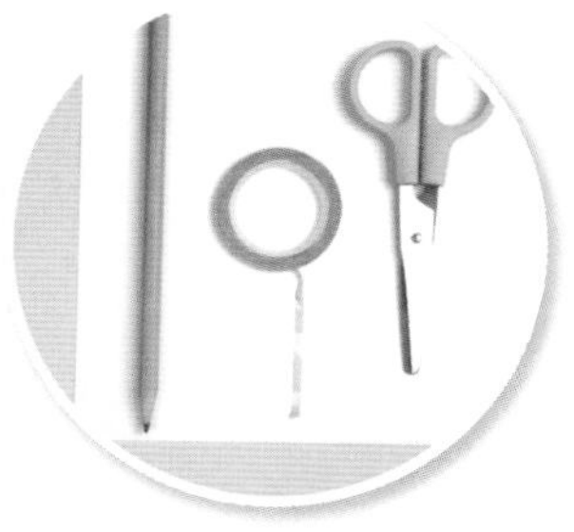

準備材料：
1· 白卡紙
2· 細款紙膠帶
3· 剪刀
4· 鉛筆

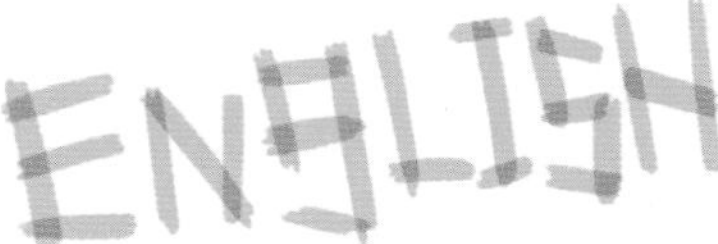

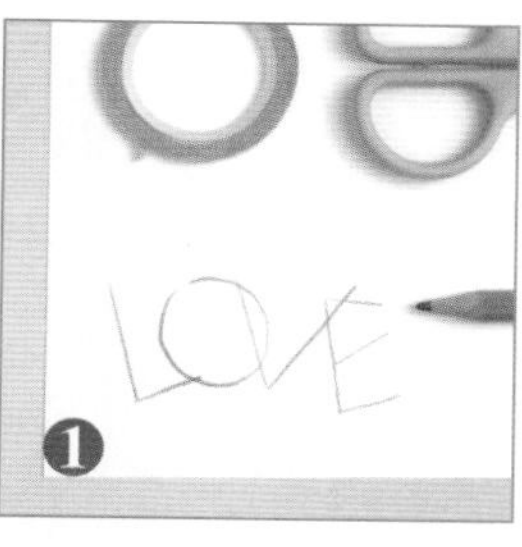

❶ 用鉛筆在卡紙上淡淡地寫出想要的字母。

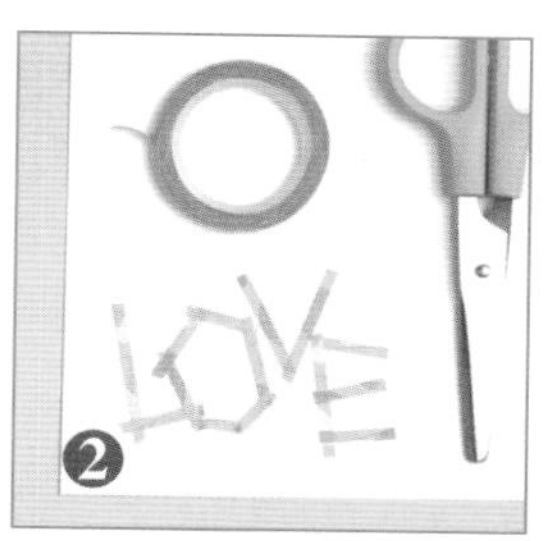

❷ 將紙膠帶剪成合適的長度，並貼在卡紙上。

❸ 多餘的卡紙用剪刀修掉，大膽剪，不用太齊整。

隨性小數字

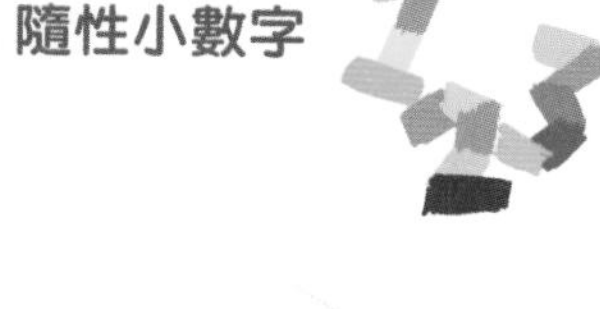

不用剪刀，用手隨意撕取一小段一小段的，更能體現紙膠帶獨特的韻味～

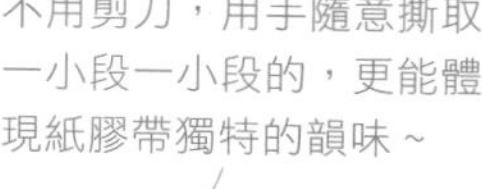

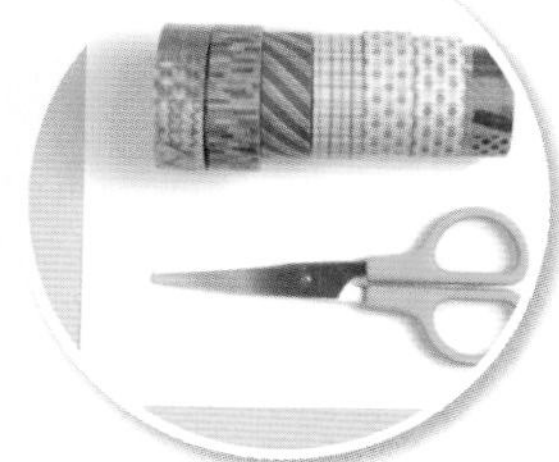

準備材料：
1· 白卡紙
2· 花樣豐富的紙膠帶
3· 剪刀

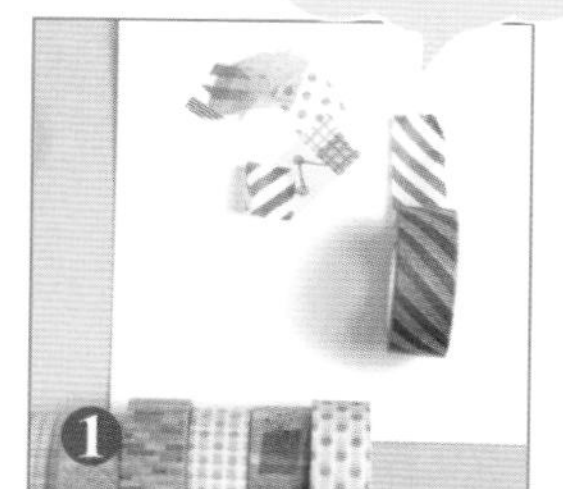

❶ 將紙膠帶一小段一小段撕下來，按筆劃貼在紙上。

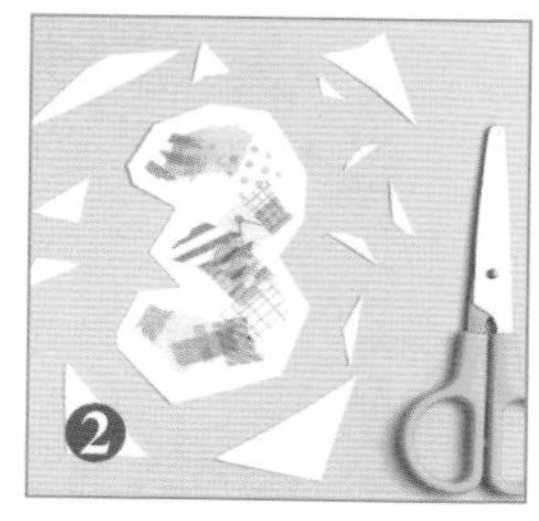

❷ 貼好後用剪刀剪去多餘的卡紙即可。

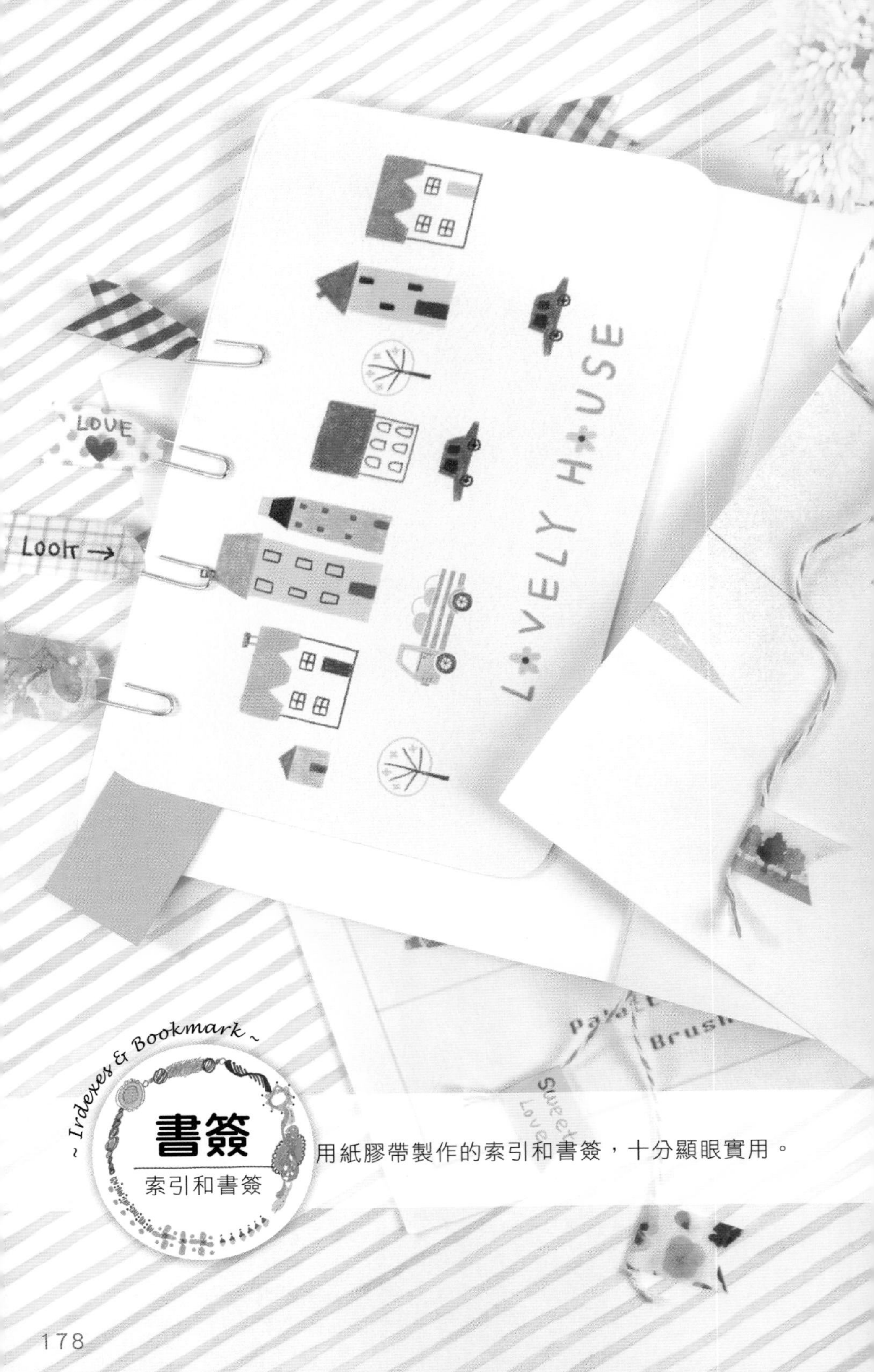

~ Indexes & Bookmark ~

書簽

索引和書簽

用紙膠帶製作的索引和書簽，十分顯眼實用。

回形針索引

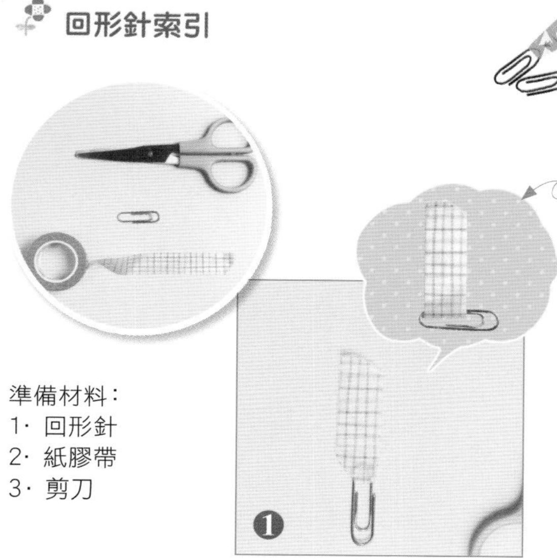

先把紙膠帶從回形針側面穿過去，再小心地挪到正面，有些皺褶是正常的～

準備材料：
1. 回形針
2. 紙膠帶
3. 剪刀

❶ 將紙膠帶穿過回形針對折黏好。

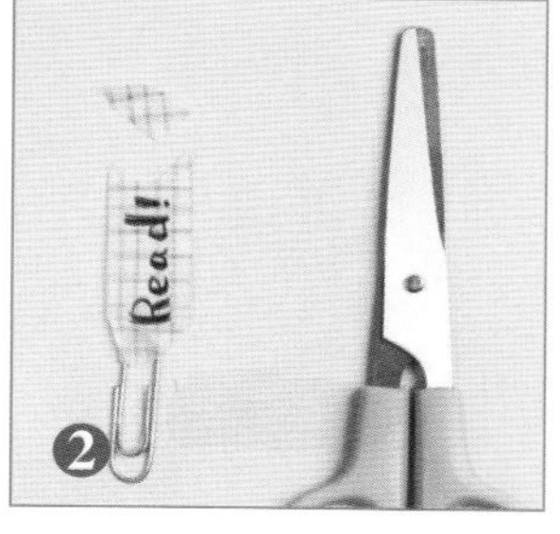

❷ 把尾巴修剪成三角形，也可以是自己喜歡的任何形狀。還可以在上面寫字！

小彩旗書簽

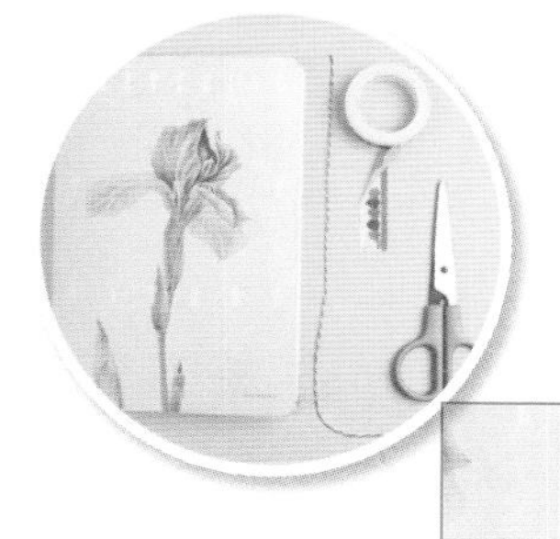

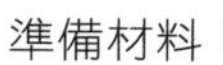

準備材料：
1. 比手帳本長一些的細繩
2. 紙膠帶
3. 剪刀

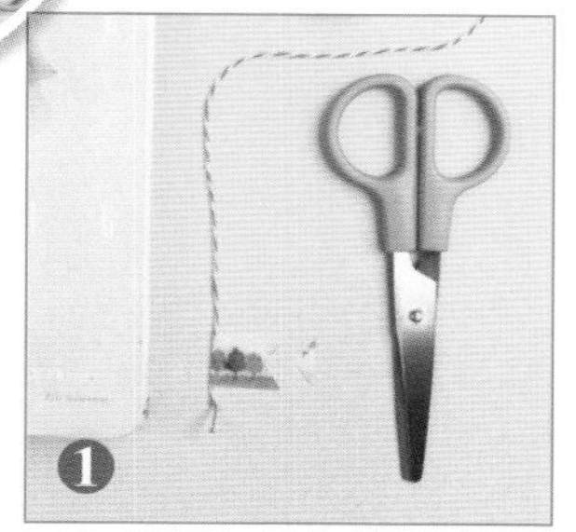

❶ 在細繩的一頭用紙膠帶製作一個小旗。

書脊可以用好看的貼紙裝飾～

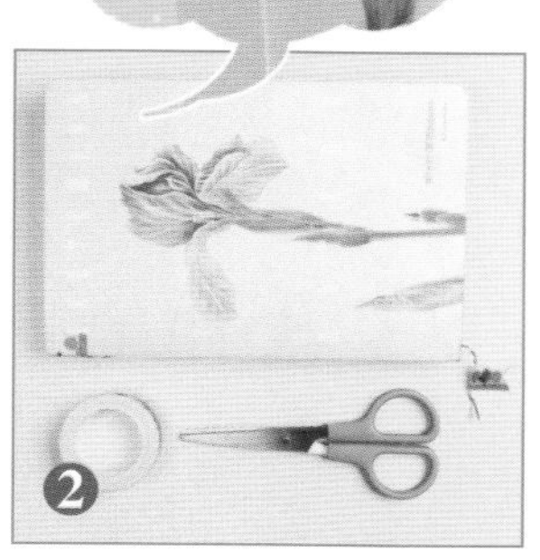

❷ 把繩子夾在書頁中，細繩上端用紙膠帶或者膠水固定在書脊上。

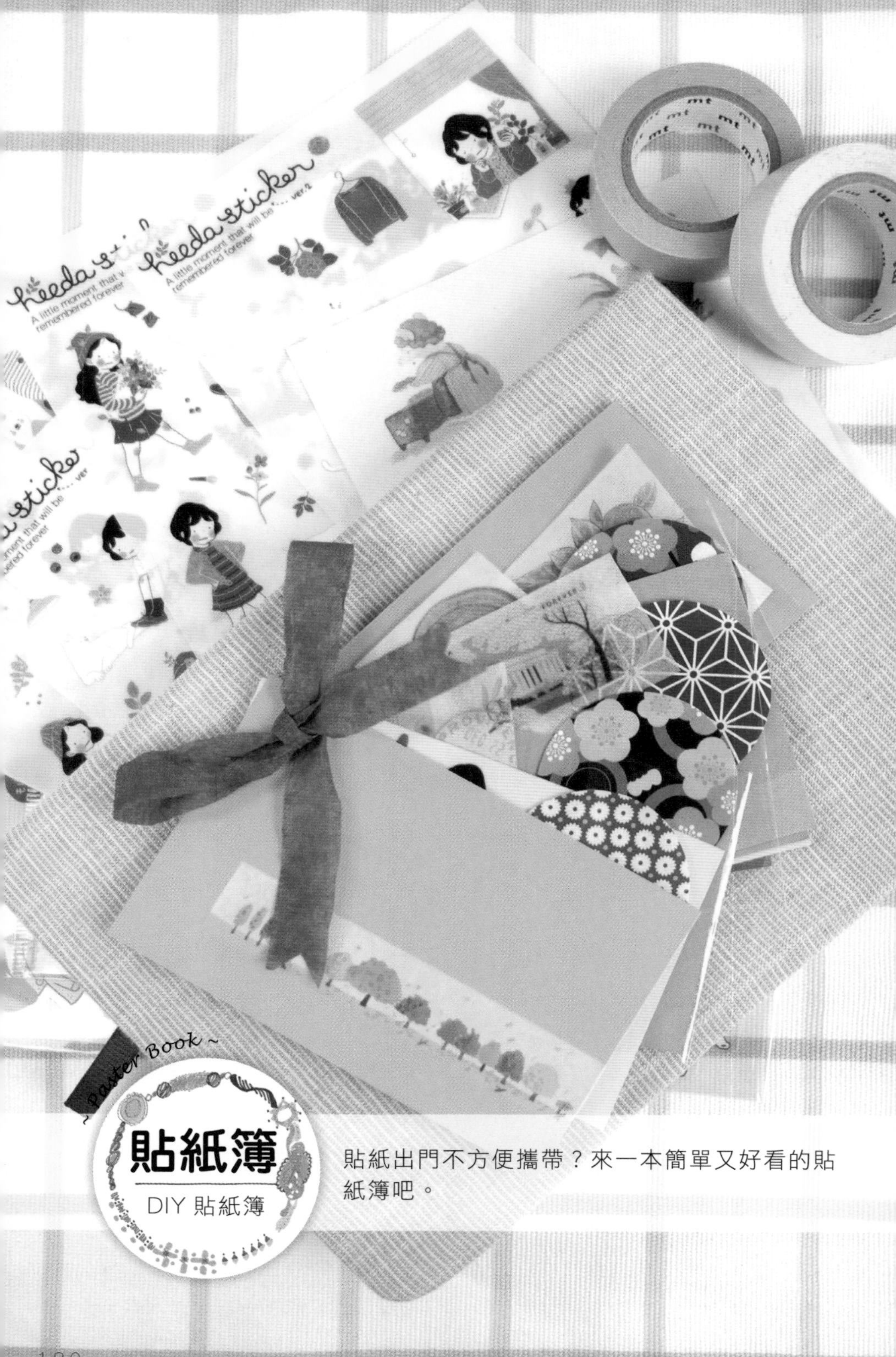

~ Paster Book ~

貼紙簿

DIY 貼紙簿

貼紙出門不方便攜帶？來一本簡單又好看的貼紙簿吧。

DIY 貼紙簿

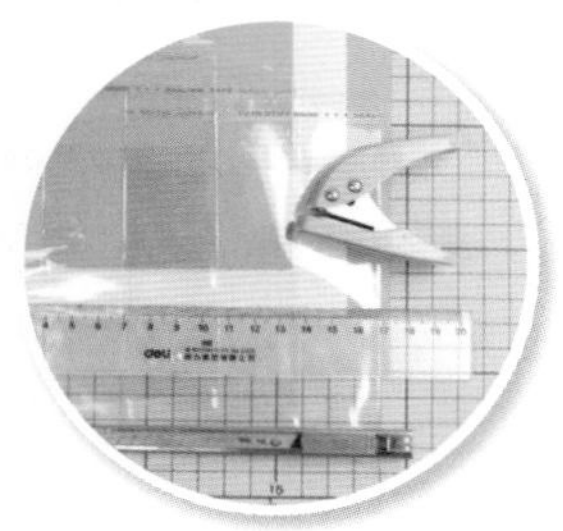

準備材料：
1. 隨處可見的透明小袋子
2. 各色卡紙
3. 尺子
4. 刀
5. 打孔器
6. 緞帶
7. 切割墊

如果紙太厚的話，可以分幾次打孔，先用鉛筆和尺子輔助做記號。

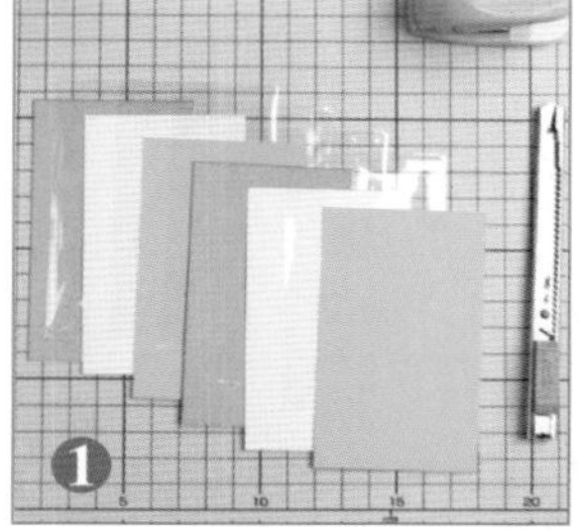

將卡紙和透明小袋子都裁成統一的大小，並交替排列好。

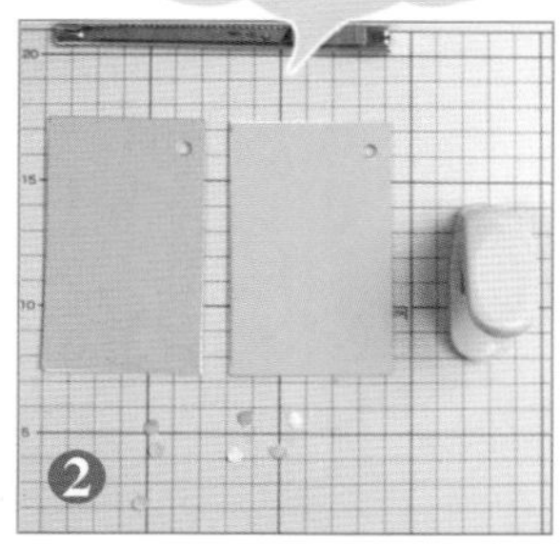

把卡紙和透明小袋子裁成的膜碼整齊，用打孔器在一角上打孔。

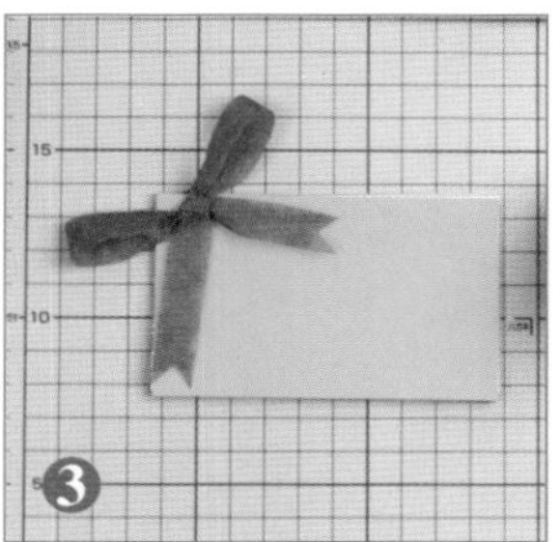

用緞帶或繩子把簿子串起來，需要加減頁或者調整次序時可以隨時解開。

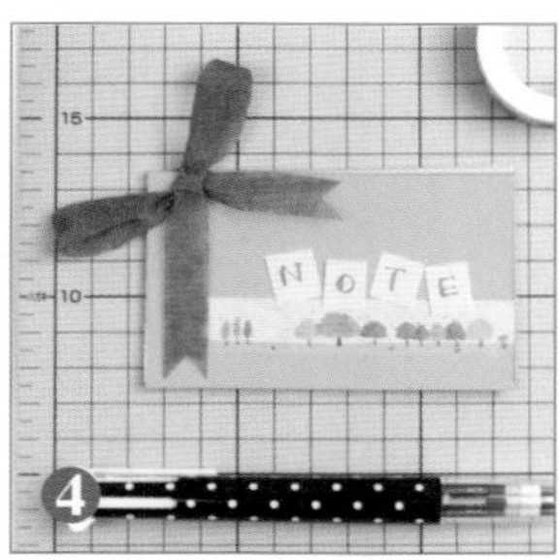

用紙膠帶和筆等把封面美化一下，把需要的貼紙貼到透明膜上，就可以隨時撕下來轉貼啦！

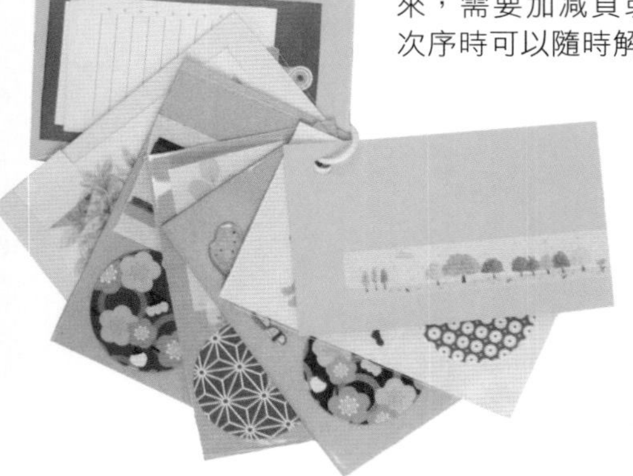

沒有緞帶的話也可以用文具店購買的小圓環來代替，翻開會更靈活簡便！

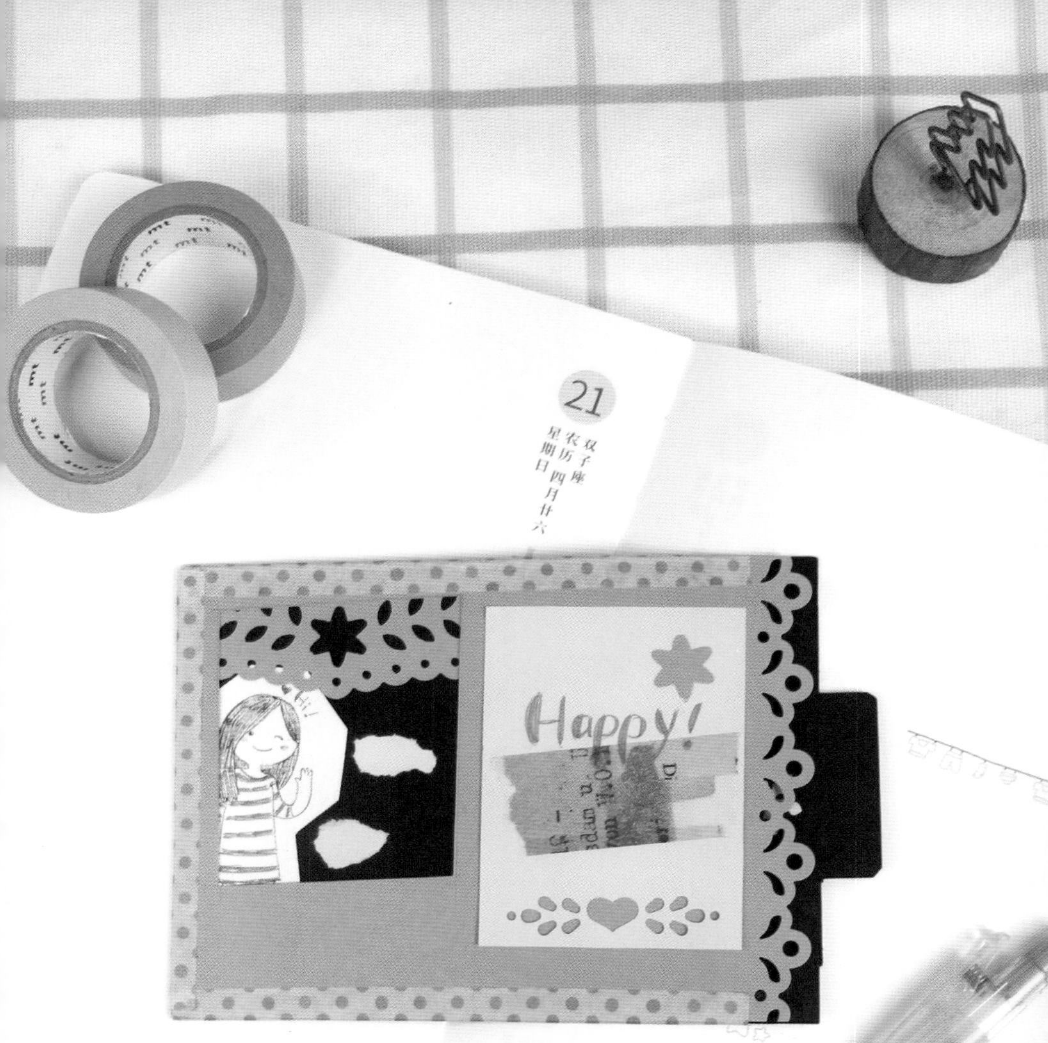

~ Greeting Card ~

賀卡

抽拉小賀卡

節日時送朋友一張可以抽拉的小賀卡，一定能表現出你的含蓄和愛。

抽拉小賀卡

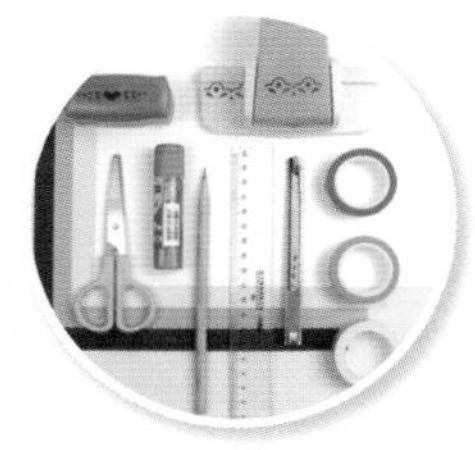

準備材料：
筆、卡紙、剪刀、
膠水、美工刀、打孔器

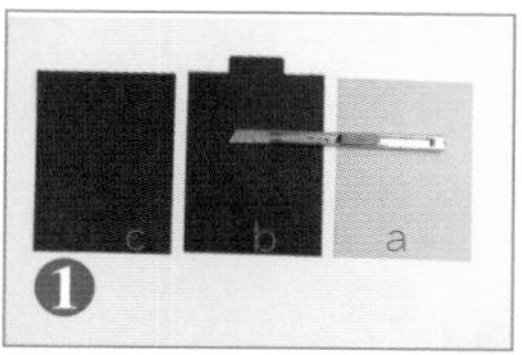

用卡紙裁出同樣大小的封面 a、內卡 b、封底 c。內卡 b 要比封面 a 與封底 c 多出一個拉手位置。

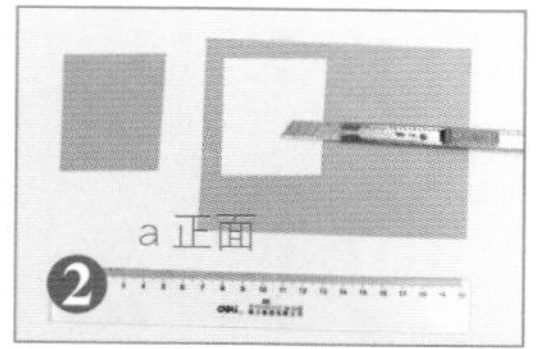

用鉛筆在封面 a 左邊畫一個大小合適的方框作為窗戶，並用美工刀鏤空。

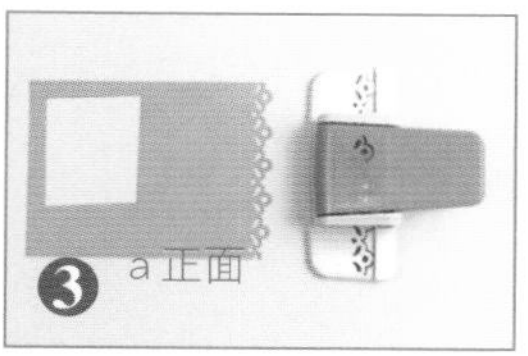

用壓花器或花邊剪刀在封面 a 開口處壓出花紋。

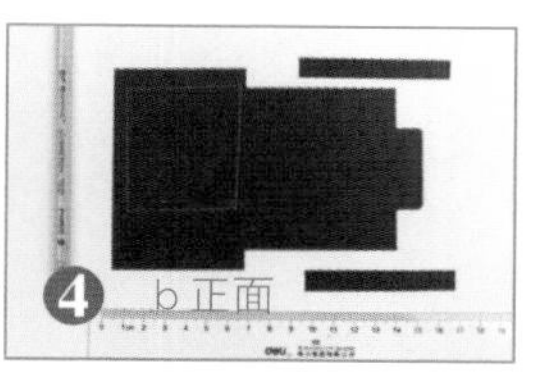

用鉛筆把封面 a 上畫好的窗戶沿邊描畫到內卡 b 上，在窗戶之外的部分上下裁兩條細邊。

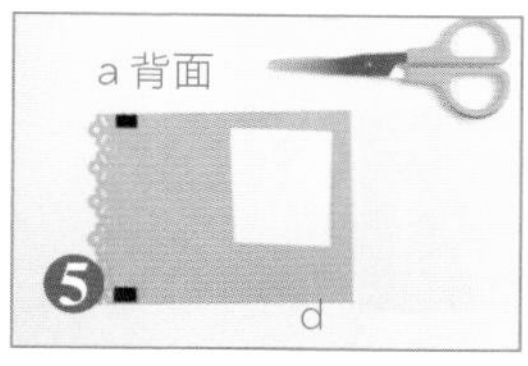

5 把細邊剪下兩小段，d 先黏到封面 a 背面，到第 8 步再黏到封底 c 上。

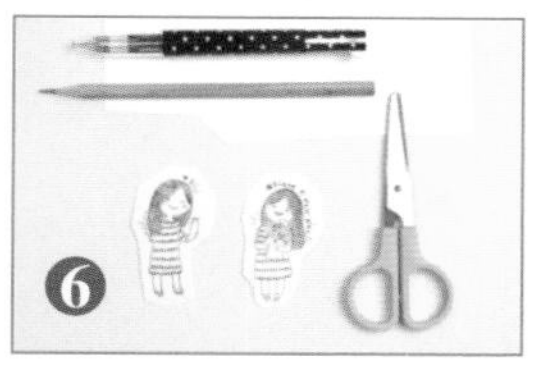

在另外一張紙上畫兩個自己想要的形象，並沿邊修剪。

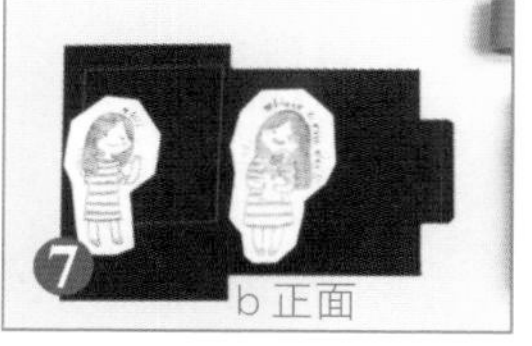

兩個形象一個黏在內卡 b 的窗戶內，一個黏在窗戶外。

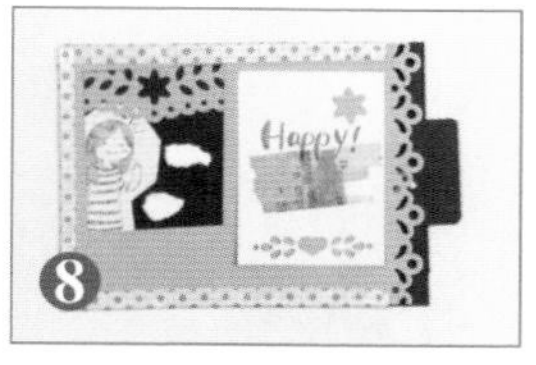

美化後把三張卡對齊，把第 5 步的小段 d 黏到封底，最後用紙膠帶把封面 a 和封底 c 黏好。

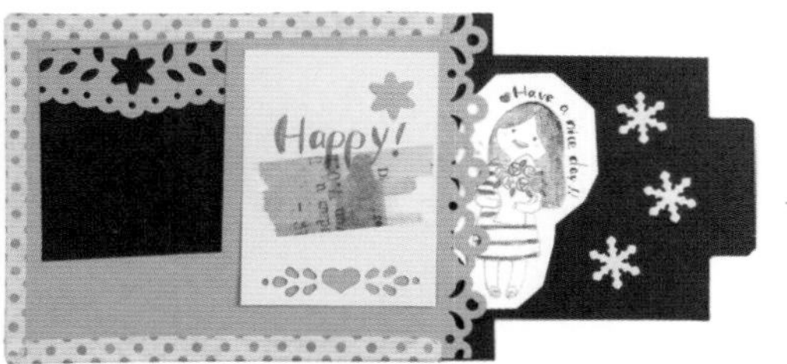

卡片拉開後是這樣的 ~

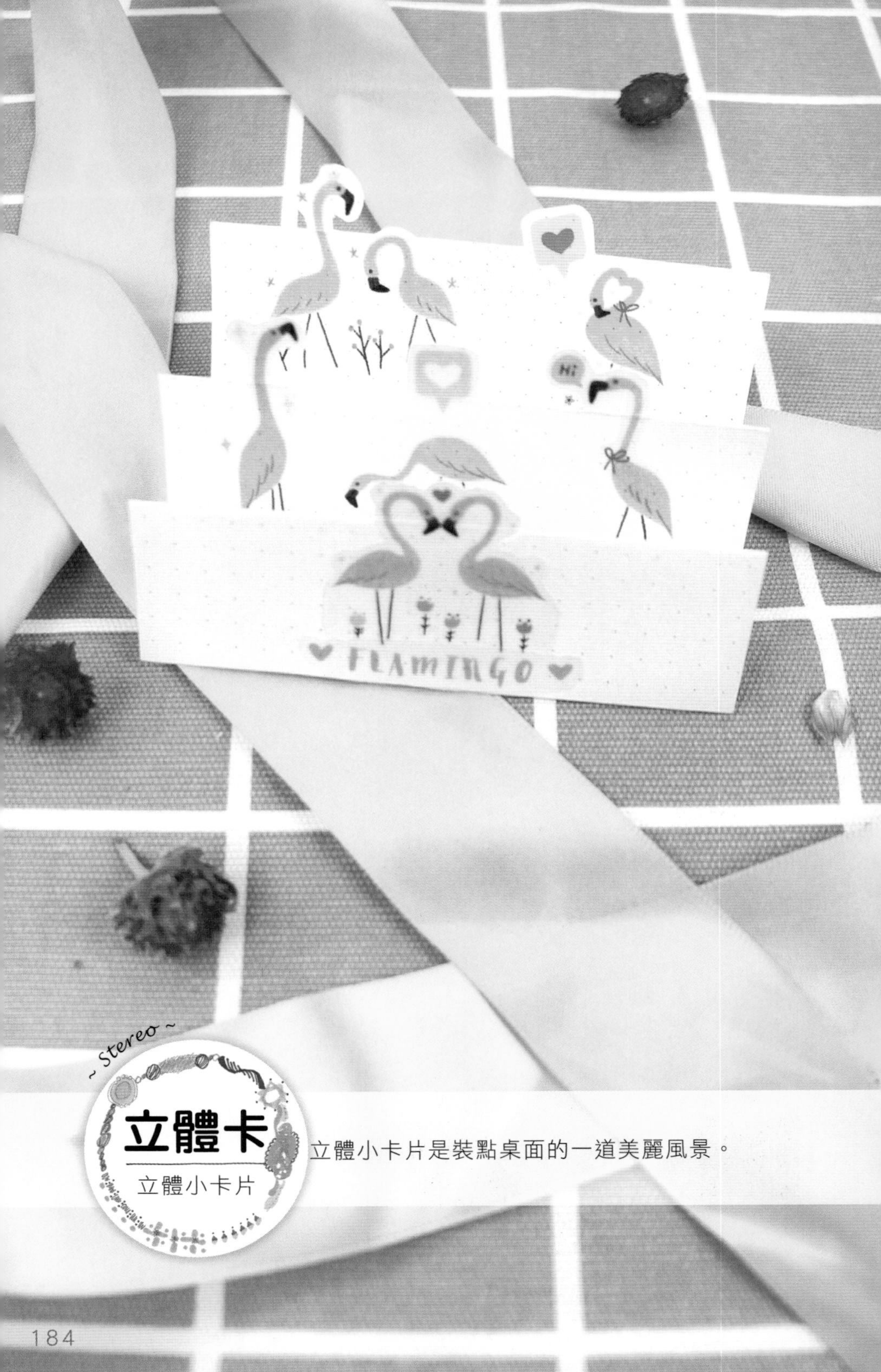

~ Stereo ~

立體卡

立體小卡片

立體小卡片是裝點桌面的一道美麗風景。

立體小卡片

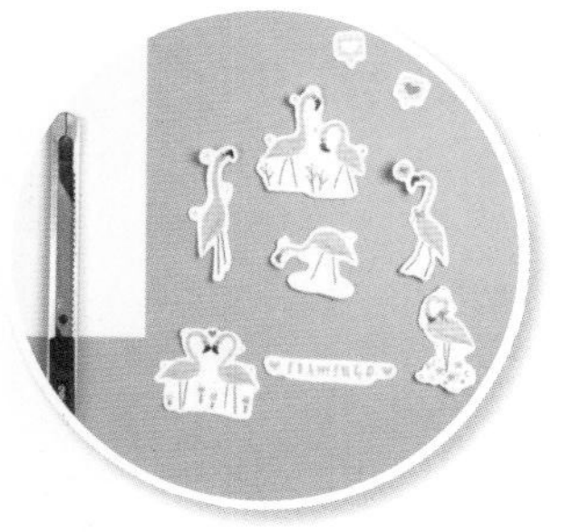

準備材料：
1· 貼紙
2· 白卡紙
3· 刀

如果拿捏不准距離，可先用尺子標出尺寸再折。

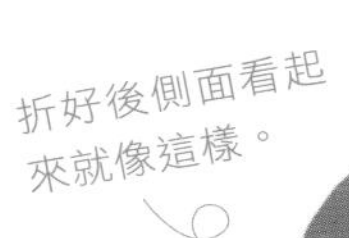

若貼紙是整版的，做賀卡前就要先把需要的貼紙沿著邊緣修剪下來。

❶ 把白卡紙裁成一長條，然後一層比一層長 1 厘米地折疊起來。

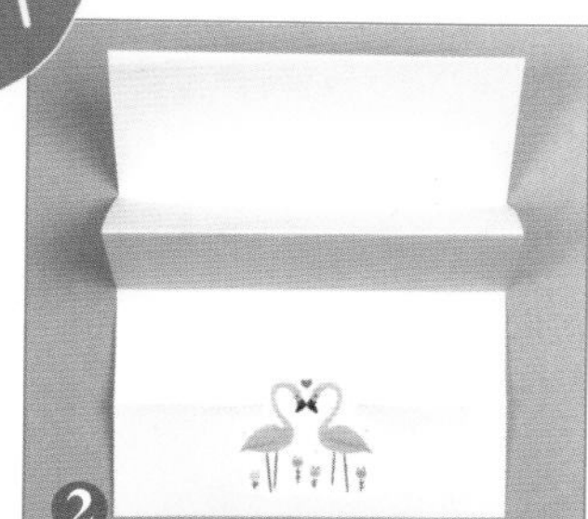

❷ 選一張貼紙貼在卡片的第一面上，上半部分超過折疊線一點。

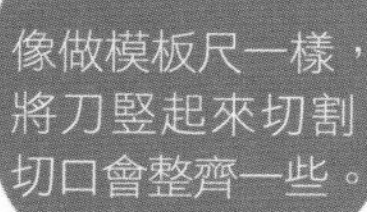

像做模板尺一樣，將刀豎起來切割切口會整齊一些。

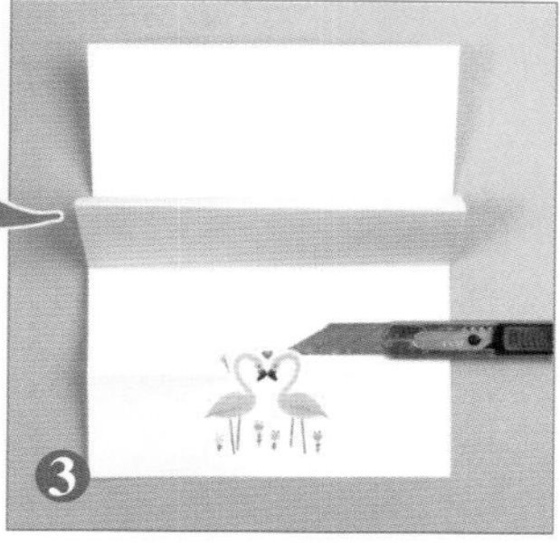

❸ 用刀小心地沿著貼紙邊緣把折疊線上半部分鏤刻出來，不要切過折疊線。

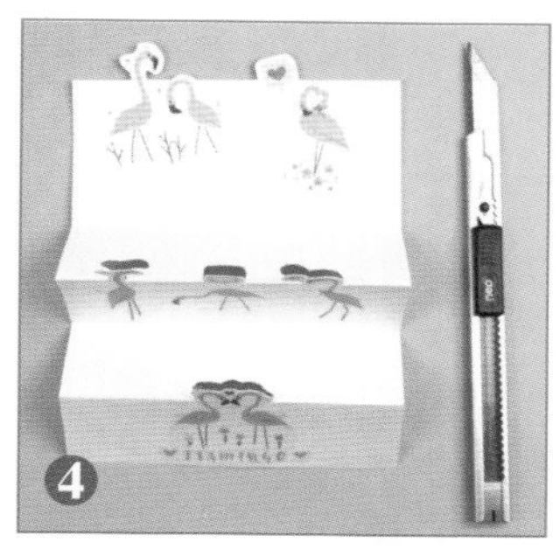

❹ 用同樣的方法多貼幾張貼紙，並鏤刻出來，立體小卡片就完成了。

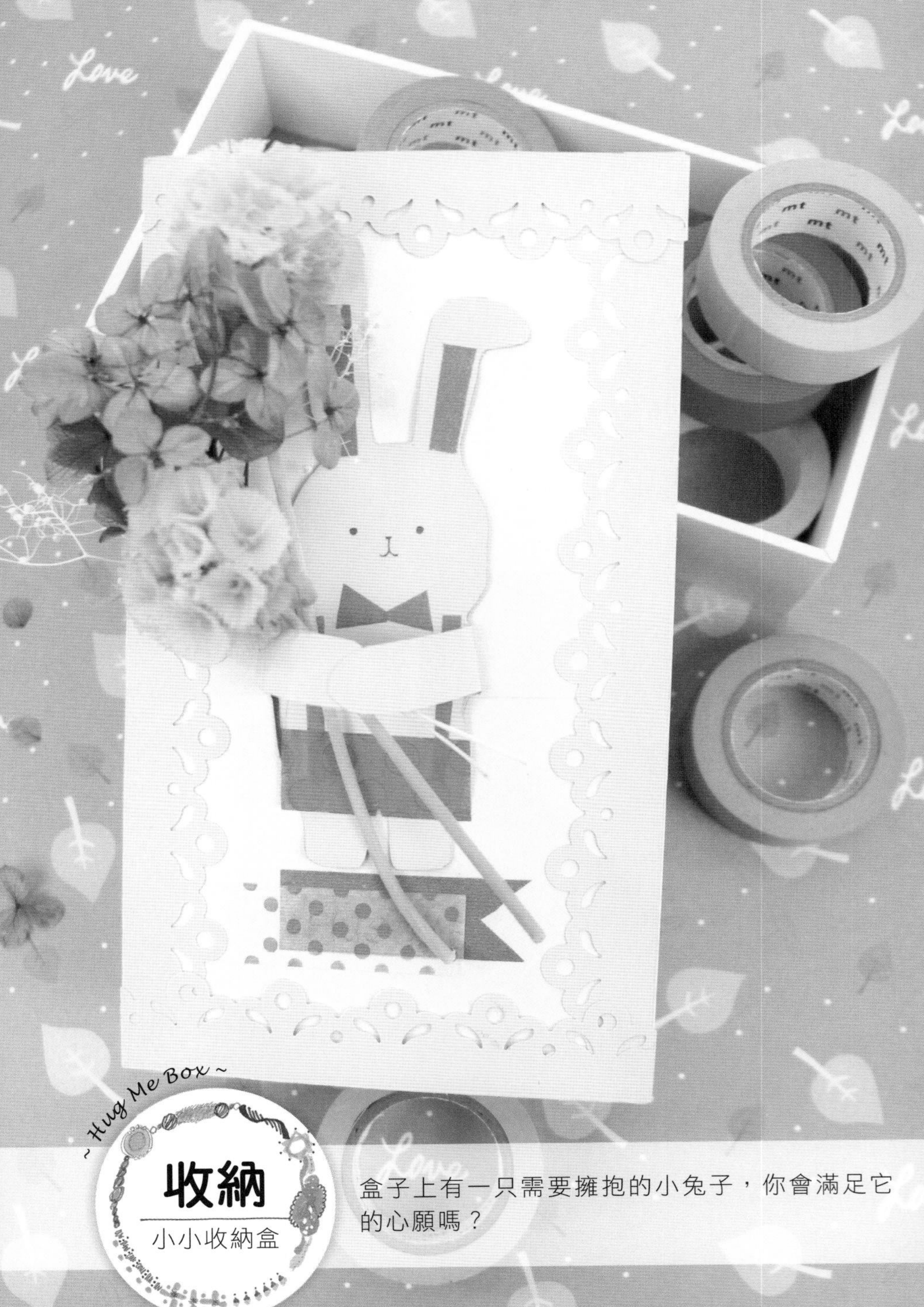

~ Hug Me Box ~

收納

小小收納盒

盒子上有一只需要擁抱的小兔子，你會滿足它的心願嗎？

小小收納盒

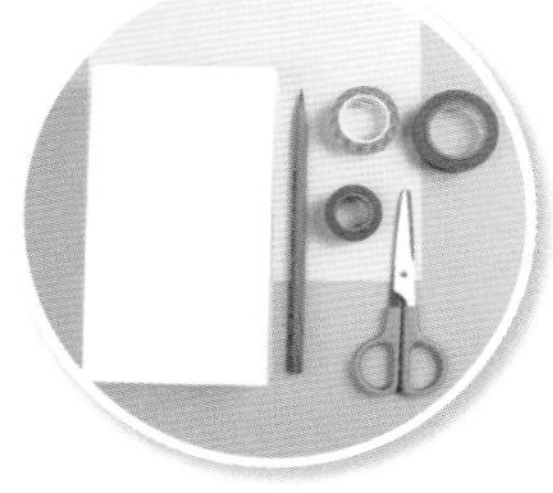

準備材料：
1· 空盒子
2· 卡紙
3· 紙膠帶
4· 筆
5· 剪刀／刀
6· 雙面膠

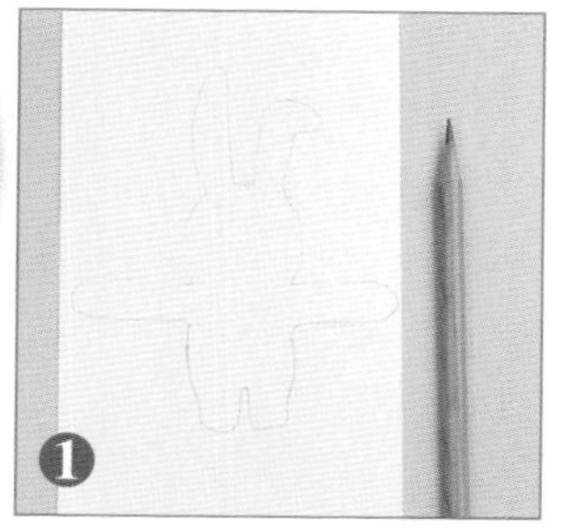

在卡紙上畫出一個手長長的小兔子的剪影。

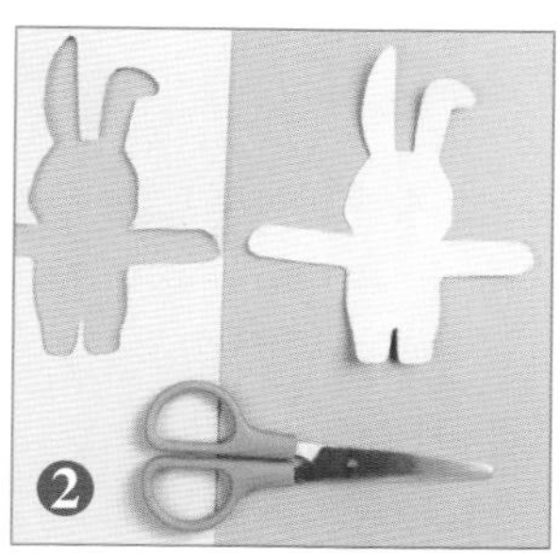

用剪刀把小兔子沿邊修剪下來。

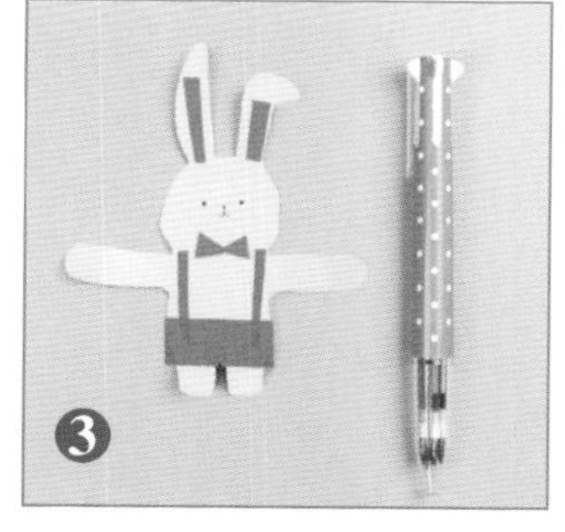

畫出小兔子的眼睛、鼻子和嘴巴，再用紙膠帶裝飾兔子耳朵、領結和吊帶褲。

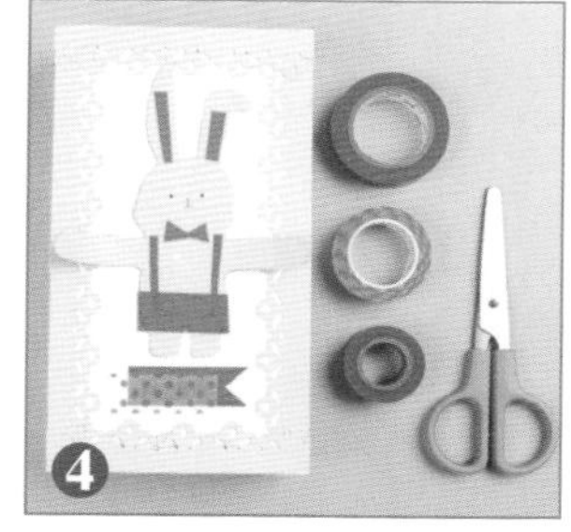

把小兔子身子黏貼到盒子上，注意不要黏住小兔子的手，盒子表面也要進行一些美化。

可以讓小兔子抱著一顆糖，也可以把小兔子當成膠帶座，但是要溫柔一些～

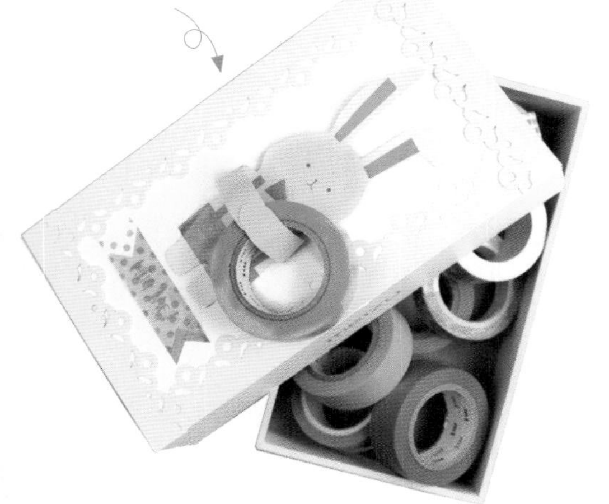

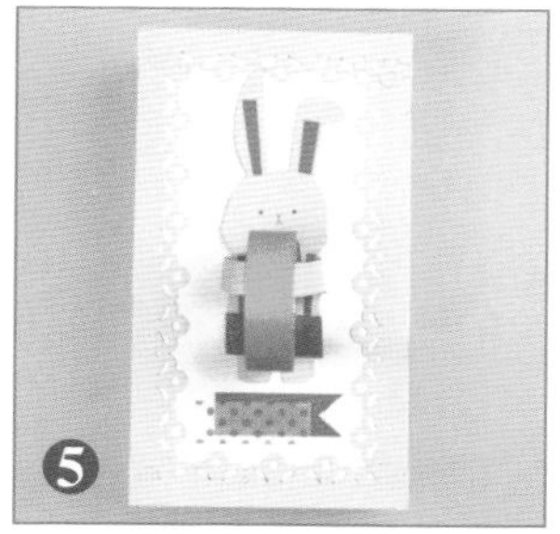

把紙膠帶放在小兔子懷裏，並在小兔子的手上貼上雙面膠黏貼起來，完成！

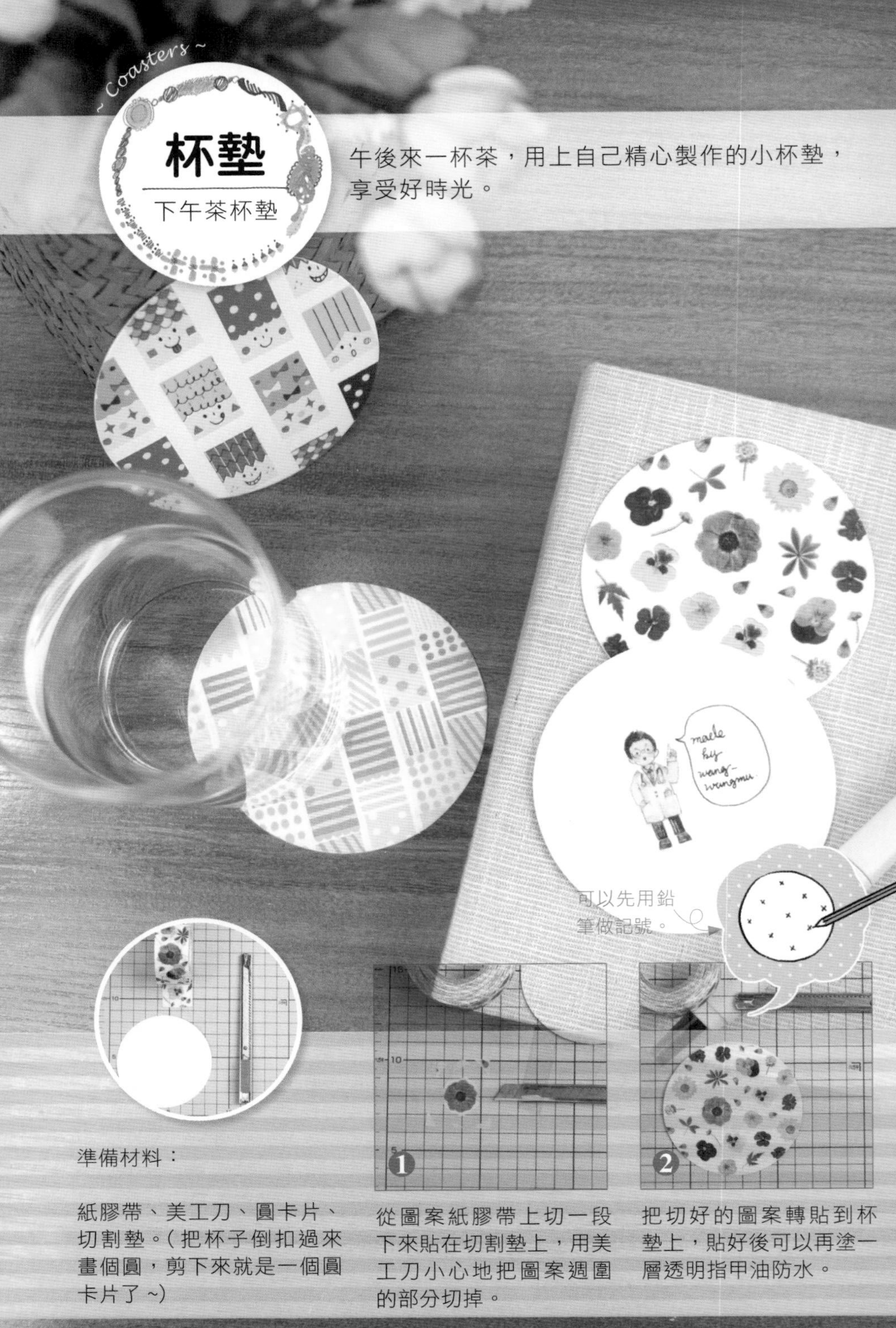

杯墊

下午茶杯墊

午後來一杯茶，用上自己精心製作的小杯墊，享受好時光。

準備材料：

紙膠帶、美工刀、圓卡片、切割墊。（把杯子倒扣過來畫個圓，剪下來就是一個圓卡片了 ~）

1. 從圖案紙膠帶上切一段下來貼在切割墊上，用美工刀小心地把圖案週圍的部分切掉。

2. 把切好的圖案轉貼到杯墊上，貼好後可以再塗一層透明指甲油防水。

掃描關注飛樂鳥公衆號，後台回復“009”可獲得更多繪畫素材。

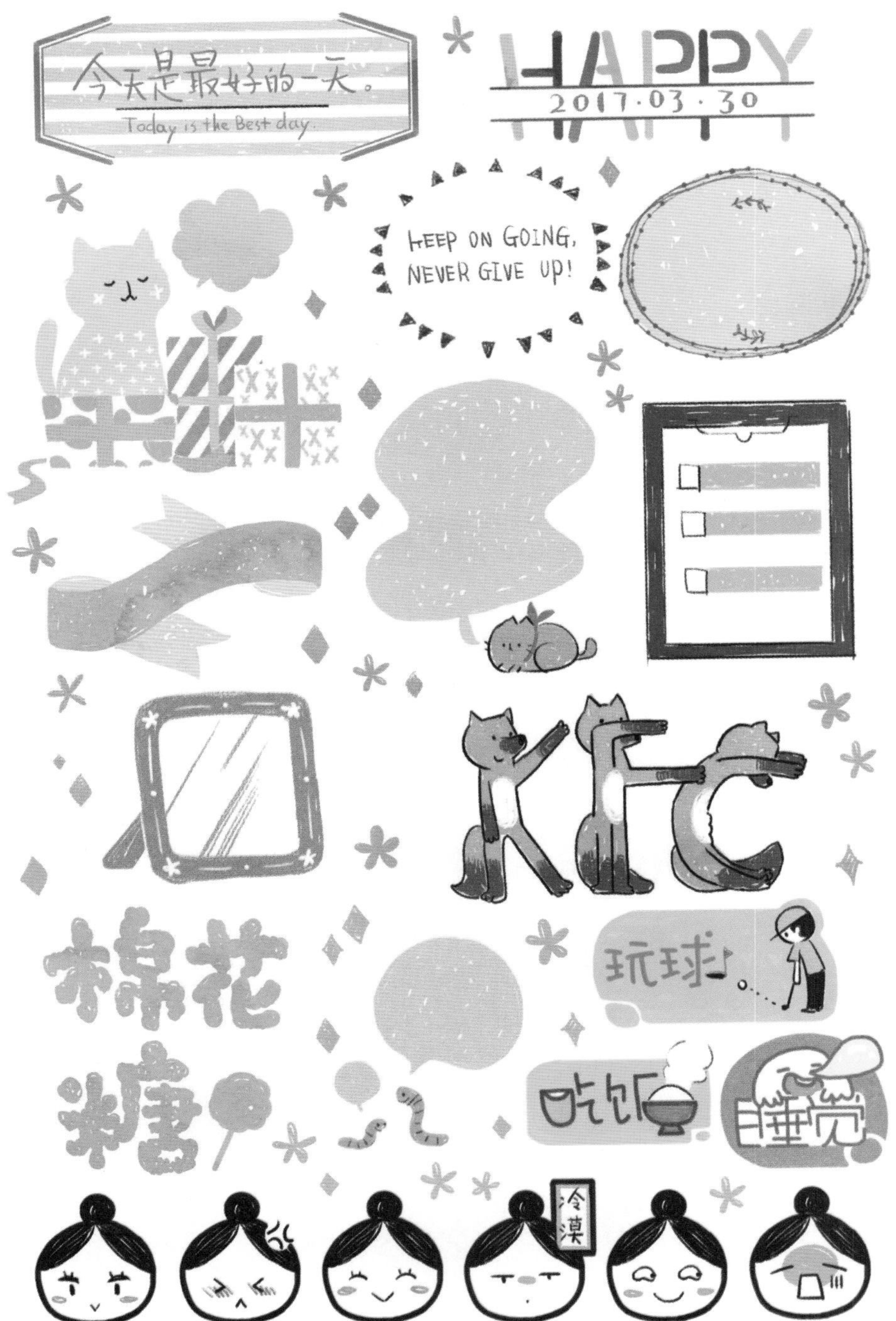
今天是最好的一天。
Today is the Best day.
HAPPY
2017·03·30
KEEP ON GOING,
NEVER GIVE UP!
KFC
棉花糖
玩球
吃飯
睡覺
冷漠

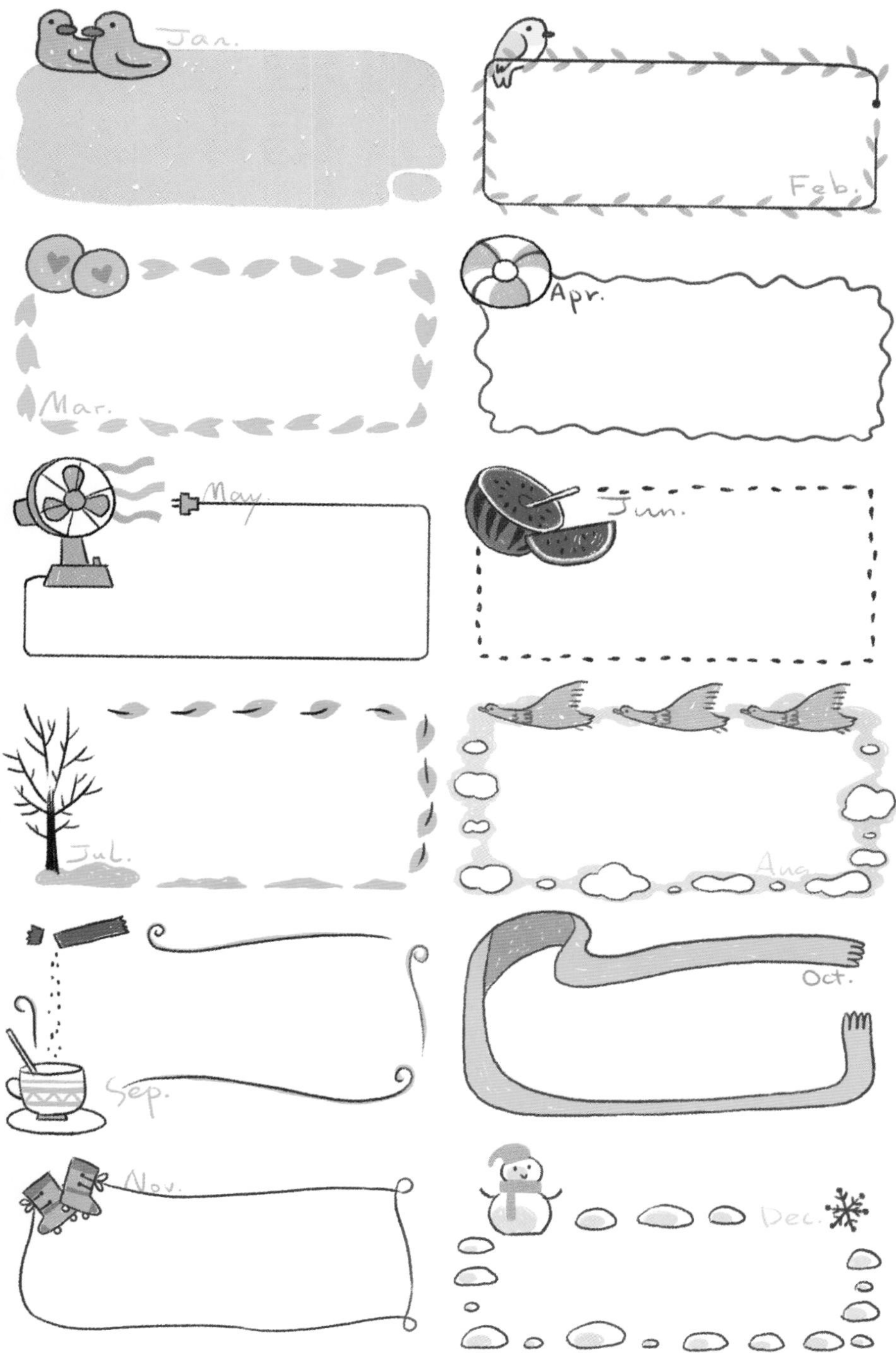
Jan.
Feb.
Mar.
Apr.
May
Jun.
Jul.
Aug.
Sep.
Oct.
Nov.
Dec.

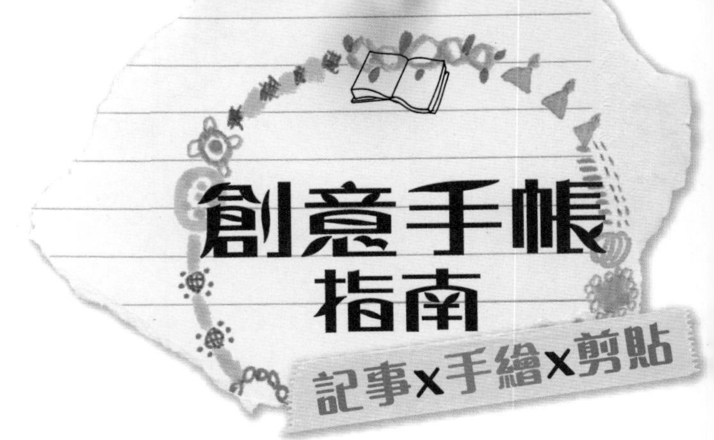

作者

飛樂鳥工作室

責任編輯

李穎宜

封面設計

陳翠賢

排版

陳章力

出版者

萬里機構出版有限公司

香港鰂魚涌英皇道1065號東達中心1305室

電話：2564 7511

傳真：2565 5539

電郵：info@wanlibk.com

網址：http://www.wanlibk.com

http://www.facebook.com/wanlibk

發行者

香港聯合書刊物流有限公司

香港新界大埔汀麗路36號

中華商務印刷大廈3字樓

電話：2150 2100

傳真：2407 3062

電郵：info@suplogistics.com.hk

承印者

中華商務彩色印刷有限公司

香港新界大埔汀麗路36號

出版日期

二零一九年十一月第一次印刷

ISBN 978-962-14-7127-7